招聘高手

琥珀指甲 ◎ 著

北京大学出版社
PEKING UNIVERSITY PRESS

内 容 简 介

职场新人怎样玩转职场？职场老兵面对裁员如何成功转型？本书通过职场故事，解读职场困惑，指点职场迷津，既能帮你了解最真实的职场，也能在你职场触礁时指引你找到新的赛道。本书适合即将进入职场的新人，也适合存在职业瓶颈的资深职场人。对于有志从事 HR 相关工作的读者，也可以作为从业辅导书使用。

图书在版编目(CIP)数据

HR 工作手记：全二册 / 琥珀指甲著．— 北京：北京大学出版社，2022.8
ISBN 978-7-301-33117-0

Ⅰ.①H… Ⅱ.①琥… Ⅲ.①职业选择－通俗读物 Ⅳ.① C913.2-49

中国版本图书馆 CIP 数据核字 (2022) 第 109008 号

书　　　名	HR工作手记：全二册 HR GONGZUO SHOUJI: QUAN ER CE
著作责任者	琥珀指甲　著
责 任 编 辑	王继伟　杨　爽
标 准 书 号	ISBN 978-7-301-33117-0
出 版 发 行	北京大学出版社
地　　　址	北京市海淀区成府路205号　100871
网　　　址	http://www.pup.cn　新浪微博：@北京大学出版社
电 子 信 箱	pup7@pup.cn
电　　　话	邮购部 010-62752015　发行部 010-62750672　编辑部 010-62570390
印 刷 者	天津中印联印务有限公司
经 销 者	新华书店
	720毫米×1020毫米　16开本　20.5印张　451千字 2022年8月第1版　2022年8月第1次印刷
印　　　数	1-5000 册
定　　　价	109.00元（全二册）

未经许可，不得以任何方式复制或抄袭本书之部分或全部内容。
版权所有，侵权必究
举报电话：010-62752024　电子信箱：fd@pup.pku.edu.cn
图书如有印装质量问题，请与出版部联系，电话：010-62756370

目 录

- 一次面试引发的蝴蝶效应 ………………… 001
- 进击吧,李小航 …………………………… 010
- 听爸爸的话 ………………………………… 019
- "加班狂"的中年危机 …………………… 029
- 即将升职时,她怀孕了 …………………… 038
- 告别"老好人" …………………………… 049
- "剩女"的焦虑 …………………………… 058
- 职场"好闺密" …………………………… 069
- 女性的两个"战场" ……………………… 078
- 晕倒的"996女孩" ………………………… 087
- 职场妈妈的选择 …………………………… 098
- 穷人家的漂亮女孩 ………………………… 109
- "小白"遇到"老油条" …………………… 119
- 裸辞的你还好吗? ………………………… 132
- 遇见更好的自己 …………………………… 142
- 多个朋友多条路? ………………………… 153

- 丑姑娘闪闪发光 164
- 老天爱笨小孩 174
- 写字楼里的道德绑架 186
- 刺猬姑娘 195
- 键盘后安静的美男子 206
- 完美陷阱 217
- 愿你的善良有锋芒 227
- 被淘汰的财务经理 237
- 你的锋芒要藏在刀鞘里 248
- 不会哭的孩子没糖吃 258
- 做一个自知的姑娘 269
- 弱者遇人不淑 279
- 来自常青藤的姐姐 290
- 她从职场落荒而逃 301
- 苏耘的华丽转身 312

一次面试引发的蝴蝶效应

01

2008年,研究生毕业的我,作为"买一赠一"中的"赠品",被大型通信集团华讯的人力资源部录用了。

之所以说"买一赠一",是因为我新婚的丈夫薛仲今年博士毕业,被华讯以高级人才引进的方式纳入麾下。按照华讯高级人才引进的规则,可以安排一名家属就业,所以我就来了。

对此,开始时我感到很委屈,一个堂堂Z大硕士,凭我自己也不是找不到工作,怎么就变成了买肉时店主随意切一小刀送的那个"添头"了呢?

薛仲一句话点醒了我:"与其说是安排一个家属,无非是为了让我稳定下来。你来才是最关键的,你不来,集团就担心我随时会走,怎么敢委以重任呢?"

我第一次发现,我的薛博士原来这样通透,我竟然一直把他当成个老学究、书呆子,真是看走了眼。

于是我开开心心地报到了。做陪衬薛仲的绿叶,我很习惯,反正他从小就是别人家的孩子。

因为某种约定俗成的惯例,一般来说,"买一赠一"的家属不会有什么大发展,基本上会不上不下地干到老,所以同事们对我的态度都极为友好,反正也不是来抢位置的,还占用了一个可能来抢位置的人的名额。

就这样,我成了一名HR(人力资源管理人员),暂时负责集团的招聘工作。

02

华讯的新员工80%来自校园招聘,因此,入职三个月后,我作为华中片区校招项目的总监,带队去了中原某地的一家重点高校 S 大。

我就是在这里遇到了周子光。

按照校招流程,我们的招聘基本分成五步:校园宣讲、投递和筛选简历、笔试、面试、确定录用意向。

周子光投递的是嵌入式工程师的职位,他通过了简历筛选和笔试,来到了我面前。

彼时,因条件、人手皆有限,我们就在酒店房间内进行面试,每位面试官一个房间,有助理在门外喊号,有点像医院诊室。

候选人比较多,周子光走进来的时候,已经是晚上八点。窗外一片漆黑,在宾馆内柔和的灯光中,我对上了他的眼睛。

只是一瞬间,我就感受到一种强烈的不适,是那种置身阴冷潮湿的地方,旁边有毒蛇虫蚁在爬的感觉。

其实周子光长相端正,衣着也很干净整洁。如果抛开眼神不谈,他的五官看上去甚至还有几分清秀。

按照面试程序,我这时应该站起身,面带微笑礼貌地说:"您好,感谢您参加华讯的面试,我是面试官 Amy。"然后伸出手和他握手。

我的确站起身了,也带上了职业化的笑容,可我的手,本能地不想伸出去。

周子光却先伸出了手,叫了我工牌上的中文名字:"苏耘老师,您好,我是周子光。"

我不得不和他相握。

他的手如我预想中的一样湿冷黏腻,我背后汗毛竖起,打算一触即离。

周子光却握得颇为用力,我默默用了些力气才抽回我的手。

其实不必面试,我已经决定了他不会被录用。人是否正直,从眼神可以看出八分,这个人,诡异。

03
HR DIARY

然而,华讯对面试过程有严格要求,哪怕初步判断不合适的候选人,也要坚持面试十五分钟。一方面,是便于 HR 对自己的判断作出检验,避免草率地做出决定;另一方面,也是展现一家公司对候选人的充分尊重。

事关企业形象,我只能忍耐一下,按照结构化面试的要求与他进行沟通。

结构化面试有标准的题目,每个人都是这几个问题,可以适度追问,方便比较不同的候选人的优缺点,以便确定谁更适合招聘的岗位。

我的题目中有这样一个问题,"请问假如给您一些铁丝,您不必管它的软硬、长短、粗细、轻重,您能列举出十种以上的用途吗?"

这个问题是用来考查候选人思维的开拓性和创造性的。有些候选人的确在这一题上表现出了不错的潜质。

比如，有一位候选人说可以用铁丝编织小篮子，给他的女朋友放口红。

真是个贴心的男朋友。

可周子光的回答，让我感到毛骨悚然。

他略一思考，用微微凹陷的眼睛直视着我，声音冰冷地回答："开锁、捆绑、刺穿心脏、把人勒住……"

他后面说的话我一个字也没听进去。我想的是，如果我现在呼救，门口的助理是否能够听见？

然而其实周子光什么也没有做，只是看着我。作为一位成年女性，一位 HR，我竟然分辨不出他眼睛里的内容。

我是新人，不能打破规则，我悄悄看了一眼墙上的挂钟，面试时间只剩下七分钟了，坚持一下吧。

机械地又提了两个小问题后，我问出了最后一个问题："如果你身上只有十元钱，怎样在三个小时内从三十公里外来到我这里？"

这道题有的同学回答得很有趣，其中不乏回答报警让警车送的。

我以为周子光的回答不会太出众，然后我就可以站起来礼貌地把他请出去，告诉他等通知。

然而，他再一次出乎我的意料。

"抢一辆车开过来。"周子光简洁地说。

我提醒他："不能违法。"

他竟然露出一个类似微笑的表情："只要能来见你不就行了？"

04
HR DIARY

周子光出去以后，我对助理说我需要休息十分钟。

然后我打了电话给薛仲。他正在开会，但我坚持说我要和他说话，立刻。

那边传来脚步声，他从会议室里出来了。我给他讲了周子光的事情，他先笑了，我听出来了，他以为我又一如既往地夸张了，我立刻强调这个人真的有问题，我很害怕。

薛仲温声安慰我，说面试完了，不用怕，过几天校园招聘就结束了，等我回家，他给我做水煮牛肉压压惊。

我想想也是，只不过是一个候选人，校招结束后就不会有交集了，我的心放了下来。

然而，事情的发展出乎我的意料，第二天我们发出面试通过名单以后，我接到了一个陌生号码的来电。

"苏老师，你好，我是周子光。"他彬彬有礼，我脊背发凉。

我没有说话，他大概以为我想不起他是谁，又解释道："昨天面试的学生，S 大研究生。"

我竭力保持平静，开口问道："你怎么知道我的电话？有事吗？"

"学校网站公布了招聘组的联系方式,我打来是想问一下。"他似乎在想该怎么措辞,"我没有通过面试,是因为……你讨厌我?"

我语塞了一下,难道自己表现得这么明显?

但我还是维持着职业化的态度,解释说是因为他和岗位的匹配度不够,而且我们有其他更适合的候选人,所以很遗憾,他可以考虑其他的机会了。

他安静地听我说完,突然问:"你为什么讨厌我?"

我无话可说只能以自己很忙为由,说了声抱歉就直接挂断了电话。

后来,他又打了几次电话,我都没有接,他发了两条短信给我,第一条是"苏老师,别躲着我",第二条是"再见,我的苏老师。"

这个人的心理有问题,我几乎可以肯定。我害怕这类人,我并不是心理学专业人士,不知道该怎么样和这种人打交道,我只愿不要和他再有任何接触。

05

从S大离开后,我又辗转去了两个城市的高校,一周以后返回了S市。

下了飞机,已经是深夜十一点,连续的高负荷工作使我精疲力尽。我和两位同事走出机场,看到我的薛博士像一株玉兰花一样静静地站在出口对我微笑。

我的心一下子就定了下来。

生活开始恢复如常,我有条不紊地处理着校招的收尾工作,做了标准化的表格去收集其他几个区域的招聘情况,并以此为依据做了招聘总结。

我的部长李力对此很满意,作为部门里仅有的两位人力资源专业研究生之一,他对我多少有点惺惺相惜,似乎希望我发挥出更专业的水平,这样就能证明我们科班出身的HR是比其他专业转过来的要好些。

第二年三月份,春暖花开的季节,薛仲加入了一个国家级项目组。因为这个项目所用的一些技术和他在读博士期间取得的一项专利有些相关性,他担任了技术总工的角色。

薛仲只有二十八岁,这也算是年轻有为了,我很为他骄傲,相约去吃顿大餐,庆祝一下。

自助餐厅中的氛围很不错,薛仲把我留在位置上,自己去取我爱吃的刺身。

就在这时,我的电话响了起来。我不知道自己是怎样记住这个号码的,但我只看了一眼,就确定这是周子光的电话号码。

我将手机静音,没有接,任手机不停地震动,直到挂断,再震动,再挂断。

然后一条短信发来,我没有点开,短信提示已经让我看清了内容。

"苏老师,我到S市了。"

桌子上还有我刚刚兴致勃勃地拿来的螃蟹和小龙虾,而我突然胃口全无。

薛仲端着一个盘子走过来,轻轻放在我手边。我仰头看他,眼圈慢慢红了。

06

那之后的几天，周子光没有再打来电话，我的心情慢慢平复下来。

薛仲说我太敏感了，不过是一个学生，就算心理上有点问题，也不至于会把我怎么样。

不过即便嘴上这么说，他还是尽量不加班，晚上陪我回家，一直讲笑话逗我开心，给我做我喜欢吃的菜。

我妈说我看人准是天生的，四岁时就把八岁的薛仲定下了，真是有眼光。

我觉得她说的有道理。

某一天晚上，我突然从梦中惊醒，不记得具体梦到了什么，但梦里有一双眼睛一直看着我，冰凉阴郁。

薛仲迷糊着把我往怀里搂，像小时候一样把手放在我的额头上，嘀咕着"太上老君在此，妖魔鬼怪快离开"。此时他一点也不像一个被一路保送到国内最高学府的博士，我却最吃这一套，每次都觉得好温暖。

2009年清明节，我再次见到了周子光。

就在我公司楼下，我往薛仲停在几步之外的车走的时候，他突然不知道从哪儿冒出来，抓住了我的手腕。

我本能地尖叫一声。

薛仲推开车门跑了过来，我用力甩着胳膊，大声斥责："放开我，你这……"

喊到一半，理智回归，我咽下了差点脱口而出的不雅称呼。下班时间，公司门口人来人往，很多人认识薛仲，我不能给他丢脸。

"我是周子光啊，苏老师，你不认得我了？"他静静地看着我，握住我手腕的手凉得不像活人，使我也全身冰凉。

"你……有事？"

薛仲站在我身边，牵住我另一只手，沉声说："这位先生，请你放开我太太的手。"

周子光神情微变，终于放开了我，彬彬有礼地说："对不起，我听了苏老师的校园宣讲……因此我投了简历，我只是想知道，我为什么没有通过面试。"

"我错过了给我父亲烧纸来到这里，所以，请给我一个理由。"他笔直地站着，看着我，眼里有一种执拗，我不由自主地颤抖了一下。

07

大概是因为有薛仲在，我有了底气，直言不讳地说我觉得他对一些问题的回答负能量比较多，不符合公司的要求。

周子光神色莫名地看了我好几秒钟，然后平静地说："谢谢你，苏老师，那么告辞了。"

说完，他转身就走，留下一道青痕在我的手腕上。

我坚持要立刻去洗手，薛仲陪我去了洗手间。他等在门口，我用洗手液把手腕洗到红肿才肯罢休。

回家的路上，薛仲趁着等红灯的时间不停地看我，神情忧虑。

我有些内疚，他自己的工作压力也很大，早上洗脸的时候，我发现他掉了好多头发，现在我却因为这些莫名其妙的事情让他担心。

"这次他应该不会再来了。"我勉强笑了笑，"他不就是要一个原因吗？现在他知道了。"

薛仲叹了口气，握着方向盘的手紧了紧："我觉得他对你有一种执念，怕是……不会放弃。"

我把手背覆盖在额头上："太过分了，他是神经病吗？我就面试的时候和他说了十五分钟的话！"

"他说他参加了你的校园宣讲。"薛仲拍了拍我的手，"其实我大致可以理解他，你在台上讲话的时候，确实是很迷人的。"

这是赞美，我却哭笑不得。

我那天中规中矩地穿了一身深灰色套装，只是为了稍显活泼，才搭配了一件橘色衬衫，腮红、眼影、口红也是同色系的，使自己看起来不那么沉闷。但迷人吗？我不觉得。

好吧，如果撇开前因后果，我会很高兴薛仲这么说，他很少这样直白地夸我。

"要不，报警吧？"他建议。

我想了想，苦笑道："我该跟警察说什么？说有一个家伙经常给我打电话？但是他并没有说任何称得上威胁的话；或者说有一个家伙来找我？可他是来了，却并没有做什么违法的事。我只能说他的眼神很奇怪，很诡异，警察会理我吗？"

薛仲一时也没有更好的办法，只能更多地陪着我，即使他加班的时候也经常让我在他的办公室里等他，不再让我一个人先回家。

周子光却没有再出现。

08

七月，薛仲要去北京学习研讨，大概需要两周时间。

他不放心我一个人留在这里，建议我请假和他一起去。我想了想，觉得如果我真的这样做了，不仅我会成为整个人力资源部的笑柄，薛仲也很可能会被同事们调侃笑话。

薛仲的优秀本来就已经引起了很多人的嫉妒，我不能再给他惹麻烦。于是我拒绝了，说周子光很久没出现了，大概已经不会再来了。

薛仲是下午的飞机，我利用午休时间把他送到机场，然后一个人开车返回公司。

进入地下停车场的时候，一个人影跳出来拦住了我的车。幸亏因为下坡，我的脚一直踩在刹车上，否则我可能会直接从他的身上碾过去。

拦住我的车的是周子光。

后来我才知道，事情就是这样巧，前几天，周子光返校处理毕业的事情，今天刚刚来到S市。

中午他在公司门口看到我开车和薛仲一起出去，就守在这里，等着我这只"兔子"回来。

我握着方向盘的手在抖，深呼吸了好几次，才勉强控制住自己直接开车撞过去的冲动。

他却神色平静，直直地看着我，目光说不上是冰冷还是狂热。

我鸣笛，希望他能让开，或者车库保安可以听到。

周子光不为所动。

上次他来过以后，其实我听到过几个人在背后议论，大概是猜测我，有什么不为人知的三角恋之类的。只是因为大多数人还是有独立判断能力的，这种议论才没造成什么影响。

如果又是同一个人再次出现，和我发生牵连，那么会不会有更多的谣言？我实在不想让自己陷入这种莫名其妙的麻烦中，只能按捺住心中的焦虑，对周子光露出一个友好的微笑。

他愣了一下，随后我感觉到他紧绷的身体略微放松了一些。

"让一下，在电梯口等我，我去停车。"我尽量平静地对他说。

"我可以上车，和你一起。"他一边说一边走向副驾驶位，想去开车门。

我背后已经被汗水浸透了，但还努力保持着微笑："还是等一下吧，我开车的技术不太好。"说着松开刹车就冲了下去。

停好车后，我躲在车里拿出手机报了警。

事实上，警察并没有如我所预想的那样对这件事并不重视，反而嘱咐我一定要稳住对方的情绪，保持通信畅通，他们马上赶来。

09
HR DIARY

我稳了一会儿情绪才出去，周子光果然等在电梯口。想到将要和他单独待在一个密闭空间里，我全身的汗毛都竖了起来，后悔不应该让他在这里等我，我宁可爬四层楼梯上楼。

可奇怪的是，虽然我平时胆子不大，但每次遇到避无可避的事情，而且薛仲不在身边的时候，我会突然变得很勇敢。

我镇定地和他打了招呼，抬手按了电梯，并且友好地问他有没有吃午饭。

周子光幽幽地说："整个中午，我都在这里等你。"

"那好，旁边有家餐厅，不如你先去吃点饭吧，我现在也要去上班。"我趁机说。

"不必了，不过是一顿饭。我只想和你说几句话。"

叮的一声，电梯在这时候到了。我迈步进去的时候，觉得自己的腿有千斤重。幸好，关键时刻，一个外卖小哥在电梯门即将关闭的时候闯了进来，手里提着几杯奶茶。

我对不知名的点了奶茶的同事感激涕零。

周子光却突然站到了我身边，用他冰凉的手抓住了我的手。

我一惊，本能地往回抽，他却抓得更紧，低声说："我一直想再握一握你的手，和我记忆中的一样软。"

外卖小哥大概以为我们是前男友和前女友的关系，丝毫不以为意。

"周子光,我们没有这么亲近,请你注意一下,放开我的手。"我尽量平和地说,警察也和我说不要激怒对方。

"你那天看起来,像个小太阳。"周子光唇边带了一点儿弧度,似乎在笑。

我猜测他说的是校园宣讲会那天。为了吸引应聘者,我那天的确是气场全开,活力四射。但我不想要这种吸引。

他冰凉的指尖在我的手背上移动,像一条蛇在吐着信子,我用了最大的忍耐力让自己不尖叫出声。

好在,警察来得很快,我们刚一出电梯,两侧就有人冲上来。一个人大力拉开了我,另一个人直接把周子光扑倒在地,用膝盖顶住了他的后心,牢牢控制住。

周子光并没有反抗。他的脸贴在地上,目光却在盯着我。

那目光又阴又冷,同时又带着一些莫名的悲伤。

警察把他带走的时候,他说要和我说一句话。

我同意了,大概是因为他的目光真的太悲伤了。

"你为什么这么讨厌我呢?为什么你不能有一点点喜欢我呢?你们都是一样的,但凡我喜欢的人,都那么讨厌我。"他的声音很低很轻,更像是在自言自语。没等我回答,他就转身跟着警察走了。

10

第二天,我在派出所见到了周子光的哥哥周子阳。

他和周子光长得完全不像,他很帅气,很像一个青年明星。

周子阳先向我道了歉,反复请我原谅他弟弟。他用一种带着内疚和自责的语气说,实际上他弟弟小时候很可爱,变成今天这个样子,都是他和他妈妈造成的。

我从他那里听到了周子光的故事。

周子光六岁的时候,父母离婚。他的妈妈带走了八岁的哥哥,把他留给了爸爸。

后来,他爸爸每次喝醉酒都会打他,而且对小周子光说:"你妈妈不要我了,也不要你了,她只喜欢你哥哥。就是因为你太讨厌了,她不喜欢你,所以才不要我的。"

如果自己不是这么不讨人喜欢,妈妈就不会离开自己和爸爸,这是周子光从小到大的认知。

后来的事我大概能猜到。不知道我的哪些特点吸引了周子光,总之,他在校园宣讲会上见到我以后,对我产生了一种类似喜欢的情绪。

他希望能赢得我的喜欢。然而,我还不擅长喜怒不形于色,对他的不喜欢表现得比较明显,而他是个很敏感的人,察觉到了我讨厌他。

这使周子光受到了很大的打击。他不能释怀,所以开始纠缠我。

他对我的纠缠,与其说是因为他喜欢我,不如说是因为他对于别人的喜欢怀有一种很执着的期待。他希望至少不要所有人都讨厌他，至少他可以得到一些喜欢。

当然，如果得到这些喜欢需要用一些残忍的手段，我想他也是愿意的。根据他对我那两个题目的回答就可以发现，他是一个很偏执而且不顾一切的人。

我现在有些同情他，但是，这种同情并不足以让我把自己置身于危险中。何况我现在对他温和就等于给他希望，对他对我都没好处。

所以我拒绝了周子阳去看看他弟弟并安慰他一下的请求，只希望他不要再出现在我的生活里。

最后，周子阳向我保证，他和他妈妈会做到这一点的，我不会再见到周子光。

后来，我的确再也没有见过周子光。

第二年，我改进了面试流程，没有再设计一对一单独面试这样的步骤。

后来这些年，我又面试过很多人。见的人多了，我逐渐学会不把情绪放在脸上，学会委婉地沟通和表达，学会不要戴有色眼镜看人，对每个人多些理解和包容。

但是我从来没有忘记过周子光。

进击吧，李小航

01

在集团总部工作了两年后，我得到了一个机会——调职到集团总部新并购的一家子公司"巅峰科技"做人力资源主管。

我觉得这个机会很好，部门里的同事却都不以为然。

一方面，他们觉得在集团总部有天然的优越感，好像和子公司的人说话都要高出一截；另一方面，除了集团控股以外，那家公司的经营权还是掌握在原来的三个自然人股东手里，他们觉得总部派出的人很难赢得对方的信任，搞不好还要受对方为难。

我有些拿不定主意，薛仲鼓励我去试试。我们都知道，因为他的关系，我在集团总部很难获得发展。我并不是很有野心的人，但学以致用对我还是有吸引力的，所以我去了。

李小航是我在这家公司招聘的第一位员工。

彼时，我通过两个月艰苦卓绝的努力，从理顺流程入手，优化了一些基础管理工作，以加班熬掉了三分之一的头发为代价，成功赢得了经营方三位老板的认可。

因为公司决定进入新的市场领域，我在寻找销售经理的人选。为了提高招聘效率，我同时在一些QQ群里发布了招聘信息。

李小航看到了我发布的职位，加了我的QQ，希望我能看一下他的简历。

说实话，他的简历真的很简单，简单到我在二十秒内就可以判断出，他不符合我的JD（职位描述）要求。

首先，我们要求应聘者有大学本科以上学历，计算机相关专业，而他只有大专学历，还是在部队考的，所学专业与这一职位更是风马牛不相及。

另外，对于销售经理岗位来说，从业经验也是硬性要求，而他在这方面一片空白，如果硬要说有相关经验，那就是他做过三个月的房屋中介。

我很官方地回复了他："对不起，您的简历未体现出与岗位充分的匹配度，如果您还有需要补充的经历，请完善后与我联系。"

对我来说，这样的回复是预设在常用回复中的，大多数不合适的候选人看到这样的回复，也就明白自己是被拒绝了，对话也会就此结束。

可李小航不同，他很坦率地说："我没有别的经历了，可以给我一个面试的机会吗？"

02

他第一次这样问时，我直接拒绝了，因为他确实不是很好的人选，我没有必要浪费彼此的时间。

当天晚些时候，他又发来消息："我知道我目前达不到你们的要求，但是我可以学，我愿意不要工资，请给我一个面试的机会好吗？我真的很想要这份工作。"

我当时正在忙，很想爽快地回复他："企业不是学校，不会因为一句你可以学就录用你，何必白跑一趟呢？"

这话很伤人，但这是事实。就好像一个人爱上你了，你不喜欢对方，不如就果断拒绝，告诉他真话，别发什么好人卡，耽误对方时间，还更让人难过。

不过，我最终还是礼貌委婉地表示这个职位的要求比较高，以后如果有适合他的职位，我会再联系他。

但我没想到李小航会找上门来。

第二天我刚开完会，前台工作人员告诉我有人找我，说是来面试的。

他就是李小航。

李小航和我想象中不太一样，他很高，清瘦，皮肤微黑，相貌普通，耳朵有点大，一眼看过去像我小时候看的动画片《大耳朵图图》里面的图图。

他穿着不太合身的西装，却站得笔直，像一杆标枪一样扎在大门口。

我请前台工作人员把他带到了面试专用的小会议室。

他见到我，有些拘谨，露出了一个略带腼腆的笑容。

不知道你有没有遇到过这样的人，明明很普通，可当他一笑起来，整个春天都到了他的眼睛里。

我被这个男孩子的笑容晃了眼。于是我想，其他工作不如先放一下吧，和他聊聊。毕竟有这样的笑容，如果做销售经理，也算是一项特长了。

李小航先做了自我介绍，和简历上一样，高中毕业，不爱学习爱军旅，投入军营五年，去年刚结束了自己的特种兵生涯。

我认真听完，念了念他的名字。他立刻起立，双手贴在裤线上，响亮地喊了一声："到！"

吓得我手里的笔掉在了桌上。

"对不起,习惯了。"他不好意思地摸摸后脑勺,用一双圆溜溜的眼睛直直地看着我,"姐,我能不能讲讲自己的故事?我觉得我适合这个岗位,是因为我经历过的那些事。"

我同意了。我隐约觉得他身上有一些东西是别人没有的,我想给他一个机会。

03

李小航入伍那年刚满十八岁,长得又瘦又小。最开始,他想当通信兵,因为通信兵训练没有那么狠。可他是个不服输的性格,三个月新兵期结束后,他进了特种部队。

那几年是真苦,也是真有收获,光身高就长了一大截。执行过最危险的任务,也带过最不服管的兵,李小航对自己挺有信心的,以为离开军营后也一样,到哪儿都是一条龙。

可回到家乡伊犁一个月了,他都没找到一份工作。越是看招聘广告,越是不知道自己适合干什么。

他渐渐发现,这个社会很现实,它要求的经验背景他没有,他有的,它不需要。

李小航站在自家阳台上,对着部队的方向,抽了半包烟,流了一晚上眼泪。

第二天,他扛上行李,来了S市。每个睡不着的夜晚,他都对自己说:"我是特种兵,能站着死,不能跪着活。"

他找到的第一份工作,是给一个老板当司机兼保镖,月薪一万块,看起来不错。

老板面试时只问了三句话:"身体怎么样?身手怎么样?听话吗?"然后就录用了他。

唯一的问题是老板是个女人,三十岁,不谈恋爱不结婚。

李小航是这样描述他的女老板的:她比电影明星还好看,笑起来有酒窝,生气的时候脸上就像结了霜。有时候她就像个小姑娘,有时候她是女王。

最后他说:"我喜欢她,她却想让我做为大家所不齿的事……"

李小航说这话的时候垂着头,我看不清他的表情。

我一时不知道该说什么,过了一会儿,李小航继续说:"所以我辞职了,姐,你说我是不是很幼稚?"

他告诉我,有些同事嘲笑他,他们觉得大男人怎么还怕这种事?也不损失什么,还有钱拿,怎么算都不吃亏。可李小航受不了,于是他离开了。

离职以后,他换过三份工作,快递员、中介和健身教练。他说做那些工作没有办法学到技能,他想做销售,想多学点东西,不是作为一份工作,而是作为一份事业。

我问他在部队学到了什么,他很认真地想了想,说:"听党指挥,能打胜仗,作风优良!"

我问:"做得到吗?"

他响亮地回答:"做得到!"

他的这句话打动了我。其实,企业需要什么样的人?大体也一样:忠诚、能做事、人品好。其他的,不会,确实可以学。

我请销售部门的经理过来和他聊了一会儿，最后提供了一个销售助理的工作机会给他。

虽然这份工作主要是给销售经理跑腿打杂，或者做个标书合同，但如果足够用心，也是最能学到东西的。他欣喜地接受了 Offer（录用通知书），第二天一大早就来报到了。

04

不到一个月的时间，李小航就赢得了销售部所有人的一致好评。

别人跟随销售经理出差，就是等着销售经理给安排，而他不仅会主动去问，还会积极地把销售经理安排的每一件事，大到和客户确认合同细节，小到预订酒店和接送机，都一一做好，然后汇报得清清楚楚。

而且，即使不是他分内的事，比如帮销售经理订餐，他也主动去做，几次以后就可以订得完全合别人胃口。

李小航走到哪儿都喜欢拿着一个小本子，随时在记。有一次我出于好奇，借来看看，发现他连每位销售经理或者客户喜欢哪个球队都写在上面。

还有一次，有一位客户闲聊时说起，李小航陪他去修车，等着取车的时候他手机快要没电了，李小航立刻从自己的包里拿出两种数据线，选了一条帮他连接充电器。他瞄了一眼，小伙子的小包里整齐地放着纸巾、湿巾、指甲刀、装在盒子里的耳机等，似乎你需要什么，他随时都可以拿出来。

我回家和薛仲聊天的时候，李小航这个名字开始频繁出现，我的薛博士静静听着，笑着揉我的头："糟糕啊，小苏同学心里有别人了。"

这当然是个玩笑，世界上没有人比眼前这个人好，他惊艳了时光，也温暖了岁月，我必然是要跟他同行一辈子的。

不过，李小航对于我，和其他同事有些不同。大概是因为他身上那种蓬勃向上的韧劲，让我每每被工作折磨得生不如死的时候，都能拿来当成"鸡汤"喝一勺吧。

一年以后，李小航顺利晋升为销售经理，单独负责一个省的市场，收入也将翻不止一倍。

我替他高兴，但是同时又有些忧心，因为我发现，李小航似乎恋爱了，对象是公司内的一位技术经理魏薇，比他大了四五岁。

公司禁止办公室恋情，尤其忌讳技术线上和销售线上的人凑成一对儿。这个规定有一定道理，一个人懂技术，一个人懂市场，这样两个人成了一家，岂不是可以把我的产品和客户一起带走了吗？

我个人其实反对这种规定。因为大家每天接触的最多的就是公司内的人，你不让他们内部消化，那么有的同事接触不到公司外的人，难道要单身一辈子？况且真的有人想勾结起来带走你的产品和市场，你就算禁止他们谈恋爱，他们还可以以别的方式合作呀，毕竟利益当前。

05

我不知道他们是怎么走到一起的，但是我觉得也很正常，毕竟感情这种事，有时候一眼就可以万年。

现在让我纠结的是，作为 HR，我应该找李小航谈清楚，如果坚持在一起，他们两个要有一个人离开公司。

从公司的利益考虑，我当然会选择让李小航走，毕竟那个女孩子在比较核心的岗位上，二者比较，李小航的替代成本更低一些。

但是我也是人，有自己的喜好和私心，我把他招进来，看着他起早贪黑地努力，我狠不下心让他离开。

过了不久，李小航倒是先来找了我，在下班以后。

那天薛博士加班，我和他坐在我家门口的一个大排档里，各自点了几串烤鱿鱼和虾，打算边吃边聊。

"姐，对不起，我没有事先告诉你。"他低着头，像个做了错事的孩子，"我和魏薇在一起了。"

我问他："你说的'在一起'是什么意思？只是谈个恋爱还是打算以后都在一起生活？"

他说他是认真的，虽然魏薇比他大一些，但他愿意把她宠成一个小女孩。

我又问他："那么你打算辞职？是你的意思还是魏薇的意思？"

李小航犹豫了一下，说是他自己的意思。我不太高兴，因为我看出来了，他没有和我说实话，而我一直以为我们的关系是不同的。

我闷闷不乐地喝啤酒，吃鱿鱼，不再理他。

他大概也看出来了，看着我的脸色解释说，魏薇是一个女孩子，在外面打拼到这个程度，确实不容易。虽然是她建议他换个工作，他也能理解，他是男人，他应该承担更多。

对于别人的女朋友，我自然不好评价，亲疏远近我还是懂得的。但是我觉得那个女孩子并没有他想象中那么单纯，李小航这次恐怕是要吃亏了。

他还是坚持提出了离职，我没有办法，就将他推荐给了我的一个同学。我那个同学正在创业，做的是企业福利礼品的互联网销售平台。

同学开始不太愿意录用他，毕竟人家也想要有经验的销售经理。但因为我的大力推荐，好歹给了我几分面子，说先让他进公司试试吧。

结果半个月以后，同学就打电话给我，要请我吃饭，他说你推荐的这小子的确不错，听话又肯干，等我慢慢把他培养出来，他一定能成为我的左右手。

06

中秋节前，李小航在新公司成交了第一单。他开心得不得了，要请我和薛仲吃饭。

我们约的地方是集团总部附近的一家很有名的小龙虾店，他早早就预订了位置，等我和薛仲赶到时，李小航已经笑容满面地等在饭店门外。

进门的时候，路过排队等号区，我无意中看见了一个眼熟的身影，立刻慢下了脚步。

等号区放了一些粉色塑料凳，有的坐了人，有的上面放着猫耳朵、薯片这类小零食。一对情侣挨着坐在一起，正甜蜜地互相投喂。

事实上，我对这些公共场合中的亲昵并不感兴趣，除非主人公是我认识的人，比如魏薇。

等入了座，李小航立刻起身帮我和薛仲拆餐具，又细心地用开水烫了一下才摆在我们面前。我看着他，心里难受起来，突然不知道怎么开口。

薛仲最了解我，一眼就看出我有心事，贴着我的耳朵问："怎么了？"

我不知道该不该说没事，毕竟李小航就在桌子对面。

"姐，你是不是也看见魏薇了？"李小航却先开了口，"没事，我正要和你说呢，我和她已经分手了。"

他声音平静，却习惯性地低下了头。李小航每次难受了不想被别人看见，就会低下头。

"什么时候？为什么？"我忍不住问。

"上上周……她说，我们不合适，没有共同语言。"从我的角度，可以看见他唇角勾起了一道苦涩的弧线，"大概是嫌我学历低吧。"

我和薛仲对视了一眼，稍一沉吟，说："可问题是……我刚刚看到，她身边的男士叫管宇，正是接替了你工作的销售经理。"

薛仲皱了皱眉头，显然也觉得这事透着古怪。

管宇是通过内部推荐进入公司的，我立刻打了个电话给推荐他的售后部同事。对方很茫然地说，是魏薇给他的简历，说送他一份内推奖，感谢以往他在工作上的支持。他问我是不是有什么问题，我说了几句场面话搪塞过去，挂断了电话。

李小航已经听明白了前因后果，他怔怔地看了我好一会儿，突然站起身："我去问问她。"

07

这样直来直去的处理问题的方式，我已经不太习惯，所以一时没反应过来。薛仲按了一下我的肩膀，说："坐在这里等着，那个女生认识你，万一闹僵了，以后你们不好共事。"

他说完就跟了过去。

我怕李小航吃亏，哪里还坐得住，也赶紧悄悄靠过去，躲在一根立柱后探头往那边看。

"魏薇，你和我谈恋爱，是不是就为了让我给他腾地方？"李小航站在魏薇面前，问得很直接。

魏薇抬头看见是他，有一瞬间的尴尬，但很快就站了起来："小航，你在说什么呀？不是说好了分手了还是朋友吗？你也说希望我幸福，现在这样，不太好吧？"

竟然能如此自然地说出这些话，我惊呆了。

李小航眉目不动,直视着她:"你回答我,到底是不是?"

"是不是你自己看不明白吗?你也不看看自己哪点儿能让她看上。"管宇坐在凳子上咔嚓咔嚓地咬着薯片,慢悠悠地说,脸上带着显而易见的嘲讽。

"我没问你!"李小航扭头怒视他。

"嗬!"他拍了拍手上的碎屑,也站起来,仰着头,用鼻孔对着李小航,"自己蠢,怪谁?要不是为了那个职位,薇薇用得着浪费这个时间哄你?"

话音未落,我就听见李小航暴喝了一声:"混蛋!"然后就是杯子盘子的碎裂声和魏薇的尖叫声,转眼,管宇已经飞出一米开外,躺在了地上。

"我要报警了,李小航,你再打我就报警了!"魏薇大声叫嚷着,跑去扶她的男朋友,两个服务员也从我身边冲过去拉架。

我忍不住要过去,薛仲迅速转头给我递了一个眼色,客客气气地上前一步说:"魏小姐,听说贵公司不允许办公室恋情,您还是想好再决定要不要报警吧。"

看魏薇果然犹豫了,他拉着李小航往回走:"算了,走走走,你被狗咬了,总不能咬回去吧?"

李小航眼睛赤红,额头上青筋暴起,却还是点了点头,没再动手。

"李小航,你打也打了,要是个男人,就别像长舌妇一样到处乱说!"魏薇在后面喊。

李小航哼了一声,头也没回:"我没那么闲。不过若要人不知,除非己莫为,你自己小心吧。"

08

"姐,我看着是不是特别蠢?"回到座位上,李小航问我。

我点头:"是有点,主要还是'纯'。"薛仲没忍住,笑了,李小航一张小黑脸通红。

后来,李小航一直沉默着。对魏薇,他自始至终没有口出一句恶言。我想他是真的爱过那个人,心里忍不住替他难受。

一起吃了饭,我和薛仲要买单,他抢着买了,赔了不少盘子钱,还一个劲儿地向我们道歉又道谢。

临走前,我问他:"失望吗?对这个城市、这里的人?"李小航叹了一口气,仰头望着漆黑的夜空,轻轻地"嗯"了一声。

"那你要回家吗?还是留下来继续奋斗?"

他笑了:"姐,你别担心,我能坚持下去。生死考验都没退缩过,这点儿打击,不至于。"

话是这么说,可我知道,他受的不是"一点儿"打击。就像薛仲说的,杀人不可怕,诛心才能摧毁一个人。

欺骗和背叛,对于一个真诚热忱的人来说,就是诛心。

后来,老板不知道从哪知道了魏薇和管宇的关系。他找到我,说让管宇走吧,反正来了没多久,要是魏薇有意见,就一起走,谁也不能破坏规则。

最后走的只有管宇，"聪明"如魏薇，怎么会让自己吃亏呢？

处理完这事儿，我也算出了一口恶气。

另一边，李小航憋足了劲儿，越发努力，别人一天跑五个客户，他跑十个，从给客户送早餐，到陪客户吃夜宵，整个人忙成了一个陀螺。

我们也好久没怎么联系。

春节前，我听同学说，李小航负责的单子出了问题，一个集团采购他们公司的产品，货发出了，款却迟迟不肯付。李小航几次三番去催款，人家连面也不露，愁得他饭都吃不下。

我打电话给李小航，他的嗓子哑得像破锣似的，还笑着说："没事儿，姐，我能挺住。那个李总他爸住院了，正赶上他出差，请的护工伺候得不好，我这不主动请缨来伺候老爷子了吗？"

不知道为什么，我眼眶有些酸，说了一句特别煽情的话："小航，我看好你，你将来肯定有出息。"

他沉默了几秒："姐，你真这么想？"

"嗯。"我特别肯定，"你这样的都活不好，什么样的人才能成功？"

他笑了，有点害羞："谢谢你，姐，我特别感激你，真的。"

等电话挂断，薛仲从旁边伸过脑袋，看着我的红眼圈，叹了一口气："苏耘，你再这样惦记别的男人，我可要吃醋了。"

"吃吧吃吧。"我把手里的苹果醋塞给他，在他唇上亲了一口，"管够。"

09
HR DIARY

接下来的几天，李小航经常借我家厨房炖汤给老爷子喝，说老爷子不喜欢饭店做的菜里的味精味儿。

我问他："他儿子给你钱了吗？"

他的笑容一顿，低下头："李总说材料款都还没付呢，轮不到我。"

"这什么人啊？把你当免费劳动力？"我有种想打人的冲动。

"没事儿，老爷子人挺好的，还和我聊天呢。"李小航倒是想得开，还安慰我，"不就是伺候人吗？我能行。"

一直伺候到老爷子出院，李小航也没收到货款。我气得团团转，薛博士在旁边看着暴跳如雷的我苦笑，李小航则站在我家阳台上对着黑夜吹风，像一棵沉默的树。

我们都以为这笔钱悬了，同学说实在不行就起诉他，李小航一声不吭，急得嘴里全是水泡。

没想到又过了十几天，他打电话给我，声音里带着掩饰不住的兴奋："姐，今天那个李总找我了！你知道吗？原来老爷子才是董事长！他把钱付清了不说，还给我介绍了好几个大客户。姐，明年一年我都不用愁了，你说我运气怎么这么好呢？"

"那不是运气，是你应得的。"我说。

那位老爷子得的是肠梗阻，极难护理，亲儿子都不一定愿意照顾。可这小子一声不吭地做了，足足半个月，不知道他是怎么做到的。

10

一年以后，同学的公司做得不错，虽然还是小公司，但在行业内渐渐有了名气，销售团队也发展到了十几个人，他把李小航晋升为销售总监。

李小航真的成了他的左右手。

那时我刚生完宝宝，在家里休产假，李小航带着女朋友来看我。他的女朋友温柔可爱，是一家幼儿园的老师，听说家境也不错。最重要的是她看着李小航的目光，眼睛里都是笑。

我很为他高兴。

李小航和薛仲在厨房做饭，我和他的女朋友聊天。我问她："你看上他什么了？家境、学历，他可是什么都没有。"

他女朋友笑得很腼腆："可是我觉得他很好呀，哪里都很好。"

这就对了，喜欢一个人不是我喜欢你哪一点，而是你所有的样子我都喜欢。

我说："你选对人了，这个人错不了。"

她笑："我知道。"

等我休完产假上班时，他们在张罗着买房子，准备结婚了。薛仲请了李小航来家里吃饭，替他庆祝一下。

两个男人喝了酒，互相赞美、吹捧，我忙捂上女儿的耳朵，这种表扬与自我表扬可不能给小孩子学去，虽然她只有几个月大。

不知道说到了什么，李小航突然就红了眼睛，站起来给薛仲又是敬军礼又是鞠躬，最后连哭带嚎地喊："我李小航终于也要在这个城市有个家了！我终于再也不用被这个城市赶出去了！"

我突然也有些想哭。

女儿却在这时咯咯笑了起来。

小孩子眼里的世界多美好啊，我羡慕她，也羡慕李小航。

他勇敢地保持了一颗赤子之心，走到今天，还有更好的明天。

听爸爸的话

01

我又出门晚了。

自从休完产假恢复上班,这几乎已经成了常态。女儿薛安然小朋友每天早上都要和我上演一场生离死别。别看她人不大,嗓门却不小,经常哭得整层楼都在抖,就连我老公、全能的薛博士到了她面前也是束手无策。

我不得不和保姆配合,哄了又哄,然后趁着她注意力分散的片刻,贼一样溜出家门,往往还来不及钻进电梯,就又听到她极具穿透力的哭声。

我开着车一路风驰电掣,好不容易才踩着点到了公司。钻进办公室还没喝上一口水,就听见外间几个人在议论着什么事,不多时,部门的专员惠惠就敲响了我的门。

"什么?"听完她的话,我目瞪口呆,"我没听错吧?你说有人在公司门上贴大字报?这都什么年代了,不会吧?"

"真的,苏姐。"这姑娘一脸无奈,把粘着胶带的四张A4打印纸放在我桌上,"你看。"

我顺着她的手看过去,每张A4纸上都用最粗的记号笔写了字,拼在一起后是四个歪七扭八的大字——"无良公司"。

这……还真是大字报!

我问:"谁干的?"

她摇摇头。

"叫网管,调监控吧。"

其实我很怀疑,是否真的有人会在大门口里外两个摄像头的监控下去干这种事。

印象中，除了读学前班的时候看见过淘气的小孩在别的小朋友后背上画乌龟做恶作剧外，这些年我还真没见过这么幼稚的把戏。

02

网管很快找到了张贴大字报的监控视频。

视频中的男人瘦瘦的，穿着黑红相间的冲锋衣，戴着一顶黑色棒球帽，遮了大半张脸。他走到办公楼大门口，左右看了看，迅速从口袋里掏出几张纸，展开后贴在了玻璃门上，然后又转头看了看周围，才若无其事地打卡进了公司。

我觉得这个人很眼熟，却叫不出名字来，就把专员、前台工作人员都叫进办公室，让她们来认一认。前台工作人员说好像是新业务部的林浩，其他人仔细看了看，也纷纷点头。

这种事不能搞错，我让惠惠找个借口去新业务部转一圈，看看林浩今天穿的是不是这身衣服。又让负责考勤的专员查看考勤数据，看林浩的打卡记录和这个时间是否吻合。

过了一会儿，两个姑娘回来汇报，全都对上了。

"请林浩到我办公室来一下吧，别的不用多说。"我对惠惠说。

五分钟以后，一个男人坐在了我办公桌对面的椅子上。我一眼就认出他正是监控中的人，清瘦白净，神情腼腆。

我带着职业化的微笑，问："知道我为什么找你吗？"

他不和我对视，垂着眼睛玩自己的手指，声音小而含糊："不知道。"

"真的不知道？再想一下呢？"我非常希望他能自己承认错误，这样我就可以强调一下关于劳动纪律的规定，然后给他一次改正的机会了。

一方面，我印象中这个人比较老实内向，并没有惹过其他麻烦，我不想太严厉地处理；另一方面，如果我没记错的话，他应该是通过内推进入公司的，能不得罪人解决的事，哪个HR也不想得罪人。

林浩一声不吭。

我又问："公司大门口有监控，你知道吗？"

他手指的动作有短暂的停顿，长长的睫毛也颤了颤，然后说："不知道。"

"那我现在告诉你了，你知道了吧？有什么要对我说的吗？"我觉得自己就像一个幼儿园老师，在极力保持耐心地问一个小朋友，他有没有拿别的小朋友的橡皮。

说完，我还端起杯子喝了一口水，给他时间想，希望他能做出令人满意的选择。

可是我面前这个大块头的小朋友睫毛颤动了好几下，手指也用力地勾在了一起，小心翼翼地抬头看我："苏姐，我……能不能明天回答你？"

03

第二天，林浩没有主动来找我，只在公司内部 EM（电子邮件）上给我留言："苏姐，我真的什么都不知道。"

我感觉到他在回避和我见面，这说明他心虚，于是我再次请他到我办公室来一下。

过了足足有半个小时，他手插在裤子口袋里，一步三蹭地来了。

"坐吧，给你看点东西。"我让他坐在我对面，把显示器转向他，指着屏幕中的人说，"认识吗？是不是你？"

"不是。"他并没有看向我指的地方，只是低下头小声说，肩膀不由自主地往后缩。

"可是好几个人辨认过，都说是你，衣服帽子也都和你昨天穿的、戴的一模一样，你怎么说？"

林浩的帽檐遮住了大半张脸，我看不见他的表情，只有通红的耳朵显示出他的紧张。

"我……"他嗫嚅半响，突然飞快地抬起头看了我一眼后又避开，"我爸说人有相似，你哪只眼睛看见是我了？"

我愕然，一时说不出话来。

想了想，我又问："按照你的逻辑，没被直接看见就等于没做过？"

林浩愣了一下，红着脸一声不吭。

当沟通中的一方打定主意不再开口的时候，沟通也就没有进行的必要了。

我让他先回去。他走出门之前，小声说了一句什么，我没太听清，后来仔细回想辨认了一下，应该是"对不起"。

虽然按照公司劳动纪律的规定，员工有损害公司形象、名誉和利益的行为，而且存在主观故意性，属于严重违纪，我可以直接和他解除劳动合同，但因为这句话，我不想这样做了。

每个人都会有做错事的时候，我更希望能够找到问题的症结，给他一个改正的机会。

我决定找他的推荐人黄子成聊聊。

04

黄子成是个开朗的帅哥，大学毕业后就进了公司，现在已经在另一个部门做开发代表。我们私下里关系不错，去年他结婚，我还去参加了婚礼。

"林浩是你同学？"等他坐在我办公桌对面的椅子上后，我开门见山地问。

"嗯，中学同学。"他半开着玩笑，"苏姐，你突然找我谈话，好可怕呀，不会是他惹什么麻烦了吧？"

我笑了："你有很好的第六感。"

我给他看了视频，又把我和林浩沟通的情况告诉了他。

黄子成先是吃惊，然后困惑起来："不能吧？他那人虽然有点不成熟，但真的挺老实的。"

"老实人会这样不讲理？"我问，"那我还真没见过这种老实人。"

他摸了摸鼻子，讪笑："他说的那话不是转述他爸说的话吗？我以前就听说他爸管他管得挺严的，他都不太敢和我们出去玩。不像我爸，纯粹就是放养式教育，放出去后，不回来也不管。"

最后，黄子成说他去和林浩谈谈，希望我给他一点儿时间。

时间我愿意给，因为我刚刚也问过新业务部的负责人，得知林浩这个人虽然主动性不太好，但技术还不错，有几个核心模块都是他开发的，部门那边不太希望人员有变动。

我更不希望，毕竟我手上还有四十九个职位空缺没有找到合适的候选人呢，我可不想让这个数字变成五十。

晚上，黄子成给我回复，说他们谈过了，林浩明天会来找我，希望我能帮他争取一下从宽处理，我答应了。

结果第二天，我忙完手上的工作时已经快下班了，这才突然想起，这一整天林浩都没有找过我。

我在 EM 上给他发消息，让他来我办公室，他过了许久才回复，说很忙。

接下来的几天也一样。

我不得不告诉他，如果他再不来找我，公司会直接按照严重违纪来处理，那么接下来恐怕就是解除劳动合同了。

他终于出现在了我的办公室里。

05

林浩脸色不太好，有很明显的黑眼圈，坐在椅子里，弓着身子，把头埋得很低，只给了我一个圆圆的帽子顶。

"黄子成说你有话和我说，但你一直不来，是什么原因呢？"我问他。

他听了我的话，头更低了，几乎直接趴在桌子上，说话声音也像蚊子一样："苏姐，对不起。"

我笑了："你没有对不起我，你不来找我，我直接按照制度执行就可以了，关键是你自己，是不是真的不打算在公司干了？"

"不是。"这次他抬起了头，红着眼圈看我，"苏姐，能不能再给我一个机会？大家都挺好的……我不想走。"

我第一次和他的目光交汇，他的眼睛里，眼泪直打转。

"你觉得自己做得对吗？"我问他。

林浩迟疑着摇了摇头，又小声说："苏姐，认错可不可以不开除？"

虽然他其实已经算不上主动坦白，但我还是答应帮他争取从宽处理，他的脸色才稍好一点。

原来，林浩不知道什么时候喜欢上了公司另一个部门一个叫李雪的女孩，大概还做了些追求者常做的事，比如给人家点奶茶，或者送个小礼物之类的。

追求到了一定程度，自然就要表白。但那女孩挺温和地拒绝了他，据说理由是公司禁止办公室恋情，所以对不起，我不能和你在一起。

被拒绝了，林浩自然是难受的，可更难受的是他爸爸也知道了那个女孩的存在，每天都在催问进展，他只好和盘托出。

于是，林爸爸把林浩失败的原因归咎于"不是自家儿子不可爱，实在是公司的规定有问题"，怨恨上了公司，在家里破口大骂以后，决定这事没完，必须闹一闹，让公司也丢丢脸。

这才有了让林浩贴大字报的事件，就连大字报都是他老人家亲手写的。

我又被震惊了。

原来这么幼稚的行为，不是这个二十八岁的"大儿童"自己想做的，而是受人指使的！

06
HR DIARY

"林浩，公司 OA（公司内办公自动化系统）有意见箱，你有意见完全可以发邮件，我们也会收集整理汇报上去。或者你直接找我，进行反映，你搞这个……嗯，贴大字报，不太合适吧？"

他低下头，两只手握在一起："我爸说……提意见要被秋后算账的。"

所以就贴大字报？！

我实在理解不了他的逻辑，只好继续问："我和你说有监控，你怎么还不承认呢？我那是给你机会，你看不出来吗？"

林浩小心翼翼地瞄了我一眼："我……"

我摆了摆手，不用他说完，我已经猜到了，一准儿是他爸爸不让，人家不是都说了吗？"人有相似，你哪只眼睛看见是我了？"

"你自己也觉得李雪拒绝你是因为公司规定？"

林浩不说话了，八成是这样想的。

他在感情方面的单纯让我狠不下心直接说破，但又不得不说："别人以这种理由拒绝你，只是想给你一个台阶下。你要知道，直接说不喜欢你，看不上你，女孩子心理压力很大的。"

林浩呆呆地看着我，好一会儿才小声说："不会的。"

他大概还是觉得人家女孩只是碍于公司规定，忍痛放弃他，毕竟这种想法他爸爸应该没少给他灌输。

我只好坏人做到底，给他举例子："假设你很喜欢一双球鞋，你会不会为了买它而少吃几顿好的，存钱去买？会吧？是不是觉得为了喜欢的东西做这些都不算什么？那如果你不喜欢，你还会这么做吗？"

过了很久，他终于说"我明白了"，眼泪又在眼圈里打转了。

我实在受不了了，说会请示一下，给他通报批评并留职察看一个月，如果再犯，公司会与他解除劳动合同。

他点点头，走了，我使劲儿叹了一口气，才觉得胸口没那么堵了。

07

和新业务部的负责人沟通了情况，他倒是很赞成给林浩一个机会。每天在一个办公室中相处的是他们，自然要比我更维护他一点。

我又拟定了违纪处理审批单，向总经理汇报后发了通知，公布了处理情况，请其他同事引以为戒。

后来，我偶尔听到过几次议论，大致意思是"现在竟然还有这种事""太幼稚了"之类的，但很快也就没人关注这件事了。

林浩老老实实地上班下班，没再做什么出格的事。不过据他们部门经理说，他在工作上的改进不大，还是像在完成作业——安排的工作安安分分做完，多一步也不会主动去想；对于项目总体的进度和效果不关心，在部门内也有种置身事外的感觉。

我想了想，还是决定找他谈谈。HR 这个职业很大程度上是个良心活，你不想管，确实有很多事都可以不管。但你想做得更好，就得不惜力，多去操一些心。

林浩对于我找他感到很茫然，也有些紧张。我赶紧解释，不是他做错了事，他这才放松下来。

"你觉得自己的工作能力怎么样？"我问他。

他想了想："还行。"

"那工作效果呢？"

这次他诚实地说："一般。"

"为什么不想一想有什么办法能做得更好呢？比如让代码逻辑更清晰，更简洁？你刚刚也说了，你工作能力还行，应该做得到啊？"

"可任务我都按时完成了。"他说。

我笑了："你这是做一天和尚撞一天钟，每个人都会，没什么特别的。最终只有那些用心做到最好的人，才能脱颖而出。"

"做一天和尚撞一天钟挺好的，不能太冒尖，俗话说，枪打出头鸟。"他有不同的观点。

"这话谁说的……"我问到一半，明白了，"又是你爸爸？"

我认真地对他说："其实，你有没有想过，你爸爸说的也不一定是对的？比如，据我所知，不太冒尖的人，是裁员的首选对象，因为有你没你都差不多。"

他怔怔地看着我，没说话。

不管他能不能听进去我的建议，至少他没再惹麻烦，我也不用找人补他的职位空缺，我对这个结果已经比较满意。

回家我把这件事说给薛仲听时，他正在抱着女儿教她说话，顺便对着我比了一个大拇指："妈妈棒棒的！"女儿咯咯笑，模糊地冒出一句："妈——妈。"

我十分欣喜，因为她上周就会说"爸爸"了，我一直在吃醋，到了今天终于叫了妈妈。这让我把别的事都抛在了脑后，反正事情都解决了，我只管做我女儿的妈妈就好了。

08

林浩顺利通过了一个月的考察期，我们保留了他的工作岗位。

黄子成找到我，表示了感谢，我问他是不是也对林浩做了很多工作。他苦笑："那真是又当爹，又当妈……"我俩都笑了起来。

这件事到这里，大家都觉得已经过去了。此时已进入年底，我忙着准备年终总结，也就没有再去关注这个人。

没想到的是，公司年会前一周，他又出问题了。

那天是星期五，临近下班，有客户打电话来，说新业务部那边的项目出现重大 Bug（程序错误），导致现网瘫痪，需要他们立即解决。

新业务部临时要求所有人紧急加班联调，全力把问题解决。通知发下去，只有林浩一个人说不能加班，理由是叔叔要来家里吃饭，爸爸要他必须回去。

部门经理好说歹说，他才同意留下处理，结果问题解决到一半，他接了个电话，人就不见了。

这直接导致其他同事要从头读他的代码，再去修改，完全是事倍功半，气得部门经理星期一直接找到我，说管理不了林浩，让他走吧。

我把前因后果问清楚，也明白这次我是没办法再给他机会了。

你说你违纪吧，如果不影响项目，也没造成什么严重后果，最起码部门经理愿意替你说话，勉强可以从轻处理。可一旦影响了项目效果和客户感知，那谁也不会留你了，毕竟每个人有每个人的压力，部门经理自己也身不由己。

我又一次把林浩叫到了我的办公室。这段时间，我见他的次数比他来公司的这一年多加起来还要多。

这次不用我问，林浩也知道自己又惹事了。早上，部门同事对他都挺不友好的，他再迟钝也能感觉出来，毕竟因为他走了，其他同事多加了大半夜的班，没办法给他好脸色。

我看着他有些不知所措的样子，叹了一口气，把早已经打印好的违纪处理通知书和解除劳动合同的表格递给他："不服从工作安排，严重影响工作进度和质量，你知道公司制度是怎么规定的吧？这次我也帮不了你了，办手续吧。"

他把那几页纸捏在手里，红着眼圈儿看我："苏姐……"

我直接打断他："这次我真的没办法。"

林浩迟疑着说："那我……能不能和……家里商量一下？"

不用问我也知道，这是要问他爸该怎么办，我很无奈，但最后还是点了头。

09

第二天，我原本担心他不肯来，给我来个拖延战术，没想到他不仅来了，还不是一个人来的，同来的还有他的父亲。

前台工作人员打来电话时，我还是有些吃惊的。做了好几年的 HR，员工的父母找上门来，还真是第一次遇到。

我请前台工作人员把人请到我办公室来，准备好好和他父亲说一下前因后果。

前台工作人员敲了门，我还没开口让进，门就被大力推开了，一个六十多岁、戴着旧军帽的老人快步走了进来，抬手就甩出两样东西，直接打在了我的脸上。

我呆了几秒钟，本能地想甩回去，可指甲戳在手心里，忍了。

"爸！"林浩在后面惊呼了一声，去拉他爸爸的衣襟，被一把甩开后，又不停地给我道歉。

我深吸了一口气，对他挤出一个安抚的笑，示意我没事，这才转头看向眼前精神矍铄的老人："您就是林浩的父亲？请坐。"

说完，我弯下腰，捡起刚刚他扔过来的东西——两个小本子，一个是退伍证，一个是军残证。

本子保存得不错，边角还锋利着，怪不得我脸上火辣辣地疼。

"我不坐！"老人火气挺大，一手叉腰，一手指着我的鼻子，"你就是主管吧？我今天就来问问你这个主管，你们这个公司，到底是人民的公司还是资本家的公司？"

说实话，对付这种风格的大爷，我没什么经验，但这时候也只能硬着头笑了笑："大爷您说笑了，社会主义国家哪儿来的资本家？我们有什么地方做得不对，您可以提出来。"

他动作不变，似乎见我态度好，声音也高了几分："既然不是资本家，凭什么压迫人？我儿子哪点没做好，你们就要开除他？"

10

"违纪处理通知书上已经写清楚了……"

"什么通知书？那是你们的通知书，我不认！"他一拍桌子，震得我的杯盖晃动，发出瓷器的碰撞声。

"爸！"林浩又扯他的衣襟，"您说要好好谈的……"

"你闭嘴。"老头倒是有点李云龙那个劲儿，腰杆硬，嗓门大，只可惜不讲理，"不就是那么点小事儿吗？我是参加过对越自卫反击战的，什么大阵仗没见过？上次贴几个字，就是小孩子闹着玩，你们公司就又是这样又是那样地折腾。这次更欺负人了，啊？下班了还不让人回家，社会主义公司有这个理儿？"

虽然我觉得解释可能也没用，但我也没别的办法，难道和他比嗓门大？

"大爷……"

我刚开口，老头就一摆手："别说那些没用的，不让我儿子上班，咱今天就没完！"

"这是公司制度规定的，不是我说让他上班他就能上班……"

"你不是主管吗？原来说了不算啊，那我和你谈什么？叫你们这里能做主的人来。"

我都被气笑了，干脆也不和他说，直接看向林浩："你也是这个意思？不让你回来上班就闹个没完？"

林浩脸涨得通红，嘴唇动了几下，还没说话，他爸爸就回头瞪了他一眼："他一个小孩子，懂什么？"

我并不理他，只看着这个二十八岁、一米八几的"小孩子"："林浩，我只比你大几个月，你是个二十八岁的男人，真的什么也不懂吗？"

老人火了，扬手把我的杯子摔在地上，瓷器碎裂声后，咖啡淌了一地。他叫嚷着："你这个女人，挑唆我儿子不听老子话，我要找你们领导！"

"爸！"林浩小声惊呼，"不关苏姐的事，是我……"

"你闭嘴！谁教你大人说话随便插嘴的？没有教养！"老人一根手指戳在他额头上，戳得他脑袋一偏。

林浩往后扯他爸爸的胳膊："别人都加班了，是我不对……"

老人回手甩开他："你这臭小子，老子在这儿，哪有你说话的份儿？没用的东西，给我滚回去……"

"爸！"被甩了个趔趄的林浩突然大喊了一声，"你太过分了！"

11

林浩往前走了两步，双手握拳，脖子上青筋鼓起，衬着他白皙的皮肤，显得有些狰狞。

"我说要加班，你一定要让我回家，部门里的同事都怎么看我？没有一个人理我，我很难受，你知不知道啊？"他扯着嗓子，带着哭音，眼泪差点要掉下来。

大概从来没见过儿子这个样子，老人一时也愣住了。

"我二十八岁了，不是八岁！"林浩继续说，"可您对我，和对八岁孩子有什么区别？买什么颜色的衣服要你同意，和同学聚餐要你同意，就连上厕所你都要限制时间。我活了这么大，您说，哪件事是我自己能做主的？没有！"他大喊，几乎破音，"根本没有！一件都没有！"

老人反应过来，脸也红了，开始挽袖子："反了你了，敢和你老子这么说话，今天看我不打死你！"说着就捶了上去。

我一看情况不对，赶紧绕过桌子准备拉架。这时门忽然开了，前台工作人员带着两个保安闯了进来，一边一个，拉住了老头的胳膊。

我松了一口气，林浩哑着声音对我说："苏姐对不起，给你添麻烦了，我明天过来办离职手续。"

"你这混账！"老人还在喊。

我摆摆手："请林大爷出去吧，帮忙打个车，我付钱。"

林浩红着眼睛看了我一眼，跟在吵吵嚷嚷的老人身后往外走，走到门口，回身给我鞠了个躬："苏姐，对不起！苏姐，谢谢！"

我觉得他走出去时的背影，比以前挺拔了些。

后来，林浩果然来办了离职手续，来的时候，他脸上青一块紫一块的，精神状态却很好，见人也不瑟缩了，还去给全部门的人道了歉。

我问他以后打算怎么办，他说想去B市闯一闯，有几个同学在那里，可以互相照应。

他大概在努力试着一个人长大，未来也许会摔跤，也许会走弯路，可他至少可以真真正正按照自己的想法活一回。

直到他的背影消失在门口，我也没有问他，他爸爸会不会同意。

这已经不重要了，成长都会痛，我只想祝福他，希望再见的时候，他不再是那个生活在父亲阴影下的孩子了。

"加班狂"的中年危机

01

我坐在办公室里,对着电脑,噼里啪啦地计算离职补偿金。行业形势不好,我们公司也对一些项目进行了"关停并转",伴随而来的就是裁员。我最不愿意做这种事,虽不忍心,却无能为力。

"苏姐!"一个项目组的同事突然推开我的办公室门,神色惊慌,"不好了,你快去看看吧,周哥要跳楼!"

我愣了一下,一时没反应过来:"你说谁?"

他更急了,跺着脚喊:"周哥啊,我们项目经理周平安!"

我猛地站起来,椅子撞在身后的墙上,冲出办公室的时候,我冲外间的专员喊:"赶紧打电话报警,快点!"跑了几步,又回头喊,"查一下他的紧急联系人是不是他老婆,打电话,让她马上过来!"

我觉得自己的腿都是软的,一级台阶踩上去,都没力气抬另一只脚。

怎么我上午才沟通过的人,吃了中午饭就要跳楼了呢?这要是真的跳下去,先不说牵连不牵连我,这辈子,我良心上是肯定没办法过去了。

就算做决定的人不是我,可和他谈话的却是我。他死了,我该怎么面对他的父母家人?又去哪里给他们赔个儿子、丈夫、父亲?

我深一脚浅一脚地爬上天台,推开沉重的铁门,正好看到周平安张开双臂站在天台边缘的背影。风吹起了他的衣摆,他摇摇晃晃,好像下一秒就要随风飘落。

我想要开口,却哆嗦着,发不出声音。

周平安的部门经理站在他身后两三米远的地方，紧张地攥紧了手。项目组里的几个同事也在旁边，七嘴八舌地劝他回到安全区域。

不管他们怎么劝，周平安头都不回，只是低声说："我是老实人，可公司不给老实人活路，那就算了，大家都不要活了。"

说着，他又往天台边缘迈了一步。

我心急如焚，不知哪儿来的力气，大声喊了一句："周平安！你老婆就在下面，你是不是要她亲眼看着你死，后半生都痛不欲生？要是这样，你就跳吧！"

他的身影一僵，然后仰起头，发出了一阵比哭还难听的笑声。

02

周平安是公司的老员工，公司成立十二年，他在公司十年。全公司四百多人，有很多人不认识总经理，却很少有人不认识周平安。

这是因为公司有一个传统——每年年会除了评比优秀员工、优秀团队，为了鼓励员工拼搏奉献，还要颁发一个奖项，叫"年度酬勤奖"。这个奖项不需要推荐评选，直接根据加班数据来评，由加班最多的人获得。过去四五年，这个奖毫无异议地，全都落在了周平安手上。

他是公司里的名人。

虽然出名，但大多数人并不认同他，我就听见过不少人说周平安有问题，他们叫他"加班狂"。

对这种疯狂加班的人最反感的，就是他带的项目组的人。

一个月前有一天，我刚上班，就收到了OA弹出来的两条离职申请。铁打的营盘流水的兵，这本来是正常的，引起我注意的是，这两人恰好是同一个部门同一个项目组的。

这就有些不正常了。

我找他们谈话，开始两人都坚持说是"个人原因"，后来经不住我反复沟通，他们终于说了实话——加班太多，受不了。

"996""白加黑"也就算了，关键是晚上时不时就通个宵，让他们感觉身心俱疲，家庭生活也没办法保证，实在是不得不走了。

HR一般不会去干涉业务部门的加班安排，但如果加班已经严重影响了员工的工作状态，甚至有可能出现大规模的离职，那就另当别论了。

我决定找项目经理周平安聊聊。

03

还没等我找他，中午吃饭的时候，我和周平安就在楼下一家餐厅偶遇了。

作为高大的北方男人，周平安性格比较开朗，他有一儿一女，小女儿和我女儿薛安然一般大，因为父母都在外地，他妻子吕薇辞了职在家带孩子。

两个小姑娘在同一个早教班，我和吕薇也认识，还经常会聊几句。

打了招呼，他主动说："苏耘，一起吃饭吧，我请你。"我欣然接受。

我们点了两菜一汤，吃饭间，我委婉地问到他们项目的进展情况，周平安只说还算顺利。

绕来绕去，在我的刻意引导下，周平安终于提到了加班，于是我趁机说："你们最近加班是不是超多啊？"

他淡淡笑笑："做软件的哪有不加班的？"又似想起什么，问我，"怎么？吕薇又向你控诉我了？"

吕薇的确经常向我抱怨周平安，说他除了是两个孩子生物学上的父亲，没有尽过半点做父亲的责任，从来不陪伴孩子，甚至孩子都很难和他说上话。她经常说自己是"丧偶式育儿"，周平安整天除了加班还是加班，什么事都不能指望他。

我偶尔也会劝她，说周平安也不容易，做软件的到了这个年龄，不多拼一下，职场上真的就没有他的位置了。

吕薇总是摇头，无奈地笑笑。

虽然这次并不是吕薇说的，但让周平安以为是他老婆说的也好，毕竟不好直说是他下面的员工有意见，那样容易引发部门内部矛盾。

于是我模棱两可地说："还用谁说啊？我偶尔也要看看考勤表的好不好？不过你总加班，家里照顾不上，吕姐蛮辛苦的。"

他示意我吃菜，深深叹了一口气："能不加班，谁愿意加班？回家陪陪老婆，逗逗孩子，享受一下天伦之乐，谁不想啊？我做通信软件这些年，最厌恶的就是加班，可到现在还得加，为什么？现实逼的，没有办法！"周平安吃完一碗饭，自己又添了一碗，把红椒炒肉拨了一点在饭里，吃得热火朝天，"上面的人对你有期望，你做不好，一次可以，第二次，他就未必肯再给你机会了。下边的人也有自己的发展诉求，跟着你，如果越混越差，谁还愿意陪你熬着，只有走人或者取代你。"

04

"最主要的是。"他放下碗，抽出纸巾来擦嘴，"苏耘，我和你们不一样。你们年轻，机会多，可能不觉得一份工作有多重要，我当年也是这样想。可现在我已经三十八岁了，行业情况怎么样，你比我清楚，我的几个同学都陆续接到了裁员通知。"

周平安又叹了一口气："我原本还没在意，反正东家不打打西家，我们做技术出身的，这点自信还是有的。结果呢？我觉得很合适的职位，投出去的简历都石沉大海。打电话去问，人家客气地说，对不起您的年龄不太合适。就连降低要求去应聘程序员，人家都说我们希望招聘30岁以下的。原来，我们已经老得让这个行业拒之门外了。可离开这个行业，我们还会做什么？"

我们俩都沉默了。

我看着坐在对面的男人，有些心酸。

三年前我调职到公司时，周平安还算英俊帅气，然而现在，就只剩下了后移的发际线和一张疲惫的脸。

这个行业的中年危机来得太早、太残酷了。

然而，作为 HR，我承认，即使是我去招聘项目经理，也会倾向于选择那些二十七八岁、朝气蓬勃的小伙子。

可我还是安慰他不用过分忧虑，一来公司业务稳定，裁员的可能性不大，二来他在公司十年了，即使裁员应该也不会动他。

"就是因为在公司太久了，所以才贵啊。如果可以用我的工资数额招三个年轻小伙子替代我，你们不愿意吗？"他反问我。

这个问题我无法回答。

"说到底，我也只能拿业绩说话，没有办法，我首先得保住这份工作。家里上有老下有小的，每天开门就要花钱，我输不起。"周平安说。

他有他的不得已，但这样加班下去，恐怕团队会有意见，人心散了，更出不了业绩。

我对他说了自己的想法，他仰头看着天花板很久，叹息道："那就希望老板能顾念一下我这些年没有功劳也有苦劳吧。"

可职场只认得功劳。这话，我没有忍心说出口。

05

离职也要通过项目经理审批，周平安天真地以为两个人的离职原因就是申请书上写的，还希望我和他们谈谈，挽留一下。

我只好把真实原因告诉他，并且劝他，如果继续这样加班，很可能离职的人会更多。他听了以后沉默半晌，最后说了一句"我尽量吧"。

后来，他们加班的确少了些，上班的时候，我偶尔几次路过他们项目组所在的区域，感觉大家的工作状态明显更加专注了。

这也可以理解，如果下班以后，无论工作是否完成都要加班，那么八小时以内，谁还会抓紧时间做事呢？

只是周平安自己，还是每天加班，经常成为全公司来得最早，走得最晚的一个。

周末，我带女儿去早教班，又遇到吕薇一个人带孩子过去。她看着陪孩子做游戏的薛博士，又是羡慕又是无奈。

"我倒是不指望周平安每次都陪我们来，可你看他，要不就没完没了地加班，要不就躲进书房里看书。儿子的作业不会做去问他，他一点耐性也没有，整天一副沾火就着的样子，吓得儿子都不敢和他说话。这叫什么父亲？不是看在两个孩子的份儿上，我真是和他过够了。"吕薇有些心灰意冷。

"我觉得，周哥最近可能有点中年危机。"我把周平安的话告诉了她，"他压力大，焦虑一些也在所难免，你多理解他鼓励他，我怕真有裁员的话，他承受不了。"

吕薇怔了怔："真的会裁员？"

我觉得暂时还好，但谁也不能保证以后会怎样，她听了有些恍惚："那要是真的裁员，他这种除了软件开发什么也不会的人，该怎么办呢？"

薛博士在旁边逗着安然，笑着插话："什么叫'什么也不会'呀？人真到了那一步，干什么活不下去呢？我都和苏耘说了，我要是失业了，我俩就开个早餐铺，她炸油条我打豆浆，照样养家糊口，怕什么？"

吕薇也笑了："说得也是，那我就开个熟食店，两个人一起干活，比现在见不到人影还好点。"

本来都是说笑，谁也没想到，裁员竟然真的悄悄来了。

06

一周后，从集团总部调任了一位姓杜的副总经理过来，分管项目管理部和质量部。

没过多久，开始有风声说考虑到市场环境不好，公司准备控制研发投入，有些非核心项目可能会进行"关停并转"，实际上就是砍掉不做了。

消息一传出来，好多人就变了脸色。因为这意味着业务规模的缩减，也意味着公司有可能会进行裁员。

接连两天，我在茶水间遇到周平安，他的脸色都很憔悴，显然已经陷入焦虑中。

星期五下午，天阴得不像话，下班的时间刚到，外面就下起了大雨，打得我的办公室窗子噼里啪啦乱响。偏巧我的车送去保养了，而薛博士晚上要加班，没办法接我。我看着窗外的雨幕，犹豫着要不然我也加个班算了，正好等着薛博士把我带回去。

周平安路过我的办公室，见我还在，就敲了两下门："没开车？那一起吧。"

于是我就搭了他的顺风车。

正是高峰时段，天气又不好，路上堵成了一锅粥。

"真的会裁员？"周平安目视前方，"你有没有消息？"

我摇摇头："虽然我也是集团总部派来的，但集团那么大，我和杜总并不认识，所以我的消息也没有那么灵通。"

不过毕竟我们关系不错，我给他说了说我自己的分析："我感觉关停并转一些项目是有可能的。一般企业'过冬'的方法之一，就是缩小业务规模，集中优势资源投入在核心项目上，保住这些项目的市场竞争力。"

过了一会儿，他点了一下头，似乎在说服我，又像是在说服他自己："我们这个项目应该是公司核心项目吧？毕竟这个项目参加过 2008 年奥运会的通信保障工作。"

他说得没错，可那已经过去多年了。一期产品市场基本已经饱和，二期产品刚刚开始研发，未来的投入期会很长。

他的项目其实风险很大。

07

第二周,老板找我,新来的杜总也在。

公司现有大小项目二十一个,砍掉一些已成定局。

至于人员,讨论后大家一致认为最好的做法是先不大规模裁员,而是将员工分散到其他项目组后,再逐步优胜劣汰。

下午,项目部就发了通知,请各位项目经理准备资料,第二周开评审会——公司将对每个项目进行评分,然后决定其去留。

周平安非常忙碌,我去市场部,会碰到他找市场分析人员要他这个产品的分析资料;在洗手间里碰到会计,也听说他在要一期的销售和成本数据。

他一个做技术出身的,做这些不是强项,出于同情,我让他做好项目分析报告后可以发给我,我会请我家薛博士帮忙看看。

尽管就连薛博士都说,其实这个评估会不过是走一走过场,留哪个关哪个,高层心里早就有数了。我却始终抱有一丝希望,希望周平安能留住他的项目。

评审会开了两天,第二天晚上下班时,我遇到周平安,他脸色不好,点头一笑都显得牵强。

问他,他说小女儿涵涵患肺炎住院了,儿子没人带,他又不肯请假,吕薇只好把孩子托付给邻居照顾,自己去陪女儿。

周平安说,岳父岳母打电话指责他没有尽到做父亲的责任,妻子和他冷战,项目也不一定保得住,男人活着,怎么就这么难呢?

晃眼间,我看见他两鬓的头发,有点点银光。

08

结果和薛博士预料的一样,周平安的项目被砍了。但不是彻底砍掉,而是和其他两个项目合并,成为一个大的项目。

这种合并项目让谁来负责,其他两个部门负责人都势必会不满意,因此老板决定新的项目经理由竞聘产生,公司内所有符合条件的同事都可以报名。

这就意味着,无论是周平安,还是另外两个项目经理,都失去了他们原有的职位,要和其他人一起去争一个新的职位。

对他们,是生存;对别人,是发展。

竞聘过程由我负责,设置了竞聘演讲和项目方案设计两个环节,都由专家组打分,专家组成员主要是几位老总和我。

那天,周平安有史以来第一次穿了西装,演讲的过程中一直在卖力地和专家组进行眼神交流，对这个职位的渴望都写在了他的眼睛里。我心里很难过，如果换成我家薛博士这样眼巴巴地去争取一个职位，我一定心疼死了。

他是一个男人，他有家庭要对家庭负责，他要承担的东西很多，这里容不下他的清高和自负。

十二名候选人都讲完以后，专家组又对他们的项目方案做了评分。

无论是竞聘演讲还是项目方案，周平安都几乎是最好的。不过只是"几乎"，有一个人和他得分差不多，但年龄比他小了整整九岁，是合并前另一个项目的项目经理宋岩。

抛开个人情感不谈，我也认为宋岩更合适一些。周平安现在的能力确实不错，但也仅此而已，从发展的角度考虑，二十九岁的宋岩成长空间显然更大一些。

最后公司聘任了宋岩担任这个新项目的项目经理，对于周平安和另外一个落选的项目经理，公司给了他们两个选择——要么做研发工程师，降薪一半，要么拿着离职补偿金离开公司。

我负责和他们谈这个结果，另一个人直接说准备走了，周平安却一直沉默着，我不知道他会怎么选择。

09

却没想到他的选择，原来是站上天台。

说完那句话，见他依然站在那里，我再接再厉地劝道："你以为你跳下去，就可以证明公司错了？就能让公司里的其他人也不好过了？"

"不是，根本不是！"我扯着嗓子喊，"负责人写个检讨，会上反思一下，这件事儿就过了，谁也不会有什么损失，没几天，就再也不会有人记得周平安是谁了！可吕姐怎么办？你的浩浩和涵涵怎么办？你想想他们啊！你跳下去了，一了百了，他们以后怎么生活？"

"我管不了那么多了。"周平安仰头看着灰蒙蒙的天空，"我在公司十年，最好的年华都搭进去了，现在他们卸磨杀驴，我能怎么办？我三十八岁了，不是十八岁二十岁，年轻人还有希望，我还有什么？还不如跳下去，给老婆孩子留下点钱，就算是我这个窝囊的男人最后的尊严吧！"

"你那算什么尊严，那是软弱！你要是真跳下去，公司里的人谁不得说一句，周平安太怂了？"我激他，他是个要面子的人。

谁知他又往天台边缘走了一步："我是软弱，可我没做错什么事，兢兢业业十年，就这么被公司逼死了，我让他们也不得安定，看以后还有没有人肯这么拼！"

"周平安！"一个身影从我身后冲出来，我反应过来，一把拉住她，吕薇惨白着脸，看着周平安，身子一软靠在我身上。"周平安，你给我回来！你这是干什么？你跳下去，把两个孩子扔给我一个人，你让我怎么办？"

周平安的身影僵住了，他慢慢转身，侧对着我们，我看见他眼睛赤红："吕薇，算我对不起你，我没本事，活着只能给你们丢人！你放心，我死了他们就得赔钱，这笔钱够你们生活几年了,你带着孩子好好过!"

"你……"吕薇的眼泪掉下来,身子抖得厉害,"你胡说什么呢?谁要那钱,我要的是丈夫,孩子要的是爸爸!"

"他爸没用,一把年纪,连个工作都保不住,活着也没用!"

"周哥。"我也红了眼睛,"你才三十八,怎么就没用了?你不缺胳膊不少腿,干点什么不行?人生真正的危机从来就不是步入中年或者老年,而是你没有勇气从头再来。如果你没有,不管多少岁,你的危机早就来了。"

周平安苦笑了一下:"苏耘,你说得很对,可要是换成你家薛博士被裁员,你也能这样说吗?"

10

"换成薛仲,我现在就俩大耳刮子扇他了!"我有些生气,"说好的失业了开早餐铺的,我炸油条他打豆浆,他跳了谁给我打豆浆啊?你们也是,吕姐,是不是你说开熟食店,可以和周哥一起经营?俩大活人还能饿死吗?怎么就至于要死要活呢?"

吕薇直点头,周平安有些发愣:"你家薛博士读那么多书,你让他开早餐铺?"

"没读书的人能开,我们反而开不了?没读书的人被逼到那一步都能顽强地活着,我们反而活不了?周哥,你的书都读到哪儿去了?读书就是教你出了问题就逃避吗?"

吕薇深吸一口气,慢慢站直了身体:"周平安,你回来吧,别折腾了。不就是裁员吗?要我说,挺好。你当年娶我,说一辈子陪着我,可陪了吗?你陪的都是你的电脑、你的代码,这回终于轮到你陪我了,我觉得特别好。"

周平安看她半响:"你真觉得好?"

吕薇点点头:"家里还有积蓄,两年不赚钱也不会饿死。你以前追我的时候总做饭,结了婚一顿饭也没做过。你先回家给我做顿饭,咱俩吃饱了好好商量,干点什么不行?好不容易可以换个活法了,我高兴都来不及呢!就你那份工作,和卖给公司的包身工似的,我早就不想让你干了。一辈子那么短,浪费在这儿,一点也不值得。现在有人给钱让你走,不是好事吗?让别人去卖命吧,咱们自己当家做主去。"

"吕姐说得对。"我也对着他喊,"你知道'老干妈'的陶华碧吗?人家二十多岁守寡,靠卖香辣酱养活两个孩子,人家不是也活过来了?"

周平安垂着头看脚下,半天没说话。

我和吕薇的手握在一起,都是冷汗。

"你真愿意和我卖熟食?"良久,周平安又问吕薇。吕薇使劲儿点头:"你知道我熟食做得好,咱俩开个夫妻店,天天能在一起,多好。"

他看着我和吕薇,最后苦笑了一声:"苏耘,离职补偿金给我好好算算,别算错了,我得拿它当本钱呢。"

"你放心。"我笑了。

他脚尖一动,吕薇赶紧冲过去,一把把他拉到安全区域抱住,一边哭一边使劲往他身上捶:"吓坏我了!你这个没良心的东西!"

周平安看了我一眼,我招招手,让聚在楼顶的几个人跟我一起下去,把这里留给他们夫妻俩。

11

后来,周平安夫妻请我和薛博士吃了一次饭。席间,我和吕薇讨论育儿,他和薛博士讨论创业。

周平安的熟食店没开起来,可他找到了新的方向——做互联网培训课程。

一个月以后,他录制的几节关于Java开发的网课在互联网上点击量不错,有培训机构找他合作,他多年的研发经验发挥了作用,课程的实用性受到认可。

一年后,周平安和几个从大公司离职的同学一起创业做培训机构,和高校签约,安排大四学生做实训项目,以便他们学的东西能在毕业以后真正和企业需求接轨。

我不知道他的收入怎么样,但周末他会和吕薇一起带孩子去早教班了,也会偶尔和我们聚个会。

周平安胖了一些,吕薇的脸色也比以前好了,就连他们的儿子浩浩,都变得更活泼开朗了。

男孩子的成长有没有父亲的陪伴,真的很不一样。

有时候,生活的质量并不是取决于你赚多少钱,而是取决于你有没有一颗勇敢的心。

后来,每当我工作不顺心的时候,都会想起那天天台上的周平安,想起我对他说的话。于是我会觉得,天塌下来都没什么,大不了从头再来。

世上哪有什么中年危机,有的,只是人心的危机。心不垮掉,人生就永远没有真正的危机。

像八十岁时种橙子的褚时健,像四十岁时卖辣椒酱的陶华碧,也可以像每一个人到中年仍努力生活的——你或者我自己。

迎着太阳,走向光明。

即将升职时,她怀孕了

01

快到午休时间,我去了次洗手间,回来发现内部通信 EM 一直闪个不停。我打开对话框,消息来自唐婧冉:苏耘,中午一起吃饭吧,我有事和你说。

"好,难得盒饭女王肯移驾出去吃,我请。"文字消息后,我加了一个笑脸表情发过去。

这年头,在职场中交朋友不容易,对 HR 来说更难。唐婧冉就是我在公司这几年交到的为数不多的朋友之一。

吃饭的地方是她选的,距离公司不太近的一家蒸菜馆。看着她点完菜,我正诧异于无辣不欢的她竟然改了口味,她就抚着小腹说:"苏耘,我怀孕了。"

"真的啊?几周了?有没有什么反应?"我替她高兴,余光扫见她脚上的高跟鞋,我立刻皱了眉:"那你得赶紧换掉高跟鞋,对了,你好像没有平底鞋,周末我陪你去买两双,顺便再买一件防辐射服……"

唐婧冉打断我的话:"苏耘,事实上……我还没有想好要不要。"

我怔住了。

她的目光落在小店里来来往往的人群中,有些茫然,又有些无奈:"你说这个孩子,早不来,晚不来,为什么偏偏是这个时候来?"

"这个时候?"我一瞬间就明白了。

唐婧冉所在的售前部有二十多个人,分成了两个组,她是其中一组的主管,另一组主管两年前才来公司,叫谷峰。

一周前,公司发布了新的人事任命,因为部门业绩卓越,售前部王经理——他们的顶头上司，升职成了王总监。

这意味着，部门经理的职位空了出来，而最有实力去争取这个职位的人只有两个——唐婧冉和谷峰。

虽然说两人都是主管，可和跳槽过来就带团队的谷峰不一样，唐婧冉是从最基层的售前工程师一步一步走上去的。

如果论背景，自然是谷峰更好，名校毕业加在500强企业工作过的履历，走到哪里都金光闪闪。但唐婧冉在公司五年了，她的努力程度超出大多数人的想象。别人午休了都是出去吃个饭，逛逛街，她却天天守在办公室里，一边吃盒饭一边写技术方案。

部门里的同事开玩笑说，如果哪天冉冉姐不吃盒饭了，公司周边的外卖都要垮掉一批，她的"盒饭女王"称号就是这样来的。

售前部从最初两三个人发展到今天，婧冉功不可没。前期的方案模板是她熬通宵做的，第一批专业的售前工程师是她手把手带出来的，甚至人手最紧的时候，同一天从早上到次日凌晨飞三个城市讲标，下了飞机就直接晕过去的人也是她。

公平地说，那个位置，是她应得的。

02

这顿饭我们谁也没吃好。婧冉胃口不佳，我也心情复杂。

如果现在坐在这里的只是HR苏耘，那么我至少会提示售前部暂缓任命。虽然说来很残忍，但没有HR会支持公司给一位孕妇升职。可我也是个女人，对面的姑娘是我的朋友，她的老公杨攀还是我的学弟，考虑他们的感受是我的本能。

与我相比，婧冉是一个真正的职场女强人，但我相信，如果她做了母亲，会另有一番感受。

从个人感情上，我很想劝婧冉留下这个孩子，但是，职场是现实的。就算她现在没有百分百的胜算，这些年的付出也有目共睹，可如果在这个节骨眼儿上怀孕，那么毫无疑问，这场争夺战刚刚开始，她就已经被红牌罚下了。

每个人的情况都不同，我也不知道该如何选择。最后我只能建议她，一定要慎重，和老公商量好，做了决定就别后悔。

婧冉点头答应了。

正如我所预料的，杨攀非常想要这个孩子。他是一个极其喜欢孩子的男人，每次见到我女儿安然，眼睛里都会盛满笑容。就连我家薛博士都承认，比起对孩子的耐心，他也要对杨攀甘拜下风。

婧冉说他们谈了一个晚上，杨攀差一点就给她跪下了。可她现在真的决定不了，售前部发展到如今的规模是她的心血，为他人作嫁衣，她不甘心。

为了不让别人发现她怀孕，婧冉甚至还打算穿着高跟鞋上班，为这件事两个人吵了一架后，她才勉强换成了中跟鞋。

"你以为他有多爱我？"和我吃饭的时候，婧冉自嘲地说，"还不是更看重孩子？"

"你这样说对杨攀可不公平。"我劝她，"你又不是不知道他多想要孩子，每次聚会时，眼睛都黏在我家安然身上了，我都怕他偷我的女儿。"

她扑哧一声笑了，眉眼间却又很快染上哀伤："可他就不能替我想想吗？我这些年容易吗？现在怀孕生孩子，回来以后我种的树，果实都成了别人的，这对我公平吗？"

我想说点什么，最终还是没有开口。

03

几天后，邻市有个重要客户，销售那边需要售前部派人一起去做一个方案讲解。考虑到对产品和客户需求的熟悉程度，王总监把这项工作派给了婧冉。

"要不，你还是把情况告诉他吧，孕早期这样出差颠簸，万⸺"我有些担忧。

她垂着头摆弄手里的纸巾，半晌才说："没事，我能去。"

"要不找个别的理由？"我还是试图说服她，"我们想想。"

"算了。"婧冉扭头看着窗外，她的侧影消瘦，鼻梁比一般女孩子更高更直，一看就是倔强好胜的性格。

"我不去就是谷峰去，那个客户很重要，前期我已经做了那么多工作，这个时候，无论怎样，我也不能推脱。"

坦白说，我们都明白，如果婧冉选择生小孩，无论有没有这次的成绩，谷峰升任部门经理都几乎是一定的。

婧冉一直认为对方升任部门经理，她的日子会很不好过，但我并不这样认为。职场中，很多时候就算以前是竞争关系，只要位置发生了变化，关系也会随之变化。你能不能为他提供帮助，或者他需要打造怎样的团队，才是决定他怎样对你的关键。

婧冉并没有否定我这个观点，只是语气坚定地说："苏耘，我拼了这么久，我不想输。"

我理解她，可我在想，如果她真的一心只要事业，又怎么会如此犹豫不决呢？

04

婧冉和杨攀吵架了。

因为限行，我下了班就去路边等薛仲来接我，正遇上他们两人在车旁僵持，一个拖着行李箱要走，另一个死活不让。

"杨攀，你放开，我要去和同事会合，时间来不及了。"婧冉一边说一边推他的手。

"我不放。"杨攀极少有这样强硬的语气，"你出去问问，哪个男人愿意让自己怀孕的老婆出差？这么折腾谁能放心？"

"你小点声！"婧冉急了，一转头看见我，赶紧喊，"苏耘，你快来帮我劝劝他。"

我只好走过去，有些为难地看着杨攀："这里人多，要不……咱们上车再说？"

三个人都坐进了他的小夏利，车门一关，婧冉就直接说："杨攀，出差的事我已经答应了，必须去，你赶紧让我走。"

我有些无奈地替她补充："这次确实来不及换人了，她会小心的，保证不出问题，是不是婧冉？"我扯她的衣袖。

"保证？她怎么保证？"杨攀烦躁地抓了抓头发，"算了，我请假陪你去。"

"不行！"婧冉急切地说，"你一去，谁看不出来我有问题？行了杨攀，快别闹了，你就让我去吧。"

说完，她对我眨了眨眼睛。我没办法，只好说："明天就回来了，下不为例，这次你就别拦着了，好不好？"

婧冉到底还是下车走了。我劝了杨攀几句，给他讲了婧冉的处境，他一声不吭。

其实我能理解他，可现在的情况是，婧冉已经骑虎难下了。

等她回来，他们就开始了冷战。但这对冷战中的小夫妻，男子每天面无表情地开着车接送女子上下班，被我撞见几次，他正在帮她开车门，手小心地挡在她头顶。

没过两天，婧冉就开始带饭了，都是杨攀照着网上的孕妇食谱准备的营养餐，她说他每天早上不到六点就起床，一个人在厨房里忙好久。

我听着都很感动，更何况是婧冉呢！虽然她不说，可看着她努力把所有菜都吃得一口不剩，我猜她也是珍惜这份心意的。

05
HR DIARY

孕期七周，婧冉还是没有做出决定。一方面，杨攀对她怀孕的事很上心，照顾得无微不至，几乎是把她捧在手心里。另一方面，这次出差的结果很不错，客户那边对产品很认可，签单已成定局，王总监非常满意，找婧冉谈了话，话里话外的意思，我们两个分析，都觉得有那么点隐晦的接班暗示。

但没人知道这是不是高层的决定。至少我作为公司人事行政部经理，总经理并未在我面前提起过。

俗话说"舍得，有舍才有得"，可"舍"真不是那么容易，尤其是在"得"还没到手的情况下。

婧冉希望能瞒到尘埃落定，再作出选择，可纸终归是包不住火。

不知道是因为出差太辛苦，还是因为心情不好，她回来不久就开始孕吐，后来严重到只要办公室里有一点异味，她就会脸色发白地跑向洗手间。

我担心她这样营养跟不上，她却更担心被人发现怀孕的事。

可同在一个办公区，共用写字楼的卫生间，想要不被人发现是很难的。因此婧冉很小心，据她说每次吐完了，都会从门缝里往外看，确定没有人才会出来。

那天，我也在洗手间，听见右侧隔间里有呕吐的声音，就猜可能是她。本想着先出去帮她看看有没有其他人，就听见隔间门轻轻响了一声，大约过了几秒钟，传来很轻微但迅速的脚步声。

糟糕的是，我左侧隔间的门，也正好在这时候开了。

06

"希望不要那么巧正好是我们公司的人啊。"正当我这样想着的时候，就听见一个有几分耳熟的声音，语气中还带着显而易见的惊讶："冉冉姐，怎么是你啊？"

"哦，你也在啊？"婧冉顿了一下才说。

"你这是怎么了？我听你吐得好厉害，没事吧？"那个声音继续说，我现在分辨出来了，好像是谷峰组的一个女孩，叫周星月，和婧冉的关系向来不好。

"没什么事……"婧冉的话没说完，那姑娘突然拔高了声音打断她："哎呀，我知道了，冉冉姐，你是不是怀宝宝了啊？我就说你这两天看着脸色不好呢，好像也没怎么化妆……"

婧冉勉强笑了一声："我就是肠胃不舒服，你怎么想这么多啊？人不舒服，哪有精力化妆？"

"可我看你真的挺像怀孕的，要不你赶紧去检查一下吧？"周星月语气里带着隐秘的兴奋，"可别疏忽了，听说头三个月最要注意。"

我暗自叹了一口气，打开门出去，顺便接了话："婧冉，我早说你这胃病要按疗程吃药，你总不当回事，现在难受了吧？"说完，我又似笑非笑地拍了拍周星月的手，"没结婚的女孩，以后别总说怀孕什么的，别人不知道的还以为你怀过呢。"

说完，我就扶着婧冉的胳膊走了出去。

也不知道是什么运气，一出门，我们正好撞到谷峰从对面的男洗手间出来，而周星月在我们后面大声嚷嚷："冉冉姐，我这可都是好意，你要是怀着孕瞎折腾，有个什么闪失就不好了……"

谷峰的眼神明显变了变，却什么都没说。

婧冉垂在身侧的手握成了拳头。

周星月果然不是个省油的灯，传播消息的速度堪比细菌繁殖。婧冉说，没一会儿就有好几个人问她要不要防辐射服，她们怀孕时的防辐射服还在呢。

下午我去茶水间洗杯子，在门口就听见财务部的小姑娘问售前部那边一个同事："听星月说你们主管怀孕了？"

那个同事的头摇得像拨浪鼓似的："没有啊，前几天出差时东西没吃对，胃病犯了。"

"我就说嘛，现在这种女强人谁那么早生小孩啊？她也就二十八九岁吧？"

"二十七岁。"婧冉的下属还是很维护她的，"冉冉姐说了，三十岁以前不考虑生孩子的问题。"

07

"不如就趁着这个机会说了吧？就算升职了，你还真舍得把孩子打掉啊？"第二天中午，婧冉抱着她的保温饭盒和我一起吃饭的时候，我终于忍不住劝她。

她喝一口排骨汤，又不适地捂着嘴忍了半天，才喘着气说："你以为我想这样提心吊胆地瞒着？尤其是那个小丫头到处去传，我解释都解释不过来。所以现在连我自己都说不清究竟是希望老板选我，还是希望他们赶紧选谷峰，让我死心算了。"

"那你自己做出选择不行吗？"我把一小碟酸黄瓜放在她面前，又继续说，"你现在这么纠结，就说明你还是舍不得孩子呀。你就别为难自己了。"

婧冉看了我足足有半分钟，苦笑着叹了口气："苏耘啊，说实话，世上有几个人有资格想怎么样就怎么样？"

婧冉一向是个自尊心很强的女孩，这是她第一次向我说起她的原生家庭。

婧冉出生在中国西部的一个小镇，父母都没什么文化，靠养殖家禽为生。

小时候，因为周围的人都差不多，婧冉并没有觉得自己的生活有什么问题。直到大多数小伙伴初中就辍学，而她考上了重点高中，她才突然发现，自己的家庭原来是这样贫穷。

那时候，每个学期开学，婧冉都很害怕，生怕家里交不出学费。她一直记得高二会考报名时，老师收会考费，全班只有她一个人拿不出钱来，四五十双眼睛都看向她时的感觉。

后来，她努力考上了重点大学，利用一切时间打工赚学费，寒暑假基本上都不回家，尤其是春节，那300%的加班费她拿了整整三年。正是这点钱，支撑着她到了大学毕业。

说到这里，婧冉漂亮的丹凤眼泛起了水光，她几乎是哽咽着问我："苏耘，我想趁年轻奋斗一下，多赚点钱，我不想让我的孩子经历我经历过的这些，有错吗？"

我想说以她和杨攀现在的条件不至于那样，虽然不能给孩子金山银山，但衣食无忧也不错了。

但我最后只是拍了拍她的手背。

08

快下班的时候，我去找总经理签字，回来时路过楼梯间，听见了婧冉的声音。

"谷峰，我一直都很认可你的工作能力，但我没想到你的表达能力也很好。不知道你是用什么方法把闲话传给领导的，能不能教教我？"

谷峰似乎轻笑了一声："唐主管，我得承认，我的口才确实不错。不过……你想要学的这个我不太擅长，帮不了你，下次有其他不懂的，随时可以来问我。"

"是吗？那么抢夺别人劳动成果想必是你擅长的了？怎么样，把我做了几个月的项目抢到手，得意吗？"婧冉的声音高了起来。

"还好吧，我会做好的，争取不负所托。"谷峰加重了后几个字，拉开门走了出来，和我撞个正着。

猝不及防之下，我只好把文件随手扔在地上，自己蹲下去，装作在捡东西。

"要我帮忙吗？苏经理。"谷峰在我旁边停住脚步。我若无其事地说："谢谢，不用了。"

"那我先走了。"他点点头。

楼梯间里，婧冉面色苍白地靠在墙上，我把她带回我的办公室。

关好门，她脱力地跌坐在沙发上，捂着自己的眼睛，好半天才长叹了一口气："苏耘，周末你陪我去医院吧，我想好了，这个孩子我不要了。"

我很吃惊，忙倒了一杯温开水递到她手里，她的指尖冰凉，微微发抖。

"到底发生了什么事？"我问。

她摇着头，苦笑着说："古人说，当断不断，必受其乱，果然说得没错。我总是舍不得这个舍不得那个，现在可倒好，自己种的苦果自己吃。"

原来刚刚，王总监找了她和谷峰。

西藏那边有一个大项目，千万级的合同金额，做好了还会有二期三期采购需求。因为客户的机房环境很复杂，对产品的要求也比较多，考虑到业务能力，前期准备工作一直是由婧冉在负责。

她对这个项目非常重视，不仅跑前跑后地收集产品信息，还实地考察过那边的现场情况，回来后做了培训课件，给客户进行了两次远程培训，解答了无数个问题，客户终于表明了购买意向。

但现在，客户那边提出要举办一个大型的现场产品培训会，才能最后决定签不签合同。

这个时候王总监找了他们两人，不是安排婧冉去出差，而是让她把前期的资料全部移交给谷峰，由他接手去西藏进行培训。

09
HR DIARY

婧冉一时无法接受，王总监却说，看她这段时间身体不太好，西藏那个地方海拔高，还是让男同事去吃苦吧。

可她以前也去过那里。

婧冉心里一片冰凉，看来王总监也听说了她怀孕的传言。

"苏耘，谷峰插进来，光是提成，我至少就要损失两三万。而且这还不只是钱的问题，王总监是在给他机会。这个项目有很大的可能性能拿下，我做了那么多工作，现在都成了他的业绩。你说我怎么这么蠢？我早就该下决心不要孩子，现在就不会这样被动了。"婧冉仰着头看我，眼角湿润，"不能再拖了，现在还只是传言，万一隐孕的事暴露了，我会什么都没有的，苏耘。"

她说的也不是完全没有道理。

去年公司曾经招聘过一个做软件测试的女员工。面试过程中，这位女员工说自己没有男朋友，两年以内不会结婚生子。

办理入职手续的时候，她提交了两个月前的体检报告，身体情况达到录用要求，我们也就批准了。

可是入职不到一周，她就申请休孕检假，我们才发现她已经怀孕六周了。

我当时明确询问过这位女员工，人家理所当然地说："他那时确实不是我的男朋友，怀孕的事情我入职的时候也不知道呀。但是后来发现怀孕了，我们就领了结婚证，这也没问题吧？你们管得也太多了，这是个人隐私，你懂不懂？"

于是公司只能把这个人"养"起来。

结果人家在公司任职期间怀了孕，生了小孩儿，拿着全额工资休了158天产假，产假一结束就提出了离职，让公司领导和部门经理气愤不已。我到现在都觉得很对不起公司。

婧冉这种情况，如果让王总监或总经理知道了，对她的态度可想而知，她在公司的前途也就真的毁了。

"大丈夫能屈能伸，要不然，你借这个机会向谷峰示个好，帮他把项目搞定，过几天你宣布怀孕，请他多关照。这样，以后你生了宝宝回来，也不至于原来的位置也没了。"我还是很舍不得，极力劝她。

婧冉摇摇头，目光渐渐坚定起来："我的项目、我的团队、我拼了五年才得到的机会，让我拱手让人，苏耘，我不甘心。"

10
HR DIARY

尽管不赞同，但我知道，就算我不陪她，她也会一个人去的，所以周六早上，我还是开着车去婧冉家楼下接她。

杨攀通宵加班还没回来，她早上发了个微信告诉他这个决定，然后就关了机。我劝她商量好再说，她闭上眼睛，语气疲惫："他不会同意的。"

看着她苍白的脸色，我什么话也说不出来。

手术室在妇产科最里面，外面几间是检查室。我们一路走过去，检查室外站满了人，手术室门口却只坐着一个浓妆艳抹、面无表情的中年女人。

把单子交给护士，我们坐在门口等着叫号。没一会儿，旁边检查室里出来一位年轻女孩，一个高个男孩迎上去，两人在我们旁边坐下，欢欢喜喜地一起看B超图片。

"这里是宝宝的头，你看见没有？"女孩子指着黑乎乎的图像说。

男孩子使劲儿点头："他一定长得很帅，特别可爱那种。"

"那当然，像我。"女孩笑起来。

"明明是像我好不好？你这丑小妞。"

两个人你一句我一句地开着玩笑，婧冉坐在那里一声不吭，眼圈却慢慢红了。

旁边那个女人进去没多久就出来了，还是面无表情，扶着墙慢慢往外走。

护士叫了婧冉的名字，她全身一僵，转过头无助地看着我。

我咬了咬牙，起身扶着她进了手术室。

11

负责做手术的是一位四十多岁的女医生。

"结婚了吗？"她问。

婧冉点头。

"你真的想好了？"医生和蔼地笑笑，"你的宝宝现在外观差不多定形了，能分辨出头、身体、四肢。只是头还是比躯干大，有点像外星人，很可爱哦，你确定不要他了吗？"

大概是因为从来没有想过这些，婧冉怔住了，茫然地看看医生，又看看我。

"我记得再过几周，宝宝就会长出头发来的。"我轻声说，"我家安然的头发是很好的，又黑又密。"

"那要十五周了。"医生补充道，"十七周的时候，从B超里还会看见他在吐泡泡，这是因为他的肺开始工作了，正在吸羊水呢。"

婧冉的眼泪在眼眶里打转："真的能看见？"

我的声音里忍不住带了笑："我当时也没注意这些，不知道小宝宝会这么顽皮。不过十七八周以后，安然就开始不老实了，一会儿扭屁股，一会儿踢我，不用生出来，我都知道她准是个淘气包。"

大家都笑了，婧冉笑着笑着就捂住了脸。

"后来终于熬到她出生，护士抱给我看，我说怎么这么丑啊，皮肤红通通、皱巴巴的，这肯定像薛仲。"我继续说。

"薛博士很帅……"婧冉闷着声音，顿了一秒又说，"很幸福吧？苏耘。"

"幸福啊，想要的这一大一小都在身边。"我把她的头发别在耳朵后面，"虽然为了生她，我胖了，长了妊娠纹，可我还是觉得很值得。你不知道看着她一天天长大，我有多快乐。有时候我也想像你那样投入工作，但每天不得不分出时间照顾她。人啊，不能什么都要，为了自己想要的，舍弃点什么也是应该的。"

"可惜我不行……"她揉着眼睛，"算了，我本来就是个现实的女人。"

"医生，准备做手术吧。"她轻声说。

12

我出了手术室，还没坐下，就接到杨攀的电话。我犹豫了一会儿，还是按下了接听键。

"师姐！"他像在学校时那样叫我，声音有些沙哑，"冉冉是不是和你在一起？"

"嗯。"

"你们在哪儿？我马上过来。"他喘着气，似乎在跑。

"来不及了，杨攀……婧冉已经进手术室了。"这一句话我说得无比艰难。

"你帮我拦住她，师姐，我求求你，一定要帮我拦住她。"杨攀的声音都哑了，"师姐，那是我的孩子……"

他这句话说得我心里难受得厉害，下意识对着手术室大声喊："能不能等一会儿，等她老公来？"

里面没有声音。

"是不是三医院？我在楼下了，师姐，等等我。"

"四楼，你上来吧！"我只希望来得及。

杨攀跑上来的时候，红着眼睛，衣服敞开着，头发也乱糟糟的，所有人都看向他。

"冉冉……我知道我们现在条件不好，但我会努力的，保证不让你们和孩子受苦，你信我一回行不行啊？"他一到门口就扯着嗓子喊。

护士出来，让他保持安静。

"我安静不了……"杨攀拼命去推手术室的门，"我的孩子就要没了，我怎么安静啊？冉冉你出来，我求你了！"

门锁着，他后退几步，准备猛地撞过去，我赶紧去拉他的胳膊，可怎么都拉不住。

就在这时，手术室的门突然开了，婧冉虚弱地扶着墙走了出来，满脸泪水。

孩子没了，我心里一疼。

杨攀也是全身一颤，却还是迎上去抱住了她。

婧冉缓缓抬起手，轻轻抚摸他的后背："杨攀，我没有做手术，我们的宝宝，他还在。"

"真的？"男人的声音很惊喜，转瞬又扶着她的肩膀低下头，小心翼翼地打量她，不确定似的问，"冉冉，你说的是真的吗？不骗我？"

婧冉仰头看着他，脸上带着泪，嘴角却翘起："真的，不骗你。你准备好做爸爸吧。"

话音刚落，杨攀孩子似的欢呼一声，一下把她抱住，哽着声音说："冉冉你真好！谢谢你，谢谢你！"又回头对我说，"师姐，你听见了吗？我要做爸爸了，师姐！"

我想我的眼眶也红了。

很久以后，婧冉告诉我，她之所以决定留下孩子，是因为她终于明白，她想要的东西，一直都和我一样。

13
HR DIARY

在我的建议下，婧冉和谷峰开诚布公地谈了一次，她愿意助他晋升，并且做一个得力的好下属。婧冉以为有了上次的争吵，谷峰会给她脸色看，可谷峰只是笑了笑，让她安心养胎。

婧冉和谷峰谈完话的当天下午，王总监就找我，说了婧冉查出怀孕的事情。我趁机说，她怀孕也很正常，毕竟是老员工了，该给公司创造的价值都创造了，也是时候享受一下生育福利了,王总监也表示理解。

过了不久,谷峰的任命下来了,他果然升任了部门经理。

文件是由我发布的,我告诉婧冉的时候,她将手覆在小腹上,语气平静,却难掩失落:"苏耘,你说他会是个很可爱的宝宝吧?他会知道他妈妈为了他付出了多少吗?"

我的目光也落在她还没有明显隆起的小腹上,声音不自觉就软了下来:"他会很可爱的,有长长的睫毛和小小的脚丫,我保证你会爱上他的。"

"那就好。"她带了一点无奈,又好像在给自己打气,"我还要给宝宝最好的生活呢,我得加油啊!你不是也说吗?拼了那么久,就算职位不是我的,本事总是我的。那我还有什么可怕的?说不定生完宝宝,我也会出去看看,我唐婧冉这样优秀,就不信没有站在高处的一天。"

我作势咳嗽了一声:"优秀的唐婧冉同志,请你注意,你面前的是公司的HR经理,说话不要这样不把我当回事儿。"

她笑了起来,整个人的脸色比前几天不知道好了多少。

八个月后,婧冉生了一个大胖儿子,杨攀高兴得差一点跳上房顶,逢人必说"我儿子……",把一些单身的朋友烦得要命。

产假结束后,她回来上班,还是原来的职位,只是她工作更拼了,说要给宝宝赚奶粉钱。

没过多久,婧冉协助销售人员拿下来一个原本几乎完全没有可能拿下的项目,令公司领导对她刮目相看,谷峰也因此受到了表扬。

后来随着公司业务发展,部门规模扩大,增设一名副经理,婧冉理所当然地晋升了。

任命下来那天,她儿子刚好过两岁生日,晚上我们一起给他庆祝。

杨攀喝多了,抱着孩子说:"大儿子,你可记住,你妈妈以前想不要你来着,爸爸都急坏了。你以后可要孝顺爸爸啊!"

婧冉立刻把他推到一边去,抱过扁着嘴的儿子亲了一口:"儿子,别听你爸胡说,你是妈妈的福星,就算不要你爸也不能不要你啊。"

小萌娃咯咯笑起来,我家安然在旁边装小淑女,也跟着抿嘴偷偷笑。

我悄悄把手放在薛仲手心里,贴着他耳边说:"你看,这样多好。"

他捏了捏我的手指:"是啊,人只要一直知道自己想要的是什么,迟早会走向幸福的。"

只要路对,不怕路远,大概就是这个道理吧。

告别"老好人"

01

"等一下,麻烦等一下。"电梯门关得只剩下一条缝的时候,有熟悉的绵软声音在外面喊。我按下开门键,看见了像一棵挂满早餐的小树一样的叶晓白。

"苏姐早!"见是我,她露出一个略显腼腆的笑容,"我是不是耽误您的时间了?"

"没有,我也不急。怎么买这么多早餐?"我说着,伸手过去,想帮她提一点。

叶晓白稍稍侧身躲了一下,红着脸连声说:"不用不用,苏姐,我可以自己提,汤汤水水的,别弄到您衣服上。"

我笑了笑,缩回了手。有的人就是这样,你帮她忙反而让她诚惶诚恐,那就没必要为难人家了。

时间还早,办公室里没有什么人,叶晓白坚持让我先走,等我进了自己的办公室,回头透过玻璃墙看过去,发现她正挨个桌子放早餐,嘴里还嘀嘀咕咕地念叨着:"李姐的豆浆油条,张晓辉的包子,莉莉姐的凉面……"

她不只是帮忙给我们部门的人带了早餐,就连在同一个大办公室里办公的商务部和物资部的同事,也有好几个人桌上放了她带的早餐。

也不知道这姑娘是几点起床去买的,我摇头笑笑,希望吃着早餐的那些人能记着她的好吧,毕竟一个挺清秀的女孩帮忙帮得像卖早餐的大婶似的,也挺不容易的。

然而,没过多久,外面的人陆续到了,除了商务部经理李姐随口说了句"晓白,谢了",我没有听到其他人说过哪怕一句感谢。

这就算了,竟然还有人在抱怨:"晓白,你怎么搞的,和你说了凉面不加葱的,这怎么这么多葱啊？"

我踮起脚，从玻璃隔断上贴着的磨砂膜的缝隙中看出去，说话的是商务助理夏莉莉。

"放了葱吗？我和老板说了不放呀。"晓白跑过去伸头看，带着歉意说，"要不我给你挑出来吧。"

夏莉莉伸手把筷子递给了叶晓白。

我皱了皱眉，推门走了出去。

夏莉莉热情地和我打招呼："苏姐今天来得好早啊。"

"嗯，今天没在家吃早餐。"

"那你买了早餐吗？"她问。

"在外卖平台上点了，一会儿就到。"我随意地说。

"让晓白顺便帮你带一份就好了。"另一位正在吃早餐的同事说。

我笑了，提高了声音："我自己买很方便，晓白也要赶着上班，哪有那个时间和力气？"说完，我不看他们各人的脸色，低头瞅了一眼手机，"这不就送到了？我去拿。"

02

叶晓白是我所负责的人事行政部新入职的行政助理。

她今年二十二岁，刚刚毕业，并没有行政方面的工作经验。可是我在十二位候选人中选择了她，一方面是因为她细心踏实，另一方面就是觉得她服务意识比较好，不像有些人那样眼高手低。

但后来我发现，我还是看错了。叶晓白不是服务意识好，她根本就是"讨好型人格"。

在她刚入职的第一个月，我对她的工作是很满意的。

我还是第一次遇到一名行政助理能够在这么短的时间内，认得四百多人的公司里的绝大多数人，甚至还和好几个部门的人相当熟悉。

每天我坐在办公室里，都能听见外间此起彼伏的叫"晓白"的声音——"晓白，麻烦你帮我复印一下，谢谢哦！""晓白，能不能帮我改一下PPT，做点动画，他们说你会。""晓白，快点帮我把这个送到销售部，爱你哦！"

有时候和其他部门的同事一起吃饭，或是在茶水间偶遇，也总有人提起叶晓白，称赞她乐于助人。

"这是个亲和力不错的小姑娘。"我心里这样想。

开始意识到她这样帮助别人有些不合适，是在她入职两个月以后。

"晓白，麻烦去代收点帮我拿个快递。"我开会回来，一进门就听见夏莉莉极具辨识度的嗓音。

"哦，好。"晓白忙不迭答应着，脸上挂着笑。

"我也有快递，你顺手捎回来呗。"说话的是比晓白入职还晚的采购部同事。

晓白答应着，看见我，立刻问："苏姐，你有没有快递要拿回来啊？"

我扫了一眼正专注玩手机的夏莉莉，心里有点不痛快，但多一事不如少一事，最后我只说："快去快回，考勤表还没交上来呢。"

03

结果晓白抱回来的快递包裹，垒起来都快比她高了。

"怎么这么多？都谁的啊，你没把我的压在下面吧？我那可是海淘的精品，可别给我压变形了。"夏莉莉跳过去，翻找她自己的快递。

"没有没有，最上面一个就是。"晓白把快递都放在自己桌子上，腮边还带着被快递包装蹭上去的灰，"都是销售部同事的，他们出差呢，让我帮忙收一下。"

"哎呀，晓白！"采购部同事突然插了一句，"我不是和你说要打开看看吗？"她一边皱眉一边拆包装，"你怎么没打开啊，我这是马克杯，不当场验货，摔坏了怎么办啊？"

晓白连声道歉："对不起，对不起，快递太多我忘了。你看看坏了没……实在不行，我再给你买一个。"

等大家分完了快递，我看见晓白桌上还剩了几个，应该是销售部同事的。她拿出纸巾擦干净外包装，一个个摞在了桌子底下。

快下班时，我让晓白做一个月度办公费用的统计表给我。她正聚精会神地在电脑前忙碌时，夏莉莉那边接了个电话，又让晓白去给她取一个快递。

晓白为难地说："我这马上要做个东西交给苏姐，要不你自己……"她的话还没说完，夏莉莉的声音就高了一个度："自从送到代收点，都是你去取的，我怎么知道在哪？你就不能取完再做吗？"

晓白怔了一下，嘴唇动了动，最后站了起来，小声说了句："好。"

办公室里，我又一次皱起了眉。

04

双十一以后没多久，大批快递蜂拥而至。我几次找晓白安排工作，她都不在座位上，而周围的快递堆得像一座小山。

我终于发火了。

晓白低着头站在我办公桌前，手指不自觉地揪着衣角，神情怯怯。

"什么叫本职工作你懂不懂？你是快递员还是他们的保姆？我招聘你来是给他们打杂的吗？"我刻意提高了声音，也想让外面那群人听听。

"苏……苏姐……"她为难地看看我，又小心地向外间看了一眼，小声说，"对不起，工作我会加班做完的……"

"加班？工作时间不是给别人取快递就是送退货，自己的事反而要加班做？"我冷笑一声，"不知道的还以为公司剥削员工呢！"

也许是因为我第一次对她这样凶，小姑娘吓得瑟缩一下，眼圈都红了，看着我的目光也带着哀求："苏姐……"

我到底还是说不下去了。

"你先出去吧，下不为例。"等她拉开门，我叫住她："你办公桌旁边的那堆快递，让他们自己赶紧来拿，要不就放到杂物间去。这样子领导过来看见了，以为我们部门改行了呢。"

晓白唯唯诺诺地出去。

后来，有关系好的同事告诉我，她们背后议论，说我苛责下属，不就是帮别人点儿忙吗，至于吗？助人为乐不是美德了吗？

我听了淡淡一笑，随她们说吧，怕得罪人就做不了管理者。如果她们自此以后能不把晓白当打杂的使唤，这个坏人我做了又能怎么样？

没想到是我一厢情愿了。

下午，我正在修改一个制度文件，晓白敲门进来，把一杯星巴克放在了我桌上，正是我喜欢的焦糖玛奇朵。

我的视线从电脑上移到她脸上："不是上周还拿方便面当午餐吗？发财了？"

她一张小脸涨得通红："苏姐……就是一点心意，大家都有……"

"一点心意？大家都有？然后你再啃一周方便面？"我拿出手机，"36元吧？我转给你。"

"不不不……"她使劲儿摆手，很无措的样子，"苏姐……"

我放下手机，叹了一口气，让她坐下，刻意缓了语气："晓白，我不是针对你，我们做行政工作的是需要有服务意识。可我没让你去给别人打杂，不是买早餐就是泡咖啡，每天做这些事，你能学到什么？别人还不领情。"

她又揪着衣角说："苏姐……工作我肯定能完成，大家也没有恶意，大不了我多干点，这样不是挺好吗？挺和谐的。"

我有些无语，想到自己手上还有一堆工作，女儿安然这几天还在感冒发烧，便也没了长谈的心思，只说："你自己看着办吧，有什么需要我出面沟通的，你就找我。"

她感激地点点头。

05

一连几天下午，我都请了假，带安然去打针。那天晚上有电话会议，我把孩子送回家，在快下班的时候赶回公司。没等走到大办公室门口，就听见好像有人在大声说着什么。

今天几个部门的经理都不在，这是要放飞自我了？我停住脚步往里面看。

"凭什么啊？晓白你帮他们不帮我，你什么意思？看不起我？"

"莉莉姐，我不是……"晓白的声音很低，模糊不清。

"不是什么？刚刚企宣部的高杰让你帮忙写软文，你二话没说就同意了，这事有没有？"夏莉莉分毫不让。

"她身体不舒服，我……"

"身体不舒服？就你信吧！去年有个实习生帮她写软文，后来宣传效果不好被领导点名批评，她立刻就将责任推给了实习生。你问问现在还有谁帮她？"

"都答应了，推了不好……莉莉姐，我今晚真忙不过来了。"晓白的语气里含着歉意。

"到我这就忙不过来了？那刚才徐姐让你帮忙做数据的时候你怎么不说呢？夸你两句Excel用得好，你就乐颠颠答应了，傻不傻啊你？"

"好几个表需要套公式，她没做过……"

"我不管，晚上我约了人看电影，这可是终身大事。晓白，你看着办。""求人"的夏莉莉越发理直气壮。

"那……"

我有些听不下去了，轻咳一声，走了进去。

夏莉莉一看见我脸色就有些不好，堆着假笑问："苏姐，你怎么回来了？"

"我不能回来？"我淡淡地说。

"不是，这都要下班了……"她说了一半，讪讪地闭了嘴。

晓白小心地打量我的脸色，一副心虚的样子。

"我给你安排的工作太少了？"我扭头问她。

"不是……"她摇头。

"那就好。凡事量力而为没坏处。"我点到即止。

可这姑娘到底还是辜负了我的这点心意。

06

晚上开完电话会议已经是十点多，我回办公室拿包，却发现外间的灯还亮着。

"怎么还不走？"看见在电脑前揉眼睛的晓白，我皱起了眉头。

见是我，她疲惫的脸上挂起笑容："苏姐您也还没走啊？那您先走吧，我这还要弄一会儿。"

我走过的时候正好能看见她的电脑屏幕，她有些慌乱地伸手挡屏幕，但我还是看出来那是一份销售合同。

"夏莉莉的？"我问。

晓白嗫嚅着："莉莉姐有事。"

"她去看电影，你帮她做合同？"我轻笑一声，"晓白，这究竟是谁的工作？"

"没……我就是……人家都那样说了，也不好不帮忙。"她咬着唇。

"可你要知道，升米恩，斗米仇。你总是不懂得拒绝，人家就会理所当然地使唤你。"

晓白眨眨眼睛，笑得有些勉强："都是同事，没关系的。"

既然这样，我也就不再多说了，径直拿了东西回家。

那天之后，我有些懒得管她。从工作角度，她只要保质保量地完成我交代的任务，其他的是她自己的事情。

于是，大办公室里又开始听到她们肆无忌惮地叫"晓白"——"晓白，取快递。""晓白，给我校对一下标书。""晓白，这几个电话帮我打一下。"

晓白几乎每天晚上都在加班。

过了将近一周，有一天早上我到得早，一个人在办公室里准备当天的工作会议材料。

"晓白，你是怎么做事的？"随着急匆匆的脚步声，有人嚷嚷着走进大办公室。

我听出是夏莉莉的声音，就靠近玻璃隔断往外看。

"莉莉姐，怎么了？"晓白一头雾水。

"你还问我怎么了？"夏莉莉用指节敲着晓白的桌子，气急败坏地质问，"刚刚销售部的同事打电话给我，我才知道你做的那个合同里，设备型号都写错了，是T2不是T8，你知不知道这两个型号差了一万多块钱？"

"啊……不会吧！我就是按照你给我的标书资料做的啊。"晓白吓得小脸发白，慌慌张张地去看自己的电脑。

07

"看什么看？现在看有什么用？我不管，等下你自己给客户打电话，认个错，求人家让你重新发合同过去。"夏莉莉回到自己的办公位，一屁股坐下。

"本来以为你认真细致，才让你帮忙的，你看看你自己，惹了多大麻烦。我都要被你害死了！"她一边说，一边喝了一口晓白放在她桌上的豆浆，"哎呀，怎么这么烫？"

"对不起，莉莉姐。"晓白小声说，"可是……这个标书上的设备型号真的就是T8，你过来看看。"

"不可能！我发给你的……"夏莉莉说了一半，突然一顿，隔了几秒才说，"我发给你的标书上的设备型号就是T2，是你自己搞错了吧？"

听到这里，我已经差不多明白了。投标时公司都会准备几个不同版本的标书，不同配置的设备价格不同，很可能是夏莉莉给晓白发错了标书的版本。

我本想出去替晓白说句话，可一想到她之前的表现，就叹了一口气。

晓白盯着电脑检查了好久，几次欲言又止，最后却只是要了客户的电话号码。

她在自己的工位上打电话，含着眼泪不停地道歉，客户始终不肯同意更换合同。夏莉莉在旁边事不关己地涂着口红，好像忘记了那份合同本应该是她做的。

晓白刚放下电话，皱着小脸不知道该怎么办才好，徐姐就风风火火地闯了进来。

"哎，晓白，你这就不对了。"她一开口语气就不好。

徐姐平时只负责做些简单的统计工作，还经常找人帮忙，大家都尽量躲着她。

"你说你不愿意帮忙也就算了,也不能瞎帮呀!你这数据做得不对,汇总结果对不上,是不是故意的啊?"她掐着腰站在晓白桌子前。

"不会啊,徐姐我怎么可能是故意的呢?我看看错哪了。"晓白赶紧去打开自己做的表格,却被徐姐阻止了。

"不用了,我们部门的人都改好了。你说你吧,晓白,做不了你就别答应啊,答应了还弄错,领导批评我,你就高兴了?"

08
HR DIARY

"晓白应该不是故意的。"旁边一位同事有些看不下去,插了一句嘴。

"那可就不好说了,她不是会用那些公式吗,用公式还能弄错?"徐姐还是愤愤不平。

"可不是吗?答应了帮忙就应该当成自己的事情去做,要不就别答应。你搞得一团乱,让别人被批评,那不是帮倒忙吗?"夏莉莉也在旁边帮腔。

晓白的眼泪在眼眶里来回转。

我有些不忍心,不过想想,她也该长长记性了。

"你这样子是什么意思?好像我们欺负你似的。我被领导批评就够郁闷的了,还要看你的脸色。现在的小姑娘真神奇,以为只要哭一哭就能得到全世界了吗?"徐姐还不肯善罢甘休。

晓白咬着唇无助地摇头,却没有人再帮她说话了。

"反正那个客户你自己搞定啊,等一会我们经理来了,你不要把我扯下水。"夏莉莉一边吃早餐一边说。

晓白似乎终于忍不住了,突然站了起来。我以为她要反抗了,还准备出去助她一臂之力,却不承想她捂住嘴跌跌撞撞地跑了出去。

"不会出什么事吧?"我心里一紧,赶紧拉开门追了出去。

晓白顺着楼梯往上跑,我在后面追,上面是顶楼天台,急得我手心冒汗。

好在晓白并没有靠近楼顶的边缘,她只是转了个弯,蹲在了天台上一个巨大的空调外机背后。

我松了一口气,慢慢走过去,也蹲在了她旁边。

空调外机发出轰隆隆的响声,夹杂着晓白压抑的抽泣声。

"还好吗?"我拍了拍她的肩膀。

"没事……苏姐,我没事。"她哽咽着说。

"这时候你应该说不好,很委屈,这才是你的真实感受。"我放慢了语速,"晓白,为什么你宁可委屈自己,也要去取悦别人?做了这么久'老好人',你累不累?"

09

她抬起头看我，脸上有泪，眼睛和鼻子都红通通的："我只是想和大家好好相处，这不对吗？我不明白为什么会这样……"

"是啊，有时候我们只是希望和别人好好相处。"我叹了一口气，"我初中的时候，转过一次学。别的同学互相都很熟悉，有说有笑的，只有我孤零零一个人，老师也不太注意我。"

"那时，我和你现在的想法一样，想和大家好好相处。所以我积极参加集体活动，运动会时帮别的同学拿衣服、拿水，上课前帮老师擦黑板、倒水。可是有一天我拉肚子了，课间去厕所，没来得及做这些事情，学习委员和老师就都指责我，说我做事虎头蛇尾。"

我轻笑一声："你看，我这么努力地去讨他们喜欢，可他们并不喜欢我。"

晓白咬着唇："那后来呢？"

"后来啊，后来我就被一个臭小子骂醒了啊。"我弯起唇角，"他说，我若喜欢你，你脾气再大都叫个性。我若不喜欢你，就算你温顺得像只猫，我都嫌你掉毛！这个道理你不懂吗？真是个没用的笨丫头！"

晓白"扑哧"一声笑了，笑完又开始抹眼泪："可不这样做，我应该怎么办？我又不优秀，也不讨人喜欢。"

她给我讲了她的家庭。晓白有个双胞胎妹妹，可奇怪的是，她们不太像——妹妹显然更漂亮、更聪明。所以从小到大，无论是父母还是老师，都把更多的目光放在了妹妹身上，所有人说到妹妹，总是会有很多夸奖的词，而说到晓白，除了"听话"，似乎再也没有别的了。

一直到晓白渐渐长大，学会帮妈妈做家务，给爸爸擦皮鞋，他们才逐渐给了她一些赞赏和表扬。

所以，晓白一直以为，不停地帮别人忙，才是获得认可的唯一方式。

讨好别人已经成了她的本能。

10

"或许，你可以试试拒绝他们，只做自己喜欢的事情呢？""我那时也是真的很想让同学和老师喜欢我。可自从薛博士骂醒我，哦，对了，那个臭小子就是我老公薛仲。"我笑起来，"之后姐就谁也不讨好了。别人找我帮忙，帮不帮看我的心情。你们喜欢不喜欢我，我不在乎，我喜欢自己就行。一个学期以后，我考了全班第一，还拿了乒乓球比赛的冠军。从那以后，很多同学渐渐主动来和我说话，我也有了几个好朋友。朋友是靠吸引的，不是靠讨好的。你得先接纳自己，才能吸引别人。"

晓白安静地听我说完，揉着眼睛叹了一口气："可我不行啊，我没有您这样优秀。"

"至少你并不需要靠别人的喜欢活着。"我用力握了握她的肩膀，"试一试，怎么样？"

晓白迟疑了很久，终于点了点头。

合同的事情，后来我找夏莉莉所属部门的部门经理说明了情况，结果对方部门核实后，确定是夏莉莉给错了标书——把一个备选标书和中标的标书搞混了。

夏莉莉在大办公室里指桑骂槐了两天，晓白每天像做错了事一样垂着头。后来我让人事专员把公司劳动纪律相关条款给夏莉莉看，提醒她破坏团队氛围也是违纪行为，她这才消停了。

那天的事，大办公室的人也都了解了一个大概，多少还是有几个同事觉得晓白挺委屈的，也就主动不找她帮忙了。

至于带早餐，我让晓白拒绝几次，偶尔帮忙买一次。

晓白开始怎么也说不出口，拖拖拉拉地又买了一周，发现大家果然习以为常，没人感谢她，甚至还一如既往地挑毛病，这才鼓起勇气以自己睡眠不好，想多睡一会儿为由拒绝了。

奇怪的是，隔了几天，她偶然发消息说今天起得早，可以帮忙买早餐了，大家竟然欢喜地送上一片感谢之声。

晓白皱着小脸问我："苏姐，你说这些人怎么这样呢？"

我笑笑："他们一直这样，只有你把自己当回事了，他们才会把你当回事。"

取快递什么的，大家也慢慢开始轮流去了，晓白第一次收到别人顺路拿回来的快递，简直有点诚惶诚恐。

我们都以为，至少短时间内，大家应该不太会找晓白帮忙了，没想到几天以后，徐姐竟然"不计前嫌"地找晓白帮忙做PPT，还再三说："晓白，你这次可要认真点，不要再搞错了。"

晓白咬着唇看向我的办公室，我对她笑着点了点头。

她的唇动了几次，最后红着脸小声说："我的工作由苏姐安排，需要我配合协调的工作，请先发邮件给苏姐。"

这话一出，全办公室都静了一瞬。

晓白的脸更红了，眼睛不停地往我这边看。

我索性打开门，笑眯眯地问："我好像听见有需要我们部门协助的工作？"

徐姐瞪了晓白一眼，说了句"没有"，扭头就走了。

晓白看着我，眼睛水润润的，慢慢燃起了一点光。

我知道她已经开始在与"老好人"告别了。

总有一天她会明白，在职场中，做个自我欣赏和成长的人，比"老好人"更愉快，也更能获得尊重。

"剩女"的焦虑

01

每月最后一个星期五,是我和老公薛仲约会的日子。

当年他求婚时,我说:"薛仲,我不要嫁给你,我要和你谈一辈子的恋爱。"

他笑着把我被风吹乱的头发掖到耳后:"那不如我们约定个规则吧,不管生活怎样被柴米油盐类的琐事填满,薛仲永远做苏小姐的'星期五情人'。"

我想了想,欣然接受。

这家叫"红尘小调"的餐厅我是第一次来,它有个非常浪漫的设计——每个卡座都被薄薄的轻纱环绕着,空间半掩半露,配上温柔的暖黄色灯光,很适合约会。

落座后,穿着西装马甲的侍者很快就来帮我们点餐,为了方便交流,他挽起了一侧的纱帘。

就是在这时,透过邻座纱帘的缝隙,我看见了化了淡妆的钟灵。

她的对面坐着一个男人,发量略少,长相普通,神情严肃。

男人的两手放在桌面上,手里拿着一张纸,他的目光落在纸上。

我听见他用一种类似审问犯人的语气说:"你刚刚说你父母都是事业单位职工,他们的收入怎么样?生活费需要你来负担吗?"

钟灵怔了一下,有些局促地摇头:"不用,他们在县城,生活成本很低……"

不等她说完,男人就打断她:"那你在本市买房子了吗?"

"买了。"钟灵的神情已经不太好,但还是挤出了一个笑容,"去年已经交房了。"

"在哪个区?面积多少?有贷款吗?"

我皱起眉,她这是……在相亲?现在的男人,相亲提问都这么直接了吗?

薛仲拆了餐具包装，帮我一一摆放好，正要说话，见我神情奇怪，就顺着我的目光看了过去："认识？"

"嗯。"我点头，压低声音，"公司同事，那个女生。"

他听了两句，淡淡地说："这个男人不怎么样。"

何止是不怎么样！

我第一次遇到有人这么直白地问女孩子："你虚岁都三十了，为什么还找不到男朋友？是不是有什么问题？"

真是奇怪，你自己不也没找到女朋友吗？否则你来这里干什么？

这种情况下，女孩子大概没有几个会忍着不怼回去，可一向要强的钟灵竟然忍住了。

她的脸有些红，却仍勉强维持着礼貌："大概缘分没到吧……"

"有过几个男朋友？有做过出格的事情吗？"男人不大的眼睛直直地盯着钟灵，好像要判断她会不会说谎。

钟灵终于站了起来，端起面前的一杯柠檬水，扬手泼在了对方脸上。

"喂！"那人恼羞成怒，一把抓住了她的手腕。

"等我一会儿！"对薛仲扔下一句话，我起身大步走过去。

02

从小看武侠小说长大的女生就这点不好，骨子里侠气太重，具体表现为爱管闲事，这是薛仲对我的评价。

可是没办法，改不了。所以从小到大，吃力不讨好的事我没少干，包括这一次。

"你拉我出来干什么？"意识到我旁听了她令人尴尬的相亲过程，钟灵涨红了脸。

"不出来你要怎么样？和他打一架？钟灵，你打不过人家。"我有些生气她的不知好歹，要不是我旁边还站着薛仲，今天我和她都很难全身而退。

她把脸扭向一边，抱着胳膊靠在洗手间的墙壁上，半晌，才自嘲地笑了一声："哈哈，这都是什么人啊？这就是相亲网站给我匹配的最适合我的男士，我这样一个毕业于重点大学的知识女性，就和这样的人相亲？"

大约是觉得委屈，说到后面，钟灵的声音有些哽咽。

"要我说，相亲可以，多认识些人，合得来的就聊聊，合不来的，比如今天这位，你转身就走就是了，何必听他那些话？"

不管怎么说，我和钟灵也算共事多年，虽谈不上是多好的朋友，但几分交情还是有的。

"你以为我不想转身就走？"她苦笑，"苏耘，你这纯粹就是站着说话不腰疼。你一个有老公有孩子的人，知道现在想找个能结婚的男人有多难吗？"

"单身的，条件稍好点的，嫌你年龄大；不嫌你年龄大的，肯定就是要啥没啥。有过婚史的，不是心里还惦记以前那个人，就是拿婚姻不当一回事了。所以你说，除了把握每一次机会，我还能怎么办？"

我想说，要相伴一辈子的人，无论如何都必须是自己喜欢的。可最后我只是暗暗叹了一口气，到底没说。

现在的钟灵，可能已经不是以前那个走路带风的钟灵了。

03

在我从集团总部调过来之前，钟灵就已经在公司了。

那时她还只是一名会计助理，每天的工作主要是协助会计审核装订票据，做一些简单的数据统计。

钟灵基础好，又勤奋，一年后碰到一个机会，开始做费用会计，然后是总账会计，直到原来的财务主管离职，她接替了这个职位。

靠着自己的努力一步步晋升，是一件值得骄傲的事。她自己显然也是这样认为的。

钟灵虽然长相普通，但举止从容、做事干脆，很有职场女性的知性气质，所以当年也曾有很多男生对她产生好感。只可惜她那时的心思都在升职加薪上，最后都不了了之了。

对此，她似乎也并不在意，除了工作，还在忙着考注册会计师的证书，每天不是加班就是上课，劲头很足。

钟灵的变化，我后来仔细回想，应该是从王婷婷入职开始的。

王婷婷是两个月以前经客户推荐入职的，具体关系总经理没细说，我从只言片语推测，客户那边的领导应该是她老公家的什么亲戚。

商务部本来只有一名经理，为了她，直接增设了一个主管的职位。

王婷婷入职那天，我带着她在公司里走了一圈，商务部和大部分部门都要打交道，互相认识一下对谁都方便。

走到财务部时，钟灵正好不在。我向王婷婷介绍了财务经理和其他同事，又解释说还有一位主管叫钟灵。

王婷婷听到钟灵的名字，漂亮的脸上露出笑容："哎呀，真巧，我大学有个室友也叫钟灵，就是钟灵毓秀的钟灵。"

话音还没落，钟灵从门口走进来。

更巧的事情发生了——原来此钟灵正是王婷婷口中的那个钟灵。

04

对有的人来说，他乡遇故知是好事，可对有的人却未必。

开始的那段日子，我常常看见午休时间一到，王婷婷就兴高采烈地去找钟灵一起吃饭。

偶尔下班时，也能见到两个人有说有笑地在一起等电梯。

可渐渐地，钟灵似乎比以往更忙了。午休时不是还有流程要审核，就是有报表赶着交，至于下班，则基本每天都不能按时走，两个人在一起的次数渐渐少了。

有几次我听见有人问王婷婷怎么没和钟灵一起走，她总是心无城府地笑着说："她忙呀！"

不知为什么，我的直觉告诉我，钟灵并没有那么忙，她只是在躲王婷婷。

没过几天，税务局组织了一个培训，因为也涉及个税部分，财务部吴经理让我和她一起去听一下。

路上闲聊，话题转来转去还是在工作上。

"你们部门最近怎么突然这么忙？"我随口问。

"没有啊，还不是和往年一样？"她话刚出口，突然恍然大悟，"你是说钟灵？"

见我点头，吴经理笑了起来："她现在啊，完全就是没有活儿也要找点事做，巴不得自己忙一些。"

我露出不解的表情，她压低了声音，神神秘秘地说："我觉得，她这是在躲着王婷婷呢。"

"躲什么，不是同学吗？我看她们关系还挺好的。"

吴经理一边说一边哭笑不得地摇头："好是好，不过王婷婷说话有点不注意分寸。你说她当着那么多人的面问钟灵结婚没，人家尴尬不？更何况据我所知，读书的时候，钟灵是学生会主席、优秀毕业生，而王婷婷也就是勉强没挂科而已。结果现在呢？人家嫁得好，老公体贴、孩子活泼。现在又空降过来，和钟灵平级，换你是钟灵，你什么心情？"

我想了想，叹了一口气。

吴经理继续说："这就算了，偏偏我还听见王婷婷絮絮叨叨地劝钟灵赶紧找一个男朋友，说什么年纪再大就只能找二婚的了，又说女人过了三十岁生孩子不好。当时我看钟灵那脸色，都要找个地缝钻进去了。"

05
HR DIARY

自从我在"红尘小调"遇到钟灵以后，她一反常态地开始频繁请假。

四月，集团例行对我们公司进行内审，以往这项工作，从资料数据准备到审计过程陪同，都是由钟灵负责，从未出过差错，结果今年审计组入场前一天，我去找吴经理沟通几个人力成本的数据，正遇到她在和钟灵谈话。

我在外面等了一会儿，钟灵出来以后才敲门进去。

见吴经理正端着水杯叹气，我问她："怎么了？钟灵出了差错？"

"差错倒没有。"她皱着眉，"只不过最近她对工作的投入太少了。钟灵的考勤你也应该看到了，没几天晚上是不早走的。"

"她在忙什么？相亲？"结合那天所见，我猜测到。

"相亲我不反对。"吴经理放下杯子，转过电脑屏幕让我看，"快三十岁了，没有男朋友,她着急了,这个我理解,为了照顾她,这几张表都是我自己在做。可明天就要内审了,这是多重要的事儿?相亲晚两天能怎么样?结果人家说要请假,晚上已经约好了,你说气不气人?"

我回想了一下,刚刚擦肩而过时,钟灵勉强对我笑,眼睛下面一片青黑。于是我忍不住劝道:"她可能压力有点大吧,现在的父母都比本人还着急,何况还有个王婷婷在旁边,处处都和她比较。"

"我明白。钟灵是我一手带出来的,我能不了解她吗?"吴经理苦笑,"原本还打算好好培养一下,我也不年轻了,过两年肯定要调回集团去等退休,想来想去,也就钟灵最适合接我的位置。可照这样下去,也不知道她的心思,还能不能放在工作上。"她摇着头叹气:"可惜了。"

"吴经理,我先和钟灵谈谈吧。"最后我说。

06

我去办公室找钟灵,她没在,几分钟后却在距离办公区较远的洗手间里遇到了她。

钟灵正在对着镜子梳头发,夕阳微光里,她每梳一下,就有一缕发丝飘落下来。

我低头看了看米色地砖上散乱的发丝,心里微叹一口气。

钟灵从镜子里看到了我,先是一怔,继而弯起唇角,露出一个没有多少笑意的微笑:"吴姐让你来找我谈的?"

我的视线和她的目光交会:"不是,关注公司骨干员工本来就是我的工作。"

钟灵带了点自嘲地笑了一声:"骨干员工?有什么用?"

"吴经理在培养你。"我看着她,"你知道的吧?你很有机会的,钟灵。"

她转过身,靠在洗手台上和我对视:"知道。可是苏耘,我最终是要结婚生子的。吴姐和你,你们的生活都很好,还有……婷婷。可是你看我,我有什么?与我相比,你们每个人都是人生赢家,所以你说我是不是得抓住青春的尾巴,努力赶上啊?"

她说完,回身利落地给自己扎了一个马尾辫,对着镜子涂上口红,然后深吸一口气,扬起一个笑容:"我看起来怎么样?"

我虽然心情复杂,却还是笑着说:"很不错,祝你好运。"

然而,钟灵的运气并没有那么好。也可能是因为她抱了过高的期望,所以失望更大一点。

一周后的晚上,我刚给女儿小安然洗过澡,把小家伙哄睡了,就收到了一条微信语音:"苏耘,出来喝一杯?"

竟然是钟灵。

"这么晚出去?"薛仲皱着眉头看着我换衣服,"要不要我陪你去?"

我笑笑摇头:"不用,她就在老肖那儿呢。"

老肖是薛仲的一个朋友,开了一家不大的清吧,距离我家不远,薛仲这才放下心来。

07

我赶到时，钟灵正坐在拐角处的一个卡座里，桌子上摆着几瓶我叫不出牌子的啤酒。

"别的酒我不敢乱点，怕有隐藏消费，就这个，凑合着喝吧。"她斜斜地靠在沙发里，随手指了一下，"你随意。"

我在她对面坐下，叫服务员给我倒了一杯白开水："没事，这里的老板我认识，保证没有隐藏消费。"

钟灵笑了笑："那我可就尽兴了，反正买不起单有你。"

说完，她真的一声不吭地喝了起来，我也不打扰她，小口小口地喝我自己的白开水。

一瓶啤酒喝完，钟灵突然开口："苏耘，你说，为什么相亲这么难？"

原来，她这段时间相亲一直不顺利。

一号先生，三十二岁，公务员，没有婚史，有房有车。可俩人见了面，话还没说上两句，对方就问她能接受和婆婆同住吗？钟灵想了想，很委婉地回答，住得近一些可以，但小家庭最好还是有自己独立的空间。

结果就因为这一句话，对方训了她一个多小时，中心思想就是她这样不孝顺，根本不配为人。

第二个，三十五岁，国企职员，有短暂的婚姻经历，没有孩子。见面的地方在一家小奶茶店，人均消费十五块钱。这也就算了，人家还没看上钟灵，结束相亲约会后在婚恋网上抱怨钟灵从头到尾没有付钱的打算，质问为什么现在的女孩子把男人为她们花钱当成天经地义的事情呢？

其他的，钟灵摆摆手："不说了，长得能达到普通人水平的就算好的了，有两个身高还没有我高呢，网上硬写着一米七。矮点没关系，诚实一点不行吗？"

"那你给网站提提意见吧，也别着急，不合适的就不见了，缘分得慢慢遇，千万别将就。"我耐心地劝她。

"算了。"她摇头，用手指抹了一下眼角，仰起头看天花板，"你说得对。我钟灵做了这么多年好学生、优秀员工，可不是超市货柜里的临期蔬菜，不贱卖。"

08

对于钟灵终于恢复了工作状态这件事，吴经理和我都挺高兴的。只是，她还是不太愿意和王婷婷在一起。王婷婷晒了老公又晒娃的朋友圈，她也视而不见，从不点赞。

王婷婷似乎意识不到钟灵在躲她，每天乐此不疲地往财务部跑，有时候是点了两杯咖啡，想和钟灵一起喝着聊两句，有时候则纯粹是为了去给她看自己老公新送的小礼物。这还不算，不管说什么话，开头、结尾总是一个套路——"钟灵，读书的时候我就劝你别光学习，你看现在，连男朋友都找不到，你可怎么办啊？"

开始我以为，这姑娘的心机太重，表面上和你要好，实际上就是为了在你面前展现优越感，你烦心她就高兴了。后来我才发现，王婷婷还真不是，她就纯粹是一个单纯直率的性子，想什么说什么，实打实地在替钟灵担心。

也许是因为她每次去财务部钟灵都忙得头都不抬，王婷婷也渐渐觉得挺没意思，就去得少了。但我听说她在发动她家亲戚给钟灵物色合适的对象，也算是为了同学的幸福操碎了心。

六月初，集团那边要求统一切换财务管理系统。

这意味着财务部要对多年的数据进行整理，以便把原始数据导入新系统。

钟灵这次是真的忙了起来，有几次在走廊里遇见，感觉她连上厕所都在小跑。

结果忙了大半个月，好不容易将数据顺利导入了，系统也上线了，终于可以休息一下的时候，我收到了OA抄送的一条钟灵的请假申请——她妈妈不小心摔伤了，她急着回老家看看。

吴经理那边已经批准了，我只发了一条微信给她：你先回去，需要帮忙就给我打电话。

很久之后，她回复：谢谢。

09

一周以后钟灵回来，我们中午偶遇，恰好大家都因为忙，错过了饭点，就一起找了个面馆随便吃点午饭。

其间我问起她妈妈的情况，她说万幸只是轻微骨裂，已经出院，休养就行了。

我正和她一起庆幸，钟灵突然打断我说："苏耘，你有没有适婚的男性朋友，给我介绍一下。有无婚史都没关系，没有小孩就可以，我想争取今年结婚。"

"怎么这样急，家里催你了？"我微微吃惊。

隔着面条的热气，钟灵的笑容里夹杂着一声叹息："没有，他们一向纵容我，只是平时不觉得，一旦有事，才发现自己真的是孤立无援地活在这个世上。"

"你看婷婷，她父亲生病住院，她只顾着掉眼泪，跑前跑后的是她老公，帮着联系专家的是她婆家人，你再看看我？"她缓缓摇头，"苏耘，我以前太天真了，还想着嫁给一个喜欢的人，可世界上哪有那么多'喜欢'？年轻时遇到了是运气，没有也就算了，到了该结婚的年龄，就找个人结婚吧。"

对于她这种观点，我其实是不赞同的。可我不是钟灵，我体会不到她的压力和焦虑，作为她眼里的人生赢家，我的劝说只会令她反感。

于是，我答应给她留意合适对象，最后诚恳地请她答应我，不管怎样，别为了结婚而结婚。未来很长，耐心一点，总会遇到值得的那个人。

后来，有个相亲平台办了一个二十四小时微信相亲活动。在二十四小时内，群里的男士打开摄像头，做自我介绍或者直播自己的生活，女孩子看到合眼缘的可以直接私聊。

钟灵就是在这里遇到了一位在外企工作的姓孙的男士，开始谈起了恋爱。

开始恋爱的那段时间，她的状态明显不错，眼睛里总是带着光，说话做事从容自信，再也没看见过她眼下的青黑。

有天晚上，我加了一会儿班，下班的时候在地下停车场遇到钟灵。她身边的男人三十岁出头，中等身材，模样俊朗，头发打理得一丝不乱，很有职场精英风范。

我看见两个人说说笑笑地走向一辆车，男士给女孩打开车门，还弯下腰细心地扣好了安全带，女孩则温柔浅笑。

一切都很好，我替钟灵开心。能遇到喜欢的人，谁愿意凑合着嫁了呢？

10

十月，我们部门要组织各部门经理做一场财务管理培训，由钟灵担任培训讲师。

我找钟灵确认培训准备工作，却发现她脸色很差，甚至比她疯狂相亲那段时间还差。

原来十一期间，她去了孙先生家里。本来相处得不错，后来因为一点小事，孙先生的父亲竟然当众抬手把他的母亲打倒在地，而孙先生对此完全是一副不在意的样子。

据说家暴也是会遗传的，钟灵有些忧虑，便和孙先生做了沟通，结果他坚持认为没有不打架的夫妻，女人做错事挨打是很正常的，于是两人不欢而散。

"你打算怎么办？"我问她。

"还没想好。"她神情苦涩，"苏耘，你说我怎么这么不顺呢？好不容易遇到个合适的对象，都计划明年结婚了。现在这样，真不知道怎么办才好。"

"也许他本人不会像他爸那样呢？你再观察一下，别急着决定。"我安慰她。

钟灵点点头："也只有这样了。"

然而我们都过于乐观了，也低估了原生家庭对于一个人的影响。

培训那天，课程结束得比预期晚了些。我下班的时候，遇到孙先生在公司门口等钟灵，他不停地拿手机看时间，在原地转来转去，很焦躁的样子。

我正想告诉他钟灵在做收尾工作，很快就会出来，就见他向我身后快步走过去，一边走一边大声说："你怎么回事？为什么不接电话？"

"在上课，静音了。"我回头，看见钟灵带着笑容小声解释。

"我约了我同学吃饭，你自己看看现在都几点了？"孙先生脸色不善，"有事你不能早说？所有人都等你一个，你觉得好意思？"

"这不是临时情况吗？我也不是故意的。"见他这样咄咄逼人，钟灵也沉下了脸。

"什么叫临时情况？时间都控制不好，你还能干什么？"孙先生一边说一边去拉钟灵的胳膊，被钟灵甩开了。

"我不能干什么，那你别来找我了。"

周围有同事停下来看他们，我正想过去帮忙解释一下，就见孙先生忽然抬手抓住了钟灵的头发，举起另一只手一巴掌打在她脸上，力气很大，钟灵尖叫着往地上摔去。

"你看看我打了多少遍电话？你不接还有理了是吧？还给我脸色看，我看你是欠教育了！"他嚷嚷着，用脚去踢钟灵的脸，"就是对你太好了，把你惯的！"

我反应过来，跑过去想拉住他，周围也有男同事冲上去抱住他的胳膊。钟灵捂着自己的脸，在地上躲闪着。

"我今天非打死你不可！"孙先生挣扎着还往钟灵身上踢。

"保安！"我大声叫着，同时用手里的包去砸他的头，"你住手！"

终于有两个保安跑过来，控制住了孙先生。我蹲下身去扶钟灵："你怎么样？我们报警吧！"

"算了！"她自己坐起来，始终捂着脸，"孙晓光，我们分手吧。"

孙晓光还在骂骂咧咧地让保安放开他，声称男人管教自己的老婆天经地义。

"我们分手！"钟灵突然拔高了声音，几乎是尖叫着大喊道。

"还是报警吧。"我回头看了一眼脸红脖子粗的男人，"她还不是你老婆，你有话去和警察说吧。"

11

最后事情还是协商解决的，钟灵住了院，轻微脑震荡，由孙晓光承担医药费。

这件事在公司里传得沸沸扬扬，我去看钟灵，她沉默不语。

王婷婷的父亲病情加重，她这段时间没上班，钟灵特意嘱咐我不要告诉她，免得她跟着难过。

我陪着她坐了一会儿，还是忍不住劝道："你别太往心里去了，谁都想不到会遇到这种事儿，过去就好了，咱们往前看吧。"

"我想辞职了，苏耘。"钟灵捂住眼睛，"在公司这么多年，现在脸都丢光了，还不如走了算了。"

"你别这样想，没有人会笑话你的，那天大家都很愤慨。"

"是我自己。"她打断我，"我过不了自己这一关。大龄剩女想嫁人想疯了，找个这样的男朋友，被人当街暴打。苏耘，我这是有多失败啊？"

"谁说的？"我抱住她的肩膀，"首先，你用'剩女'这个词我就不同意。有的人二十岁遇到爱情，有的人三十岁才遇到，凭什么晚一点的就成了'剩下'的？再说了，想结婚有什么错？这次遇人不淑，我们以后擦亮眼睛就好了，和别人有什么关系？"

她摇着头，病号服下骨架单薄："可我遇不到了，最好的年华我已经错过了……却偏又不甘心找个不喜欢的人凑合。杨绛先生说得真对，有的人就是读书太少而想得太多，我就是这种人。"

我正准备再劝劝她，手机却响了起来，是一条视频通话请求。

"姐！"舅舅家的妹妹飞飞的脸出现在屏幕上，笑得肆意张扬，"我考到潜水证了！"

"不错，很棒！"我竖起大拇指，又逗她，"怎么晒得这么黑，像非洲土著。"

她哈哈大笑："每天都在海边撒野能不黑吗？对了，我爸妈前几天是不是去你那了？说了什么？"

我看了一眼旁边的钟灵，说："说你三十岁了，还不结婚，他们都要愁死了。"

钟灵果然回头看向我，又去看镜头里的飞飞。

"哎呀，他们说了多少年了，不是还活蹦乱跳的吗？"飞飞丝毫不在意，"总说要我嫁人，是风景不好看了，还是东西不好吃了，我非要把自己困在一个围城里？你看我现在多好，自己赚钱自己花，有空就出来玩，滑雪和潜水我都玩过了，明年想学滑翔机。姐，你看怎么样？"

钟灵的嘴角勾起一个弧度，我无奈地笑："那你也不能光玩啊，该谈恋爱还是得谈，爱情也是人生很美好的体验。"

"我没说不谈呀。"她调皮地眨眨眼，压低了声音，"姐，我跟你说，我遇到一个法国帅哥，二十二岁，身材超棒，那腹肌跟豆腐块似的，今晚他约我去篝火晚会，哼哼哼。"她夸张地笑起来，"说不定我这头老牛，还有机会吃几口嫩草呢。"

挂断电话，我摇摇头："看见没，我家的另类。"

钟灵的目光还落在我的手机上，许久才幽幽地说："真羡慕她。"

"她比你还大一岁呢，没男朋友，没结婚，你羡慕她？"我故意说。

"不一样。"钟灵摇头，"她知道自己想要什么，而我不知道。"

"这就是了。你现在明白了吧？结婚不一定就是幸福，有的人你看着很好，可也许她也有她的糟心事。有的人生活的方式可能和我们认为的标配人生不一样，比如飞飞，可她自己觉得快乐。"

我想起曾在一个朋友发的聚会照片上看到过王婷婷老公和另一个女孩的合影，两人看起来挺亲密的，也不知道王婷婷是否知情。

"现在没有什么比找到你自己想要的生活更重要的事情了。"我最后说。

12

钟灵出院后请了一个月的假，我听说她去了外婆家，想看看自己小时候生活过的小镇和一起玩过的小伙伴。

她偶尔会发照片给我，有外婆家的老房子，有很有年代感的年画娃娃，有外婆手工编织的竹筐，也有她小时候爬过的那座山。

后来，她发来的照片里出现了一个男人，黝黑的皮肤，戴着草帽，笑容灿烂地站在一大片葡萄园里。

钟灵说这是她儿时的伙伴，在大城市里奋斗多年，前年患上了抑郁症。后来他辞职回家，承包了一大片地，种植了三个品种的葡萄，现在已经成熟了。

我问她："你和他，有故事吗？"

钟灵笑笑："也许会有吧。"

"互相有感觉？"我问。

等了很久，她发来一条消息："在一起很开心，我想相处一段时间看看。"

我笑了，又去仔细看照片上那个男人，眉眼普通，却质朴温暖。

这也许是钟灵的良人，也许不是。但这不重要了，钟灵已经明白了她想要什么样的生活，也走在了寻找理想人生的路上。

这样的她，我相信，一定会遇到更好的自己，和更好的人生。

职场"好闺密"

01

"许瑶,你这话是什么意思?协助客户组织这次活动是公司高层决定的,我现在是在安排工作,不是在征求谁的意见。"推开会议室的门,我正好听见彭婧的声音,少有的带了几分强硬。在座的几位销售经理你看看我,我看看你,都低下头没说话。

许瑶却一副若无其事的样子,和我打了个招呼后,语气轻松地转向彭婧:"彭总,我也就是提个建议,刚刚不是你说的有什么意见都可以提出来吗?如果你觉得我提的不合适,就当我没说。"

"我让大家提出的是建设性意见,不是抱怨发牢骚。"

"好吧,你是领导你说得对。我不说了,你继续画饼,啊,不对,是鼓舞士气。口误,口误。"

彭婧盯着她看了几秒钟,没有说话。

气氛一时僵住。

"听说你找我?"我找了个位置坐下,问彭婧。

她的目光顿了顿,从许瑶身上移开:"是,这次公司协助客户组织活动,接待能力不足,可能需要你这边临时招聘一批实习生协助我们。"

"好,那详细讨论一下吧。"

等开完会,人散了,彭婧揉了揉眉心,叹了一口气。

"你和许瑶怎么了?需要我帮忙吗?"我起身坐到她旁边,"自从你晋升为总监,我觉得……你们不太对。"

"何止是不太对。"彭婧苦笑了一声,"苏耘,现在最适合我们的词,大概叫'渐行渐远'

吧？"

02

许瑶和彭婧都是我招聘来的，因为都不是本地人，进公司没多久，俩人就一起合租了房子。她们虽然同岁，但因为许瑶本科毕业就出来工作了，相比刚刚研究生毕业的彭婧，她为人处世显得更成熟，遇到事情也更有办法，所以两个人之间，常常是许瑶在照顾彭婧。

后来她们的关系越来越好，好到什么程度呢？我还记得那是我第一次听见有姑娘自称"朕"，叫另一个姑娘"爱妃"：

朕饿了，爱妃快回去做饭，我要吃咖喱鸡块。

大姨妈来了你用什么冷水啊，衣服放着等朕来洗。

朕明天就坐飞机回去了，给爱妃带了小礼物哦，速来接机。

……

她们还经常穿同款T恤或是连衣裙，公司里面甚至有同事开玩笑说，怪不得许瑶一直单身，该不会喜欢的其实是彭婧这样温柔大方的妹子吧？

虽然很多人都说职场上交心难，但许瑶和彭婧之间的关系有一天也会变得这样微妙，我是真的没有想到。

"那年，我前男友背叛我们的感情，是许瑶拉着我去伸张正义，后来的事情你们都知道，她被那个女生挠了脸，差点破相。"天色昏暗下来，没有人开灯，只听见彭婧的声音，平静中带着说不出的失落。"我结婚那年，买房子的首付款不够，她给我转了5万元，就许瑶那样不会过日子的人，也不知道是怎么存下来的。"

"其实自从马总提出离职，我就知道我和许瑶的关系难以维持了，我们都是一样的人，出身底层，想要走得更高，让人高看一眼，给父母长点脸。"彭婧苦笑了一声，"所以说实话，知道晋升的是我以后，我觉得挺对不起许瑶的。"

"但奋斗了这么多年，这个位置是我应得的，谁也别和我抢。"她一字一顿地说。

我站起来拍了拍她的肩膀，转身走了出去。

有得就要有失，你不能什么都想要。

03

彭婧的晋升是在三个月前。

那天是星期一，从总经理办公室出来后，我抬手揉着太阳穴，心想这都什么事儿啊，坏人怎么总让我当呢？难道我长了一张做坏人的脸？

晚上，老公薛仲开车来接我下班，见到我一副愁眉苦脸的样子，他揉了揉我的头发，递了一杯桂圆红枣茶给我："怎么了，谁给你气受了？"

"那倒没有，就是吧……哎，薛大博士，你看看我。"我伸长脖子，从后视镜里看自己，

"我长得像容嬷嬷吗?"

他被我逗笑了:"哪儿啊?这是谁胡说的?我家苏小姐明明长得这么漂亮可人。"末了,薛仲扭头看了我一眼,"遇到难事儿了?说来听听。"

我叹了一口气,可不是难事儿吗?

销售总监马冰去年生了二胎,因为是高龄产妇,身体损耗得有点厉害,产假休完没多久就辞职回家做了全职太太。

她这一走不要紧,空出来的那把椅子可就惹事儿了。

马冰在职这些年,还真没少培养人,只不过翅膀硬了就飞了的占大多数,现在公司剩下的元老级销售经理只有两位——许瑶和彭婧。

许瑶开朗热情,是那种说话办事风风火火,和谁都能聊得来的人。而彭婧恰恰相反,人比较安静,开会的时候也不太说话,很难想象她是做销售的。然而,只要彭婧一说话,一般都能说到点子上,理科生强大的逻辑能力在她身上展现得很充分。

对于销售总监这个职位,客观地说,两个人各有千秋,很难说谁就比谁更合适。

最后,总经理选择了彭婧。

"未来的市场已经不是会拉关系就行的,我们需要更懂业务的销售团队。"他这样解释。

可麻烦的是,和许瑶沟通这件事落在了我身上。

"许瑶是个销售人才,你要做通她的工作,让她配合彭婧。"总经理微笑着看着我,"听说她们关系一向很好,这一点应该不难吧?"

涉及晋升的竞争哪有那么简单?这明明是难上加难好不好!

04

第二天,恰巧彭婧中午不在,我"偶遇"了许瑶,于是提议一起吃饭。

饭后,我们在写字楼对面的小路上散步消食,我绕了一会儿,把话题引到了彭婧身上。

"我记得报到那天你俩是一起来的,你在前面提着两个大箱子,彭婧紧紧地跟在你身后。"

"是呀。"许瑶笑起来,"她可没用了,在园区里转来转去找不到地方,正好遇到我,我就把她带过来了。"

"你也别说人家没用,你不也有害怕的东西吗?是蟑螂吧?我记得旅游那次见到蟑螂,你就知道躲在一边尖叫,还是彭婧一声不吭跳上去踩死了蟑螂呢。"

"这都好几年了,你竟然还记得,不就那么一次吗?"许瑶推了我肩膀一下,"别总惦记着别人出丑那点事儿,天气这么好,内心阳光点吧,我的苏大美女。"

我被她逗笑了,她也跟着笑了起来,给我讲她们当年合租的时候彼此的糗事。

许瑶讲得生动,我听着也觉得很有意思,只是不知道怎么和她开口说正事。谁知,她却主动替我说了:"苏耘,聊了这么久,你想说什么我也猜到了。我出局了,是吗?"

既然她这么说,我也没必要再绕弯子了,索性直接告诉她,彭婧即将晋升,任命很快会发布。

许瑶怔愣了一瞬，问我："总经理定的？"

我点头。

她嘴角闪过略带讽刺的笑，声音轻得几乎听不清："怪不得总经理晚上一和海外市场部开电话会议她就加班，呵。"

我没说话。

其实谁还不是一样呢？马冰的离职手续都还没办完，我就遇到过许瑶和几位老总一起吃午饭，一群人谈笑风生。

谁还没有点私心？只是大家方式不同而已。

05

后面的聊天中，许瑶没有说过彭婧一句不好，反而兴高采烈地提议等任命发布了，要帮彭婧庆祝一下，让我也一起去，她请客。

庆祝那晚的气氛还挺热烈的，尤其是彭婧和许瑶，好像什么事都没发生过，一起唱歌喝酒，仿佛还是当年并肩抢占海外市场时候的"绝代双骄"。

可不知道为什么，我总觉得有什么不一样了。

快要入夏的一个周末，薛仲加班，我去商场帮女儿买衣服。在一家童装专柜，我正专心地挑小裙子，就听见有人叫我的名字。

"马冰？"看见眼前有些发胖，气色却很好的女人，我差一点没认出来，她就是和我共事了好几年的那个左右逢源、见什么人说什么话的销售部经理。

互相参谋着买了东西，赶上中午，她说好不容易清静一会儿，干脆吃了午饭再回去，我们一拍即合。

"我听说接替我的是彭婧？"烤肉店里，马冰一边翻烤着五花肉一边笑眯眯地说，"我早就猜到了，许瑶不是彭婧的对手。"

"我倒是觉得两个人各有优势，只看谁的气场和老总更合吧。"我把她的可乐挪远了一点，帮她倒了一杯清水，"你都胖了，就少喝点可乐吧。"

她哈哈笑了起来，过去马冰很少这样笑："苏耘，难得你做了这么多年 HR，对人性还怀有这么美好的信任。我就不行了，我见过的阴暗的东西太多了，看人看事都习惯往坏处想。现在整天和孩子在一起，才觉得自己这颗心啊，真是该洗洗了。不过我的这两位老下属，说实话，还真没你想得那么简单。就算不是'塑料闺密'吧，最起码，都不希望对方过得比自己好。"

06

那天马冰对我说了很多让我感到意外的事情，比如当年彭婧怀孕的事情，是许瑶不知道有意还是无意告诉马冰的。马冰自己的孩子小，不想出差。彭婧怀孕后又不方便出差，手上一些本来想要给彭婧的资源，最后都给了许瑶。

再如，去年部门评比优秀员工，马冰本想推选许瑶，后来彭婧找到她，推荐了另外一位同事，理由是那位同事刚刚取得一个地区市场的突破，需要及时鼓励和肯定，加上许瑶那段时间请假有点多，于是马冰更换了人选。

这样的事情数不胜数，甚至现在和许瑶配合的销售助理，招聘的时候也是彭婧先看中的。

"你真的以为在职场上能交到什么真朋友？"马冰摇着头，"苏耘，你也太天真了。"

"这话我不同意啊。"我笑了。"能做朋友的人在哪儿都是朋友，做不了朋友也是自己的问题，和职场有什么关系？"

她摆摆手，端起可乐喝了一口："算了，我老毛病犯了，你不用理我。"

后来我们又聊了些别的话题就散了，以后不在一个圈子里，估计也没有什么机会聊天了。不过，她的话到底在我心里留下了些许痕迹。

有时候去销售部，我会有意无意地和许瑶聊两句，或者找彭婧问些事情。她们已经不再坐对面桌了，彭婧搬进了马冰原来的办公室，许瑶再想和她说话，要敲门等她同意。

"哎，许瑶，你桌上那盆绿萝呢？我记得长得很好，枝蔓都垂到地上了。"一进办公室的门我就觉得少了点什么，于是问她。

许瑶若无其事地笑了笑："前段时间出差多没留意它，回来时已经枯死了，我就扔了。"

如果没记错，那应该是彭婧和她一起养的，已经养了好几年，之前我看中了想剪几根，两个人都宝贝着不肯给。

"你和彭婧怎么样？"仗着和许瑶的关系比较好，有一次她搭我的车回家，我直接问她。

她笑了："有什么'怎么样'，还那样呗。"

当时她手里捧着一杯奶茶，是香芋味儿的，说是下午彭婧请全部门喝的。可我清楚地记得，许瑶从小对香芋过敏。

07

那次会议室的事发生之后，许瑶和彭婧中午仍然一起吃饭，两个人都好像什么都没有发生过一样。

偶尔遇到她们，我也会加入她们的午餐。几个人还是会和以前一样聊天，她们聊时事，聊热点，甚至聊口红的颜色，只是许瑶不会再抱怨公司领导和其他部门的同事，彭婧也不会再吐槽奇怪的客户。

我想起了彭婧说的那句"渐行渐远"。

过了几周，公司组织体检。体检报告出来以后，许瑶找到我，说甲状腺有结节，担心是长了不好的东西，问我有没有信得过的医生。

"彭婧老公不就是医生？上次我家薛仲体检，有一项指标不正常，就是他帮我找专家看的报告。"我建议她。

许瑶坐在我办公室的沙发上摆弄着手机，听见我这样说，刷朋友圈的手指一顿，又若无其事地继续说："彭总最近也挺忙的，我这点小事就不给她添麻烦了。"

话都说到这了，我也不想再回避他们之间的问题了。

公司楼下有家星巴克，我和许瑶坐在靠窗的卡座。

"还是美式？"我问她。

"焦糖玛奇朵吧，你还嫌我现在过得不够苦？"她故意苦着脸。

我买了两杯焦糖玛奇朵，递给她一杯，继续刚刚的话题："怎么就苦了？"

她扭过头看着窗外："我不对你说，对你说了你也认为是我输不起。"

我笑了："都三十岁的人了，不要小孩子脾气行不行？"

许瑶也笑了，喝了一口咖啡，轻轻叹了一口气："苏耘，你说人啊，是不是注定走着走着就散了？"

我静了两秒："其实彭婧对你……"

她摆摆手："算了，我就随便说说。主要还是觉得不公平，论业绩，论人脉，我到底哪里不如她了？遇到难啃的客户就让我上，有晋升机会就想着她，公司这样做，我不服。"

"这世上没有绝对的公平，站的角度不一样，选择也不一样。"我拍拍她的手背，"保持平常心。"

08

后来，我把彭婧那天散会后在会议室里对我说的话告诉了许瑶，最后说："你对她的好，她都记得。有一个可以交心的朋友多不容易，有些事互相理解一下吧。"

许瑶没说话，抱着咖啡出神，眼角眉梢有几分怅然。

晚上下班前，我想了想，把许瑶体检的情况对彭婧略微提了提，没说得太具体。第二天，彭婧给了我一位在诊治甲状腺方面挺有名气的医生的电话号码，让我给许瑶，就说是我的朋友，可以帮她看体检报告。

"你自己怎么不给她？"我问她。

彭婧的笑容带着几分无奈："你不知道，她最近对我意见很大。尤其是前几天一个老销售离职，许瑶认定是因为我把资源给了张慧，才把人家给气走的。"

我一愣，还有这事？

张慧是新来的实习生，销售部这次协助客户组织活动时人手不足，特意申请招聘的。只不过活动结束后，十几个实习生里面，彭婧只留下了张慧一个人。

这姑娘不错，我知道，我也发现彭婧对她很好。

"许瑶究竟是想要你手里的资源，还是看到你对张慧这么好，心里不舒服啊？"我想了想，笑了，"我家安然前几天一回家就哭成了个'泪人'，你猜为什么？因为一直和她玩儿得特别好的那个小胖妞，最近和别的小朋友玩儿了。"

"你别逗了。"彭婧叹了一口气，"许瑶又不是小孩子。"

可不是小孩子，就不会因为好朋友被人抢走而不高兴吗？

过了几天，彭婧上午告诉我，许瑶的甲状腺检查没什么问题，注意观察就可以，下午许瑶就跑来感谢我。我受之有愧，可彭婧不让我说，我也只好保守秘密，替彭婧吃了许瑶一顿烤龙虾。

09

九月，集团组织登山活动，地点选在剑门关，很多人都报了名，我和彭婧、许瑶也在其中。

剑门关有一条狭窄陡峭的山道被称为"鸟道"，只有15厘米宽，很险峻，对体能和胆量都是个挑战，公司里的男孩子谁也不想表现得弱不禁风，所以都选择了走"鸟道。"

而我作为资深运动白痴，不可能去冒这个险，所以一进山门我就表了态，坚持走"寻常路"，爬到半山腰去坐缆车。

于是，在大批冒险爱好者"鄙夷"的目光中，我、彭婧、许瑶和另外几名"老弱妇孺"大大方方地走上了通往半山腰的石阶。

"苏耘，上面有玻璃栈道是不是？我以前在张家界走过一次，从上面往下看特别漂亮。"许瑶走在我旁边，一路和我聊着天。

"我可没你那么大胆子，走可以，但不敢往下看。"

"她就是胆子大，还趴在玻璃栈道自拍，我差一点被她吓死。"彭婧在后面插了一句话。

许瑶不说话了，目光看向前方，有点出神。

几个人走了快一个小时，眼看要到缆车起点了，后面有人惊呼了一声："彭总，你怎么了？"我回头，彭婧已经捂着肚子蹲在了地上。

"怎么回事？"我赶紧跑到她身边扶她。

彭婧仰起头，脸色惨白，还勉强撑着笑："没事，就是突然肚子疼，可能是月经……"话没说完，她突然皱着眉，整个人蜷缩成一团，大滴大滴的冷汗顺着脸颊流下来。

"苏姐，有血，彭总流血了！"一直在旁边扶着彭婧的张慧颤抖着喊。

我顺着她指的方向看过去，彭婧的白色运动裤已经红了一片。

"什么月经，哪有这样的月经？"许瑶几步跑过来，"赶紧去医院！"

"情况不对，去医院。"我摸出手机，准备打电话叫两个男同事下来帮忙。可一连打了三个电话，不是打不通就是没有人接听。

"别打了，打通了也没用，这会儿他们肯定在'鸟道'上，想过来也没路。"

彭婧的呻吟声越来越大，人几乎倒在地上，张慧急得要哭："那怎么办啊？"

许瑶瞪了她一眼："就知道问怎么办，一点用都没有。"她走过去蹲在彭婧身前，回头看我，"苏耘，你把她扶到我背上，我背她下去。"

10

客观地说，许瑶的体能确实是我们之间最好的，可要背起来一个和自己体重差不多的人，还是难度很大的。

我把彭婧扶起来，让她趴在许瑶背上，许瑶两手撑着膝盖，用了两次力才把人背起来。

"你能行吗？"我有些担心。

"不行也得行。"她的眼睛盯着前面的路，脸有点红，鼓起劲儿迈开步子，往山下走。

我赶紧跟上去，从身后托着彭婧，张慧和另外两个同事也跑过来，背包的背包，打电话叫救护车的叫救护车。

"瑶瑶……"彭婧的声音很弱，甚至有点委屈，"我以为你不管我了呢。"

许瑶喘着粗气："闭嘴吧你，你以为我愿意管啊？"

"怎么不愿意？我给你做了……两年饭呢……就不信你能……看着我疼死。"彭婧哼哼几声，断断续续地说。

"我给你干的活也不少啊，那年你出差，你妈住院都是我去给送的饭。你这人，最没良心。"话是这样说，许瑶走得却更快了，喘气声像拉风箱，"就冲你后来做的那些事儿，我都应该把你扔这儿。"

"那你扔吧。"不知道是因为疼还是因为别的事情，彭婧开始小声抽泣，"你以为我愿意啊？你以为你不搭理我的时候我不难受啊？当年失恋我都没这么难受……"

"你还哭？你都晋升了还哭？"许瑶咬牙切齿，"我都没哭呢。"

我跟在后面也累得直喘气："你俩行了，这都不知道怎么回事呢，还说这些，你看这血流了一路了。"

"她死不了，你没听说过祸害活千年吗？"许瑶站住，使劲儿抹了两把汗，把彭婧往背上托了托："搂住我脖子，咱加速了。"

等下了山，救护车已经等在了山门口，医护人员跑过来把彭婧抬上救护车，许瑶腿一软，差点坐在地上，幸亏张慧扶住了她。

后来医生说，是宫外孕大出血，要不是送医及时，彭婧这条命捡不捡得回来都说不准。

11

"我想辞职了，苏耘。"一周以后，许瑶找到我说。

我有些吃惊，却又好像早就有这个预感："因为彭婧？"

"是，也不是。"她笑了，"就是觉得经过这件事，我再留在公司，以后她尴尬我也尴尬。

所以趁着她没出院，我还是走吧。"

"作为 HR，我真不想让你走，你说我招一个你这么出色的销售经理容易吗？"我苦笑着说，"你再考虑一下吧，现在二胎政策放开了，你出去也不见得就好找工作。再说了，你在公司这么多年，上下都熟悉了，换个地方还要重新适应。"

她沉默了一会儿："是啊，在这里工作了这么久，离开是有些舍不得。不过，我这人性格太强，没几个朋友，不想把难得的友情变得更糟。"

我在她旁边坐下，叹了一口气："我刚进入职场的时候，也看了些所谓的'职场潜规则'，都说同事不能做朋友，所以我以前挺羡慕你们彼此真诚相待的。但你们俩太像了，这也是你们该遇到的坎儿。"

"也算不上什么坎儿。"许瑶说得很坦然，"还是功利心太重了，其实她升职我应该为她高兴……大概我终究也是个俗人吧。"

我想了想，也释然了。是啊，都是俗人，再懂得舍得，也难保不会一时被名利迷了眼。不过兜兜转转，最后许瑶最舍不得的，终究还是这份感情。

后来，我还是劝她先不要正式提出辞职，如果觉得尴尬，大不了考虑换一个部门，负责政府事务和项目申报的几个部门也还缺人呢。

没想到彭婧倒是先提了辞职，而且很坚决，直接发了邮件给总经理。

"你怎么想的？"我打电话给她。

她的理由倒是很充分，这次流了那么多血，老公心疼了，让她先在家休养一年再说。

"不是因为许瑶？"我问她。

"瑶瑶？"她笑了，"关她什么事啊，再说，这次没有她我就完蛋了，我老公都说我遇到贵人了。"

彭婧的离职手续办得很快，一场欢送宴以后，她的办公室就空了。

又过了一周，新的部门经理任命发布，许瑶坐了进去。

销售部的工作一如既往的忙，许瑶经常不是在出差就是在出差的路上。我再和她们一起吃饭，已经是半年以后了。

那天几个人都喝了点酒，不多，只是微醺。

我听见许瑶问彭婧："你辞什么职啊，我需要你让着我吗？"

彭婧笑得傻乎乎的，像当年那个不认路的姑娘一样："我是你的爱妃啊，你忘了，看着你威风八面的样子我心里才舒服。"

不知道为什么，我的鼻子有点酸。

我开始相信，有些感情可能会迷路，但总会归来。

女性的两个"战场"

01

星期一早上,例会结束后,其他人散去,总经理把我留了下来。

他发了一份简历给我,简历上的照片是一位三十岁左右的女人,样子清秀文静,毕业于某重点大学。

可这些都不是重点,重点是这个女人已经有整整六年没有工作过了。

"您的意思是?"看完简历,我问。

总经理随口说:"公司法律顾问林律师发给我的,问有没有适合她的职位。合作了这么多年,面子总是要给一点的,你看着安排吧。"

适合的职位肯定是没有的,这位女士的学历虽然不错,但工作经验只有一年多,又做了这么多年全职妈妈,现在她唯一熟悉的领域,大概就是家庭了。

我表达了我的想法,总经理也同意先安排面试,实在不行就把实际情况告诉林律师。

末了,他感叹一句:"唉,随随便便就敢这么多年不工作,把自己的人生完全交托给伴侣,作这样高风险的投资,太不理智了。"

作为一位女性加年轻妈妈,我不知道该说些什么,只能点头微笑道:"我先去安排一下。"

02

眼前的女人衣着得体,就是过于崭新,看起来像是专门为这次面试准备的。

她小心翼翼地坐在椅子前三分之一的位置上,略显腼腆地对我微笑,放在膝盖上的一双白净小手紧紧握在一起。

"沈清语？"我问。

沈清语忙不迭地点头："您好。"

"您不必紧张。"我笑了笑，"可以给我介绍一下您以往的经历吗？主要是工作方面的，个人学习方面的也可以。"

沈清语立刻窘迫起来："我的工作经验不多……"

正如我所预料，做全职妈妈期间，这位女士除了育儿知识，基本上就没去学习过其他技能。而她大学的专业知识，除了基本概念还隐约记得，其他的也尽数还给了老师。

大概是因为她在家里生活了太久，一朝出来，也会有一种"山中方一日，世上已千年"的断层感。当我问到她觉得自己适合什么职位的时候，她犹豫了好一会儿才咬着唇说："如果可以，我能不能，还是去试一下市场分析相关的工作？我以前做过一点的，其他的工作……我不太知道具体都怎么做。"

送走了沈清语，我就准备打电话给林律师。

于公，我确实找不到她能胜任的职位，可以说无论做什么，她进来都要从最基层学起，可我们好多部门的负责人，年纪也就是二十七八岁，他们想必是不愿意要这样一位下属的。

于私，从个人的价值观层面，我真是难以认同她这种缺乏危机意识、长期不学习不提升的价值观，也不太愿意给自己找这么一个麻烦。

凑巧的是，林律师正在公司附近办事，他听了我的话，沉默了一会儿，约我一起吃午餐。

03

沈清语并不是林律师的朋友，而是他前段时间代理的一起离婚官司的当事人的前妻。林律师平时很少会代理这样的案子，这次是有朋友相托，不好拒绝才接下了。

在代理过程中，林律师从一些细节发现，他的当事人疑似有了新欢，要求与比自己小六岁的妻子离婚。而女方，也就是沈清语，坚决不同意离婚，于是男方提起了诉讼。

在庭审过程中，双方几乎都没有在意经济问题，争夺的焦点是孩子的抚养权。

男方说，我是本地人，家里的长辈可以帮忙接送孩子，你是外地人，没人帮忙；我有收入，你没有，你多年没有工作，脱离社会，没有独立生存能力；我有很好的社会关系，孩子跟着我视野开阔，你每天待在家里没有朋友，会影响孩子成长……

他一连说了好几条，最后法官问沈清语有什么辩论意见发表。

沈清语红着眼睛小声说："我19岁就和你在一起了，你能不能给我留点情面？"

显而易见，沈清语输了官司，多年夫妻，什么都没留下。

听到这里，我对沈清语有几分同情，但仍然不明白这件事和林律师有什么关系，毕竟他的代理人是案件中的男方。

林律师轻咳了一声，神情微微不自然："庭审以后，我从洗手间出来，碰到沈清语蹲在墙脚哭。因为良心上有些过不去，我走过去向她道了歉，我以为她会迁怒于我，但她只是摇着头说不怪我，是她自己错了。后来，我们就有了联系。沈清语其实是个特别温柔善良的女人，我想尽力帮帮她。"

我侧头看了一眼这位丧偶多年的男人，心里有个念头微微一动，于是弯起唇角："我会照应她的，你放心。"

林律师低声说了句："谢谢。"

04

沈清语入职两周内，她所在的市场部主管谭虹找了我三次，从抱怨到语气强硬地要求让她离职。

我让谭虹坐下，给她倒了杯水："消消气，春天火气都大。"

她哎哟了一声："苏姐，我这是春天火气大吗？我这是堵心。就因为你给了我这么一位员工，我才上火的。"

我并没有把沈清语的情况对她讲，第一，这位谭主管是女强人型的，没结婚，没小孩，不见得能理解她；第二，毕竟是个人隐私，林律师对我讲，那是没有办法，我却不好随意传出去。

"好吧，算我不好，但你总得让我知道一下，沈清语又哪儿惹到你了吧？"我笑着说，"你每次都说她什么也不会，我也和你讲过了，你就当应届生带，多教教她，你看你这脾气怎么又上来了？"

谭虹一挑眉："苏姐，这次可不是我一个人的意见啊，大家都觉得，她到我们部门来，不是来帮忙的，纯粹是来添乱的。"

其实我也听到过她们部门的人在私下的议论。总有人以为卫生间是说闲话的好地方，殊不知那里才是真正隔墙有耳的地方呢。

我在卫生间里碰到过她们部门两三个姑娘用轻蔑的语气说，那些交给沈大姐的工作，等着咱们给收拾残局吧，连Excel都用不好，弄个图表弄得乱七八糟，做出来的东西能用才怪了；也听到过有人在我隔壁的隔间里发语音，不知道是在和谁抱怨，说碰上这么个外行，连竞品分析报告都不会写，晚上又要加班了。还有人冷嘲热讽，说她回家做全职太太多好，事情做不好，说她又不好意思说，这不是为难别人吗？

中间我找过沈清语一次，问了问情况，她局促地说，自己的确是把专业知识扔得有点久了，很多分析工具虽然记得，但是怎么使用有点找不到方向。然后她又赶紧补充，说自己每天晚上都在看书，会努力重新学会的，她也是参加过高考的人，还是有一点学习能力的。

我看见她青黑的眼圈，有点心软，问她有没有研究过别人做的分析报告，学习一下别人是怎么写的。她怔住，说没有人给她。

职场就是这样，尤其是沈清语的这种情况，任谁都能猜到她不是通过正常招聘入职的，所以想必从一开始，谭虹打的就是把她淘汰的算盘。

05

谭虹见我提到让沈清语学习一下以往写得比较好的报告，神情略显不自然，强词夺理道："那都是别人的思路，她得有她自己的看法和观点。市场分析不就是这样吗？对于竞争对手的同一个举措，有的人能看到问题，有的人看不到。如果只会模仿别人，人云亦云，那还用她分析什么啊？"末了，她还轻哼一声，压低了声音，"这样的人也不知道是怎么入职的。"

我笑了，端起咖啡喝了几口，深深看了她一眼："你不会以为她是我违规招聘的吧？"

她一怔，尴尬地解释："没有，苏姐，我可没这么想。我的意思是，我们可都是过五关斩六将才能留下的。"

"我知道。"我垂下眼，慢悠悠喝着咖啡，"再耐心教一下吧，我看她昨晚还在加班，挺努力的。也许她脱离职场确实有点久了，但好歹也是名牌大学出来的，总不至于教不会吧？"

后面的两周，谭虹没有再找过我。

不过没多久，我就遇到林律师来接沈清语，不少同事也看到了，对她的来路好奇的人想必也能猜到几分。这对沈清语可不是什么好事，林律师再有本事，也只是公司的一个合作伙伴，能推荐沈清语进来，却不足以把她护住。

几天后，我因为和海外驻点的同事沟通工作事宜，下班时已经九点多。路过会议室的时候，看到里面还亮着灯，我就站在门口看了几眼。

是市场部在开会，好像在评审分析报告，我想了想，明天就是月度经营会了，他们讨论的应该是准备在会上展示的内容。

这时候，我听见一个年轻的女声说："沈姐，我上次就教过你了，Excel各个表之间要用公式关联好，这样改动一个数据，其他表中的数据也会随之变动。你是怎么做的呀？都是一个数一个数敲进去的吗？这样改数据不是要改到天亮？"

06

沈清语的声音有些惶恐："公式我不太熟悉，我以为把数字填上就可以了……"

"你以为？"那个女声打断她，"交给你的工作已经是最简单最基础的了，结果呢？你看看你做的！现在我们要改动几个数据，就要把所有表格全部重新做，大家都被你拖累了，你知不知道？"

其他同事也七嘴八舌地说沈清语做的东西不行，拖累了大家。沈清语不停地道歉，说自己今晚可以加班完成。

最后谭虹开了口："都别说了，人家和你们不一样，你们又不是不知道。现在问题已经出了，赶紧想办法解决吧。"

其他人安静下来，你看看我，我看看你，有的人撇撇嘴，露出一个讽刺的笑容。

沈清语的脸涨得通红，突然站起身，捂着嘴跑了出来。

推开门，我们目光相接，她顿了一下，绕过我跑向卫生间。我发了条信息给来接我下班的薛仲，让他多等我一下，然后跟了上去。

沈清语躲在隔间里失声痛哭，我靠在洗手台上，安静地等着她哭完。不知道过了多久，她红着眼睛出来，像做错事的孩子一样站在我面前："苏经理，对不起，我给你添麻烦了。"

我把她带到我的办公室，给她泡了杯菊花茶："哭什么？很委屈？"

她抱着玻璃杯低着头，眼泪又在眼眶里打转："不是，只不过没想到自己有一天会沦落成这样……这么没用……"

我在她身边坐下："当年，你那个工作蛮好的，为什么要去做全职妈妈呢？"

沈清语小声说："我结婚不久就怀了我儿子，我老公……孩子的爸爸很想要。本来说是孩子的奶奶帮我们带，可生产的前几天，她扭到了腰，落下了病根，不能长时间操劳。加上我儿子小时候身体不好，三天两头生病……交给别人，我真的不放心。"

07

"是孩子的爸爸让你辞职回家照顾孩子的？"我问她，沈清语点头承认了。

其实女儿安然小的时候，我工作很忙，有时候也想过干脆辞职回家照顾孩子，免得两边都做不好，薛仲也不是养不起我们母女。

可薛仲不赞成，他觉得我除了是他的妻子和安然的母亲，首先应该是一个独立的人，需要朋友、成就感和社会的认同。

所以他托了很多人帮我们介绍最好的保姆，有一段时间甚至请了两个保姆，一个负责照顾孩子，一个负责打理家务。同时，他自己也尽量抽出时间配合我和孩子的需要。这样的安排虽然几乎用掉了我一大半的工资，却让我从琐事中脱身，只需要在工作之外多给孩子一些陪伴即可。

我把自己的经历讲给她，又问："你当初计划过做多久全职妈妈吗？总不能一直不工作吧？"

她默默地摇了摇头，眼泪滴落在杯子里，荡漾起一个个小水圈。

等水圈渐渐淡了，沈清语轻声说："那个时候，我以为我们可以相爱一辈子的……他说男主外女主内，我们一起努力……我爸妈还有亲戚朋友都劝我尽快回到工作中去，可他真的对我很好……"

"小石头……就是我儿子，真的很可爱。我全职在家以后花了很多心思调理他的身体，才把小家伙的身体养好。小石头两岁的时候就可以自己吃饭，三岁时摔倒了会爬起来说'妈妈我没事'，和我一起去买菜会帮我提东西，说'妈妈累'……"说到这里，她露出微笑，抹了一把脸上的泪，"就是到了现在这一步，想起儿子，我也觉得值得。"

"可你丢了儿子的抚养权。"我虽然同情她，但不得不提醒她，因为她儿子最终会长大，而她自己的人生却不知道走向哪里。

果然，她的笑容淡了下去："是啊，我现在一无是处，也确实给不了孩子好的生活……那天，我儿子问我，为什么不能和妈妈住在一起，我真的……无言以对。"

"所以你看。"我换了个位置，和她面对面，"这样下去，你觉得小石头会不会瞧不起你？我们都是母亲，我们得成为孩子的骄傲。哭解决不了任何问题，能解决问题的是你自己，除了你自己挺住，付出更多努力，没有其他办法。"

沈清语和我对视了一会儿，最后用力点了点头："我知道了，谢谢你。"

08

过了几天，我把沈清语从市场部调到了商务部，职位是商务助理。

相对市场分析来说，这个职位会比较基础和初级。它的好处是，沈清语可以在这个职位上重新学习一些办公软件的基本技能，也能够通过制作公司的标书合同，去了解公司的业务。

为了她这个调动，我还是花费了一些心思的。好在商务部李经理自己也是一位母亲，在理解和包容她这方面，相比谭虹这种类型的管理人员就要好一些。

到了新的部门，沈清语身上的一些优点逐渐体现出来，比如耐心和细心，以及认真负责等。她还是常常加班，把自己经手的标书对照招标文件一遍遍仔细核对，哪怕是一个标点的疏忽也不允许。

渐渐地，新部门的同事接纳了她，她开始能独立负责一些项目的投标工作。因为沈清语性格温和，说话轻声细语，有些客户非常喜欢和她进行沟通，技术部门的同事在对接工作时也对她评价很好。

同时，大概因为我是沈清语在公司熟悉和信任的第一个人吧，她对我很是亲近，我也挺喜欢和她相处的，不尖锐，不争强好胜，温温柔柔，很小家碧玉，于是我们的关系逐渐变得比其他同事更亲密一些。

甚至周末，她接了儿子小石头，也会带过来和我家安然一起玩。每次她来到我们家，不是做各种特色菜，就是烘焙一些小点心。我得承认，与在工作中的生疏相比，她在厨艺方面的确非常擅长。

小石头很懂事，又有耐心，安然十分喜欢这位好看的小哥哥，我则更喜欢吃沈清语自己烤的芝士蛋糕。

只是我没想到，我们的这种朋友关系也会给沈清语带来麻烦。

09

事情发生在沈清语入职三个月以后。

我一直知道她不是强势的人，可我不知道她这么好欺负。

"苏耘，这次你真的要帮帮我……赵致远说如果我办不了这件事，就别想再见小石头了……"

星巴克里，我看着坐在我对面抹眼泪的女人，心头忍不住有股火气冒出来。

其实我这个人，就像薛仲说的，对陌生人永远能保持职业化的微笑，也能不带情绪地沟通，可对亲近的人，我的暴脾气就不太愿意控制了。

现在，我就很想骂沈清语一顿。

事情的起因是沈清语的前夫赵致远最近在准备投一个很重要的标，事关他就职的公司今年的业绩目标能不能实现。凑巧的是，这个标的甲方正是我们集团，整个项目的决策人是我的老公薛仲。

也许赵致远自己也知道，在投标的厂商中，他的公司中标概率渺茫，所以把主意打到了沈清语这里。

你不是舍不得儿子吗？那我就告诉你，想见儿子，就替我安排。如果我不能和薛仲私下见面，你也别想和儿子见面了。这就是赵致远的算盘，话说得很直接，连编点儿甜言蜜语哄骗沈清语都嫌麻烦。

毫无疑问，不管是我还是薛仲，都不可能答应他这个要求。

"我说你是不是被他欺负习惯了啊？"我有些恨铁不成钢，"他有什么权力不让你见孩子？你就告诉他，他敢这么做，就法庭上见。"

沈清语红着眼睛摇头："没用的，法院判我有离婚探视权也没用，他说有的是办法不让我见到小石头……"

我听后更加气不打一处来："好，就算我和薛仲今天和他见了面，那之后呢？赵致远会不会又让你来找我，说他不中标就不让你看孩子？让他中标，是你有这个本事，还是我有这个本事？清语，你能不能理智一点处理问题？"

10

沈清语红着眼睛走了，她柔顺归柔顺，倒也不是是非不分。

但我们都明白，这事可能还没完。

果然，自从沈清语拒绝了赵致远以后，他就明确地说不会让她每周见孩子了。

他也确实是这样做的：沈清语去学校接小石头放学，老师说孩子的父亲打了招呼，除了他本人和孩子的爷爷奶奶，谁接都不行；沈清语回到自己原来的家去看儿子，连单元门都进不去了，密码已经被修改，按门铃也没人理会。她打了很多电话给赵致远，人家根本就不理她。

等投标结果出来，赵致远确定自己公司没有中标以后，立刻打电话把沈清语大骂一顿，并扬言道："我给了你选择的机会，既然你没本事，就永远都别见儿子了。"

当时沈清语正在我旁边，她搭我的车回家，刚刚到小区门口。

听见这话，我抓过电话说："赵致远，我告诉你，探视权是法律赋予清语的权利，你说了不算，这周你要是还不让她接孩子，你就等着法院传票吧！"

沈清语在旁边吓得脸色发白。

"薛太太？"电话那边的人嘲讽地说，"我不怕这个。沈清语有今天还不是你们夫妻造成的？什么朋友，抬抬手的事都不肯……"

"赵致远！"沈清语突然抢过电话，"你要点脸行吗？你是谁？人家凭什么按你的需求办事？"

她哽咽着："是，我承认我现在很惨，跟你夫妻一场，什么也没落下。那跟别人没有关系，是我自己看错了人，我认！"那边骂了一句什么，沈清语深吸一口气，"不用说了，赵致远，咱们法庭上见吧！"

挂断电话，她捂住脸。我拍了拍她的肩膀："没事，咱们找林律师商量一下，总会有办法的。不行就告他，拘留一次他就长教训了。"

11

林律师来得很快，沈清语做了晚餐，我们一边吃一边聊，最后决定让林律师先和赵致远沟通一下。

律师在这方面有天然的优势，何况他对沈清语的事很尽心尽力。

"有把握吗？"我问。

"有。"林律师说得很肯定。

我挑眉，他看了沈清语一眼，补充道："我做他的代理律师时就发现他有对婚姻不忠的迹象，只是那时我不负责收集这个证据，就没深究。后来……"

林律师见沈清语脸色苍白，有些犹豫，沈清语却主动问："你已经找到证据了？"

他点头："拜托我接这个案子的是我的一位老朋友，我偶然在他去年发的朋友圈中看到了一些照片。赵致远对婚姻不忠的事，应该很久了。"

那就好办多了，有些东西被律师掌握了，就有可能随之挖掘出更多证据，赵致远应该不至于蠢到不知道这一点。

回到家，我还在愤愤不平。

"你气什么？你这脾气啊。"薛仲给我按着肩膀，无奈地说。

小安然听说妈妈生气了，迈着小短腿跑过来，仰着小脸问是哪个大坏蛋惹妈妈生气。

我笑了："怎么知道他是大坏蛋？"

小家伙说："因为妈妈是好人。"

我抱起女儿亲了一口："安然真是妈妈的好宝宝。"

"嗯，护短这个劲儿像她爸。"薛仲说着，摸出手机点了半天，然后给我看——几乎所有和他关系好的同行、朋友，都收到了这样一条微信："温馨提示：赵致远，男，××公司总经理，人品差，信用差，合作请慎重。"

我没想到他这样一个理智又冷静的人会发这么直白的信息,笑了起来,他指指自己的脸:"苏女士不能厚此薄彼吧?"

那是当然的,我凑上去响亮地亲了他一口。

12

林律师果然擅长谈判,他出马以后,赵致远虽然说了不少难听的话,到底还是让了步,沈清语终于又能在每个周五晚上去接孩子放学了。大概是因为对这个人死了心,所以即使周六晚上送小石头回去的时候,免不了要看赵致远的脸色,她也渐渐不怎么放在心上了。

又过了半年,沈清语已经成为一名非常成熟的商务助理了,她可以很熟练地根据招标文件做出漂亮的标书,还能提醒技术部门同时投标的有哪些公司,可以从哪些方面调整一下,有技巧的控标。

年底,公司评选优秀新员工,商务部推荐了沈清语。经过总经理办公会讨论,从候选人中选定了十位优秀新员工,其中包括她。

开完会出来,我在走廊上遇到沈清语,她正带着一位新员工,给她介绍各部门同事,这是我们对每一位担任新员工导师的员工的要求。

我站在一旁看她,她热情地和其他同事打招呼,互相寒暄,请对方多指点她的徒弟,举手投足俨然是一位自信从容的职业女性,再也不是不久前那个畏首畏尾、茫然不知所措的离异全职妈妈了。

就像我曾对沈清语说过的那样,她选择做全职妈妈并不一定是个错误,可她不能因此放弃自己的成长。现在,她重回职场,起点并不高,但她找到了出发的方向,开始走向更美好的未来。

我拿出手机,发了一条微信给林律师:"总算不负所托,以后看你的了。"

希望这一次,她能遇到对的人。

晕倒的"996女孩"

01

十月,午后。

距离午休结束还有五分钟,我收起午睡用的折叠床,整理了一下头发,准备去个洗手间就开始下午的工作。

刚转过走廊转角,就听见人声嘈杂,一群人把洗手间门口围得密不透风。

"苏姐!"我部门的专员迎面跑来,"有人在洗手间里晕倒了,是MT项目组的郝熠。"

我心口一跳,不由自主地加快了脚步:"什么情况?你说清楚。"

"我也不知道。"她的声音发颤,"刚才我进去,正遇到她推门从隔间里出来,一句话还没来得及说,她突然就倒在地上人事不省了。"

"那还不赶紧叫救护车。"我吩咐了一句,又提高声音对堵在门口的一群人说,"都别围着了,我先去看看。"

有人侧过身给我让了一条路,还有人七嘴八舌地打听是怎么回事。我顾不上理他们,直奔躺在地上的郝熠。

郝熠脸色苍白、双目紧闭,旁边有位女同事正在焦急地掐她的人中。人中被掐得通红,而她毫无反应。

那位女同事见我来了,求助地看向我:"苏姐,怎么办?要不要把她扶起来?"

我蹲下身摸了摸郝熠的鼻端,感觉到温热的气息,提到嗓子眼的心才略放下了一点:"千万别动她,万一是心脑血管问题,随便挪动要出大事儿的。不管怎么样,都等医生来了再说。"

说这话的时候,我发现自己的声音也有点发抖。

02

医生来得很快，郝熠被抬上担架，送往医院。

跟着救护车去医院的路上，我犹豫半晌，还是给冯萧打了个电话。冯萧是我的老同学，现在在一家国企工作，也是郝熠的男朋友。

毕竟出了这么大的事，不说一声，这姑娘真要是有个三长两短，我的这位老同学铁定会和我翻脸。

电话拨通，我刚说了"郝熠"两个字，冯萧就打断我："她的事以后和我没关系了，你不用告诉我。"说完就要挂电话。

我抢着说了一句："她晕倒了，现在在救护车上呢。"

那边一下子静了下来。

冯萧简洁地问："哪个医院？"

我说了地址，他立刻挂断了电话。

冯萧赶到的时候，郝熠还在抢救，初步判断是脑血管有出血，具体情况还不知道。

"我就不应该让她去你们公司，什么MT项目组，那就是个坑。"他在我面前走到第三个来回的时候说。

这个时候，他的心情可以理解，我只好小声说："对不起。"

其实，我自己并不觉得公司有问题。那么多互联网公司鼓吹"996是福报"（编者注：996是指早上9点上班、晚上9点下班，一周工作6天的工作制度），甚至强制员工加班，我们公司从来没有这样做过，我们更看重员工输出的结果，而不是她付出了多少疲劳。

可这姑娘，她有点让人一言难尽。

好在冯萧也不是不讲理的人，过了一会儿，他无奈地叹了口气："对不起，苏耘，我不是那个意思。说到底，还是她自己没事儿就爱给自己'打鸡血'，'毒鸡汤'喝起来没个够，怨得了谁？"

03

郝熠是大半年前来到我们公司的。

当时，公司从各部门抽调了一些人成立了一个新的项目组，做新产品的研发。这一调动算是探索性的，做成了，可能项目组就会变成部门；做不成，那项目成员就回到原部门。

因为项目组没有配置前端工程师，项目经理陈刚决定招聘一个新人。

第一轮面试下来，陈刚找到我，说看中了一个女生，请我们安排复试。

我查看了这个女生的简历，觉得只有一年工作经验，未免太短了，可陈刚坚持说，他只看上了这一位候选人。

他坐在我办公桌前，掰着手指给我讲："苏姐，你猜这姑娘为什么从上一家公司离职？

因为太闲了，她不喜欢！我一听这正合适呀，我们这里不闲，绝对让她每天都过得相当充实。"

我看了一眼这个比我还小两岁的男人锃亮的脑袋瓜，笑了："人家是来面试的，当然这么说了，难道告诉你，其实她的理想是不工作？"

他摇头："不是，苏姐，这姑娘是真的喜欢比较忙的工作，一说到加班就眼睛发亮，而且说她特别希望有个机会能做一名奋斗者。你说，这样的人对于我们这么一个新团队，是不是特别合适？"

一天以后，我见到了这位叫郝熠的姑娘。

她二十三四岁的年纪，圆圆的脸上稍稍有一点婴儿肥，梳着马尾辫，整个人朝气蓬勃，确实看起来精气神儿十足。只有一点我不太喜欢，她张口闭口都是某个互联网行业的成功者曾经说过什么，好像一点独立思考的能力都没有。而且她说的有些话鸡汤味十足，比如"某某都这么成功了还这么努力，我有什么理由不加油呢？""不付出超人的努力，哪有超人的成就？"并且再三强调996没问题，9126也可以（编者注：9126是指早上9点上班、晚上12点下班，一周工作6天的工作制度），如果公司需要，007也能接受（编者注：007是指一天工作24小时，一周工作7天不休息）。

这样的郝熠，让我不知道是该喜还是该忧。

作为企业的代表，HR当然希望员工努力工作。可是拼命加班等于努力工作吗？至少我不这样认为。

职业生涯是长跑，你得用力均匀。每天都在冲刺的人，怎么能坚持到终点呢？

但我最后还是录用了她，原因显而易见，没有HR会因为一位候选人愿意加班而拒绝她。

04
HR DIARY

Offer发出的第二天，许久不见的大学同学冯萧突然打电话给我。

世界有时候真的很小，小到令你瞠目结舌，比如我刚刚录用的郝熠竟然是我这位老同学的女朋友。

"她年龄小不懂事，方便的话，请你帮忙照应一下。"冯萧的声音里带了一点儿显而易见的宠爱意味。

这两人的年龄差距有点大呀，我心里这么想，嘴上也只能答应，又闲聊了几句，就挂断了电话。

第二周，郝熠来报到，进了项目组。当天晚上，我们部门聚餐，吃完饭聊了一会儿，我想起给女儿买的小鞋子还放在办公室里，就顺路回去拿。

当时已经9点多了，公司里一片漆黑，只有一个角落的办公室亮着灯。

我以为是有人下班时忘记关灯，走过去才发现容纳二十几个工位的办公室里，孤零零地坐着一个小姑娘。

"郝熠？"我很惊讶，不明白上班才一天，她能有什么事需要留在办公室加班。

"苏姐。"她站起来和我打招呼，脸上架着一副黑框眼镜，也许是有点用眼过度，郝熠笑的时候不自觉地眯起了眼睛，"您怎么回来了？"

我回答了她，又问出了我的疑惑："你怎么不下班？"

她指了指电脑："刚哥给了我一些项目文档，让我尽快熟悉，这周就出一个版本给大家看一下。"

郝熠这样一说我就明白了。

因为公司项目文档大多涉及商业秘密，是不允许外发的，只能在公司电脑里看。

"熟悉项目也需要一个过程，这周出一个版本，时间会不会太紧了？"说着，我走到她的办公桌旁边，看了一眼她屏幕上的项目文档，共96页，她已经看到了第60页。

"还好。"郝熠仰着小脸看我，绽放出一个大大的笑容，"今天看完这些资料，明天把不懂的向刚哥问清楚，就可以开始做了。难得刚哥这么信任我，我觉得我能行。"

05

我不知道那天郝熠是几点离开公司的。

一周以后，快到中午的时候，冯萧打来电话请我吃饭，说算是谢谢我照顾他女朋友。

"你跟我还客气什么？"坐在公司楼下的烤肉店里，我翻着餐单开玩笑，"再说，你这样会让我感觉你很重色轻友啊，同学。"

冯萧比以前略胖了些，他提着茶壶，一边给我倒水一边说："你要这样说也行，不过我一个大龄单身男青年，总请你一个已婚妇女吃饭，你家薛仲该有意见了吧？我这不也是为你着想？"

我和他你来我往地开了会儿玩笑，等菜上来，终于言归正传，提到了郝熠。

"你怎么不叫上她一起呢？"我问。

冯萧苦笑一声："人家多忙啊，哪能随叫随到。这不是刚跟我说忙不过来，中午吃工作餐，然后要开项目会议吗？不来就算了，正好咱们老同学叙叙旧。"

"行了吧，你找我不就是想问问郝熠的工作情况吗？如你所见，忙。"

这姑娘的确是忙，那天之后，我虽然没有那么晚回过公司，不过因为冯萧的关系，特别关注了一下她的考勤。

做IT的，平时大家都开玩笑说"女人当男人用，男人当牲口用。"我觉得这姑娘已经略过中间那步，直接把自己当牲口用了。

上班一星期，加班一礼拜，平均每天都到晚上10点才下班，周六项目组有几个人加班，她也来了。

"我们这行，本来加班就多一些，你就多包涵一下吧，毕竟你比人家多吃了那么多年白米饭呢，得有个大哥哥的样子。"作为HR，我肯定要为自己的员工说话。

冯萧正在翻烤五花肉，听了这话抬眼看我，嗤笑一声："苏耘，你这是被万恶的资本家收买了吧？还加班是多一些，那是多一些吗？那是太多了！要不是我每天晚上都来接她，我都以为她是在找借口躲着我呢。"

"行了行了，你当着她的面别抱怨，人家是有上进心，也未必不好。我找个机会劝劝她吧，凡事慢慢来，让她注意工作和生活的平衡。"

06

回到公司，还有10分钟上班。我想着去看一看郝熠，就去了项目组的办公区域。

郝熠的位置空着，旁边有一位男同事靠在椅子里玩手机，我抬手指了指郝熠的椅子，问："郝熠呢？"

他下巴一抬："刚哥那呢。"

我顺着他指的方向看过去，果然，陈刚办公桌外的屏风边上露出了一个衣角。

"那算了。"我转身准备走，却听见里面传出陈刚的声音："我没和你说？你这意思是你做不好都怪我？我没给你文档吗？"

"刚哥，我不是这个意思……文档里没有这一条。"

"那你为什么不问？"

不知道郝熠说了什么，只听陈刚不耐烦地说："我下班了可以第二天问我啊，不要自己想当然。行了行了，你赶紧去改吧，以后主动点。"

"好的，刚哥。"郝熠答应着，从屏风那边转了出来，垮着一张小脸。

看到我，她露出一个勉强的微笑："苏姐。"

我用余光扫了一眼周围的人，公事公办地说："员工个人信息中有一处需要和你确认，你跟我来一下。"

"哦。"她忙不迭地点头，跟在我身后，进了我的办公室。

"做得不开心？"等她坐下，我问。

"不是……"她揪着自己的马尾辫摆弄着，"可能我有点笨……"

"哪笨了？"我笑着说，"冯萧喜欢上的姑娘，能笨到哪去？"

郝熠脸红了，低着头："苏姐……"

"我在公司这么多年了，别的不说，人还是都很熟的。有什么难处，你可以和我说说，没准我能给你一点意见。"既然答应了冯萧，我自然要主动帮她。

她急切地摇头："不是的，苏姐。我并没有什么难处。"

大概想起刚刚被批评的事，郝熠有些尴尬："我刚来，好多东西都不懂。刚哥也是为了我好，我会努力赶上来的。"

"嗯，没有就好。不过你呀，努力归努力，也要注意工作和生活的平衡，毕竟人生中不是只有工作。"我劝道。

她点着头，很乖的样子，就是不知道听进去了没有。

07

过了一段时间，我隐约听人说起过，MT 这个项目的客户很难伺候，在接下来一个多月的考勤中，我发现项目组员工整体加班都不少，而郝熠尤其多。

其他同事一般 995，陈刚一周顶多有一天晚走两个小时，只有郝熠是互联网公司的 996 工作模式，甚至加班加嗨了的时候，她还会自动调整为 9126。

偶尔中午一起吃饭，见她脸色疲惫，我会忍不住劝她。可这姑娘倔强，就算和我抱怨两句，说有时加班陈刚不在，大家意见有分歧时没人拍板，她也还是不肯听我的话，少加一点班。

后来，她私下里悄悄告诉我，陈刚给她承诺，只要她好好干，出成绩，将来前端开发这边形成了团队，就由她来负责。

说这话的时候，郝熠的眼睛里闪着光。

与她相反，冯萧的精神头可就不怎么好了。

某次他来接郝熠，赶上我那天晚上也加班，出来晚了些，于是一起在麦当劳坐了一会儿。他说了两次，后悔让郝熠做软件开发相关的工作，尤其后悔支持她跳槽。

以前的公司压力小一些，慢慢学习积累也挺好的。现在可倒好，两人这恋爱谈得只剩下每天接送她的时候路上这点时间了，自己都觉得自己在她眼里大概和网约车司机也没什么区别。

我想他真正想说的，应该是后悔让郝熠来我们公司吧。

其实我也有点后悔了，我这同学以前忙得没时间谈恋爱，现在他有时间了，结果又遇到个没时间陪他谈恋爱的姑娘，也是够命苦的了。

08

渐渐地，郝熠的工作似乎做得顺了些，很少听说她被批评了。

三个月后，她所在的项目终于进入了验收环节。

验收会上，郝熠坐在我对面，绷着小脸，神情严肃，我知道这姑娘是紧张了，就给了她一个安抚的眼神。

会上，产品部的人提出，项目组给的东西，设计上不符合客户的习惯，而且给人的直观感觉有点老套。

项目组负责设计的同事都说自己这边没问题，眼神却瞟向陈刚。

看来这些被吐槽的地方，都是陈刚拍板决定的。

我刚这样想，就听陈刚开了口："这个网页有问题。"他转向郝熠，"郝熠，我跟你说过多少次了？前两天还跟你说要增加一些设计元素进去，你怎么回事，怎么都没改？"

突然被点名，郝熠一脸茫然，指着自己反问道："我？"

"网页这块是你做的，你心里没数吗？"陈刚皱着眉，又看向产品部的同事，"她是新人，经验不足。我把关不够，也有责任。你看这样好吗，再给两周时间，我们重新修改。"

"可是刚哥，你什么时候说过要改……"郝熠急切地开口，却被陈刚打断："郝熠，我们现在是在开会，什么你啊我啊的，要反省会后再说。你还不赶紧记录一下人家的反馈，要不然又不知道往哪个方向改。"

郝熠涨红了脸，语调也高了："我……"

"能不能请产品部提供一个修改意见，其他部门做个补充，供大家参考？"我叹了口气，于心不忍地打断她，帮忙解围。

眼前的形势已经很明显，项目验收没通过，总要有人背锅，而整个项目组里，再也找不到比郝熠更合适的人选。

郝熠咬着唇看我，好像慢慢明白过来了，眼圈也红了。

09

"得到这样的一个结果，你自己是怎么想的？"我利用午饭时间，把郝熠带到距离公司较远的一家餐厅，想和她谈谈。

郝熠垂着头小声说："难受。"

"除了难受呢？"

她更小声："还……委屈。我每天来得最早，走得最晚，只要刚哥一个电话，我哪怕睡觉了也会爬起来回公司。

"可为什么我都这么努力了，每个人还是觉得我做得不好呢？而且，刚哥他真的没说过要改。"郝熠的眼泪滴下来，她扭过脸，"如果他说了，我哪怕不睡觉都会改好的。"

是啊，拼命做事还被冤枉、被指责，换作是我，我也委屈。

我叹了口气，给自己和她分别盛了一碗汤，慢慢喝完，才说："郝熠，我知道你委屈，可事实上，你做得的确不够好，所以才是你来承担这个责任。咱们现在最主要的是分析一下，是什么原因让你努力了却还是做不好。"

郝熠眨着红红的眼睛，茫然地看着我。

"你有没有想过，或许做软件开发本来就不太适合你？"

在这行工作久了，一个人对编程是不是真正热爱，我多少还是可以看得出来的。

她怔了怔："可我就是学软件的啊，不做开发，我该做什么呢？"

这就是问题所在了。很多学生都把大学的专业当成选择工作的前提。如果那个专业不是自己擅长的呢？那就多努力，加加班，笨鸟先飞；如果同时也不是自己喜欢的呢？那就强迫一下自己，再多加加班，会习惯的。

很少有人会首先考虑，我作为一个人，我是什么样的性格，喜欢什么讨厌什么，适合逻辑性强的工作还是擅长与人打交道？

我把我的想法对她讲了，郝熠看着窗外来往的行人，沉默许久才说："苏姐，我还是想再试试。我承认我并不喜欢整天对着满屏幕的代码。读书时那么爱说爱笑的我，现在一天都说不了几句话。冯萧也建议我转岗，可我努力了这么久，总要有个结果吧？"

10

没多久，陈刚就请我为项目组又招聘了另一位叫李磊的前端工程师，似乎是有意把郝熠边缘化。

可郝熠的加班还在继续。

甚至在同行业公司因出现员工过劳死而被推到风口浪尖，我们公司要求各部门控制劳动强度以后，她还在坚持996的工作模式，力图通过勤奋来证明自己。

我不知道她到底证明了什么，只是再进行项目评审的时候，前端部分已经是李磊参加了。

9月底，有外地的同学来我们这里出差，恰好赶上冯萧过生日，于是他张罗着借机会把当天在本地的同学都凑在一起吃顿饭。毕竟大家各自结婚生子，平时很难聚齐。

那天是周六，考虑到晚上小安然要早早睡觉，我和薛仲就没带她。从城西到城南，忍受着一路堵车的路况赶过去，我们赶到的时候，已经是华灯初上、高朋满座。

和所有的同学及家属打了招呼，入座后，我发现冯萧的身边，并不见郝熠。

郝熠显然不可能不来为冯萧庆生，而且她半个月前就开始准备生日礼物了，还让我帮她保密来着。我用眼神问冯萧，他撇撇嘴，做了个"加班"的口型。

等举杯说了生日快乐，有人开起冯萧的玩笑，说大家都拖家带口的了，还是他最自在。他哭笑不得："我倒是想拖家带口，也得有人肯当我的家属才行啊。"

见他这样说，知情的同学就起来"揭发"他找了年轻女朋友的事实，还拉我作证。我不得不点了点头，然后一群人起哄让他赶紧把人带出来给大家看看。

冯萧推脱不过，只好打电话给郝熠，问她什么时候能到。我不知道郝熠是怎么说的，反正挂了电话的冯萧脸色不太好。

都是三十岁出头的人了，谁也不至于看不出个眉眼高低，于是大家扯开话题，开始聊过去、聊现在、聊经济、聊孩子，推杯换盏间，气氛倒也渐渐热烈起来。

11

郝熠赶到的时候，已经酒过三巡。

小姑娘鼻尖上带着汗，显然是一路小跑过来的。冯萧尽管不高兴，还是拉着她坐在身边，把她介绍给大家，我也起身帮她另外点了几个菜和点心，让她先吃点东西。

郝熠性格单纯，加上年纪比我们都小，其他同学也很照顾她，很快她就和我们熟悉起来，甚至还应大家要求，讲起了和冯萧的恋爱经历，冯萧拦都拦不住。

气氛正好的时候，郝熠有电话打进来。

她接通电话，"喂"了一声，就去看冯萧的脸色。冯萧躲开她的目光，没有说话，郝熠对着电话支支吾吾地说："刚哥，我现在在外面，比较远。"那边又说了些什么，她偷偷瞄着冯萧，咬了咬唇，小声回复了一句"知道了"就挂断了电话。

"大家吃菜，看看再加点什么？要不来两个素菜吧？只吃肉太腻。"冯萧不看她，喊服务员拿菜单加菜。

郝熠在桌子底下小心地去扯冯萧的袖子，被冯萧不着痕迹地躲开。她扭头，求助地看向我，我很为难，一时也没想到该怎么办。

何况，我也并不觉得那个项目紧急到了必须要她现在就回去的程度。薛仲说过，好的项目经理能引导客户需求，而不是客户指哪儿跟着打哪儿，说风就是雨。陈刚在这方面做得并不好。

"冯萧……"郝熠又去拉他的胳膊，压低声音，"我真的得回去了，大家都在呢，就差我了。"

冯萧抽出胳膊，像没听见一样。

气氛一时有点尴尬。

我只好给郝熠找个台阶："是不是客户需求又变了？必须今晚改出来吗？"

她猛点头："说明早就要，他们领导只有明早有空看。"她站了起来，"对不起，冯萧，我先过去一下，明天我再……"

冯萧盯着她看了好几秒，没有什么表情地说："不用了，有事就走吧。"

我觉得，这回他怕是生了不小的气。可郝熠性子直，还真就和大家说了句抱歉，抬脚走了。

结果第二天一早，她就哭着打电话给我。

冯萧要和她分手，郝熠觉得自己委屈得要命。

12

郝熠曾经试图去挽回，我也劝过冯萧，可他铁了心，说确实相处不下去了，累。

其实我也能理解冯萧，他这个年龄找女朋友，那是奔着结婚去的。可现在郝熠这个状态，连谈恋爱都要挤时间，怎么结婚？更不要说生儿育女了。

分手后，冯萧应该也不好过。整个国庆假期，大家的朋友圈动态不是吃就是玩，唯独他没有任何消息。

节后上班遇到郝熠，她像变了个人似的。

曾经在她身上那种闪着光的蓬勃朝气，好像突然就不见了，就连她可爱的、带着些婴儿肥的小脸，已经瘦得只剩下小尖下巴，透着一点楚楚可怜。

"苏姐，我想清楚了，我不适合做软件开发。"中午吃饭的时候，她眼巴巴地看着我，"做完这一个版本，我想转岗。你看我适合做什么呢？"

这段时间我也在想这个问题，郝熠做软件开发，是很难做出彩的，最多就是一个中规中矩的程序员。可是，以她的技术背景和研发经验，如果转去做和技术相关的其他岗位，比如质量工程师，应该还是有一定优势的。

我把自己的想法对她讲了，郝熠说要好好想一想。后来，她绕来绕去，把话题绕到冯萧身上，问我如果她换个岗位，没这么多加班，她和冯萧还会不会有机会和好。

"我不想分手。"郝熠红着眼睛，"我喜欢他，苏姐。"

可还没等她想好，和冯萧之间的问题也没解决，人就被送进了医院。

13

冯萧坐在病床边，我搬了一把椅子坐在他旁边。

"这次算不幸中的万幸，出血点不多，等用一阵子药，问题就不大了，你也别太担心。"我小声安慰他。

"我早就对她说过，这样下去要出问题，她就是不听，说自己身体好。"他看了一眼病床上的女孩，"好什么好？铁打的人也扛不住这么熬吧？以后她要是不长记性，还这样，你也不用管她了。"

世界上总有人是嘴硬心软的，比如眼前这个。

我开玩笑道："行，你舍得就行。"

冯萧还没说话，床上的郝熠倒是醒了，正好听见这几句话，眼睛湿漉漉地看冯萧，扁着嘴说："不管就不管。"说着就要哭。

我赶紧找借口走了，给他们留下独处的空间。

郝熠上班，是一个月以后。冯萧把她照顾得不错，她胖了点，眼睛里又重新有了神采。

我不知道该怎么告诉她，她生病期间，前端组又招聘了一位新同事，而李磊，现在是前端组的组长了。

正纠结着，郝熠倒是先开了口："苏姐，你帮我好好分析一下，我真的可以转去做质量工程师吗？"

"那要看你自己啊。"我笑了，"人只有做自己喜欢做的事情，才能事半功倍，努力的效果也更好。比如我家安然，她从小喜欢唱歌，每次去上声乐课，目光一秒钟都舍不得离开老师，老师也说她唱得好。可她学认字也很努力，甚至花了更多时间，结果到现在，她都还不认识几个字。而且我觉得，如果把幸福作为人生目标，选择比努力更重要。努力你已经试过了，现在是该做选择的时候了。决定这个选择的是，你究竟喜欢什么样的工作。"

郝熠歪着头看我："能和人打交道的工作，我是喜欢的，可我怕自己做不好啊。之前的软件开发我做得就普普通通。"

"那你愿意试试吗？"我问她，然后又提醒她，"如果你还是打算像之前做软件开发时那样拼命加班，那就算了，我可不想看冯萧的脸色。"

她不好意思地笑了："不会了，苏姐。可是，你说我能行吗？"

我重重点头。

"那我就试试吧。"郝熠最后说。

调动很顺利，MT项目组希望她走，而质量部确实缺人。

因为做过快两年的软件开发，郝熠对研发流程比较了解，又因为她切身体会过实际项目中的困难，所以在体系推进过程中提出了不少很有现实意义的小建议，质量部经理觉得这姑娘不错，积极性也很好，表示愿意好好培养一下。

她偶尔还是会很晚下班，但不同的是，减少了很多无效加班以后，她自己也觉得工作变得有意义起来。

至于李磊做组长的事儿，郝熠也想开了，自己加班加点做出来的效果，还不如人家偶尔加个班的效果，那是实力的差距，没什么可说的。

当年最后一天，我看到冯萧发了一条朋友圈："红包都准备好，别说我没提醒你们。"配图是简单的四菜一汤，和两只牵在一起的手。

我拿给薛仲看，他拍拍我的头："哎呀，苏小姐，你这买卖做的，又是帮人调动，又是帮人复合，最后还得包个红包，亏得底儿掉了没？"

我们都笑起来。

嗯，能帮一个"996女孩"找到正确的努力方向，我亏我愿意！

职场妈妈的选择

01

早上九点过五分,我坐在会议室里,看着在场的十几个人,他们脸色各异。

"再等五分钟,五分钟后还没来,咱们就先开始吧。"质量部经理于洋开了口。

旁边有人小声嘀咕:"怎么又迟到啊?我们本来就忙死了,事情做都做不完,还要每次等她。"

"就是,也不是没提前通知开会,就不能早点出门吗?"

我循声看过去,说话的是两个才大学毕业一年多的质量工程师,正是年轻气盛不容人的年纪。

"易晓言的孩子小,早上起来要做早饭、喂奶、给孩子准备辅食,事情比较多,偶尔迟到一两次,大家体谅一下吧。"我淡淡地说。

同为职场妈妈,我大概最能明白她的不容易。

安然小时候,即使有保姆帮忙,我家薛博士又是全能奶爸,我早上也偶尔会忙得人仰马翻,更何况每次出门时,安然还都会拿出生离死别的架势阻止我离开她一步。

"就是,我师父住得远,错过一班车就要等很久,再说也没晚几分钟,再等一下吧。"易晓言带的新员工见状,也赶紧帮忙解释。

那两个姑娘互相看了看,便没再说话了。

易晓言到的时候,刚好九点十分。

"对不起。"她脸颊微红,被汗水浸湿的刘海贴在额头上,一进门就道歉,"孩子有点闹,出门晚了,很抱歉。"

于洋看了她一眼:"公司要过 CMMI(软件成熟度认证)五级,每次会议都很重要,以后尽量早点。"

"好的，我一定注意。"她微低着头，找了个靠边的座位坐下来，目光不经意间向我这边转过来。

我给了她一个安抚的笑容，她点点头，神情略放松了一点，也回以一个微笑。

02

易晓言在公司工作两年多了，因为才入职几个月就结婚生子，部门其他人，包括于洋，都对她很有意见，我最初也颇有微词。

明明面试的时候还没有男朋友呢，刚适应工作，马上要休产假，这也太耽误事了。

后来一件小事改变了我的看法。

那次也是开一个质量体系的会，公司几个老总都在，中途，新来的一位小姑娘主动起来帮大家添水。小姑娘端着杯子在旁边的饮水机前接水，偏偏那会儿没人说话，屋子里很安静，只有水流的哗哗声，大家都看向她，小姑娘很是尴尬。

我正要起身，旁边的易晓言站了起来。

她走到小姑娘身边，一句话也没有说，只是伸手稍稍扶了扶杯子，让它倾斜了30度，水顺着杯壁流进去，安静无声。

小姑娘感激地看着她，我也多看了易晓言一眼，觉得这是一个内心很温柔的女孩子，从此就对她多了几分好感。

不过今天到底是她迟到，耽误了大家的时间，我也不好过多替她说话。好在于洋算不上苛刻的领导，等易晓言坐下，他就进入正题，开始讲今天要评审的几个文档，以及需要大家配合的地方。

"于哥，我有意见。"听到分工，刚刚抱怨易晓言迟到的那个女孩子汪霞立刻举起了手，"过程文档这部分工作内容虽然不是很多，但您也不能就安排我和易姐两个人做啊。毕竟易姐现在这情况……您这和让我一个人完成有什么区别啊？"

"话也不能这么说。"于洋看一下其他人，"现在时间紧，任务重，人手本来就不充足，何况易晓言是除我之外唯一有相关经验的质量经理，你们在一起应该事半功倍。"说着于洋把目光投向易晓言："怎么样，做得到吧？"

易晓言点头："没问题……"话音还没落，她放在桌面的手机振动起来，屏幕上显示的是"婆婆"两个字。

03

"我就说指望不上她吧，你看，说错了没？"散了会，汪霞和另一个女同事小声嘀咕。

我和于洋并肩走在她们后面，于洋的脸色也不好看，转头对我说："苏经理，有空聊两句吗？"我点点头，跟着他进了他的办公室。

刚一坐下，于洋就开始抱怨："苏经理，我的部门不是还有一个招聘名额吗？给我招男生，女生我一个也不要了，不管什么学校什么背景，一个不要。"

他说完，重重地把手机拍在桌子上："我的部门都快成女生大本营了，她们要是都跟易晓言似的，我们这个部门的工作也就不用干了。"

我笑了："于经理，你也别这么大火气，我早就跟你说过了，做质量工程的，本来就是女多男少，这也是没有办法的事情。何况女人生孩子也是'被自愿'的，要不然，你让你老婆别生了，放着你来？"

他被我逗乐，可到底还是对易晓言产生了不满。

其实这也不能怪他，工作刚分配完，需要立刻开始准备相关文档，明天下午，第一版文档必须过会，否则就会影响整体进度。可易晓言那边，婆婆打电话来说她儿子突然发起烧来了，早上吃的奶也吐了，让她赶紧回家。易晓言一听立刻慌了神，扔下一句"于哥，我请一会儿假"转身就跑了。

汪霞的脸当时就沉下来了，啪的一声合上面前的笔记本电脑："于哥，我不管，不能这么欺负人。明着两个人一起做，实际上活儿都归我一个人了，那还不如你干脆就说让我自己干。替别人干活这种大公无私的精神，对不起，我没有。"

04

下午上班时，我在走廊里碰到易晓言，她从大门外进来。大概因为外面在下雨，她又走得急，裤脚带了几个泥点子，整个人看着有点狼狈。

"苏姐。"她和我打了个招呼便要匆匆而过，我拉住她问："怎么回来了？你儿子怎么样？"

易晓言勉强挤出一个笑容："有点烧，不是很严重，吃了药。体温已经退下去了。我赶回来准备文档，今天晚上要做出来。"

"好，如果需要我帮忙你就告诉我，我家安然毕竟要大几岁，这方面我多少还是有点经验的。"我拍了拍她的肩膀。

下午，我连续面试了好几个人，等忙完已经过了下班时间。

我捶着有些酸疼的腰往洗手间走，一进门，就看见了易晓言，她正在洗手台前用吸奶器吸奶。

"要吸出来吗？不能下班？"我看了一下时间，如果是安然，这会儿也应该饿了。

易晓言摇头："还有一些东西没做好，晚上要加一会儿班。没关系，我中午已经吸了一些奶留在家里了，帅帅如果饿了，他奶奶会喂的。"

我点了点头："也好，毕竟你要上班，也不可能孩子随时想吃就吃。"

她苦笑一下："可不是？有时候我都觉得，特别对不起我儿子。前两周，有一天晚上我们也是加班，我到家都12点了。这小子也是个犟脾气，我婆婆怎么哄也不睡，一直哭着等我回去。等到我回家，刚吃了两口奶，就软软地趴在我怀里睡着了，眼角还有泪珠呢。苏姐，我都不敢想,那五六个小时,小家伙是怎么挺过来的。会不会很绝望,以为妈妈不要他了?"说到这,她的眼圈红了。

05

我想起来不知道在哪看到过的一句话:职场妈妈就是罪人,在上司面前,在家人面前,在孩子面前,都有罪。

可这不公平。

我拍了拍她的手:"别乱想,我家安然那时候也是经常要等我加班回去才肯睡,这没什么。不上班,我们拿什么养他?拿什么给他最好的生活?谁说我们对不起孩子了?我们给了他生命,全心全意爱着他。如果这样还对不起他,那我们可真是生了一个贪婪的小家伙。"

易晓言跟着我笑了笑:"苏姐,你可太谦虚了,我比不了你,你家薛博士,一个人养家也绰绰有余。我家李敬就是一个普通程序员,我要是不工作,那真是要全家一起喝西北风了。"

"你有婆婆帮忙带小孩,不是也挺好的?我婆婆是个自由派,比我还喜欢出去玩呢,我都不忍心把她关在家里给我带孩子。"我宽慰她。

她叹了一口气:"唉,苏姐,你就别提我婆婆了。要是经济条件允许,我是怎么也不会让她给我带孩子的。"

"怎么了?和婆婆处不来?"

"倒也不是。"她无奈地摇了摇头,"只是有点不方便。最起码的,如果是保姆带孩子,我下班回家累了,就只需要陪孩子就好了,其他事情都可以交给保姆。可婆婆就不行了,你再累,等孩子睡了,洗碗洗衣服,把第二天的早餐提前准备一下,都得是你的事吧?如果你不干,都扔给婆婆,老公的脸色肯定是不会好的。"

我想了想问:"那你老公呢?他干什么?"

易晓言的神情有一瞬间的苦涩,又若无其事地说:"他要加班。"

也是,加班对程序员来说也很正常。

我们又闲聊了几句,易晓言提着奶瓶准备去把它放在冰箱里,我也打算上个厕所就下班回家了。

06

隔着隔间的门,我听见易晓言的电话响了起来。她接通,一个男声隐约传来:"回家了没?"

"还在公司,有事情做,要加班。"易晓言说。

"怎么又要加班?不是说儿子有点发烧吗?这种情况你都不能早点回去陪陪他?"男人显然非常不满,声音一下子就拔高了。

大概是顾忌着我还在洗手间里,易晓言压低了声音:"老公,我真的有急事,要和同事一起赶制文档,要不然你先回去看看?"

"我回去有什么用?你才是当妈的!"那边却越说越大声,"再说我妈都带了一天孩子了,你不回去,她一个人又带孩子又做饭,你把我妈当保姆啊?"

"李敬!"易晓言的声音冷了下来,"谁把你妈当保姆了?孩子也不是我一个人的,你不放心你可以早点回家,顺便帮妈分担些家务,没必要每天都十点多回去,孩子几天都见不到你一面。"

"我回去?我回去能干什么?易晓言,你不会指望我一个大男人在外面累死累活赚钱养家,下了班还要回家带孩子吧?我儿子又不是没有妈!"李敬理直气壮。

"只有你赚钱养家?"易晓言也控制不住地提高了声音,"你也好意思说你一天累死累活?李敬,你打电话对你同事说宁可加班也不愿意在家带孩子,你以为我没听见吗?"

电话那边一下子没了声音,易晓言也随即挂断了电话。

我从隔间里出来,看见她眼圈通红,胸口起伏,显然气得不轻。

"别气了,回家好好沟通一下,他现在大概只是还没有适应自己已经是一位爸爸了。"我拍了拍她的背,安慰她说。

易晓言勉强点了点头:"谢谢你,苏姐,你先走吧,我冷静一下。"

"好。"我率先走出了洗手间。

07

第二天晚上,我参加一个海外视频会议,结束时已将近九点。

我提着包往电梯走,路过质量部的办公区时,突然听见有什么东西砸在桌面上的声音。

紧接着,里面有人说:"请假,又请假!易姐,明天就要检查了,大家都在加班,请假?你也真好意思!"

是汪霞。

我停下脚步,从玻璃上的磨砂贴缝隙中看过去,一群敲着键盘、噼里啪啦打着字的人中间,易晓言握着手机,正在局促不安地解释:"对不起,我知道现在很忙……我真的有事,我婆婆打电话说我儿子烧得厉害……"

于洋咳嗽了一声:"那你就先回去……"

"于哥,凭什么啊?"汪霞不依不饶,"谁家里没点事?怎么就她想来就来,想走就走?要这样,我也不干了,回家睡觉!"

"这……"易晓言看了看手机,又看了一下其他人,"对不起大家了,实在不行,我带回去做……"

话音未落,她的手机又响。她慌忙接听,脸色顿时就变了,急急地说:"怎么会这样?我这就回来!"

挂了电话,易晓言眼巴巴地看着于洋,于洋只好点了点头。

汪霞哼了一声，将手里的笔"啪"的一声扔在桌子上，其他同事看向易晓言的目光也有些指责的意味。

易晓言涨红了脸，背上自己的电脑包，快步跑了出来。

我叫住她："孩子病了？我送你。"

她开始想拒绝，大概是想到我们这个地段打车不容易，最后还是红着眼睛点了头："那麻烦你了，苏姐。"

"我婆婆说帅帅一下午都没吃东西，喂什么吐什么，现在连水都喝不进去，喘气都烫人。苏姐，我该怎么办啊？"进了电梯，易晓言六神无主地问我。

"小孩子哪里难受自己不会表达，我觉得最好去医院。"我也担心起来。

安然小时候也生过一次很严重的病，其实最开始只是感冒，结果两天就烧成了肺炎，吊了好多天的水，头皮上都是针眼，我和薛仲差一点没心疼死。

"对对，去医院。他那么小，发烧了大半天，又没吃东西，哪有体力抵抗病毒。"易晓言说着，眼泪就在眼眶里面打转，"自从满了六个月，他生了好几次病了，去打预防针时，别人家孩子都白白胖胖的，就我儿子越来越瘦……"

"没事，小孩子都会偶尔生个病，你也别太着急。"我一边安慰着她，一边给薛仲发了信息，告诉他我晚一些回去，让他给女儿讲睡前故事。他很快回了个"好"，又再三嘱咐我别着急，慢点开车。

08

路上，易晓言给她老公打电话，让他尽快回家。她老公抱怨了几句昨天就应该带孩子去医院什么的，她一声不吭地挂了电话，扭过脸去看着窗外。

"苏姐。"过了一会，易晓言轻声问，"我是不是耽误你回家陪孩子了？"

"没事，她爸在呢。"我的目光放在前面的路上，万幸这个时间基本不堵车了，二十分钟到她家应该没有问题。

易晓言轻轻叹了一口气："那谢谢你了。"

"其实，我真羡慕你。"她又说，"最起码你老公愿意和你一起带孩子。我家那个，有了孩子对他的生活唯一的改变就是回来更晚，说是加班，可谁知道是工作真的比以前忙了，还是在公司上网打游戏？"

我想起她打电话时指责她老公为了不带孩子，宁可在公司加班，觉得这也不是没有可能。我们公司加班算是少的，可我也遇到过下了班不愿意走的男同事。问他，人家满不在乎地说，回家不给孩子辅导作业老婆要生气，那还不如加班呢，多了一份加班补贴，还省得吵架。

多少职场妈妈真的是孤身一人奋斗在工作、家庭两个战场啊？

我对她不由生出几分同情，拍了拍她的手背："你不是说他的人品还不错，没有什么花花心思，工资也一分不留都交给你？哪有十全十美的人，咱们多看他好的地方，多沟通，让他知道你也很忙很累，需要他和你一起来扛起这些事情。"

易晓言嘴角却勾起一个苦涩的弧度："苏姐，人和人不一样。我也不是没和他说过这些，可人家直接给我顶了回来：'怎么我们那些同事都能一边工作一边带孩子，到你这里就这不行那不行的？人家是当妈的，你也是，你娇气什么？'"

我很无奈，或许就是因为有那么多不理解妻子的男人，才会有那么多产后抑郁的女人吧？但别人家的事，我说太多也不合适，只好跟着她一起叹气。

09

我把车停在她家楼下，和易晓言约好，她回家以后，如果孩子病得厉害就马上打电话给我，我送她们去医院。

虽然说我和易晓言谈不上有多深的交情，可同样是当妈的，事情赶上了我就不能不管。

她上楼后不到五分钟，就打了电话给我，声音已经带了哭腔："苏姐，你还没走吧？我儿子不好了，得马上去医院！"

我心口一跳，立刻拿出手机搜索最近的医院。刚设置好导航，单元门就开了，易晓言抱着孩子跑了出来，她婆婆跟在后面。

她拉开后车门钻进来，虽然神情无措，却还不忘对我道歉，"对不起，又要麻烦你。"

"没事，孩子要紧。"我迅速启动车子，"去一医院可以吧？比较近，十分钟应该能到。"

易晓言点头。

在路口等红灯时，我从后视镜看过去，她弯着腰，把脸贴在孩子的额头上，满脸的泪水。孩子间或小声哼哼着哭一声，听得人揪心。

"烧得很厉害？还有其他症状吗？"我问。

"孩子都烧得抽搐了。"易晓言还没说话，她婆婆就抹着眼泪开了口，"我昨天就说应该去医院看看，他妈回来说还要上班，单位忙，先吃点药看看。我也没有文化，看吃了药退烧了就没当回事，谁知道今天孩子越来越没精神，下午就又烧起来了，硬挺到晚上……"话里，满满是对易晓言的埋怨。

我打断她。"孩子抽搐了多久？有没有五分钟？"

她一顿："我也没注意，都顾不上了……"

"没有五分钟。"易晓言哑着嗓子，"最多不超过两分钟。"

"那应该问题不大。"我安慰着她，"抽搐看着吓人，但如果只是高烧引起的，退烧以后不会留下什么病根，咱们马上就到医院了，你先别慌。"

10

不管什么时间，医院里人都多，尤其是儿科。走廊里坐着一群小病号和疲惫的父母。

易晓言的孩子才八个多月，年龄小，情况又比较严重，我们挂了儿科急诊，接诊的是一位五十多岁的女医生，她检查以后，责怪地看着易晓言："孩子应该咳嗽好几天了吧？怎么才来？"

易晓言嗫嚅着："咳得不太厉害……开始也没发烧，我以为……"

"非要发烧才来医院？"医生神情严肃，"是不是还给孩子胡乱吃了退烧药？你们这些做父母的，真应该好好学点医学知识，引发婴儿高热的原因多种多样，这样自作主张要出大问题的。"

这话我倒是认同，在网上也看到过，有的孩子因为乱用药伤了脑子，或者造成耳聋，后果几乎是不可逆的。

易晓言的脸涨得通红："医生，我儿子病得严重不严重？"

"肺炎，你说严重不严重？赶紧办理住院手续，立刻住院。"医生迅速开了单子塞给她。

"肺炎啊？"她婆婆哭了起来，一把把孩子从易晓言的怀里抢了过去，"我可怜的大孙子，我就说赶紧来医院，你妈总说忙，为了挣那俩儿钱，连孩子都不顾了，也不知道是怎么当妈的。哎呀，我的孙子啊，这罪遭的。"

易晓言的眼泪噼里啪啦往下掉。

我拉了拉她的胳膊："晓言，孩子先让阿姨抱着，我们去办手续，尽快开始用药。"

她胡乱抹了抹脸，抬脚就往外跑。

"阿姨，你就在门口坐着等我们，哪里都别去。"我嘱咐了她婆婆一句，也跟了上去。

11
HR DIARY

排队交了费，我们走到电梯口，与急匆匆赶过来的一个男人撞了个正着。

易晓言眼泪又掉下来："李敬，帅帅烧成肺炎了，医生让住院。"

李敬一副上气不接下气的样子："那还不赶紧住……你说你，晓言，孩子病了你不知道吗？带个孩子都带不好！"

她抽泣着："我也没想到这么严重，早上看着还挺好的，就是不太爱吃奶……"

"你整天就知道做你的文档，还知道孩子好不好？"李敬皱着眉按了电梯，又不满地看向易晓言，"孩子的东西都带了吗？需要什么我回去拿。"

易晓言说了几样东西，又看了一眼他的脸色，声音小了些："你能不能把我的电脑也带过来，晚上我在这守着帅帅，还有些东西要改……"

"易晓言！"李敬大声打断她，手指都要戳到她脸上，"孩子都住院了，你这会儿还在想着你的那堆破事儿！你还算是个当妈的吗？"

易晓言抹着眼泪，伤心又委屈："同事都在加班，我因为请假，刚刚被比我小好几岁的同事挤兑。现在你还这么说，你究竟要我怎么样？"

"我要你怎么样？我也想问问你到底想怎么样？你们公司离了你就干不下去了，还是明天要提你当老总，值得你一心为公，连孩子都不顾了？"李敬也气得满脸通红。

眼看两个人的情绪都要控制不住了，我不得不开口："李敬是吧？我是晓言的同事苏耘，我送他们来医院的。"

李敬刚刚大概没注意到我，这会儿略有点尴尬："哦，那……谢谢你。"

"别的事情你们回去再说吧，现在最主要的是孩子。住院手续已经办好了，晚上可能要辛苦你们一下，轮流守着，有什么问题及时找医生。"

他忙点头，又转向易晓言，压低了声音说："先别哭了，赶紧去安顿好孩子，我还得回去取东西呢。"

既然他们一家都到了，我也没有太大必要留下来。安慰了易晓言几句，我就回了家。

开了门，安然已经睡了，薛仲独自在客厅等我。

"处理完了？"他问。

我点了点头，想去看女儿，却被他拦住："先去洗澡，衣服也换换，别把病毒带回来传染给我家宝贝。"

我答应了一声，往洗手间走，走了几步，想起什么，回头问他："薛仲，以前安然生病的时候，你怪我吗？"

薛仲一怔，走过来揉我的头："如果是你害女儿生病，那就该打屁股。否则，怎么能怪到你身上？"

"你不觉得一个当妈的连孩子都照顾不好，特别没用吗？"我仰着头问他。

他笑了，在灯光下显得特别温柔："我娶的本来就是个普通的女孩子。要她赚钱养家，又要她貌美如花已经很难了，还要她当个全能妈妈，难道她是女超人吗？"

12
HR DIARY

易晓言的儿子住了一周院，前三天她请了假，后几天却每天在公司和医院两头跑。

这天，我去找于洋谈事情，出来的时候碰到她。原本产后略胖了一些的易晓言，几天时间竟然比没怀孕的时候还要单薄。

"你这样操劳，身体受得了吗？"我小声问她。

易晓言苦笑道："现在这时候，怎么顾得上这些？"

那时她正抱着一摞需要补的资料，准备去找各部门的人签字。

"你们部门新招聘的同事不是已经到岗了吗？你手上的事情不能交出去一些吗？"我问她。

"那怎么好意思？"她神情疲惫，"以前我怀孕的时候于经理已经很照顾我了，现在评级正忙，我经常请假本来就很对不起大家，只能尽量多做一些了。"

我上下打量了她一圈，想起薛仲的话，于是问："晓言，你是女超人吗？"

她一怔，然后明白了我的意思："女人我都做不好，还女超人呢？别开玩笑了，苏姐。"

"你说，我只是想要平衡工作和生活，怎么会这么难呢？"分开时，她幽幽地说。

这个问题我想了好几天，最后薛仲一语点醒梦中人："平衡？世上哪有那么多平衡？只有取舍啊，苏小姐。"

半个月后，易晓言的儿子彻底痊愈，为了表示感谢，她请我吃饭。

"你们现在没有那么忙了吧？"吃饭时我问她。

"他们是好些了，但我这里前面耽误了时间，得加班补一阵子。"她一边给我盛汤，一边说。

我想起她婆婆和老公的态度，不由得有些担心："那你这样加班，家里会不会有意见？"

易晓言的手一顿："怎么会没有呢？只有自己多干一点吧。苏姐，我现在真的快成女超人了。早上六点起床，做早餐，给儿子做辅食，收拾自己。七点吃早饭，然后喂奶，出门上班。中午回去买菜、做饭、喂奶，哄儿子睡觉，再马不停蹄地赶回来上班。晚上加班，到家九点多了，给孩子洗澡，哄睡以后随便吃两口饭就要洗衣服，忙完了都十一点了。"

易晓言叹了口气："苏姐，我活了三十年，现在连自己的时间都没有了。而且就这样，领导同事还都有意见，家里人也不满意，最可怜的还是我儿子，为了等我，天天都要晚睡，把孩子困得有时候洗澡时都能睡着。"

"你说我怎么这么失败呢？"

13
HR DIARY

我笑了："如果按照你这样的拼法都叫失败，那我真是极为不称职了。"

其实我自己，在安然刚出生的那两年，也是一名很不上进的HR。因为我知道，我没有能力兼顾那么多。在那个阶段，我能做的，只有把眼前的事情排个序，而做一位健康的母亲，生一个健康的宝宝，并且给予她应有的爱和陪伴，是我当时最重要的事情。所以我选择了把更多时间放在家庭，工作上维持原状，很多不着急的事就往后推一推，不求做到最好，不耽误工作进度就行。

那时总经理对我也未必就没有意见，但我先找他沟通了相关情况，表示我接受降级降薪，想让我加班加点、全力以赴地工作，现在我做不到。

当然，HR这个工作本身加班也不太多，加上公司很多制度、流程是我一手理顺的，看在对公司有一些历史贡献的份上，总经理并没有多说什么。

而我非常庆幸自己当时的选择。

我的一位同行朋友，是个女强人。她就是过度追求工作和生活的平衡的典型，结果这两样倒是都做得不错，不过她自己进了医院，累得腰肌劳损，甚至到了起不来床的地步，其实从长远来看，她这样得不偿失。

"所以，苏姐，你是建议我现在不用努力工作？"听完我的话，易晓言愣了半晌，才挤出这么一句话。

这话说的，好像我真是一个糟糕的HR似的。

可即使是作为HR，我觉得我也应该劝她当前要分清轻重，有所取舍。要不然我担心她哪天累得倒下了，公司培养她这几年，才算是真的血本无归了。

好在易晓言也不是顽固不化的人，她想了一会儿，点点头："我明白了，我会和于经理沟通一下的。"

"和你老公也要好好谈谈，孩子是两个人的，丧偶式育儿，对谁都没有好处。"我最后提醒她。

14

于洋这人其实还是不错的，尤其是他自己的老婆也正怀着孕，比别的男同事就多了点善解人意。

一周以后他找到我，说易晓言那边有些实际困难，但他们部门最忙的也就是这几个月，再招新人以后也不好处理，问我有什么建议。

我想了想，和总经理沟通后，决定以专项奖励的方式，公司评级通过以后，给予他们一定额度的奖金。当然，这个奖金要根据贡献分配。这奖金，易晓言自然就没有了。同时，因为这项评级工作是本年度重点工作，易晓言承担得少，年终奖肯定也会受到很大影响，毕竟公司在总体资金成本上的增加很有限。而其他同事，因为多了这笔奖金收入，心理上的不平衡会有一定改善，也就愿意分担更多工作，把这项工作扛过去了。

果然，于洋回去向部门同事传达了这个决定以后，我发现他们部门其他人对易晓言开始少了些抱怨，尤其是汪霞，大概是怕易晓言抢了她的功劳，竟然主动说让易晓言回去照顾孩子，剩下的工作她来搞定。

虽然会减少一部分收入，但易晓言的脸色一天天好了起来。

偶尔下班，也能看见她很准时地冲出办公室。

有一次聊起来，她说李敬得知她这个选择以后，沉默了两天，最后大概觉得她为了家庭，已经赌上了自己的职业生涯，有些过意不去，便也开始学着给孩子换尿布和做点其他简单的家务。

"苏姐，我现在觉得，你说得特别对。对于一个职场妈妈来说，真的没有'平衡'，只有选择。而当我们心甘情愿地做出选择以后，很多事竟然都开始峰回路转了。其实我儿子生病那段时间，我很崩溃的，虽然别人可能觉得我的状态还可以，可说不定哪天我就压力大到去做傻事了。而现在，我突然发现我根本没必要逼自己事事兼顾，只需要舍弃一些机会和利益就行。"

我点了点头，想起了自己看过的一则新闻。

那是一位职场妈妈，因为产后抑郁，带着自己几个月大的孩子从高楼坠下，当场身亡。

再看看易晓言，我有些庆幸，又有些后怕，可不管怎么样，我一直挺喜欢的这位内心温柔的姑娘，她迈过了这一道坎。

这真的很好。

穷人家的漂亮女孩

01

周四早上,我请了一个小时的假,去机场接薛博士。

但凡他出差几天,回来时必须要我接,我理解,这是他这种男人绕着弯在说:"老婆,我想你了。"

回到公司时,我发现公司门口站着一男一女,肤色黝黑,脸上布满皱纹,看不出实际年龄。

见我刷卡开了门,他们试图跟进来。我停住脚步,回头说:"这里是公司,不能随便进,你们找谁?"

女人看了男人一眼,男人开口,声音像砂砾在摩擦毛玻璃:"咱找曾玉。"

我上下打量了他们一圈,有些诧异。女人见状赶紧补充:"咱俩是她爸妈。"

她这话更让我吃惊:"那你们怎么不给曾玉打个电话呢?"

女人神色尴尬:"这孩子,换了电话号码也没告诉咱俩,咱俩好不容易找到你们这儿,坐了一天多火车呢。"

见是同事父母,又是大老远来的,我也不好不让进,就请他们进门后在门口的等候区坐下。让前台的同事给他们倒了水,我正准备通知曾玉,正巧她抱了一摞合同出来,准备去楼下的图文社装订。

曾玉笑着和我打招呼:"苏姐,早上好"。

我还没来得及回应,后面就有人快步走了过来,哑着嗓子喊:"你这死丫头,爹妈找你都找不着,这回看你还往哪跑?"一只大手推开我,直奔曾玉扑过去。

曾玉愣了一瞬,看清眼前的人,转身就要往公司里跑,却被刚刚的男人抓住了胳膊,手里的合同散落一地。

02

"雅丽,报警!"我以为这是人贩子的新套路,大声喊着前台同事的名字,让她打电话报警。

"报啥警?当爹的找自家丫头,天经地义,哪儿的王法也管不着!"抓住曾玉的男人眼睛一瞪,理直气壮。

曾玉摇着头,使劲儿甩胳膊,想要挣脱他:"你放开我,我说了我不回去!"

站在一边的女人凑上来劝:"丫头啊,别和你爸犟嘴了,你说你念那么多书,咋这么不懂事呢?咱俩让你回县城考公务员,再在单位里找个男朋友结婚,这不是为你好吗?咋就说不通呢?"

"你跟她说什么,咱自己的丫头,让她往东她还敢往西?!"她爸狠狠地瞪了曾玉一眼,提高了声音,"我早说念书没用,不如早点嫁人,还能帮衬一下家里。非要念,念完心还野了,爹妈的话都不听了。"说着说着似乎来了火气,举起手就朝曾玉打过去,"我打死你这丫头算了,白眼狼!"

曾玉全身一抖,本能地想蹲下身。

我上前一步挡在她前面,声色俱厉地指着贴在门口的派出所联系方式:"曾玉爸爸,你要是再这样大声喧哗,甚至动手打人,我可真报警了!"

他的手停在了半空中,气得直喘粗气。

"你们不用骗我了,什么回家考公务员?不就是你们收了人家的彩礼,想让我回去嫁人吗?我早就知道了!"曾玉仰起头喊,满脸的泪。

"你知道了能咋的?这事由不得你做主!这桩婚事,你嫁也得嫁,不嫁也得嫁!"她爸绕过我,又来抓曾玉的胳膊。

这时候,已经有路过的同事在议论,见这情景,一个男同事帮我拦住了曾玉她爸。

曾玉她妈一看她爸被挡住,跑过来伸手拉扯我:"领导,这事你别管!咱家丫头不干了,辞工回家结婚!"

公司里的几个男孩子大概怕我受伤,都围上来阻止他们。

场面乱成了一团。

曾玉突然站起身,小声说了一句"对不起,苏姐"就拨开众人,捂着脸跑出了门。

03

曾玉22岁,是个长得挺漂亮的姑娘,今年6月刚刚大学毕业。

去年,商务部的一位同事刘文静说有个老乡想找地方实习,做什么都行。正好我们公司缺一个采购助理，就让她来试试。

实习了大半年，我觉得这姑娘对待工作很认真，人也耐心细致，公司里各部门的同事和她打交道后对她的评价都不错。我和采购部经理一商量，等她毕业，就把她留在了公司，单独负责一些小批量备件的采购工作。

自从来公司，曾玉工作一直很努力。我偶尔加班，总会碰到她在电脑前敲敲打打，不是在做采购订单的核对，就是在整理供应商比价方案。只是无一例外，每次她的桌上都会摆着一桶公司给加班同事准备的泡面。

有一次，我随口问了一句："曾玉，又吃泡面？"

谁知道这姑娘微黑的小脸一下子就涨红了，嗫嚅道："事情挺多的，吃这个比较快……"

我也没在意，只是好心叮嘱她："泡面没有营养，总吃这个不好，还是尽量出去吃饭吧。"

她点头应着："好的，苏姐，其实我还挺喜欢吃泡面的。"

很久以后，我才知道，这个说自己喜欢吃泡面的姑娘总是留下来加班，正是因为加班有泡面吃，还有30元的晚餐补贴。

这些我从来没有注意过的东西，对她来说，很重要。

04

两个月前，公司有一批设备需要进行海外采购，采购部张经理让曾玉和另一名采购助理王瑛一起参与晚上和海外供应商的电话谈判会议。

曾玉很兴奋，一整个下午，我在办公隔间里都能听见，她不是在向集成部门的同事了解设备型号，就是在收集其他厂商的报价，为谈判做准备。

下班时，我正要走，前台小姑娘探进头来："苏姐。我刚刚想去整理会议室，听见里面好像吵起来了。"

我有些吃惊，想起曾玉她们刚刚在里面开过电话会议。

"曾玉，你不行你早说，这样去和对方谈判，我们都跟着你丢脸，你知不知道？"走到门口，果然听到王瑛的声音。

"我……对不起。"曾玉嗫嚅道，"我不是有意的。"

王瑛哼了一声："不是有意的就行了？你说的那叫什么英语？供应商根本就听不懂，你自己倒说得挺起劲……"

"行了。"张经理打断她，"算了，王瑛别说了，曾玉，你也要注意点，咱们虽然不像外资企业对英语要求那么高，但基本的英语表达能力还是要有的。"

曾玉又道歉。

王瑛把手里的文件夹用力摔在桌子上："曾玉，我拜托你，别摆出这副受了委屈的样子，好像我欺负你似的。你自己说，就你这样和对方乱说一气，人家得怎么看咱们公司？以为咱们是什么非专业公司，什么人都能进来呢，以后怎么合作？"

我听不下去了，推门进去："张经理，有空吗？找你说点事。"

张经理看了看我，又看了她们两个一眼："行了，都回去吧，散会。"

王瑛哼了一声，率先扭头出去了。曾玉低着头，脚步飞快地也跟着走出了会议室。

和张经理沟通完，我出门，看见曾玉的背包还在座位上，人却不在，想了想，还是决定找她聊两句。

05

从天台到茶水间转了一圈，也没看见曾玉，我正准备先下班，明天再说时，就听见商务部的资料室里有说话声传来。

"哭有什么用？我早就跟你说了，你要留在 S 市，就要像一个在 S 市长大的姑娘，像你现在这样，到时候别人知道我和你是老乡，我都丢不起这个人。"是刘文静的声音。

"嗯。"曾玉轻轻应了一声。

"每次说你，你都答应着，然后还是这样子。"刘文静有些不满，"就拿今天这件事来说吧，你自己也知道，就咱们那穷乡僻壤的，哪有像样的英语老师？班里有几个同学买得起复读机？可咱就这个条件，咱得努力，是不是？你发音不好，可以多听英语原音，用手机放出来一个字一个字地跟着学，别一开口就让人笑话！"

曾玉小声说："我不是不想学，但我的手机用好几年了，放英语都变调……"

刘文静似乎是冷笑了一声："那你就这样下去吧！操着僵硬的发音，做公司里'乡土英语'的代言人，让所有人都知道你的英语发音怪异，谁都可以嘲笑你！"

曾玉没说话，室内安静下来。

"你觉得我为什么帮你？就凭咱俩是老乡？别逗了，我根本提都不想提！我帮你是因为你和我一样，不认命，想要摆脱贫穷落后的境况！咱们出身不好，要想不让人看不起，就得努力适应这里的高要求！"

有脚步声朝门外走来，我拉开旁边会议室的门躲了进去，避开了刘文静。

等她走了，资料室里有极轻微的啜泣声。我顿了顿，还是说："曾玉，我是苏耘，我进来了。"

06

资料室里没开灯，我只看见曾玉靠着墙角的一个文件柜站着。

我走过去，站在曾玉身边："王瑛说话难听了一点，你别放在心上。"

曾玉抹了抹脸："我知道，苏姐……是我自己的问题，我并没有怪她。"

"你自己的问题？"我笑了，"什么问题？英语发音吗？全中国大多数人说的英语，都和外国人的口音差别很大吧？有什么关系呢，对方能听懂就行，听不懂咱们就慢慢练习，争取让他们听懂。"

"你不懂的,苏姐,这不一样。"她幽幽地说。

我不以为然:"你不就是觉得自己发音怪异,所以被人嘲笑吗?我也被人嘲笑过英语发音啊,我觉得还好,最起码笑我的人,也知道我说的是哪个单词。"

她有些诧异:"苏姐,你家也……"

我猜她大概想说"很穷"或者"在农村"这一类的话,只是没好意思说出来。

"那倒不是。"我耸耸肩,语气自嘲,"也不知道为什么,我们那里的人,都分不清汉语拼音的 n 和 l。名字叫刘玲和牛宁的,我们听起来会觉得,他们俩不是同名吗?"

曾玉的唇角弯了起来,她抿唇忍住,没笑出声。

"当年刚上大学的时候,有个自我介绍的环节。轮到我,我走上台,大声说:'古德阿福特龙,everyone.'我刚说完这一句,底下就哄堂大笑。要知道,我根本没有意识到我的'afternoon'最后一个字母的发音有问题,我只以为是我脸上或身上有东西,被大家笑话,就在台上摸摸这儿摸摸那儿,那样子傻乎乎的。"

曾玉终于捂着嘴笑出了声。

我也笑:"所以你看,这有什么,我现在不是会说了吗,谁还不能有进步了?发音这东西,和看不看得起我们,一毛钱关系也没有!这个城市也不会因为你说英语时的发音不同,或者有其他不同而排斥你,你没必要在意这些。"

她看着我,迟疑了很久,微微点了一下头。

07
HR DIARY

我的那些话是说了,曾玉却还是有了些变化,不知道是为了不给刘文静丢脸,还是刘文静的话比我对她说的话更让她愿意相信。

首先,曾玉开始打扮自己了。有一天午休后,我在洗手间碰到她补妆,口红不算什么大牌,却也是被年轻女孩普遍认可的,还有同一牌子的睫毛膏,放在一个精致的化妆包里。她的穿衣风格也从简单朴素的 T 恤和牛仔裤,变成了小香风的裙子,配上她窈窕的身材,看起来确实挺像个都市女孩。

公司里的年轻男孩女孩有时候会相约一起出去吃饭、唱歌,以往曾玉并不参加这样的活动,毕竟是 AA 制,平摊下来一次还是要一两百块钱的。可那件事以后,这样的聚会她几乎场场不落,甚至还和同事们一起去酒吧玩了几次。

她的朋友圈也发生了变化,以前多数是给别人点赞,或者转发一些网络文章,现在偶尔也会发一些生活动态,有时候是自己做的炒面装在北欧风的盘子里的照片,有时候是和同事"打卡"网红奶茶店的照片。

因为那天听到了刘文静的话,我猜测她的家境应该不会太好,所以她这样的生活状态,我很难理解。

尤其是我碰到过两次,距离发工资还有好几天的时候,她中午悄悄去公司的茶水间拿泡面吃——那原本是规定加班才可以吃的。

可每个人都有自己的想法,年轻贫穷的农村女孩希望融入这座城市,希望自己的生活看起来和周围的人一样,希望被其他人接纳和尊重,这本身并没有什么错,我也没有资格去评价。

只是我没有想到,她改变自己阶层的意愿这样强烈,强烈到可以抛弃一份至少在我看来很纯粹的爱情。

08

那天,我有同学来 S 市办事,她日程很紧,我晚上也有个会议,所以我们只有利用晚饭时间在公司附近一家餐厅小聚一下。

吃了饭,我给她叫了出租车,两个人聊着天在路边等车。

就在这时,我看见了站在不远处公交车站牌下的曾玉,还有她身边一个瘦瘦高高的男孩子。帮同学叫的出租车很快来了,送走了她,我准备回公司开会,路过公交车站牌的时候,很自然地看过去,想知道曾玉走了没有。

他们还在,而且似乎起了争执,男孩子去拉曾玉的胳膊,曾玉用力甩开了他。

我怕曾玉吃亏,所以在公交车站牌后面停住了脚步。

"你别这样。"我听见男孩子说,"小玉,我承认,我们现在是没钱,不过我们还年轻,努力几年,总会好的。"

"好什么啊?"曾玉摇着头,"我们两个在一起,一个穷,另一个更穷,怎么会好呢?我妈打过好几次电话,让我回老家附近的县城考公务员,我为什么不肯?不就是想要在大城市过更好的生活吗?我们两个人在一起,连房子都买不起,叫什么更好的生活?"

"对不起,我现在确实买不了房子。"男孩子的声音低了下来,"可是我们可以一起存钱啊。我每月的工资有八千元,再多加点班可以拿到一万元,我住公司宿舍,花不了多少钱,就留下三百元吃饭,剩下的都给你存着,这样我们一年就可以存十万,存四五年就可以支付一套小房子的首付款……"

曾玉打断他,声音坚决:"不,这不是我想要的生活。我一开始就对你说过了,我们在一起也不可能结婚的。我一定会找个本地人,像文静姐的老公那样,有房有车,还能给我本地户口。"

09

我没有再听下去,心里感觉有些悲哀,不知道是为了曾玉,还是为了这个男孩子。

我是个爱情至上的人,我一直固执地认为,不管遭遇了什么样的现实困境,我都不会牺牲我的爱情,哪怕是面对生死。

可如果我是曾玉,爱情和面包哪个更重要?其实很难做出选择。

后来，我发现公司里似乎有人给曾玉介绍对象，曾玉开始相亲了。有一段时间，她几乎很少加班，会在下班前给自己画一个淡妆，还喷了味道甜美的香水。

晚上下班时，我也见到过有个男人来接曾玉。男人身高不高，看上去年龄也比曾玉大了许多，外表一点也比不上那晚的男孩子，可他开了一辆不错的车，看起来收入还可以。

有一次，我的车限行，站在路边等薛仲来接。接曾玉的那个男人的车就停在前面不远处，我眼看着曾玉从公司门口跑过来。不知道是生气她下来晚了还是其他原因，就在她的手刚搭上车门把手的时候，男人一踩油门，车辆飞驰而去，闪得曾玉一个趔趄，差一点摔倒在地上。

人都是一样的，狼狈的时候，最不喜欢被熟人看见。我正扭头左看右看地想找个地方躲一下，薛仲的车就到了。

上了车，他笑我远远看上去像一只找不到家的傻兔子，我就把刚刚看到的事对他讲了一遍。薛仲听后半天没说话，直到等红灯时，才转过头，目光灼灼地看我："苏小姐，我得再加把劲了。娘家就是女儿最好的嫁妆，我可不能让我的安然被人家这样不当回事。"

我眼睛突然有些发热，松了松安全带，凑过去亲了他一口："嗯，我也努力，咱俩一起。"

他笑了，揉着我的头发："你就算了，做自己喜欢的事吧，也别怕得罪人，万事有老公在呢。"

很久以后我才知道，薛仲下定决心放弃高薪去创业，是从这个时候开始的。

10
HR DIARY

没过几天，我就听说曾玉和那个男人分手了。

事情是被王瑛传出来的，中午吃饭的时候，我们部门里的几个小姑娘当八卦说给我听。据说，那男人最初不知道曾玉家里的情况，看她的穿着打扮，还以为就算差一点，也差不到哪里去。后来有一次曾玉和他一起去参加同学聚会，曾玉背的一个名牌小挎包和同学的女朋友背的包撞了款，一个真一个假，懂行的人一眼就看了出来。男人当场就黑了脸，聚会结束，连送都没送曾玉，一个人气哼哼地走了。

曾玉看起来倒也没怎么太难受，只是一咬牙，花了5000多元，在公司附近的商场专柜买了一个真的名牌包。为此，王瑛还阴阳怪气地说，同样是做采购的，曾玉怎么就这么有钱呢？别是来路不正吧？这话就难听了，一盆脏水泼下来，搞不好真的有人相信。最后还是张经理把她叫进办公室批评了一顿，王瑛才没有再说这样的话。

只是有了这件事，公司里一些人对曾玉的态度就有些复杂，我听见有人议论她"虚荣"，也再没有人给她介绍男朋友。

后来，曾玉渐渐焦虑起来，开会时走神，做事也没有原来那么认真细致了。有一次甚至还下错了一笔采购订单，把两个型号的电口网卡数量搞反了，被扣了当月的绩效奖金。

我原以为她是因为不能通过婚姻改变命运而不甘心，对曾玉也有些失望，直到不久后她父母找上门来，大吵大闹着想要把她抓回家去嫁人。

11

曾玉是从公司跑出去的,这事我不能不管。

我让几个男同事先拦住她爸妈,自己追了出去,可这姑娘跑得太快,等我冲出大门,路上来来往往的行人之中,已经不见了曾玉的身影,电话打过去也一直无人接听。

曾玉的父母在公司里闹腾了一阵子,原本还想守株待兔,可等到午休时间,也没见曾玉回来,就急匆匆地走了。前台的同事说看样子像是要赶火车。

大家都以为这件事这样就算过去了,虽然有人悄悄议论,但多数同事还是挺同情曾玉的。前台小姑娘还给她发了信息:曾玉,回来吧,安全了。

我却觉得情况可能没那么乐观。

果然,直到下午的上班时间,曾玉也没出现。

快到下午四点的时候,她们部门的张经理急匆匆地来找我:"苏姐,你说现在的年轻人都是怎么回事?怎么说旷工就旷工,一点责任心也没有呢?早上曾玉抱出来的合同是明天要和供应商签约的,被踩得全是脚印,只有重新打印了,可她电脑有密码,电话也关机。你说这不是耽误事吗?"

我拿起手机看了看时间:"可能小姑娘心里难受吧。你也知道曾玉自尊心挺强的,给她一点时间缓一缓吧,明天早上应该就会来了。"

张经理听我这么说,叹了一口气:"这样的家庭,的确不容易……之前我真没想到她家是这样一个情况。不过话说回来,不知道是不是被高房价逼的,穷人家的孩子,好像越来越难以在城市生存了。"

我们正说着话,王瑛突然神情复杂地敲开我办公室的门:"苏姐,曾玉给我发短信了。你看,她这是什么意思?"

在王瑛的手机上,显示着几行字,前面是她的电脑密码,后一句写着:对不起,以前给你添麻烦了,以后不会了。

"她……应该不会出什么事吧?"张经理的脸色也难看起来。

12

半个小时后,我按照曾玉在公司系统中登记的地址找到了她租住的地方。

我站在简陋的城中村出租屋门口敲了好一会儿门,也没有人答应。倒是隔壁有一个年轻男孩探出头来:"你找谁?"

我指了指面前的门,男孩歪着头想了想:"应该在家,我下夜班时正好碰到她回来,好像哭了。"

他这样一说,我更有些不安,将耳朵贴在门上,仔细听屋里的动静。本来我没有抱多大希望,但幸好出租屋的门板单薄,女孩子压抑的抽泣声传进了我的耳朵。

我悬着的一颗心，这才放下一半。

"曾玉。"我靠在门上说，"我知道你在，既然不愿意开门，那我们就这样聊聊吧。"

"那天，我在网上看到一个帖子，那个博主说自己家里很穷，小时候的日子过得艰苦，说穷人就不配生孩子，自己也绝对不会结婚生子，不会让自己的孩子过自己小时候的日子。"

屋子里的哭声更大了。

"可我觉得呀，不管原生家庭穷不穷，或者父母是怎样的人，能出生都挺好的。我们能出生，是因为我们跑赢了其他人，所以我们有机会到这个世界上继续赛跑，你说呢？"

大概是真的积累了很多委屈，说到这个话题，曾玉终于抽噎着开了口："我觉得不好，生在一个贫穷的家庭不好，有这样的父母更不好！"

"要上学就得背着和自己差不多重的土豆去换粮食不好，买一支笔就被骂'败家'不好，考上大学跪了一个晚上才要到一半学费不好，好不容易来到城市路过麦当劳、肯德基都不敢往里面看一眼不好，谈不起一场任性的恋爱不好，想找一个条件好的男朋友却被人看不起不好，这些都不好，统统不好，你说这样活着到底有什么好？！"

她在里面号啕大哭，我在外面也觉得眼角酸涩。

我意识到刚刚我的话对她来说太轻飘飘了："我错了，这些确实不好。可你已经体验过这些不好，再往前一步，就有很多好的东西在等着你了。有一技之长很好，靠自己的努力拿年终奖很好，找到一个喜欢的人一起奋斗很好，存几年钱给自己一个家很好，以一个坚韧的姿态被这个城市接纳很好。"说到这里，我提高了声音："曾玉，这个时候，你要放弃吗？"

曾玉的哭声低了下去，直至消失。

过了一会儿，有脚步声走近，我面前的门开了，曾玉像孩子一样扑进了我怀里。

"苏姐，真的会有这些等着我吗？"她带着浓浓的鼻音问。

我想起李小航，笑了："会的，我认识一个男孩子，当年也像你一样一无所有地来这个城市打拼，他甚至连你有的大学学历都没有。前两年，他买了房子；去年，他女儿出生了。我觉得他对我说的话特别对。他说，姐，这真是一个包容的时代，它给每个人机会，就算你起点再低，也可以向着自己想要的生活努力，每天比昨天离目标更近一点，也是很不错的。"

"我行吗？"曾玉犹豫着，"而且，我……太丢人了，大家以后会怎么看我？"

我感觉到她的情绪稳定下来，心也落了地。

"你想太多了。"我拍了拍她的背，"也许你活得很用力，或者很狼狈，然而，你并没有那么多观众，你没那么重要。"

这是事实，就好像有些人，相比于糟糕的现实，朋友圈里的生活特别精彩。他们以有很多点赞为荣，却不知道，点赞不过是顺手，你过得怎么样其实别人毫不关心。

曾玉红肿着眼睛，有些无奈地看着我："……苏姐，你一定要说得这么直接吗？"

后来我们又聊了很多，晚上我吃了她亲手做的家乡菜，曾玉手艺很不错，毁了我的减肥计划。

13

春节前,公司开年会。吃了晚饭,大家一起去酒吧玩。曾玉喝了一点酒,把我拉到阳台上聊天。

那时我才知道,我去出租屋找她的那天,她的确想过一了百了。

她父母给她找的结婚对象是个三十几岁的丧偶男人,除了职业是公务员且家庭条件不错外,曾玉对他一无所知。她父母反复强调的,只是人家同意给巨额彩礼。

所以,曾玉有多心冷,有多失望,可想而知。

"那现在呢?你怎么想?"我问她。

曾玉仰头看着满天繁星,新烫的卷发被风吹起,整个人像要乘风而去。

"不知道啊。"她轻声说,"你说的那些很好的东西,我还没有遇到。不过我想,不管是什么样的原生家庭,我并没有做错什么。我有权利去争取自己想要的生活。这个城市总不会不给努力的人一条活路吧?"说着,她举起手里的酒杯,轻轻碰了一下我手中的酒杯,"谢谢你,苏姐。"

我和她并肩站在冬夜的露台上,聊着彼此的过去,还有未来。

最后我问她:"那个男孩子呢?我看他很喜欢你。"

曾玉摇了摇头:"我让他伤心了,他不会原谅我的。"

我替她理了理头发:"喜欢就去找他吧,就算他不原谅又怎么样呢?你总要做最大的努力,将来才不后悔。"

她犹豫了好一会儿,眼睛渐渐亮了,转身跑了出去。

我拿出手机给薛仲打电话:"我好像救了一个姑娘呢。"

他假装叹气:"怎么办呢?最喜欢多管闲事的苏小姐这下可得意了,以后还不得管得更宽?"

我们俩都笑了起来。

"小白"遇到"老油条"

01

有的人大概生来就是操心的命，比如我。

中午下班，我正和部门里的几个小姑娘说说笑笑地往外走，销售总监许瑶急匆匆地追了出来，拉着我就往总经理办公室走。

"哎，怎么回事，总经理找我？"

许瑶压低声音："不是他找你，是我，我需要你去救个场。"

原来，她部门里的人和售前部的一个新人在总经理面前吵了起来，总经理一生气，说要把两个人都解雇。

我一听是这样，赶紧停住脚步，使劲儿往回抽自己的手："那你就去劝一下啊，找我有什么用？这事和我没关系吧？"

"怎么没关系？"许瑶理直气壮，"把人都解雇了，你就得马上招新人，要不事情都没人做了。一两天之内，你确定你能招到合适的人？"

好吧，果然公司里就没有和HR没有关系的事！

走到总经理办公室门口，透过半敞着的门，我看见总经理正叉着腰站在办公桌后，他对面有两个人一站一坐。

站着的那个人穿着一身白衬衫配灰色西裤，样子干净帅气，只是脸色涨红，正是我前两个月刚招聘来的售前工程师李阳。而坐着的那个人身材偏胖，随意穿了一件分不清是灰色还是黑色的T恤衫，脸上没有什么表情，是销售经理孙健。

不知道他们说了什么，总经理抬手"砰"的一声拍在了桌子上："竞标一失败就你推我，我推你。照你们这么说，这事儿你俩都没责任，是客户自己的问题，是不是？"

里面安静了一瞬，李阳先开了口："张总，我没有推卸责任的意思。确实是投标前临时提出的对技术参数进行调整的量太大，时间上来不及……"

孙健打断他："张总，我一收到客户通知马上就打电话给李阳了，现在他搞砸了，我白跟了这个客户一个多月，您说我冤不冤？"

"你还冤？"李阳的声音愤愤不平，"昨天半夜，距离投标不到八个小时的时候你才给我打电话！我去投标时碰到别的厂商的熟人，人家说两天前就收到了调整通知！"

"人家一说你就信？都一样的时间改方案，做不好是你水平不行，这会儿再往别人身上推可就没意思了。"孙健哼了一声，一副瞧不起人的样子。

02

我一听这样下去又要吵起来，和许瑶互相看了一眼，抬手敲了敲门。

总经理见是我们，指了指孙健和李阳："这两个人，你们去谈，能认识到自己的错误就留下，认识不到该去哪去哪。事情做不好，推卸责任一个比一个厉害，我这里不留这样的人！"

我扫了两人一眼："好的，我沟通一下再向您汇报。"

出了门，许瑶带着孙健先走了，我让李阳跟着我回了办公室。

小伙子在我对面坐下，几下把白衬衫的袖子撸到手肘："苏姐，这也太欺负人了吧？作为前辈，竟然这么爱推卸责任，亏我一直这么尊敬他！"

"到底是怎么回事？"我问他。

李阳大概也真的是憋狠了，一开口就噼里啪啦说了一大堆。

事情和我想的差不多，由于孙健和客户的沟通不及时，导致对方调整要求时没有及时通知我们公司，李阳仓促之下改的技术方案不过关，最后竞标失败。

竞标失败这种事，孙健也不是第一次遇到了，作为一个"老油条"，推卸责任的本事自然是一级棒，于是他第一时间就把责任都推到李阳身上，自己扮演起被连累的角色。

但李阳虽然是新人，也不是什么都不懂，和别人一交流就发现了问题，于是和孙健吵了起来，惹怒了总经理。

"会不会客户那边确实是昨晚突然调整的要求？"我问，内心并不希望事情像李阳说的这样。

03

李阳摇头："不会，其他厂商的人没必要骗我。而且要是就这一件事，我就算受点委屈也没什么，可我忍他不是一天两天了。苏姐，你问问售前部那么多人，谁愿意和孙健搭档？也就是我初来乍到，不了解情况，也没什么选择。我和他一起去见客户，他客套两句，就算完成任务了，剩下的和客户沟通、确认需求、讲解产品、谈价格都成了我的事。这也没问题，多做多学，我不在意。可就连请客户吃饭，他都只负责约人，陪人家喝酒喝到吐的永远是我。回头孙健轻飘飘一句'年轻人，多拼拼没坏处'，你连怪他都不好意思。到最后，单子拿下来了，是他做销售的功劳；拿不下来，是我这个做售前的没经验、没能力。苏姐，我真受不了了，要不给我换个搭档，要不，我就辞职算了。"

我见他情绪确实很差，起身给他泡了一杯菊花茶："这么轻易就说要辞职？世界这么大，你怎么知道在别处遇到的人都是好相处的？我听说售前经理挺欣赏你的，要不是他出差了，今天肯定去老总面前替你说话。我也觉得你不错，年轻、有热情、有冲劲儿，要不然当时那么多候选人，我也不用非得选你一个没多少经验的新人。你说对不对？结果现在就因为一个孙健，你就想打退堂鼓了？你这样，你说你对得起谁？"我半开玩笑地说。

李阳抿了抿嘴唇，有点不好意思："苏姐，我……这不是有些委屈吗？"

我叹了一口气："其实孙健……也挺可惜的。"

见李阳一脸茫然，我在电脑上打开了一个文件夹，把屏幕转向他："看看。"

那是公司前些年进行优秀员工评比的照片，有合影，还有代表发言。我指了一张照片给他，李阳点开，合影里最边上的是一个高瘦的年轻男人，笑得意气风发。

李阳怔了一下，又往前凑了凑，然后转头看我。

"继续看。"我又指了指旁边一张照片。

接下来是第三张。

"后面的不用看了，没他了。"

"这个人真是……孙健？"李阳指着电脑屏幕，一副不敢相信的样子。

我点点头，目光顺着他手指的方向，也落在了那个人身上："他曾经连续三年被评为优秀员工，其中两年还是公司的销售冠军。"

"那……那可真看不出来。"他嘀咕了一句。

我们两个人都沉默下来。

"其实孙健，曾经是一个和你一样干劲满满的年轻人。你愿意放下成见，听我讲讲他的事情吗？"

04

孙健也是我招聘进来的，入职时是做软件开发的。那时他的头发还很浓密，身材也很瘦，说话时活力满满，像一棵充满生机、向上生长的树。

做了大概一年的技术工作，公司开拓新市场，想调他去做销售。当时好多人劝孙健，担心他销售做不好，技术也丢了，到时候会比较尴尬。孙健考虑了几天，最后一咬牙，还是转了岗。

他说他想为公司开疆拓土，让公司的产品赢得更多客户的认可，让身边每个人都能以自己是这个团队的一员为荣。

我还记得说这话的时候，孙健整个人像发着光一样。

开始时很困难，销售本来就不好做，加上孙健一无背景，二无经验，性格也比较直率，就连和客户寒暄对他来说都是一种挑战。

可他扛过来了，甚至在第二年就成了公司的销售冠军。那一年他儿子冬冬出生，而他全年出差 280 天。

孙健的老婆赵欣和我是同行。我还记得，有一次在行业交流会上遇到她。提起孙健，她神情复杂："我都进产房了，他还没回来。苏耘，换作你，你会是什么心情？"

"做我们这行的，都希望自己的员工是拼命三郎，全身心投入工作，可如果那个人是你的丈夫，你孩子的父亲呢？我儿子几个月的时候，甚至因为很少看见爸爸，每次他回来，都大哭着不肯让他抱。苏耘，说实话，孙健这样子，我真不知道是该支持他，还是该埋怨他。"她长长地叹了一口气，眼角眉梢全是疲惫。

那之后，我想过和孙健聊一下，让他注意平衡工作和生活。

可看见他的时候，我又改变了主意。他不同于那些只是在做一份工作的人，孙健在做的，是一份发自内心热爱的事业，我甚至能感觉到他的奋斗过程充满了快乐。于是，我只是略略提醒了他一下。

那时，谁也没想到，有一天，孙健会变成现在这个样子。

05
HR DIARY

孙健的转变发生在两年前。

那时，他负责的市场区域容量已经接近饱和，他在积极寻找新的增长点。这时候，他听说有一家大型企业有采购意向，但还没有决定是与国内厂商合作，还是进口国外的设备。于是他马不停蹄地赶到那家企业，争取约见他们的采购负责人。

之后的两个月，我都没见过孙健。

听说他在帮客户的公司做销售制度，听说他陪着客户天南海北地去投标，听说他协助客户拿下了一个订单，听说客户的公司组织了一次会议，让他对我们公司的产品做了讲解……

然后，我听说，他的岳父过世了。

"真的？什么时候的事？"我问秋秋。秋秋和赵欣是同事，我们也认识，偶有联系。

"有三四天了吧，赵欣请了丧假。"她说。

可孙健没请假。

我想了想，发微信问他。一直等到快下班，他才回复：我现在走不开。没事，家里都安排好了。

不知道为什么，看了他这样的回复，我心里有隐隐的不安。

两周以后，销售助理拿了一份 800 万元的合同过来盖章。我翻开一看，负责的销售经理正是孙健。

他到底把这个客户拿下了。

晚上,孙健回到公司,我下班的时候碰到他。他瘦了一些,脸色有些疲惫,眼睛里却闪着兴奋的光。

"赵欣她父亲那边……"我试探着问。

孙健眉头略皱:"这几天太忙了,没顾上和她联系。不过我早就和她叔叔通过电话,让他们帮忙办一下丧事,应该没什么大问题。"

我犹豫了一下:"赵欣她……情绪还好吗?这样的时候,你没有陪在她身边,她会不会有想法?"

孙健怔了一下:"不会吧?她和她爸关系一向不怎么好,我前两周和她通话,也没看出来她有多难受。"

我迟疑了一下:"毕竟是她爸,你还是尽快回家看看吧。"

他点头:"我和同事说一下情况就回去。"

我看着他拖着行李箱往办公区走的背影,忍不住叹了一口气。

说实话,换我是赵欣的话,有这样的老公,我会选择和他分开,让他和他的工作过一辈子算了。

第二天早上,当孙健坐在我的办公室里揉着额角的时候,我发现我真是乌鸦嘴。

06
HR DIARY

尽管我应孙健的请求,帮他劝了赵欣好半天,但赵欣还是态度坚决地要求离婚。

我理解,当一个人彻底失望后,就真的劝不回来了。孙健也终于明白了这一点,最后只能无奈接受。

一连几天,他整个人都有些萎靡不振。我的人事专员对我说她去找孙健填一张个人情况表,婚姻那一栏,孙健拿起笔就要写"已婚",写到一半,自己又慌忙勾掉了,颤抖着手改成"离异",那样子看着好可怜。

没想到打击接二连三。

他刚办了离婚手续,在公司例会上,总经理就宣布为了完成集团销售收入目标,部分区域不再直接进行自主品牌市场销售,而是改为与其他厂商合作贴牌。

这其中就包括孙健所负责的区域。

我听到消息,心里咯噔一下,销售总监和我对视一眼,她的脸色也有些不好。

果然,下午我正在总经理办公室和领导讨论下半年的招聘计划,孙健连门都没敲,直接闯了进来。

"要我把客户移交给其他厂商?凭什么?那是我辛辛苦苦谈下来的客户,我谁也不给!"

我怔了一下,看了总经理一眼,赶紧给孙健使眼色:"你跟我来,我和你说。"

"你知道我为了拿下这个客户,付出了什么吗?你不知道,你什么都不知道!"孙健却不看我,直直地盯着总经理。"当年是谁说的,要在祖国的每一寸土地上,插上属于我们的旗帜!让每一个员工都为身为公司的一员而自豪?现在呢?我拼着命插上的旗帜,你要我拔下来给别人贴牌?"

总经理被他的眼神看得有些愠怒:"此一时彼一时,这是公司迅速发展的需要,和你说不清楚。你只站在你的角度考虑问题,我要站在公司的角度去考虑问题。这是经过公司经营班子讨论以后的决定,不管你愿不愿意,请你服从公司安排!"

"如果我不呢?"孙健已经有些口不择言,"需要我们拼命的时候,你怎么不这样说呢?我都已经拼尽所有了,你让我放弃,怎么放弃?我放弃不了!"

我去拉孙健的胳膊,低声说:"孙健,你别这样,冷静点。"

07
HR DIARY

他怒视着我,声音却有些哽咽:"为了这个客户,为了我负责的区域所有的客户,我放弃了什么,苏耘,别人不知道,你还不知道吗?我现在已经一无所有了!"

我心头苦涩,回头去看总经理:"张总……"

"都不用说了,只有通过贴牌的方式才能够迅速提高销售收入,这不是我一个人的决定,不可能更改。"

猝不及防,孙健越过我,冲到总经理面前,扑通一声跪了下去:"张总,我求您了,这个区域我有信心做大,您就再给我一年时间,要不,半年也行,保证不会拖累公司完成指标的进度的……"

"孙健,你干什么?你快起来!"总经理慌忙从桌子后面转出来去扶他。

我也回身拉孙健:"张总都说了这不是他一个人的决定,你这是干什么?赶紧跟我走,有什么话,我和你慢慢说。"

"我不起来,张总,我求您了,您再给我点时间……"孙健哑着嗓子喊。

总经理的脸青一阵红一阵,我只好抱住他的胳膊往外拖。

听见动静的销售总监跑了进来,加上总经理的秘书,大家拉拉扯扯费了好一番功夫,终于把孙健拖进了我的办公室。

我反复给他解释,公司要完成今年的销售收入目标,只能采取这种方式。虽然是合作贴牌,但只要客户认可产品的质量,以后也不是没有机会换成自己的品牌。

可孙健的情绪已经失控,完全听不进去我的话,甚至一怒之下提出离职,夺门而出。

第二天,我正琢磨着怎么挽留他,他就自己撤回了离职申请。原因是,离婚后,他得到了儿子的抚养权,他需要一个稳定的工作和一份稳定的收入。

"对不起,苏经理,昨天是我冲动了,你替我向张总道个歉行吗?就说我孙健太不成熟,口无遮拦,请他大人不记小人过,不要和我一般见识。"说这话的时候,孙健低着头,坐在我对面，脸上没有什么表情。

我看了他半晌，他始终不和我对视，也不再说话。

"好的，我去说。"我心里说不出是什么滋味，有些悲哀，又有些失落。我隐约觉得，那个眼睛里带着光的孙健，正在慢慢消失，而我对此无能为力。

08

孙健虽然留下了，却真的再也不是以前的那个他了。

我也是过了好久才明白，一个有梦想的人，决定彻底放弃自己的梦想的时候，会变成什么样子。

听到李阳今天说的那些问题，我一点也不觉得意外。事实上，这两年也有其他人或多或少地向我反馈过。

售前工程师和销售经理搭档的这种方式，在过去对公司市场开拓起了很重要的作用，而现在，它同样能让孙健这样浑水摸鱼的"老油条"毫不费力地就把工作推给售前的同事，自己坐收渔翁之利。

那件事之后，一开始，公司里还有人替孙健委屈，后来大家和他合作时或多或少都有些不愉快，于是渐渐也就没有人愿意和他一起工作了。孙健成了一个独来独往的销售经理，签单不是最多的，也不是最少的。只要勉强过得去，他就不会再做任何努力。

去年，有个区域的销售经理离职，因为和孙健负责的区域相邻，总监许瑶找到孙健，想让他来接手那个区域，两块市场一起做，级别上也给他提升一下。

那本来就是一块有基础的市场，无论谁做都会比较容易。这种资源给孙健，也是念在他过去的贡献，算是对他的一种补偿。

谁知道孙健摇头拒绝了，说自己身体不太好，神经衰弱，压力太大吃不消。

许瑶觉得很失望，我也为此找孙健谈过。他冷笑一声："怎么还盯上我了？苏耘，给他人作嫁衣这种事，我孙健这辈子不可能再干了，你们就死了这条心吧！"

09

因为李阳和孙健吵架这件事，我后来专门找总经理谈过。想起当初的孙健，再看看现在的他，我们都有些感慨。

"孙健变成现在这样，我也有责任。"总经理犹豫了一下，"再给他一个机会吧，你想想办法，调动一下他的工作积极性。但是我们这是企业，不能无限包容他这种工作态度，他要是实在不愿意改，也只有请他另谋高就了。"

总经理的这个态度，可真给我出了一道难题。

做过管理的人都知道，李阳这样的新人最好管，你和他讲清楚道理，再予以鼓励和认可，他很快就可以满血复活。

可孙健这样的老员工不同，他软硬都不吃。偏偏大家一起走过那么多年，于公他有过贡献，于私也有份感情，要我去让他离职，我真的不愿意。

于是我打算找个合适的时机，好好和孙健谈谈。

可这个合适的时机什么时候出现，我不知道。

过了两周，集团总部举办亲子运动会，所有家里有学龄前儿童的员工都可以参加。我和薛仲商量了一下，报了名。出乎我预料的是，孙健也报了名。

后来我听安然说，她们幼儿园里面好几个小朋友的爸爸妈妈都在我们集团工作。小朋友们私下里都对这个运动会充满好奇。又有小朋友说运动会上会有很多好吃的、好玩的，于是都很想去，包括孙健的儿子冬冬。

我心里一动。

看来，孙健就算在工作中变了，但他还是个深爱自己儿子的父亲。

可作为一位父亲，可不只是让孩子衣食无忧，再陪他玩耍那么简单，他必须是孩子的榜样和骄傲。

这一点，我不知道孙健是不是这样认为的。

10
HR DIARY

我没想到会在亲子运动会上遇到李阳。

这个男孩子报名了赛事志愿者，一大早就跑过来准备场地。等我们到达运动场的时候，他正顶着一头热汗对我挥手："苏姐，小安然，加油哦，我看好你们！"

孙健正在不远处弯着腰给冬冬拿水杯，听见李阳的声音，往这边看了一眼，又面无表情地挪开了视线。

看来两个人还在互相较劲儿呢。

好在安然很快和冬冬玩在了一起，薛仲也走过去坐在孙健旁边，和他有一搭没一搭地聊起来，这才没有让气氛过于尴尬。

亲子运动会中的项目大部分是趣味性项目，我和薛仲换着陪安然参加比赛。小姑娘玩得很高兴，有时候得不到奖，有个纪念品，她也能拿着跑过来得意扬扬地给我看，仰着小脸问我："妈妈，妈妈，我是不是很厉害？"

这时候我总是忍不住要亲亲她，为她竖起大拇指。

反观孙健父子，则有些过于佛系了。冬冬几乎没拿到什么奖，拿的纪念品也随手就放在了一边，而孙健的神情完全就是在敷衍，就没有哪个项目见他全身心投入过。

亲子运动会的最后一个项目名字叫"乒乓球快递员"，规则是让小朋友用乒乓球拍托起一颗特制的、有一点重量的乒乓球，走一段距离把它传递给自己的家长，家长继续托着球跑到终点，把球放进一个彩色的塑料桶里。在规定的时间内，谁传递的乒乓球多，谁就获胜，但前提是球不能掉，如果掉了，就必须返回去重新托起一个再跑。

安然和冬冬都参加了这个项目，两个孩子的跑道相邻。

11

我家安然的平衡性比较一般，估计这个项目对她来说有一些难度。果然，安然没走几步，拍子上的小球就滚落在了地上。

小姑娘立刻转身一溜小跑跑回起点，重新放了一颗乒乓球在自己的球拍上。

旁边的冬冬看见这情景，正准备笑，自己的球也掉了。

男孩子扁了扁嘴，犹豫了一下，也回头去取了一颗新球重新跑。

其他同事家的孩子的小球也在纷纷掉落，冬冬的小球第二次掉落的时候，刚好旁边有个更小一点的女孩跺着脚哭了起来，不肯再重新跑。

冬冬犹豫地看孙健。

孙健抬手指了指起点，我听见他说："回去重新来，抓紧时间。"

男孩子没有动。

这时候，我家的小丫头一个不小心，第三次掉落了乒乓球。

我看见小姑娘的嘴已经噘起来了，赶紧鼓励她："安然，没关系，咱们重新来，妈妈看好你哦！"

"安然宝贝，爸爸也看好你！"薛仲也在前面喊，还曲臂对着女儿挥了挥拳头，"加油！"

小姑娘这才笑了，也挥了挥肉乎乎的小拳头："安然加油！"

然后转身迈开小腿向起点跑过去。

这时候，我看见冬冬还站在原地，赶紧对他喊："冬冬，快跑啊，你看安然都跑回去了，你也要加油哦！"

小男孩指了指旁边已经在往场外走的小女孩："她都不玩了，我也不想玩了。"

"冬冬，你是男孩子，咱们要坚持。"李阳鼓励他，"再来一次就能成功了，男孩子可不能遇到困难就半途而废。"

冬冬回头看了看起点，又去看孙健："可是爸爸说差不多就行了，太难了，我不想玩了。"

说着就准备出场。

"冬冬。"我叫他，"你现在不玩了，就输给安然了哦。安然已经掉了三次了，她都还在坚持呢，你要做个逃兵吗？"

李阳的目光从孙健到冬冬身上转了一圈："就是呀，冬冬，大家都在给你加油打气呢，你爸爸也等着你跑过去呢，你要做个坚强的男孩子哦！"

孙健终于开口："冬冬，再来一次，不要被别的小朋友看不起，加油！"

冬冬这才转身跑向起点。

12

运动会结束后,薛仲和李阳带着两个孩子去猜谜语、吃东西,我走到孙健身边坐下:"我听安然说,幼儿园的小朋友都不太喜欢冬冬呢,你知道为什么吗?"

孙健皱起眉看我:"什么意思?"

"明明是大家一起做手工,他总是不动手,把分配给他的部分推给别的小朋友,或者干脆就不完成,大家都不想和他一起玩了。孙健,孩子这是受你的影响。你知不知道你现在已经变成了我完全不认识的一个人了?"

"那怪我?"他讽刺地笑了笑,"我这辈子就这样了。"

说完,孙健起身想走。

"你可以做一个这样的员工,但你不能做一个这样的爸爸。"我在他身后说。

他回头看我,目光复杂。

"一个对生活有热情、对人生有追求的爸爸,才能给孩子树立一个好榜样。冬冬刚才的表现你也看见了,你希望他长大以后,做一个懦弱的、没有目标和担当的男人?这就是你想要培养出来的孩子?不管你和李阳的关系怎么样,你看看他,客观地说,你希望冬冬像他一样朝气蓬勃,还是像你现在这个样子?"

孙健扭头去看和李阳在一起猜谜语,猜对以后笑得很欢快的儿子。

"孙健,张总说了,希望你能发挥出你的作用,积极主动地对待工作,否则,总有一天,你可能真的要被年轻人'拍在沙滩上'。"

他的背影一僵:"我现在的业绩很差?"

"那倒不是,可该怎么在职场上走下去,孙健,你需要想一下。对了,公司在推行导师制,你这种有经验的员工肯定要带新人。不如,你就带李阳吧。"

孙健没说话,大步向他儿子走了过去。

13

孙健没有反对当李阳的导师,可要说有多用心带李阳,倒也不见得。顶多就是在和客户沟通回来的路上,简单指导一下他刚刚说的内容哪些不到位,哪些不应该说,应该怎样准确把握客户心理去沟通。

李阳后来对我抱怨过两次,说孙健带着他去客户那里,有时他们说的内容他完全不懂,孙健也没提醒他,等人家三言两语以后都笑起来,他只好像个傻瓜一样杵在旁边。

可不管怎么说,从李阳的话里,我发现孙健在销售过程中的主动性,比过去两年要好了一点,而且售前部经理也和我说,孙健做了李阳的导师以后,无论是在介绍产品上,还是在跟进项目上,李阳都有了一些提升。

只是孙健的业绩还是那样不好不坏,公司开会时让销售经理们提建议,他也从不发言。

两个月后的一天，下午刚上班，李阳突然急匆匆地来找我。

"苏姐，我今天中午约了我们正在争取的那个大客户公司里的人吃饭。正好他和我是校友，他透露了一个消息给我，他们老总坐今天下午的飞机去澳洲，可能一两个月以后才回来。"小伙子鼻尖冒汗，"我和孙哥想了各种办法，都约不到人，听说咱们的竞争公司已经和对方接触上了。如果他们先拿下这单，那他们就是制定标准的人，这块市场我们就很难获利了。"

我站了起来："那赶紧联系孙健，你们一起去机场，先建立联系再说。"

"孙哥座位上没人，打电话没接，我们经理也在出差。我先赶过去，麻烦你看到孙哥的时候跟他说一下。"李阳说完转身就走。

"我送你过去。"我抓起车钥匙跟了上去。

路上，李阳不停地给孙健打电话，可始终无人接听。

我趁着等红灯的时间用自己的手机给孙建打电话，还是一样无人接听。

"搞什么啊，大哥！"李阳急得满脸通红，"平时偷懒也就算了，关键时刻别掉链子啊！"

"苏姐，我赶过去和人家说什么啊？我总不能直接说'哎哟，总算把您逮住了，咱能不能先别过安检，把那个单子谈一下？'"李阳手足无措地问我。

尽管我因为联系不上孙健正有些冒火，也被李阳这样子逗笑了。

14

虽然不是高峰时段，我们还是在快到机场的时候被堵在了路上。

李阳下车打探了一下，回来后急得跳脚："苏姐，前面有事故，几辆车停在那里，把路堵死了，怎么办？要不然我去劝劝？"

我往前看了一眼："你先跑过去吧，也就不到一公里了。"

他点头："好。"

与此同时，隔着一条行车道，一辆出租车也开了门，钻出来一个我们都很熟悉的人——孙健。

"孙哥！"李阳瞪大了眼睛，像找到了主心骨，站在车边拼命对着他挥手，"我在这！"

孙健也看见了我们，却没过来，指着前面："还不快跑，飞机能等你？"

"哎！"李阳应了一声，撒开长腿就往前跑。

我从车的前挡风玻璃看过去，两个男人顶着烈日，一前一后地奔跑在车流间，前面瘦的那个时不时回头拉胖些的这个一把，胖些的总是不耐烦地摆手让他继续跑。

我的眼角突然有点发热，这样的孙健，真是好久不见。

幸运的是道路很快被疏通了，等我停好车进了机场大厅，正碰到两个人从办理值机的窗口那边往安检口跑。

"苏姐，客户的登机手续办完了，咱们得快点。"李阳一脸焦急。

"李阳，你带身份证了吗？"孙健抹了一把额头上的汗，突然问。

"带了……"

李阳的话还没说完，孙健转头看我："苏耘，麻烦帮我们订这班飞G市的航班，那个李总坐这班飞机中转G市。"

"我们要去G市？"李阳一脸不可置信。

我却明白了，孙健是想在候机时和飞机上的两个多小时里接触客户，寻求机会。

"好！你们先过去，我就来！"

两人很快跑远，我用公司账号订好机票找到他们的时候，李阳弯着腰，手扶在膝盖上喘着粗气，孙健站在他旁边打电话给许瑶汇报情况。

"客户已经登机了？"

"应该是，我在机场找遍了也没找到。"李阳上气不接下气地说。

"好，那我们也登机，一会从实缴金额和技术参数上去控标，争取把对手挤出投标名单。"孙健说完，挂断了电话。

"你们就这样追过去能行吗？"我有些担心。

"试试吧，已经做到这一步了，不行也得行。"孙健说得随意，眼睛里却有一种我很熟悉的志在必得。

"你出差了，冬冬怎么办？"我趁着他们排队的时间问。

孙健一顿，脸有点红："他妈妈会照看的。"

我打量了他一下，压低声音："准备复合？"

"谁知道呢，最近一起带着孩子去了一趟博物馆……我反正是迈出第一步了，看她吧。"

"你这次怎么没把事情推个干净呢？主动出击，这不是你的风格啊。万一事情办不成，不是要担责任？"我故意说。

他挑眉看我："是谁说父亲要做儿子的榜样的？这点小事都搞不定，怎么和儿子吹牛啊？"

李阳在旁边笑了起来。

"有道理。"我唇角控制不住地翘了起来，"祝你们马到成功！"

15

他们是乘第二天早班机返回的，都很疲惫，精神状态却很好。

不久之后，客户发了招标通知。按照孙健给客户建议的招标条件，有两项，竞争公司根本不具备，这就等于直接把他们踢出了投标名单。

"哈哈，苏姐，你是没看见孙哥在飞机上侃侃而谈的样子，那客户听得直点头，连我都要被忽悠过去了！"中午一起吃饭的时候，李阳手舞足蹈地说。

孙健斜着眼睛扫了他一眼："看你的出息，不就这么点事儿吗？解决了就解决了，得意什么？真给我丢脸。"

李阳摸了摸鼻子："这哪是小事啊？中了那么大个标呢。而且，孙哥这次确实很神啊。

是不是，苏姐？"

　　我的目光在两个人脸上扫了一圈："是啊，终于可以在儿子面前吹牛了。多少年以后，还可以说：'这点小事还算事儿？想你爹当年……'"

　　孙健的脸一红："你们都不吃饭？苏耘，你怎么这么多话？这顿饭你请客。"

　　"凭什么？你俩吃的可比我多！"我赶紧夹了一筷子菜，"你俩还有奖金拿，我都没有，我最冤了，净义务替你们忙。"

　　两个人都笑起来。

　　我已经很久没看见孙健这样意气风发的笑容了。

　　过了一段时间，合同回款，我核算提成，给孙健发了一条信息：羡慕嫉妒恨啊，凭什么没我的？

　　他回复：也没我的，要交公。

　　我想了一秒钟，才明白这句话是什么意思：恭喜你啊，家里又有帮你理财的夫人了。

　　孙健回复："谢谢你，苏耘。"

裸辞的你还好吗?

01

周末,是属于生活的。可对我来说,工作也是生活的一部分。

张希的电话打进来的时候,我们一家三口刚刚出去吃了晚饭,正在回家的路上。

"苏姐,我实在不知道该怎么办,只有打给您了。"这姑娘的声音又疲惫又无奈,"您帮帮我们吧!再这样下去,子逸就要撑不住了。"

"蒋子逸?"我皱眉,"他不是早就离职了吗?"

张希叹了一口气:"子逸离职后一直都没有工作,已经半年了。"

我微怔,蒋子逸的声音插进来:"苏姐,您明天中午有时间吗?我想当面和您谈谈。"

听我不说话,他赶紧补充:"不会耽误您很久的,就一顿饭的时间,真的,苏姐。"

我想起当初这小子离职的时候什么话都听不进去的样子,真的没什么兴趣和他吃饭,况且有事了才想起我,把我当成什么人了?

"不好意思,我很忙。蒋子逸,你有什么事就直说吧,在我职责范围之内的会尽量帮你。"

对方静了一会儿,再开口时声音便有些哑了:"苏姐,我知道以前是我错了,可我真的想听听您的意见……"

我最终还是有些心软:"那好吧,明天见。"

挂了电话,旁边的薛仲侧头看我:"我猜你这位前同事是想回原公司工作。"

"公司又不是菜市场,他想来就来,想走就走?"我哼了一声。

薛仲笑了:"你可真不了解自己,我赌一百块钱,你会心软。"

02

蒋子逸曾是公司运维一部的技术支持工程师。

两年前他大学毕业,人长得干干净净,喜欢穿宽松的亚麻衬衫配小脚裤,手腕上常常戴着一条拴着桃木小鱼的红绳,在一众不太讲究穿着的男生中很是显眼,也更招公司里的女孩子们喜欢。

其中有个叫张希的女孩子和蒋子逸走得很近,经常一起加班,午休时也偶尔会看到他们在一起吃饭。

开始时,因为两个人的工作内容本来就存在一些联系,谁也没有留意。等大家察觉到他们之间好像真的有点儿不一般的关系的时候,张希的离职申请已经提交到了我这里。

张希走了以后,蒋子逸有一段时间非常努力,大约是觉得既然公司不允许办公室恋情,两个人商量好他留下,不管怎样也要做出一个样子来。

所以我也没想到,只过了不到一年,年终奖刚发完,他就提出了离职。

"说说吧,怎么想的?"我把他找到我的办公室,开门见山地问。

男孩子垂着眼睛摆弄手机:"也没什么,就是不想这样混下去了。"

"混?"我挑眉,"你把工作称为混?"

"我不是那个意思,苏姐。"蒋子逸抬头看我,"工作我也不是没按要求完成。就是这样一直做重复性工作,还整天被人防着、压着,我觉得特别没意思。"

我笑了:"谁防着你,压着你啊?"

"还能有谁,我们的经理宋飞呗。"蒋子逸神情不屑,"反正我也要走了,就直说了。宋飞自己的技术不行,怕我提升太快,威胁到他的地位,总给我安排一些打杂的事,我早就干够了。而且,苏姐,你有没有听说过,生活不止眼前的苟且,还有诗和远方?"

这句话人尽皆知,都快成至理名言了,我自然也知道。

蒋子逸的视线从我的脸上转向我身后的那扇窗,目光中带着憧憬:"我觉得说得很好!生而为人不容易,我应该过自己想要的生活。"

我琢磨了一下这句话的意思:"现在的生活不是你想要的?"

蒋子逸果断摇头。

"那什么才是?"

"我不知道,反正不是现在这样,每天上班下班,过着和别人一样的日子。"

03

后来蒋子逸对我说,辞职以后,他打算先来一场说走就走的旅行。

他问我:"苏姐,你去过青藏吗?走过丝绸之路吗?见过敦煌和莫高窟吗?领略过青海湖的风光吗?"

见我一直摇头，他便同情地看着我："苏姐，你被生活困住太久了。"

我想说，其实你所谓的远方，不过就是逃离当下，可如果有一天你连当下的生活都回不去呢？

但我犹豫了一会儿，没有说。

蒋子逸还告诉我，他喜欢写东西，可惜以前一直没有时间，总是被生活牵着鼻子走。离职以后他打算往这方面发展，没准哪天就写出一本爆款书，能华丽转身，做个专业作家。

对于一个铁了心要走的人，其实我是不太喜欢费力去挽留的。这就像两个人谈恋爱，对方的心思已经不在你身上了，再把人强留下来有什么意思呢？

所以我同意了他的离职申请。

可第二天，张希就找上了门。

当时，外面的雨下得很大。这姑娘大概是提前下班赶了过来，牛仔裤膝盖以下已经湿透，一路走来，地上留下两行水迹。

我让她坐下，又倒了一杯热茶给她，才开口问："你来，是为了蒋子逸？"

她抱着杯子，轻轻点头："苏姐，子逸打定主意要离职，你能不能帮我劝劝他？"

"我劝过了。"我摊摊手，"无功而返。"

张希抿着唇："再试试好吗？苏姐。我和子逸都是普通人家的孩子，家里并不富裕。想在这个城市立足，将来买房子、结婚，都要靠自己。可他这样子，我都不知道该怎么办了。"

04

这姑娘的为人一向不错，又冒着大雨赶过来，我没办法拒绝，只好把蒋子逸找到办公室。

他一进门就皱眉，冲着张希说："你怎么来了？"

"我来让苏姐劝劝你啊。"张希站起来，"你想去旅游我不反对，但是没必要辞职吧？毕竟现在就业形势这么差，你又不是什么顶尖的稀缺人才……"

蒋子逸打断她："哪有你说得那么严重，不就是一份工作吗？我就不信我一个大学本科毕业生，连份工作都找不到。"

张希有些生气，转向我："苏姐，你看他，一点都不务实。他怎么就不想想，辞职了就没有收入，这边有房租、水电费要付，那边还要存钱攒买房子的首付，不可能都靠我一个人吧？"

"谁说靠你了？"蒋子逸提高声音，"你就是这样，好像生活就等同于活着，满脑子都是车子、房子，就不能把眼光放得远一点儿吗？"

"大概不能。"我笑着说，"因为在我们的认知里，能生活好，眼前也可以是瑰丽的诗篇；生活不好，远方也不过是更远的苟且。"

蒋子逸不赞同："反正生命只有一次，我有权利按照自己想要的方式生活。"

张希放下杯子，眼圈泛红："好，蒋子逸，你尽管按照你想要的方式生活去吧，我只想要一个安稳的未来。咱们两个，到此为止。"

说完，她就跑了出去。

"哎，你什么意思？"蒋子逸紧跟着追了出去。

后来，蒋子逸还是没能把张希留下。他用了一周时间完成了工作交接，就在同事们或羡慕或惋惜的目光中潇潇洒洒地走人了。

05

晚上的那个电话，是蒋子逸离职后第一次和我联系。

第二天临近中午，他发了消息过来，提醒我他在一条街外的中餐厅等我。

再次见到蒋子逸，我吃了一惊。

这个在我印象中干干净净、非常重视形象的男孩子变得眼神黯淡、形容憔悴，穿的虽然还是一样的衣服，却没了那种清新文艺的气质。

等我坐下，蒋子逸立刻站起身，双手端起旁边的茶壶给我倒水："苏姐，谢谢您肯来。"

我无奈："我不来能怎么办？"

他略有些尴尬，叫了服务员，张罗着点菜。

等着上菜的时候，我们相顾无言，气氛便有些诡异。我只好主动开口："怎么了？外面的世界没有想象中美好？"

蒋子逸神情沮丧："苏姐，我是不是太理想主义了？"

离职以后这半年的经历，对蒋子逸来说，可真算不上是什么美好的回忆。

刚开始，尽管张希和他分手了，但蒋子逸还是像一只离开笼子的小鸟一样，第二天就欢快地奔向了他的远方。一个多月的时间，他走重庆、下西宁，在张掖停留了几天，又去了一趟大草原。

就在他流连忘返的时候，接到了家里的电话，他父亲突发心肌梗死，好在发现得及时，给救了回来，不过医生说随时都有危险，必须进行彻底治疗，于是他们准备到S市来看病。

一听这个消息，蒋子逸马不停蹄地往回赶。结果回来一看，爸妈已经坐在了家门口。

"你没上班？"一见面，蒋爸爸就问。

蒋子逸本来还想找个理由，比如说出差什么的，可蒋爸爸抄起一旁的雨伞就打过来："还想骗我们？你没在，我已经给张希打过电话了，你这个混蛋小子！"

他身体本来就不好，这样一动手，脸色顿时煞白，吓得蒋子逸连连认错，蒋妈妈也抚着他的胸口掉眼泪。

"不治了，回家。"蒋爸爸扶着墙站起来，拉着蒋妈妈，"把儿子供到大学毕业，现在他说不工作就不工作了！别人家儿子考公务员的考公务员，读研究生的读研究生，就我老蒋家的儿子，失业！"

说着说着，蒋爸爸老泪纵横。

蒋子逸反复解释他不是失业，是主动辞职，他有自己的打算，很快就会有工作和收入，好说歹说，才把老两口让进屋里。

第二天，一家人送蒋爸爸去医院，检查结果是冠状动脉粥样硬化，直接住了院。

随后蒋子逸就开始写文章，从影评到时评、短故事，几乎把所有有影响力的自媒体平台投了个遍。

然而，结果只有两种——要么泥牛入海，了无音信；要么退稿，并附赠礼貌的一句："您的稿件暂时达不到过稿要求，希望您再接再厉。"

几次以后，蒋子逸终于不得不承认，自己的能力大概还不足以通过写作来养活自己。加上父母住院花销大，他又没什么存款，一家人需要收入来源，于是他决定赶紧着手找工作。

这时，他对自己还是自信满满的，想着找工作应该是手到擒来。

他更新了简历，挑挑拣拣地选了几家知名的大公司投了出去，等着面试通知。

可他大概忘了，他只是一名只有不到两年工作经验的大学本科毕业生。结果和我预料的一样，他一个邀约面试的电话也没接到。

于是蒋子逸扩大了选择范围，规模略小一些的公司也可以考虑，薪资降低一点也能接受，就连长期到外县出差，他都不再介意。

可邀约面试的电话还是寥寥无几。

蒋子逸很困惑，难道自己真的这么差？明明有那么多公司在招聘，为什么都看不上自己呢？

过了几周，终于有几家各方面都比较普通的公司联系他。可 HR 听说他裸辞出去旅游的经历后，纷纷礼貌地表示，他的稳定性存疑，公司大概无法提供一个职位给他。

在后来的两个月中，蒋子逸陆续面试了一些公司，其中也有几家公司让他去上班，可他最后还是拒绝了。用蒋子逸自己的话说，和我们公司比起来落差太大了，他实在接受不了。

06

蒋子逸开始陷入焦虑。

比他更焦虑的是蒋爸爸，所以他再一次犯了心肌梗死。

幸好当时人就在医院，所以救回来了。医生说，不能再让病人受一点刺激了。

蒋妈妈只好把蒋子逸赶回家，让蒋爸爸眼不见心不烦。

从医院出来，蒋子逸将头抵在公交车站牌上，看着街上来来往往的车辆和行人，想着每一天堆积如山的账单和渺茫的前程，一时没忍住，眼泪就落了下来。

他想正好趁着没人认识自己，索性哭个痛快，却没想到一抬眼，就看到了张希。

这么狼狈的时候，大概最不想遇见的人就是她吧？可最先见到的，偏偏也是她。

女孩子总是心软的，尤其是面对自己爱着的那个男孩。

张希走到他身边，递了一张纸巾过去："哭吧，我给你挡着，没有人看得见。"

蒋子逸一瞬间就溃不成军。

那天，张希本来是打算去医院探望病人的，后来却把蒋子逸送回了家。

重新在一起的话蒋子逸没说出口，只是反复说对不起，又说好在她离开了，不用被自己拖累。倒是张希知道他的处境以后，把自己存的那点钱转给了他。蒋子逸不肯要，张希便让他打了借条。

后来她经常过来帮忙，也会陪伴安慰他。蒋子逸觉得生活似乎重新有了些亮光，只是工作还是没有着落。

眼看着下个月的房租就要交不出来，蒋子逸开始大把地掉头发，整夜整夜地失眠，坐在阳台上吹风时，从这里跳下去一了百了的念头，不止一次出现在他的脑海里，可想到年迈的父母，他终究不忍心。

"苏姐，我裸辞真的错了吗？"蒋子逸看着我，脸色苍白，神情困惑。

我笑了笑："你觉得呢？"

他摇头："我不知道。我本来觉得我没做错，我不喜欢按部就班的生活，为什么不能离开？可我没想到会这么久找不到工作，没想到自己真的像个废物一样。多讽刺，原来我那么看不上的苟且，竟然成了我不能企及的远方。"

我看过去，年轻的男孩已经红了眼圈。

07
HR DIARY

"那你现在有什么打算？"我的声音不自觉地放轻了。

听见我这样问，蒋子逸抿唇看着我，很是窘迫："苏姐，我……还可以回去吗？我现在觉得，做技术支持工作挺好的。"

"那个职位在你离职后一周，就已经有人接替了。"我说。

他怔了怔，猛地低下头，有些语无伦次："对，肯定会有人接替的。公司待遇好……加班还有零食……别人又不傻。"

尽管蒋子逸在极力掩饰，但任谁也看得出，他此刻有多么惶惑无助。

我叹了一口气："如果你愿意，或许我可以帮你联系运维二部的技术支持岗位面试。"

他猛地抬头看我，似乎不敢相信："真的？"

我点头："不过也要你自己能通过面试才有机会重新入职。哦，对了，那个部门现在没有经理，是主管在负责。现在的主管你也认识，是当初和你一起进公司的刘建宇。你不介意在他的领导下工作吧？"

蒋子逸摇头，因为激动而脸色发红："不介意，苏姐，谢谢你，我一定会好好面试的，谢谢你！"

"那就最好了。不过有些话，我们还是要说清楚。我不希望你再随便辞职，这一点你必须明白。如果裸辞，是基于对未来有计划，知道自己要去哪，怎么去，并且有足够的能力去，我认为不失为一种明智勇敢的选择。但如果只是为了逃离现在的生活,子逸,你记住,没有能力经营好眼前生活的人,不可能获得想要的远方。"

蒋子逸闷声说:"我明白了,苏姐。"

最后,我起身买单,他和我争。我笑笑:"下次你请。"

08

如果不是蒋子逸已经被逼到了墙角,我想我不会帮他。

我凭什么帮他?到时候他再来一场说走就走的旅行,责任就是我的。说实话,非亲非故,我真的没必要给自己找这种麻烦。何况和运维二部的主管刘建宇沟通这件事时,我也是费了一番功夫的。现在,我只希望他以后能懂得珍惜机会,不要再这么任性。

蒋子逸毕竟在公司工作了近两年,对公司的产品也比较熟悉,虽然运维二部做的产品和运维一部不完全一样,但有这个基础在,他通过面试是意料之中的。

只是公司里有些人在背后议论,说蒋子逸当初走得那么高调,结果还不是得回来从头做起?可见人还是得有真本事,只有骄傲可没用。

也有人说,落不稳的蜻蜓死得快。你看蒋子逸,最初和刘建宇一起进公司,人家踏踏实实地干,现在都是主管了。他呢?还得在人家手下当新人。

这些话在运维二部传来传去,刘建宇却一直一言不发,我便也知道他的态度了。

好在蒋子逸的心态已经不同以往。

有一次我们偶然遇到,我问他工作中有没有什么困难,他笑着摇头:"没事,苏姐,最困难的日子我都过来了,现在我爸的病情也稳定下来了,这点困难不算什么。"

我点头,确实,不管是被同事孤立,还是请教问题被挖苦,和那些日日夜夜的焦虑与绝望相比,这确实都不算什么。

其实蒋子逸也没时间在乎这些,他每天忙得像个陀螺,公司医院两头跑。要不是有张希帮忙,恐怕连吃饭都顾不上。

但他的工作渐渐变得游刃有余起来。

几个月以后,有一次我听说有客户给分管运维工作的副总经理赵总打电话,对蒋子逸大加赞赏。赵总也因此注意到了蒋子逸,给了他不少机会去锻炼能力,甚至亲自指导他。于是蒋子逸把他当成了自己的伯乐,和赵总亦师亦友。

我很替他高兴,在职场中,你做得好,还能被领导看见,这是多好的运气?

却没想到,过了没多久,这位赵总因为一场现网事故与总经理意见不合,两人竟然在晨会上吵了起来。

09

他们一个认为是对方确定的部署方案有问题,应该承担这次事故的责任;另一个则认为公司的产品本身就有问题,现在想要推卸责任,没门。

于是,大家正在认真工作时,会议室的门被大力推开,赵总直接走向他分管的两个运维部门,点了几个人的名字,说他决定要离职创业,让这些人跟他走。以后赚钱了,他能吃肉,绝不让大家喝汤。

他点的这些人中,包括蒋子逸。

我紧跟着从会议室里出来,见此情景,在心里叹息一声。

这位赵总,坑人真是一把好手。

总经理的脸色已经铁青。

蒋子逸的目光和我的视线对上,十分彷徨。

我缓缓摇了摇头。

没有规划好你要什么,就不要离职,这话我和他说过很多次。如果他仍然不懂,那我也没兴趣再多说一遍。

蒋子逸抿了抿唇。

赵总见没人接话,又问了一遍,而且明确地说,现在跟他走的人都有股份,现在舍不得眼前这份工作的,以后他也看不上。

不得不说,他这话有一定煽动性,甚至有个在职一年多的男孩子已经走过去站在他身边。

这种情况下,我不得不开口:"赵总,您是公司领导,请您注意做事方式。这些同事都是公司的员工,并不属于您个人,大家都要养家糊口,您没必要给他们这么大的压力。如果有人相信您,愿意跟您走,他自然会联系您,公司也不会为难他。可不想跟着您走的,您这样做会影响他们在公司的发展。"

赵总转过头来,怒气冲冲:"这里轮不到你说话。"

蒋子逸咬了咬唇,终于走到我身边,说:"苏姐也是职责所在。赵总,感谢您的厚爱,但我暂时不想离职。"

赵总一怔:"蒋子逸,你以前的勇气呢?回来从新人做起很开心?"

"这不是勇气的问题。"蒋子逸看了我一眼,"苏姐说得对,人得先有能力经营好当下的生活,才能去追求更好的生活。我现在还没有这个能力,所以赵总,抱歉了。"

这小子把我的话听进去了。

后来总经理问过我,蒋子逸这种员工会不会不稳定。我想了想说:"他经历过裸辞以后的茫然和焦虑,再辞职,除非他真的找到了方向,翅膀也硬了。"

总经理笑着摆了摆手:"那就无所谓了,你这片天要是好,他翅膀再硬也舍不得走。反之,放人家去飞就是了。"

我点头，总经理在这点上的看法与我倒是不谋而合。

10
HR DIARY

赵总离职以后，总经理的电话已经被投诉的客户打爆了，现在影响的已经不是这一个项目，甚至不是这一个客户。如果这次的问题解决不好，我们公司在客户的印象里就成了不稳定、会出事故的代名词。

赵总干脆利落地走了，留下的烂摊子还得有人收拾。

除了赵总，最清楚这个项目情况的是刘建宇。然而刘建宇找了个借口，说他老婆马上就要生小孩了，把皮球踢给了蒋子逸。

毕竟蒋子逸也参与了这个项目的实施。

于是总经理拍板，项目由蒋子逸负责具体推进，经理宋飞配合。

收拾烂摊子本身也是难得的锻炼机会，所以蒋子逸干劲很足。

我听说他去给客户赔礼道歉，在人家办公室门口站了一下午，也没见到人。还听说他为了排查问题，每天晚上都去客户的机房值守，机房里35度高温，他几天就瘦了一圈。

因为蒋子逸在忙项目，我一连几天都没见到他的人影，没想到有一天正准备下班的时候，他忽然闯了进来。

"苏姐，我爸那边出了状况，我得赶过去看看。今晚客户系统没人盯着，怎么办？"蒋子逸有些为难。

我建议道："这类系统宋飞熟悉，可以替你。"

他抿唇："他以前就看不惯我，现在……估计只会看我的笑话吧？"

"你以为他真的会打压你、防备你？"我笑了，"子逸，你看轻了宋飞。"

"他当时对你严厉，不过是在锻炼你。你离职以后，最惋惜的就是宋飞。我和刘建宇沟通让你回来的时候，也是宋飞帮你说了话。"

蒋子逸睁大眼睛："不会吧？"

我哼了一声："小人之心。"

他脸色涨红："我……那我去问问宋经理。"

宋飞果然答应了去替蒋子逸值守一天。不过他还是那副老样子，说话不好听。虽然同意帮忙，但还是把蒋子逸训了一顿，说他好几天了都没找到问题，技术还是不够硬，别总以为自己很厉害。

后来，蒋子逸在这个项目上跟进了半个月，宋飞也给了他很多指导，最终成功解决了问题，验证了赵总所谓的产品问题并不存在，保证公司这套系统能够在其他客户那里再销售。

他也因此被评为年度优秀员工。

11

发奖金的那天晚上,蒋子逸说:"苏姐,我请你吃饭吧。要不是你拉我一把,我都不知道自己现在混得有多惨。"

我笑了:"算了,你不是在存钱买房吗?"

他摸摸鼻子,有些不好意思:"你怎么知道?"

"这次别任性了,踏实一点吧。"我拍了拍他的肩膀,"要不好姑娘都被你气跑了。"

蒋子逸不好意思地嘀咕:"我哪敢啊,好不容易追回来的,还在接受人家的考察呢。"

"不裸辞了?"我故意问。

他立马摇头:"回到现在我容易吗?再辞职,起码等翅膀再硬一点吧。"

"我就知道你想通了。"我转身走了。

他在我身后喊:"苏姐,等我结婚,请你当证婚人!"

我摆摆手:"那我就不给红包了。"

不经意间,我想起那天薛仲问我:"我如果裸辞,你同意吗?"

我的回答是:"如果你有目标、有方向、有能力、有资源、有失败的准备,且银行卡里还有养家糊口的钱,那可以。否则,免谈。"

是的,这就是我的态度。

遇见更好的自己

01

周一一大早,我忙得人仰马翻。

薛仲决定创业,上周提出了辞职,最近一边处理工作交接的事,一边为新公司做各种准备,每天早出晚归,送女儿安然上学的事就落在了我身上。

好不容易踩着点进了公司,前台工作人员迎上来:"苏姐,张总找你。"

我点头,正准备过去,这姑娘伸出两根纤细的手指牵住我的衣角:"他刚刚接了个电话,好像正在发脾气呢,你小心点。"

总经理虽然算不上好脾气的人,但这种情况也并不多。"总不至于是我惹到他了吧?"我心里有点打鼓,回顾了一下最近的工作,觉得自己应该还算是勤勤恳恳,这才坦然地敲响了他办公室的门。

"进来。"张总声音果然不善。

我进去的时候,他正在拿着手机拨电话,似乎没打通,于是"啪"的一声把手机摔在了桌子上。

"那个周国栋在干什么?一大早一直关机,是不是不想干了!"总经理抬头看了我一眼。

我瞄了瞄手机上的时间:"他出差了,好像乘今天早班机回来,这会儿应该还在飞机上。"

听了我这话,也许是觉得有点尴尬,他在椅子上坐下,伸手去拿自己的保温杯,没想到保温杯是空的,只好放了回去。

我笑了笑,接过他的杯子倒了一杯水:"周国栋有事情没做好?"

"不是他,是他那组中的一个叫李游的工程师。不过周国栋是主管,自己的下属都管不好,你说他有没有责任？"

原来，早上有客户打电话给总经理谈项目上的事情，临挂断时，对方随口开玩笑说，你们公司报价这么高，怎么不给员工多发提成呢？当心人都被别人挖走了。

总经理仔细一问，原来是一个叫李游的技术支持工程师在配合现场实施的时候，向客户抱怨公司待遇一般，出差又多，就连机票也要控制在 7 折以下，实在不像个大公司。

这些话从客户那传到了总经理耳朵里，他的愤怒可想而知。

"苏经理，你去把这个李游给我辞退了，我不想再听到类似的话。"

02

"为什么跟客户说那些话？"我问坐在办公桌对面的年轻男孩。

"我就是随口那么一说，他和我高中同学是哥们，大家都挺熟的。"他先是满不在乎，忽然又意识到了什么，瞪大了眼睛，"苏姐，隔着好几百公里的事儿，怎么都传到你耳朵里来了？是不是周国栋告诉你的？我这边刚聊了几句他就进来了，装得像什么也没听见一样，原来打的是这个主意。我最瞧不起的就是这种人，哼，打'小报告'！"

我的眉头忍不住皱了起来。

"这件事不是周国栋跟我说的。"我打断他，"是早上总经理亲自告诉我的，周国栋现在都还不知道。"

听见"总经理"三个字，李游愤慨的神情僵在了脸上。

不等他问，我继续说："你猜猜总经理是怎么知道的？是客户打电话的时候对他说的。所以，你该知道总经理为什么找我了？李游，既然你觉得公司处处不好，公司也就不强留你了，你离职吧。至于这次你给公司声誉带来的损失，我们保留追究你责任的权利。"

我的话音未落，李游一张白净的脸顿时涨得通红。

他嗫嚅道："我也没胡说，我说的事情都是事实呀……就这么点小事，不至于就赶我走吧？"

"小事？公司在客户面前的形象你认为是小事？"我提高了声音，"没错，公司可能有这样那样的问题，但你是谁？你是公司的一员！大家一起把公司做得更好才是你应该做的，抱怨，你想想你有没有这个资格。拿着公司的工资，穿着印了公司 logo 的 T 恤，代表公司去为客户提供产品，然后反过来说我工作的公司其实处处是问题。李游，我真替你感到脸红！"

也许是我很少这样咄咄逼人，他怔怔看我半响，突然站了起来，红着眼睛说："走就走，我还不想干了呢！"

随后摔门而去。

我让专员去跟进他的工作交接，当天交接完当天离职，免得他像一个负能量释放机，污染了周围的同事。

谁知专员去了不到半小时，李游又返回来，桩子一样杵在我办公桌前："苏姐，我对公司有感情，我不想走，给个机会呗。"

"我帮不了你。"我冷冷地说，"就看你刚刚骂的那个人肯不肯帮你了。"

他脸一红："那我给栋哥打电话。"

03

李游是通过去年的校园招聘进的公司。

当时，因为工作很忙，我并没有参加那次校园招聘的复试，而是由我部门的专员来负责。

他复试那天，我在等候区和别人谈公事，背后传来的说话声引起了我的注意。

"我为什么要去征求他的意见？我爸这辈子自己都过得糊里糊涂的，还能指望他给我什么建议？"

"你别替他说话，你想想那个年代的重点大学毕业生有多少机会？他那些同学，当官的当官，发财的发财，可你看我爸，干了一辈子还是个小科员。"

"不怪我妈一直说他没能耐，不会来事。只可惜我妈说了他半辈子也没改，还是那样，活都归他干，成绩没多少，我才不想听他的意见！"

我回头看，身后的男孩穿了一件白衬衫，一手拿着电话，一手在桌面上熟练地转着笔，就算是皱着眉头，看上去也挺帅气的。

只是他说的话让我感觉不太好。

等送走了我的客人，我走到前台，让前台工作人员帮我查了这位候选人的名字，得知他叫李游。

于是，等上午的面试都结束，我找到了他的面试负责人周国栋，讲了我遇到的情况。

"一个会对别人抱怨自己爸爸的儿子，你还能指望他对公司满意？坦白说，我不建议录用他。"

周国栋想了一会儿，还是坚持要录用李游，原因是在面试的候选人中，李游的技术基础不错，人也健谈，很适合技术支持工程师这个岗位。

于是一个月以后，李游拿到毕业证，顺利入职成为一名技术支持工程师。

04

几个月后，当我几乎把这个男孩子忘记了的时候，我再次见到了李游。

当时已经下班了，我临时接到一个海外会议通知，又返回了公司。

进门的时候，迎面碰到李游往外走。我点头打了声招呼，没想到擦肩而过时有人在远处喊他。

李游回头，声音很不耐烦："我都说了我今晚有事，你找别人吧。"

那位同事追过来："这个系统就那么几个人了解，他们出差的出差，请假的请假，你让我找谁？"

"别人不在就盯上我啊？再说，需要调测你不早说，非等到下班再找我？"

"这是个突发需求，明早就要。下午我找过你，你不在，电话也没人接。"那人解释，"我道歉行吗？你就帮帮忙，一个小时就能搞定，回头我请吃饭……"

李游打断："帮不了！谁规定你打电话我就必须接电话的？我早就对你们集成组的工作有意见了，客户要求怎么改就怎么改，没有一点自己的坚持，要改你们自己改，每次还要麻烦别人。我不管，栋哥惯着你们这个毛病，我可不惯着，你爱找谁找谁去。"

说着，他打卡出了门。

"就知道挑别人的毛病，好像自己多厉害似的。"那个同事嘀咕了一句，看见旁边的我，随口对我说道，"苏姐，你看这种人，就是一个伟大的批评家。和他合作做点事，不是说流程乱，就是说别人没水平。和他一起工作，我都快成了他的情绪垃圾桶了。"

我听了这么久，心里也有点数了，于是转头去找了周国栋。

周国栋对他的做法也有些不满，但觉得这小伙子的工作能力还是不错的，学东西理解得也快，他想再观察一下。

没办法，我只能提醒他要正确引导，不要让李游成为负能量的载体，如果影响了整个团队氛围，那就得不偿失了。

05
HR DIARY

上周三我的车限行，下班以后，我在公司大门口等薛仲来接。

公司大门口修了个花坛，里面种了一些花草。我出来得早了些，便坐在花坛边上拿着手机刷微博。

背后传来一男一女的交谈声，并不是我喜欢偷听别人说话，实在是他们越说越大声，而且其中那个男生的声音，我还略熟悉。

"别一天总管这儿管那儿的，王妍你能不能搞清楚，我是你的男朋友，不是你的儿子。"男生说。

"我给你建议是为了你好。你觉得项目有问题，可以向领导反映，这样背后发牢骚，别人会很反感的。"是女孩子的声音。

"我也就是对你说说，我对别人说了吗？"男生不服气。

"不是对谁说的问题，是你这个态度……"

女孩子的话没说完就被打断，男生拔高了声音："我态度怎么了？你以为你多工作了几年就可以对我指手画脚了？你可省省吧！"

"那行，你的工作你自己考虑，反正我为你着想你也不领情。但是我弟弟来这儿玩，我陪陪他怎么了？你能不能不要每隔几分钟就打电话来抱怨一次？让我弟弟听了怎么想？"

"谁让你弟弟非要在我过生日这天来的？"男生的声音有些委屈，"我为了和你一起过生日，好不容易找到借口没去出差，你知道吗？"

"那我说带我弟弟一起给你过生日，是你不同意的……"

女孩子的话还没说完就再一次被男生打断："我才不要读小学的小屁孩给我过生日呢，我要的是二人世界，二人世界你懂不懂？你说你父母，你都多大了他们还要再生一个，结果你这个姐姐还得带着他玩，你又不是他妈。"

"我父母生不生用你管？我带我弟弟我愿意！"

"哎，不是要去吃饭吗，你去哪儿？"

"你自己去吃吧，我饱了。"

"算了……不说那些没意思的行吗？我整天出差够烦的了，你就不能别老生气吗？"

"这不是生气的问题。我觉得你一点都不成熟，对人对事缺乏包容。你这样让我对我们的未来没有信心！"女孩子似乎用力喘了一口气，"我们先分开一段时间吧，你什么时候想清楚了再来找我。"

余光里，一个穿牛仔裤的女孩子迈着大步从花坛后绕出来，直接冲到路边拦了一辆出租车。

过了两分钟，身后有人走出来，站在路边张望，与我的目光撞了个正着。

是李游。

06

"要不，打电话去道个歉吧。"我对努力装作满不在乎的李游说。

"又不是我错了，道什么歉？"他把死鸭子嘴硬的特点发挥得淋漓尽致。

"两个人之间哪有什么对错，再说我不小心听见了一点，我觉得你女朋友说得也有道理。好好沟通一下，没必要一言不合就分手吧……"

李游打断我："分手就分手，好像谁没了谁活不了似的。"

然后他开始向我倾诉他的女朋友有多么"女汉子"，没有情趣，不像别人的女朋友那么小鸟依人，总喜欢说教。别人与女朋友交往都是甜甜蜜蜜的，他倒好，交个女朋友像给自己找了个妈。

最后我都被他气笑了，我想，如果薛仲敢这么说我，我还真不能保证不打他。

"那你当初为什么喜欢她？"我问。

李游的脸上浮现出可疑的红晕："要不是和她一起做项目，觉得她挺有女王范儿的，谁会找个女项目经理当女朋友啊？"

我哑然。

怪不得我看着那个女孩子有点眼熟，那不是我们客户单位的王妍吗？好像在他们公司还挺受重视，也挺有话语权的。

周国栋说李游能跟客户打成一片，原来如此。

最后，我还是建议他和女朋友好好沟通，他希望对方有什么改变，可以提出来。至于对方不想改变的特点，他可以选择接受或者放弃，但这样一味争吵对两人的关系是没有任何好处的。

他随口应着，看不出来有没有往心里去。

07
HR DIARY

如果那时候，他能听进去王妍的话，改变看待事情的态度，像今天这种对客户抱怨，还传到老板耳朵里的事情就根本不会发生了。

周国栋回到公司的时候，我正准备去吃午饭。"苏经理，一起吧，我请客。"他拖着行李箱，风尘仆仆的样子，一看就是直接从机场赶回来的。

我看出他有话要说，干脆让楼下的餐厅送了两份套餐到我的办公室，我们一边吃一边聊。

"李游给你打电话了？"我问。

他端起番茄鸡蛋汤喝了两口："打了。这小子，真够能惹麻烦的。"

"张总让我把他开除，我建议等你回来听听你的意见。现在情况你都知道了，你是怎么想的？"

周国栋有几分无奈："能怎么想？我去找张总认错呗。一个应届毕业生，好不容易培养到现在这个程度，能独立做事情了，你把他开除了，我的心血找谁赔去？也怪我自己。你早就提醒我说他负能量太多，让我注意，我也找他聊过一次，让他多从积极的方面去看问题。后来一忙我就没注意他，谁知道他把麻烦惹到客户那里去了。"

"那你的意思是要把这件事扛下来，给他一次机会？"

周国栋点头："不过他这次做得确实太过分了，也得给他点教训。按照公司制度，违纪最轻的处罚是通报批评吧？那就通报批评一下，你看呢？"

"先吃饭吧。"我不置可否，目光落在他脸上。对面的人似乎饿了，正吃得如风卷残云一般。

一直等到吃完了午饭，我才把上午和李游的对话说给他听。

周国栋听完只是微微一怔，随后就无所谓地笑了："这小子，原来对我的意见还挺大的。我是听见过他对别人说我不了解现场情况，瞎指挥。没想到还把我当成了个爱在背后打小报告的人。"

我故意说："手把手带出来的人这么说你，你真的不生气？"

"我比他大了六七岁，我和他置什么气啊。这是相处的日子短，等日子长了，我周国栋是什么样的人，他也就知道了。"周国栋倒是豁达，"行了，吃饱了，等会儿去张总那领骂去。"

说实话，这样的领导，我挺欣赏。

于是我竖起大拇指："周国栋，就冲你这胸襟和情商，你有前途。"

他做出一副受宠若惊的样子："苏经理，你要这么说我就放心了。以后记得在张总面前多替我美言几句，我先在这里谢谢了。"

我忍不住笑了。

08

周国栋进总经理办公室后没几分钟就出来了，神情有些忐忑："张总没表态，我有点拿不准他是什么意思。苏经理，等会儿帮我再说说话？"

为什么又是我，我有点无奈。

领导不高兴，大家都恨不得绕着走，这个时候我凑上去，岂不是自找不痛快？

第二天，我正琢磨着要怎么去和总经理说的时候，一个陌生的电话打了进来。竟然是李游的女朋友王妍。

"苏经理，不好意思，我向贵公司的同事要了您的电话号码，能不能耽误您几分钟？"

原来她也听说了李游的事。

我们在公司接待区见了面。

王妍身材纤细，一头干练的短发，一看就是性格干脆的女孩子。

"李游的事情，还请您帮忙沟通一下。"她开门见山地说，"我也知道这是他的问题，我本来不该来找您，何况我们现在已经分开了。可我想让您了解一下，李游这种在我们看来很不成熟、令人反感的性格，是怎么来的。"

于是王妍给我讲了李游家里的情况。据说，他妈妈年轻的时候长得很漂亮，所以心气很高，可偏偏她只是个高中学历，而且家庭条件一般，结果她看得上的人看不上她，一直没遇到合适的结婚对象。等别人给她介绍了李游爸爸的时候，她已经27岁了，这在当时已经算是晚婚。

他妈妈看中了他爸爸的学历和公务员身份，觉得以自己现在的条件，可能找不到更好的了，于是双方没怎么了解就结了婚。

后来，他妈妈渐渐发现他爸爸各种不尽如人意的地方，可她自己又没本事去改变，于是心里的不甘和后悔慢慢积累起来，演变成了无休无止的抱怨。

李游就是在这种抱怨声中长大的。

李游妈妈的这些抱怨，从某种程度上来讲，也确实使她获得了好处——李游的爸爸觉得亏待了他妈妈，于是在家里对他妈妈处处忍让。

大概是这种成长环境给了李游错误的暗示，让他在潜意识里以为，通过抱怨，就可以得到自己想要的东西。

来到公司以后，李游对周国栋抱怨过出差坐凌晨的红眼航班受不了，周国栋也的确帮他申请了价格较高的时段的航班，却不知道这种做法反而使李游更加确信，抱怨可以让自己得到好处。

所以李游不知不觉间养成了这种习惯，最后有了这次事情的发生。

"他其实也算是原生家庭的受害者。他妈妈一直在抱怨他爸爸，孩子本能地会模仿父母的行为，李游他甚至不知道抱怨是不对的。"王妍的语气里有些惋惜，"希望公司这边能给他一个机会,可以吗?"

09

我到底说服了总经理,给予李游通报批评的处分后继续留用。

其实也不算我说服的,我只是提了提王妍。总经理觉得与对方合作这么久,也该给她个面子,加上昨天周国栋也是这个意见,于是同意了。

我刚回去,李游就找了过来:"苏姐,怎么样?"

"你觉得呢?"我面无表情。

李游脸上硬挤出来的笑慢慢挂不住了:"不会这么狠吧?不管怎么样,大多数工作我完成得还不错,栋哥那里我也道歉了啊。"

我不说话,只是看着他。

"都怪我同学那哥们,竟然会把这话跟合作公司的领导说,也怪我自己,没事瞎聊什么?"他开始懊悔。

直到他怨天怨地地啰嗦了一堆,我才淡淡地打断他:"回去准备检讨书吧,通报批评,部门内检讨。"

"检讨啥呀?我都是要走的人了……"李游说到一半,突然顿住,瞪大眼睛看着我,"苏姐,我可以留下了,是不是?"

"是暂时可以。"我强调,"你要是不知道自己错在哪了,早晚还得走人。"

他摸了摸鼻子:"我以后出去肯定不乱说话,行了吧?"

"不是这个问题。你看,有些人无论离开哪家公司,都说是公司的问题——第一家公司工资低,第二家公司管理混乱,第三家公司出差多,第四家公司更离谱,竟然不允许穿拖鞋上班。听起来很倒霉是不是?总是遇不到好公司?"

"可我不这样看,李游。"见他皱眉思考,我放慢了语速,"外面的世界,是我们内心的投影。就好像苏东坡说佛印是牛屎,而佛印说苏东坡是佛一样。"

"我听过这个故事。"李游似乎不太愿意提起,"小时候我爸爸给我讲过。"

我点头:"所以你看,生活本身就不完美,但我们可以争取让它向更好的方向迈出一小步。你现在也许觉得公司存在这样那样的问题,可事实上,与我刚来的时候相比,它已经进步了很多,这都是比你早来的同事一起努力的结果。如果这些年我们都忙着抱怨,可能现在公司已经不存在了。"

听见这话,李游的脸红了,看起来有些羞愧。

"所以,你有抱怨的时间,不如去改变它,如果有些东西暂时没有能力改变,那就坦然接受。起码别人不会觉得,和李游合作,接收的都是负能量。"

"苏姐,我知道了。"他说。

10

随后一个月,我没见到李游。大概是自觉愧对周国栋,听说他主动要求去海拔最高的客户基站出差。

"他应该是知道自己错了。他去的地方,机房白天温度高达40℃,噪声也很大,也没听他抱怨一句辛苦。"说这话的时候,周国栋挺欣慰。

"希望吧。"他这次算是在总经理面前挂了号,前两天总经理还在说,让我们关注李游,再犯一次,谁也别去说情。

再见到李游是在一个项目会议上。说是项目会议,其实就是责任推卸大会,我特别讨厌参加这种会议。

李游坐在我对面,我第一眼差点没认出来。

高海拔地区日照强烈,这小伙子已经从"奶油小生"直接变身成了"黑炭头"。

他咧开嘴,无声地对我笑,一口白牙在日光灯下闪闪发亮。

我心想这下完了,看他拿什么去把王妍追回来。

"客户说要更换硬件设备,这让我们怎么办?全部软件重新部署?"一个声音突然说,是技术支持这边的项目经理。

"也不知道之前销售是怎么沟通的,莫名其妙。"大家七嘴八舌地争论了起来,有人指责是商务部在没签好合同时就让工作往下推进,商务部成了众矢之的。

"客户要求的,我能怎么办?你们有意见去找客户说。"商务部的同事把责任直接推了回去。

总经理进来的时候正好听见这句话,气得脸色都变了。

原来转了一大圈,大家都没错,是客户错了。

11

"现在说这些有什么用?"总经理一开口,屋子里立刻静了下来,"客户说了,给两周时间,重新部署。要是我们做不了,就让别人做。"

"你这边怎么说?"总经理看向最先说话的项目经理。

"这……"项目经理面露难色,"时间确实太紧了,客户这样要求,不是不讲道理吗?"

其他部门的同事也有人跟着点头。

我问:"如果增加人力资源投入呢?做得到吗?"

项目经理皱起眉:"可能不行,新人对系统不熟悉,还得花时间教,能不能上手还不好说。"

"那如果从兄弟公司协调几个做过类似项目的人过来,我们的人一带一,你有把握按时交付吗?"

"这个,不好说。"项目经理还是摇头。

总经理手中拿了一个皮质记事本，用力摔在了桌子上："你不行你给我走，能干什么干什么去，让行的人来负责这个项目。"

话音一落，会议室里有一半人都往后缩了缩。

总经理扫了他们一眼："谁来接这个项目？我先说好，做好了有没有奖励到时候再说，耽误了交付，是肯定要承担责任的。"

这下，剩下的一半人也开始往后缩了。

我感觉对面有一道目光灼灼地落在我脸上。我抬头看过去，李游眼睛发亮，两腮却绷得紧紧的。

他嘴唇微动。我皱眉看了半天，没看懂。

他低下头给我发了一条微信：我想试试。要是不更新一下总经理对我的看法，我怕我在公司就没有出头之日了。

我点了头。

于是李游站了起来。

总经理没说别的话，只安排我去协调人力资源，让项目经理和李游交接。

散会以后，大家看向李游的目光颇有些意味深长。

12

"等着看你笑话的人一大把，你加油吧！"我提醒李游。

两天后，人力资源到位，李游过来把人带走了。

后来，我听说客户的机房有些问题，需要先做改造才能部署。本来时间就紧张，这下更是雪上加霜。

李游果然打电话给我求助："苏姐，还能再协调几个人吗？不用太专业的，懂网络就行。"

我问了一圈，没人。

他很失望，开口就说："客户这不是坑人吗……"说到一半突然打住，不好意思地换了个语气，"苏姐，那临时找两个实习生行吗？"

我联系了一家培训机构，好歹给他找了两个人。据说他连夜对新人进行了培训，让他们专门负责解决机房的问题。

周末，我正陪着安然去找植物做标本，李游又打来电话，说有个问题需要研发人员去支持一下，他和研发部门不熟，打了一圈电话，没人肯帮忙。

我原以为他要对我抱怨部门壁垒，合作性差，没想到他憋了一会儿，只说请我帮忙去沟通一下。

项目交付前一天，我打电话给李游，他正在带着人做内部验收，周国栋也过去帮他把关。

"挺难吧？"我问他。

他叹了一口气："是啊，我真没想到做个项目这么难。以前栋哥带的项目更大更复杂，我还觉得他安排得不好,总挑毛病,现在才知道他已经很厉害了。"

我笑了:"有信心通过客户验收吗?"

"努力吧,如果他们不满意,再想办法。"

挂断前,他突然说:"苏姐,经过这次,我发现王妍真的比我有本事,你说我怎么才能把她追回来呢?"

"你追了?"

"嗯,不理我。"他有些郁闷,"送给她的东西都没收。"

"要不,完成了这个项目后,拿成绩说话吧。"我建议。

13

第二天,项目验收顺利通过。

客户打电话给总经理,主动谈到明年还有一笔项目预算,他们倾向于与我们公司合作。

总经理很高兴,晚上开了庆功会,我也参加了。席间,总经理鼓励了李游几句,他一激动就喝多了。

等送走了总经理,李游陪我在门口等代驾,边等边说:"原来没和总经理接触过,以为他多苛刻呢,今天一看,挺宽宏大量的啊。这下我应该扭转他对我的印象了吧?这段时间我一直很郁闷,觉得自己做什么都不顺,我妈还说我像我爸,什么事都做不好。"

"我看你爸挺好。"我插话道,"至少从他给你讲的故事看,他是一个挺平和的人。"

他叹了一口气:"我最近也在想,我爸老实顾家,这就比好多人强了,以前是我对他太苛刻了。苏姐,你上次说的话,我这段时间体会了一下,好多次火气上来想说什么的时候,我就问自己,你能改变吗?然后就开始思考怎么去改变。包括请你帮忙沟通研发部门那件事,放在以前,够我发一晚上牢骚了。至于改变不了的,我一想我已经做足了努力,接受起来也就没那么难了。"

我笑了:"那和王妍的关系呢?你是怎么想的?"

"追呗。"他有点不好意思,"这一分开我才发现自己挺离不开她的,以前我不懂事,看不见人家的好。"

我忍不住笑了起来:"去吧,小伙子,我看好你哦!"

多个朋友多条路?

01

"还没散场呢,我溜出来了。你说得对,这种聚会我就不该来,纯属浪费时间。"我一边打电话给薛仲,一边走进地下停车场。

他最近也忙,集团那边不愿意立刻放他离职,他也不是能甩手就走的那种人,于是对新公司的筹备就都放在了晚上和周末。

我和薛仲聊了几句,挂断电话,一抬头看见前面走过一对年轻男女,女人微胖,穿了一条雾霾蓝色的长裙,背影有几分眼熟。

"哎,王屹,你别走啊!"她伸手去拉身边身材高大的男人,"我们就这样走了多不好,大家都是朋友……"

"什么朋友?"男人似乎很生气,用力甩开她,"这种人,也就你还把她当成朋友吧?再说,不就是所谓采购圈子的人吗,平时也没什么交集,你和这些人吃吃喝喝有什么意思?"

"都是同行,多交个朋友……"

她的话没说完就被男人打断:"那你所谓的朋友对我开不雅的玩笑,你没看见?你把人家当朋友,人家把你当什么?但凡有一点尊重你,能当着你的面对你的男朋友开那种玩笑?"

女孩子一噎:"人家也不一定是那个意思……就是开个普通玩笑。"

男人停住脚步,转身看她:"唐海清,你是不是傻?一个女孩,对别人的男朋友开玩笑会问'你们兵哥哥身材都像你这么好吗''哎呀,我可以摸摸你的腹肌吗'这种话吗?"

果然是我认识的那个姑娘。

"她们是有点过分,可是我们就这样走了,人家会很尴尬,以后……"唐海清试图劝自己的男朋友回去。

"以后，你还想有以后？就这种朋友，你为什么要继续跟她们来往？我一年总共就这么几天假，为了陪你，我连家都没回。结果呢？天天应付你这些朋友！唐海清，我受够了！现在你自己想好，剩下的时间，要不就我们两人一起离开，要不你就和她们玩去，我走！"

男人胸膛起伏，看起来已经忍无可忍。

唐海清却还在犹豫："王屹……"

"行，我知道了！"王屹打断她，转身大步朝停车场出口走去，"你回去吧，我不耽误你交朋友。"

那个背影很快消失，停车场昏暗的灯光下，唐海清慢慢低下头，整个人显得无措又无助。我想了想，叫了她的名字。

她回头看到我，圆圆的娃娃脸垮了下来，眼睛也红得像只小兔子，喊了一声"苏姐"就扑到了我怀里。

02

唐海清是几个月前入职的，负责海外采购相关工作。

录用她的原因是在工科背景的候选人中，她英语比较好；在英语专业的候选人中，她又有工科背景。所以部门经理代勇对她寄予了很高的期望，希望她能把海外采购相关的业务做起来，以后可以培养她做这一组的主管。

后来有一次开会的时候，我遇到代勇，随口问了一句唐海清工作表现怎么样。代勇犹豫着，似乎在想该怎样表达："积极性挺高的，就是有点……太合群了。"

我笑了："合群难道不是一件好事吗？"

不知道别人家的家庭教育是怎样的，反正从小，我父母就希望我能合群，比如说像别的女孩子一样，就连去洗手间都要找个伴。可我大概天生就不是这种性格，碰到喜欢的人，我恨不得把心捧给人家；碰到不喜欢的人，就有多远躲多远。

这个毛病还是做了 HR 之后改掉的，毕竟做这个工作需要和大多数人保持良好的关系。

代勇苦笑着摇头："我也不知道该怎么说，反正苏经理，你多留意一下这姑娘就明白了。"

想不到没等我特意留意这姑娘，一个偶然的机会，我就发现"太合群了"这个词用在她身上还挺对的。

那段时间我工作有点忙，为了节约吃饭时间，好好睡个午觉，我开始自带便当。有一天中午刚下班，我准备去洗个手，一出门就遇到几个女孩子叽叽喳喳地往外走，说要去尝尝新开的那家泰国菜餐厅。

"苏姐。"从她们旁边走过的时候，有人叫我，我回头，看见人群中的唐海清对着我笑，"一起去吧，今天我请客。"

"不了，我带了便当。"话说了一半，我突然想起早上在茶水间遇到她时，她手上拎着一个便当盒，于是问："你不是也带了饭吗，怎么还要出去吃？"

唐海清的脸色有一瞬间的尴尬，旁边一个女孩子接话道："海清，你带饭了怎么不早说呢？那我们明天再去也一样。"

另一个女孩子却说："哎呀，人家都说要活在当下，好吃的怎么能等到明天吃呢？你带的饭晚上再吃吧。"

"对呀对呀，晚上吃也一样。"唐海清马上说，"苏姐，你的也是，走吧，一起去吧。"

说着就来拉我。

我忙躲开："你们快去吧，我吃了饭要休息呢。"

后来，我听参加聚餐的同事说那家餐厅的咖喱虾特别好吃，她们点了个大份的。可在我印象中，唐海清在办公室说过她对咖喱过敏。

可见，就算她请客，别人也根本没有关注到她的喜好。这钱花得不值得。

03
HR DIARY

隔天下午，快下班时，公司通知临时开一个海外项目协调会，因为涉及人员安排，我也被要求参加会议。

唐海清就坐在我旁边。

"那边的设备到位时间必须保证，客户很看重这一点。"销售的同事说着，把目光转向我们这边，"海清，没问题吧？"

唐海清正低着头，手指在手机屏幕上飞快地敲敲点点，没有回答他的话。

我用胳膊肘碰了她一下，她才像突然惊醒般问道："什么？"

那个同事有点不高兴了，但还是重复了一遍自己的问题，唐海清这才慌忙点头："哦哦，没问题，已经和供应商确认好了。"

我转头看她，余光瞥见她手机屏幕亮起，收到一条微信：你什么时候到啊？我侄子马上就要放学了。

唐海清抿了抿唇，环顾了一下周围，凑过来小声说："苏姐，你觉得这个会还要开多久？"

"说不准，可能半个小时，也有可能两三个小时，就看有多少问题需要落实。"我说。

她的小脸垮下去，手里的笔无意识地在笔记本上乱画："这样啊？"

"你有事？"其实我也不明白这些年轻女孩怎么会这么忙，比我这个要回家陪孩子的已婚妇女还急着下班。

唐海清用手挡着嘴，悄悄说："另一部门的同事娟娟的侄子读初中，成绩挺好的，就是英语差了些。她听说我英语不错，让我去给她侄子补课。她侄子的学校就在旁边，我下了班开车过去接他放学，去他家补习2个小时，正合适。"

"你还兼职做家教？"我皱眉。

唐海清赶紧解释："没有没有，苏姐。就是帮个忙，我们关系都不错。"

自己的事情还没做好呢，一心想着帮别人，我觉得很无语。

"唐海清，林总问你话呢！"坐在另一边的男同事小声提醒唐海清。

"啊？"她抬头，一脸茫然。

副总经理林总的脸色沉了沉："是你负责海外采购？"

唐海清忙点头："是的，林总。抱歉，我刚刚……"

"我问你，如果设备运输过程中出现问题，重新发货来得及吗？"

这个问题唐海清大概没有想过，鼻子上渗出汗珠。

04

突然，唐海清放在桌子上的手机振动起来，一个语音通话打进来，唐海清慌忙挂断语音通话："这个问题我马上与供应商确认。"

林总扫了她一眼，看向采购部经理代勇："你们是怎么安排工作的？这点小事都不能事先沟通清楚吗？"

"这是我的问题。"代勇赶紧说，"回头我亲自跟进这件事，您放心，林总，绝对不会出状况。"

唐海清低下头，我拍了拍她的手，轻声说："没事，等一会儿处理好就行了。"

她转头看我，眉头皱在一起："苏姐……这次我死定了。"

等散会，已经是一个多小时以后。

一回到我们部门和采购部共同的办公区，唐海清就开始打电话："对不起，对不起，没想到开会开到这个时候……我不是故意挂断你电话的……哎，你别生气，明天，明天我一定准时。"

等她挂了电话，代勇的脸色已经很差了。

"唐海清，你一天不给我添麻烦就难受，是不是？这个项目的重要性我没跟你说过吗？结果你呢？是连运输问题都想不到，还是心思根本没在工作上？"

"我……勇哥，我错了，真的对不起。"唐海清缩着脖子，像个做错事情的孩子。

"对不起，对不起，除了对不起，你能说点别的吗？"代勇余怒未消，"来了公司这么久，设备型号经常搞错，参数代表什么意思也记不清，每天一下班就卡着点走，海外的同事经常向我抱怨一不小心就找不到你。唐海清，你让我说你什么好呢？当初是我决定把你招进来的，你这样做事，不是让我难堪吗？"

唐海清被说得小脑袋低了下去："我明天一上班就联系供应商，勇哥，你再给我点时间，我会好好做的。"

"总让我给你点时间，我看给多少时间也不够你浪费的。"代勇说完，转身往办公室走，"这是最后一次，再让我看见你犯类似的错误，你就自己辞职吧。"

我看着他进了办公室，转头问唐海清："不用去帮别人补课了？"

她摇头："改到明天了。"

"那先来我办公室喝杯咖啡？"

唐海清咬着唇看了我一眼，站起来乖乖跟在了我身后。

05

"其实我昨天就想找你谈谈了。"我泡了一杯咖啡给她。

"苏姐，你也觉得我做事不行？"

我笑了："那倒不是。不过我想问你，每天都和大家凑在一起，下了班也要去帮别人的忙，你觉得开心吗？"

唐海清一怔："还……好吧。"

我点头："我倒是觉得你用了太多时间在人际交往上，对于工作本身，反而没有花费足够的精力。这在我看来，是舍本逐末。"

唐海清看着我，从她的神情里，我知道她并不认同。

她迟疑着开口："也不能这么说吧？工作中的知识我也在学啊。不过老话说得好，多个朋友多条路，人在社会上生存，指不定什么时候就需要别人帮忙呢。平时不多和别人交往，到关键时刻，别人怎么会愿意帮你一把啊？"

"你这样看？"我端着杯子绕过办公桌，靠在她旁边，微微低头和她对视，"海清，这个社会中的人际交往，我觉得只有两种。一种，是知心朋友。你们了解彼此，就算很少联系，甚至可能一年说不了几句话，但是当一方需要的时候，另一方一定会二话不说就给予支持。另一种，就是资源的交换。这需要双方旗鼓相当，也就是这次我帮你一把，看中的不是我们平时是不是经常在一起，而是将来我能否从你那里得到等价甚至更高价值的回馈。你觉得你花了那么多时间和同事、同学、同行，甚至各种圈子的人聚会，帮这个一点忙，帮那个一点忙，他们对你来说是哪种交往？你对他们来说呢？"

我的话说完，唐海清瞪大眼睛，震惊地看着我。

"你是不是想说，想不到苏姐你这么现实？"我笑了，"好吧，吓到你了，抱歉。不过，希望你能好好想一想，规划一下自己的时间，把该做的事情先做好。"

06

唐海清这个姑娘有一点还不错，就是对人不尖锐，不会过分地自我保护。你给她提意见，她也会认真地去想。

所以隔周的周一，当她拿着自己做的提升计划表来找我沟通的时候，我的内心还是挺欣慰的。

唐海清告诉我，她想考雅思，因为日常工作中，时常需要和海外供应商沟通，她现在的英语水平有点不够，她想通过考试来提升。

她还说，她想要把公司采购目录上的设备清单都熟悉一遍，那样下采购订单的时候，可以做到心中有数，年底也能对采购情况进行系统的分析。

另外，唐海清还想考注册采购师资格证书，她觉得未来想要把采购作为终身事业，必须走专业化道路。

我翻着她打印出来的几页学习计划表，对她点了点头："任务不轻啊，那你加油吧，有什么需要就来找我。"

小姑娘受到鼓励，乐呵呵地走了。

然后，我听说她报了几门课程，晚上经常赶去上课。代勇对此似乎也挺高兴的，还和我开玩笑说，幸亏这姑娘找了个部队里面的男朋友，要不她这么忙，哪有工夫谈恋爱啊。

大约过了两周，薛仲和投资人约了共进晚餐，因为对方带了夫人，迫不得已，我只能也赶去赴宴。

走到停车场时，唐海清急匆匆地从后面跑过来。我以为她找我有事，就停住脚步，回头看她。

"苏姐。"她的神情有些不自然。

"去上课？"我问。

"不是……"她低头，摆弄着手里的车钥匙，"和娟娟她们一起出去吃饭……她们的一个朋友过生日，听说以前也是咱们公司的。"

这就奇怪了，人家的朋友过生日，她去干什么？

我没忍住，问了出来。

唐海清尴尬地笑了笑："这不是因为我有车吗？晚高峰时间，她们打车也不太方便……"

"所以呢？"

"……一起去也没什么……就当多认识一个朋友。"她小声说，"苏姐，我先走了，她们还在等着我，我的礼物还没买呢。"

我看着这姑娘一溜烟跑远，摇着头叹了一口气。

算了，不过是同事，该说的话我都说了，怎么做是她自己的选择，只要不影响工作，其实和我没什么关系。

07

那之后我就没太关注唐海清了，有时候会看到她们成群结队地去逛街、看电影，或者团购，好像确实相处得不错。

我渐渐觉得，也许每个人有每个人的活法，就像薛仲说的，我们用中年人的思想去理解年轻人的心，可能本身就做错了。

直到这次，我在地下停车场碰到唐海清被男朋友扔下，不得不把她带到我的车上聊一会儿。

"不怪他生气。"唐海清啜泣着说,"他好不容易有假期,我们很早就计划好了要怎么过。可他回来四五天了,我们自己计划好的事情一样没做,我天天拉着他凑别人的热闹。"

"你也知道是凑热闹?"我摇头,"海清,你真的喜欢这样吗?"

她目光茫然:"苏姐,其实我也不知道。有时候,她们聊的东西我不感兴趣,但又得绞尽脑汁找话题参与对话,觉得特别累;可有时候又想,也算是开拓视野了,不能融入她们的对话,可能是因为我自己的生活太单调了。"

"开拓视野?那么都听到了什么新鲜事?说给我也听听。"

唐海清歪着头想了好一会儿:"就是哪里新开了一家网红店,哪个城市好玩要去'打卡'……好像也没什么。"

我拍了拍她的手背:"对每个人来说,时间都是宝贵的。你把自己的时间都花在这些没有多少意义的聚会上,认识的人是多了,可自己可调配的时间却没有了。那些你原本计划要做的,不管是提升自己,还是和男朋友增进感情,都是你未来安身立命的资本,而不是这些所谓的朋友、人脉。你知道吗?"

她皱着眉,有些纠结:"苏姐,你上次说的那些话我也认真想过,我觉得就算是交换关系,我现在多交点朋友,就等于投资了,等我有事需要帮助,毕竟大家那么熟,她们总不至于一口回绝吧?"

"会不会一口回绝,就看你值不值得帮了。"我笑了,"你有没有听过那句话,你若盛开,蝴蝶自来?如果你有价值,你现在不用投入那么多,自然也会有人帮你,反之同理你觉得呢?"

她沉默半响:"不知道,可能我真的想错了,我会好好想想的。可是苏姐,我现在该怎么办啊?"

"你问的是人际交往的事,还是怎么哄男朋友?"我看着后视镜里渐渐走近的军靴,笑了。

"哎呀,谁要哄他啊?"唐海清很不好意思,"我就是觉得自己应该道个歉,不管怎么说,是我让他不开心了,他平时驻守海岛,好不容易回来……"

"我懂我懂。"我拉着她下车,指着站在我车后的男人,"去吧,回家好好道歉去。"

她愣了一瞬,转头去看自己的男朋友:"你怎么回来了?"

唐海清的男友先对我点了个头,然后没好气地对她说:"不让你喝酒,你非要喝。我不回来,你开车?"

唐海清傻笑起来,向我告了别,被男朋友牵着手带走了。

我看着两人的背影,叹了一口气,这样的长腿兵哥哥,弄丢了多可惜,只是不知道这姑娘能不能想明白。

08
HR DIARY

有时候,人必须要经历一些事情,才能看明白真相。

第二天下午,我面试了一位候选人后回办公室,进门前正碰到唐海清和库管员一起快步往库房的方向走,一边走一边小声说着什么,两个人的神情都有些紧张不安。

我看着她们的背影,越看越觉得不对劲儿,直觉告诉我,这两人可能闯祸了,于是不自觉地跟了过去。

库房门口堆着好几个大箱子,看样子是我们发出的设备。库管员指着单子上的地址说:"这个地址你写错了,货运公司那边把设备退回来了。"

唐海清凑过去看了看,又对照了一下对方发过来的地址,整张小脸就变了颜色。

"糟了!"她跺着脚,"这家客户的地址有变动,我忘记了,我马上打电话给航运公司,看看还来不来得及发货。"

她说着,拨了一个电话。

"什么?这周都没有船过去?"她的声音一下子拔高,又赶紧捂住自己的嘴,小声说,"怎么会没有呢,以前不是每周都有吗?"

"船要保养,停运一周?那怎么办啊,您务必帮帮忙,我们都合作这么久了。"

接下来的几分钟,我看到唐海清像热锅上的蚂蚁一样满地打转,电话一个接一个地打,可是似乎都没有找到可以帮忙发货的公司。

她的脸色越来越难看,最后一屁股坐在了地上:"完了,这个单子的交货时间很紧,如果不能马上发货,勇哥非发火不可!"

我走了过去,"到底发生了什么事,唐海清?"

唐海清一哆嗦,手机掉在了地上。

"苏姐……"她带着哭腔说,"我惹麻烦了,您能不能不要告诉勇哥?"

到了这个时候,我也大致明白了。应该是她把发货地址写错了,货发过去无人接收,被退了回来,而不巧的是,合作的航运公司本周没办法帮她重新安排发货。现在这批货可能发不出去了。

"你觉得这事瞒得住?"我摇头,"走吧,我陪你去跟他说。"

09

代勇听说以后,果然气得头发都竖起来了。我只好劝他,现在不是追究责任的时候,赶紧想办法才是正途。

于是,他和唐海清开始分头找熟人、朋友联系,看看其他航运公司能不能帮忙发货。

我听见唐海清在办公区挨个问那些天天一起玩的同事:"娟娟,你们有没有在相关行业工作的熟人,也帮我问问行吗?"

"我没往海外发过快递,真不认识这类公司。要不你再问问别人?你的朋友不是挺多的吗?"娟娟拍了拍她的手。

"就是,海清,你跟你那些采购圈子的朋友说说,应该很容易搞定的,我们相信你。"另一个经常和她们一起吃饭的女孩说。

后来聊着聊着，几个女孩开始开开心心地团购鲜花饼，似乎唐海清的烦恼与她们毫无关系。

我没有再听见唐海清的声音。

眼看着快到下班时间了，我有些担心，想去找唐海清问问情况，正好听见代勇叫她去办公室，于是也跟了进去。

"情况怎么样？"我问。

代勇脸色不好："航运公司最快三天后才有船，还要通过关系才能给我们安排进去。航空公司我也问了，都不行。"他转向唐海清，"你也知道这个客户对时间要求很高。先不说我们重新发货的成本，至少要找到能发货的公司吧？你把事情办成这样，现在让我怎么办？因为不能及时交货被罚违约金也就算了，这个客户的下一笔单子还会给我们吗？这种结果，你能承担还是我能承担？"

沉默片刻，他似乎下了决心："唐海清，到明天中午，如果这件事情你解决不了，就不用来上班了。"

唐海清整个人一抖，张大嘴巴看看代勇，又看看我。

我摇头："有这种重大工作失误，让你离职已经是最轻的处理了，我也帮不了你。"

唐海清抿着唇，胸膛起伏了好一会儿，才挤出一句："勇哥，对不起。"

后来，唐海清告诉我，发货那天晚上，碰巧是一个关系不错的同事过生日，请大家去吃饭唱歌。好几个人说要坐她的车过去，唐海清不好意思让人家等，便按照以前的地址急匆匆地填了发货单，完全忘记了对方地址更改的事情。

万万没想到不仅对方的地址变了，航运公司这周还没有船可以发货。

"你不是认识很多做采购工作的朋友吗？问一下他们呢？"我想起下午有同事说的话。

唐海清低下了头。

"发了群消息，没有人回复。"她小声说，"后来我又给好多人单独发了消息，不是不理我，就是迅速回绝我，说不认识航运公司的人。你说他们怎么能这样呢？大家一起玩了好几次，我也帮过他们很多忙，为什么遇到事了，就连帮我问问都嫌麻烦？"

我拍了拍她的肩膀："海清，我说过，有些朋友，要旗鼓相当才会互相帮助，你不能怪人家。帮你，你能给人家什么呢？求人不如求己吧。"

她长长地呼出一口气："算了，我再想办法。"

10

晚上，我加班，吃了晚饭回来，路过接待区的时候，发现唐海清站在一大盆植物后面。再一看，她男朋友也在。

这姑娘似乎在哭，她男朋友抱着肩膀站在一旁。我听见他说："我早说了，和这些人交往没用，你不信，说什么多个朋友多条路。现在明白了吧，有路人家自己不走，给你走？还有你们公司那几个同事，她们就没有认识的朋友可以问问吗？都说什么相信你可以搞定，就是不想帮你联系，你请她们吃饭花的钱都白花了。"

女孩子哭得更厉害了。

"行了，别哭了，吃一堑长一智，以后别整那些没用的了。"

"可这次的事我要怎么解决啊？"唐海清抽噎着，"我不想被开除，王屹。"

男人没办法，左右看了看，伸出双臂把她拉进怀里："开除就开除，大不了我养你。好了好了，把他们的联系方式都删了，从今以后咱们就踏踏实实地过咱们的日子。"

看来，唐海清交朋友虽然不太行，挑的男朋友倒还挺不错的。

不过他们这话倒是提醒了我，回到办公室以后，我让唐海清把发货的需求发给我，我转发给了薛仲。

第二天上午，就在唐海清已经准备放弃的时候，薛仲的一个在国外定居的同学给他回复，他们合作的航运公司在那条航线上有集装箱空闲，可以发我们的货。

我喜出望外，表扬了他，人家淡淡地回了一句："你不是也说了，这种基于交换的关系要旗鼓相当，我能给予他们的也不少。"

这话要是被唐海清听见，想必又要"扎心"了吧？

11

因为薛仲的帮忙，唐海清死里逃生，只是被记了个过。

她和男朋友王屹一起请我和薛仲吃饭，被我以薛仲太忙为由拒绝了。后来她男朋友从遥远的海岛给我寄来了很多漂亮的贝壳和海星，把我家安然高兴得不得了。

另外，自那以后，唐海清终于算是想明白了。虽然有时候还是会和大家一起出去吃饭，但是晚上有工作的时候，不管谁有什么事，她都指着电脑说："我的事情没做完呢，你们去吧。"

有一天，我在茶水间听见有人抱怨唐海清，说好给她侄子补半年英语的，结果这才两个月就不肯给补了。

我觉得这话可真够可笑的，别人的时间和知识，免费给了你几次，就成了理所当然吗？那么你拿什么给别人呢？就是在人家需要帮忙的时候说句"加油海清，我相信你能搞定"？

不过，唐海清的业务能力确实很快提升上来了，到了下半年，她负责的海外区域增加了，她也开始独立做采购规划。

有一天中午，我出去吃饭，刚好碰到她，她叫住我："苏姐，我请你吃饭吧，有事情要庆祝。"

我开玩笑道："不会是你要结婚了吧？"

唐海清红着脸摇头："还早呢，他正忙着考军校，等明年再看吧。"然后她凑近我，眼睛亮晶晶的，"苏姐，我的雅思成绩出来了，7.5分。"

"哇，厉害！"我竖起大拇指，"那以后公司开海外会议，你来担任同声传译？"

"哪有那么厉害？还要继续努力呢。"她不好意思了。

"怎么样，现在不去参加那些聚会了，感觉好吗？"我问她。

她点头，唇角翘起来："嗯，好像时间突然多了起来，而且工作中有事需要协调时，也没有想象中那么难。"

看着她的笑容，我觉得花费在这个姑娘身上的所有力气都值得了，她终于远离了那些低质量社交。

网上有一句话说得挺好：低质量社交不如高质量独处。希望唐海清有一天也能享受高质量的独处，就算要交往，也只需要几个真心的朋友。

我期待那一天的到来。

丑姑娘闪闪发光

01

直到加完班走出公司，我才发现外面下起了大雨。

薛仲的车等在门口，我一钻进去，他就递了一块大白兔奶糖给我。

"你买的？"我问。

"李欣然给的，她买了不少，在办公室里到处发。"他随口说。

李欣然是薛仲的同学，毕业后去美国读了博士，现在薛仲准备辞职创业，她也是合伙人之一，以专利入股。

可她怎么会突然买大白兔奶糖给大家？

要知道，爱吃大白兔奶糖，恰好是薛仲为数不多的略带孩子气的爱好之一，而他为了维持自己成熟睿智的人设，在外人面前很少表现出这种爱好，只有亲近的人才知道。

脑子里转着这个问号，我的目光透过重重雨幕，漫无目的地看向漆黑的街道。

前面不远处的斑马线上，一个有些熟悉的身影突然进入我的视线。

"薛仲，开慢点。"我急忙说，仔细打量着走在大雨里的那个姑娘。

她留着一头半长不短的头发，穿着黑色外套、牛仔裤，背了一个双肩包。没错，15分钟前我还看见过这个人，正是我们公司的产品经理董妍。

"你认识？"薛仲侧头问我，见我点头，又仔细看了董妍一眼，"她在哭？"

这我倒是没看出来，毕竟下着雨，她的脸上分不清是泪水还是雨水。

不过，一个女孩子，大雨天的不打伞，淋得像落汤鸡一样，想想也知道是遇到不开心的事了。

我突然记起，今天晚上吃饭的时候似乎遇到了董妍和他们部门的几个同事。当时好像有同事好奇地问董妍，怎么这两天没见到她的男朋友。他不是每天都要来接她下班吗？

董妍是怎么回答的？

哦，似乎说分手了，说的时候有点漫不经心，大家都以为她是在开玩笑。

"真的。"她摊摊手，"我骗你们干什么啊？他妈妈嫌我长得太丑了，怕以后生的孩子像我，把他们家的优良外貌基因带到沟里去。"

说完，她哈哈笑了起来，原本就有点塌的鼻子随着笑纹往两边扯，一张脸看起来更不好看了。

"怎么能这样呢？"有同事替她抱不平，"那你男朋友不至于这么肤浅吧？"

也有人安慰她："好看的皮囊千篇一律，有趣的灵魂万里挑一。董妍，分手就分手，咱将来找个比他好一百倍的，让他后悔去。"

董妍跟着他们说了几句，转头的时候，和我的目光对上。

我看见她的眼睛里毫无笑意，要说有什么表情，也只是一种深不见底的悲哀。

02

董妍来公司一年多了，职位是产品经理，负责新产品规划。

当时，我们公司为了提高知名度，在一所重点高校设置了奖学金项目，并承诺对于获得一等奖学金的学生，给予优先录用的机会。于是，最终获得一等奖学金的董妍研究生毕业时，就投了简历过来。与其他应届生简历不同的是，她曾有两年的工作经验，简历中附带了自己做过的产品手册，还有一封导师的推荐信。

产品部的经理一眼看中了她，说董妍做产品的思路开阔，而且能从研发角度去考虑产品的稳定性、兼容性等因素，非常难得。

于是我部门的人事专员打电话给她，邀请她参加第二天上午九点的面试。

第一轮技术面试进行了快一个小时，最后部门经理皱着眉出来了。

"聊这么久，觉得怎么样？"我问。

他侧头考虑了一会儿："技术上没问题，思路也很清晰，个人能力非常不错，唯一就是……"部门经理似乎不知道该怎么表达，旁边同时参与了面试的一位产品经理压低了声音说："就是人长得太有特色了。"

"前几年有个很火的男歌手，以外表粗犷为典型特征，你名字我一时想不起来了。"因为他说的那个男歌手的外表实在太有辨识度，我脑海中瞬间浮现出了对方的样子"这姑娘一眼看过去，就是那个男歌手的女版。"

听见这话，部门经理的脸一下子红了，怎么看都像是忍笑忍的。

我挺烦男人对女人的长相评头论足，于是淡淡地看了那个产品经理一眼："又不是让你相亲，你总盯着人家的长相干什么？"

"关系到公司形象，怎么也要注意一下吧？"他感觉到我的态度不太好，也有些不高兴了。

我拿起董妍的简历："我先沟通一下吧。毕竟对她的学校有过承诺，如果确实因为能力不行不录用也就算了，因为人家长得不好看不录用，你们去和学校解释？"

我们最终还是录用了董妍。

其实在我看来，董妍并不算丑，甚至她的眼睛还挺有灵气。只可惜她的皮肤差了些，毛孔大了些，鼻子和嘴长得也不太精致，就连身材都缺少了一点曲线。

也许知道自己的长相会减分，她态度很积极，薪资要求也低于其他人，这就使她的性价比高了许多。

没有企业付不起工资还要招聘，但招聘时，性价比一定是最重要的衡量因素之一。

于是董妍通过了面试，顺利入职。

03
HR DIARY

董妍的工作表现不错，加上肯努力，业绩甚至超出了我们的预期。

因为产品经理这个角色需要频繁地和同事打交道，协调好从技术到市场的各个环节，保证产品如期发布，于是我经常看见董妍穿着一身黑色的衣服，抱着黑色的笔记本电脑，急匆匆地穿梭在公司各个角落。

各部门中，需要找董妍沟通工作的同事也挺多，因为经常有些这样那样的事情需要产品经理去确认，所以很快她就在公司混了个脸熟。

可这并不代表她被同事们接受了。

有一次，我偶然听见一个测试工程师问旁边的同事："我等下要去找 A 产品的产品经理，对了，她叫什么来着？"

"好像叫什么妍？"对方似乎卡住了，望着天花板想了好一阵子，然后一摆手，"记不清了，就是长得挺有特色的那个女孩。上次项目组合影里面有她，我老婆看了照片，说要是咱们公司的女同事都长成这样，她就放心了。"

问的人扑哧一声笑了："哦，那我知道是谁了。"

两个人嘻嘻哈哈地说着，我没再听下去，否则我怕自己又要多管闲事了。

一个女孩子，什么也没做错，只是长得没那么漂亮，就要平白成为别人嘲笑的对象，想想我都替她委屈。

没过多久，便到了年底。

公司每年都有团建费，要求必须用来跨部门活动，而且当年有效、过期作废，所以年底的联谊活动非常多，而我因为职位的关系，常被很多部门邀请参加团建。

于是，我在一次活动中遇到了董妍。

04

都是年轻人，对吃的兴趣没有对玩的兴趣大，匆匆聚了餐，便有人提议去唱歌，于是十几个人浩浩荡荡地穿过马路，在对面的星光大道KTV开了个中等包间。

不知道是喝了点酒的缘故，还是大领导都不在的缘故，大家难得兴致都挺高。一群人挤在一起点歌，一个人唱的时候还有人跑上去抢麦搞怪。除了偶尔唱破了音，震得人耳膜生疼之外，这些平时看着既专业又干练的家伙们倒也玩得很开心。

这时，一段前奏响起，有人喊董妍上去唱歌。

我本来正在给薛仲发微信，听见哄笑声才反应过来有哪里不对，一抬头看见歌的名字，正是许多年前火遍大江南北的那首名字很有特色的歌——《我很丑，可是我很温柔》。

"我不会啊。"旁边的董妍摆着手，"你们唱吧。"

一个男同事开玩笑似的来拉她："我们唱不出感觉，你唱这歌最合适，特意给你点的。"

KTV闪烁的灯光下，我发现女孩子的脸僵了一瞬。

"唱不出感觉你们就换一首，何必……"我刚开口，董妍的另一侧伸出一只手，一把推开那个男同事："你们什么意思？凭什么让我们董妍唱这首歌？"

是跟她同部门的一个叫周培培的女孩子。

"她唱这歌多有意思。"另一个男同事跟着嚷嚷，"周培培，又没让你唱，你急什么啊？"

"董妍哪里合适？我看你才合适，点这首歌的人最合适！"周培培毫不让步。

气氛一时有些尴尬。

"换一首吧，你们刚刚谁说自己会唱反串歌曲来着？唱给大家听听呗。"我站起来打圆场。

"培培，苏姐。"董妍突然开口，脸上带着笑，"大家想听，我就唱唱试试吧，反正我五音不全，到时候谁也不许说我唱歌要命啊。"

"董妍！"周培培有些气愤，董妍却拍拍她的手，走过去接过了麦克风。

05

那件事情发生以后，就有些男同事背地里叫董妍"明星脸"，至于是像哪个明星，大家心照不宣。

相反，大多数女同事都和董妍关系不错，尤其是周培培，几乎和她形影不离。

不过，情况在董妍的男朋友赵宇出现以后，有了些微妙的变化。

赵宇是董妍在研究生阶段的同学，听说在一家五百强企业工作，人长得瘦瘦高高、白白净净的，虽然算不上多帅，但是和董妍走在一起，外貌方面的优势还是很明显的。

漂亮的女孩找个相貌普通的男朋友，大多数人都能接受，可如果董妍这样长得不好看的姑娘找了一个长得还不错的男朋友，看不顺眼的人可就多了。

也不知道是谁先说的，让董妍小心周培培，说人家周培培长得那么漂亮，和你在一起就是为了让你当绿叶的。当绿叶也就算了，周培培可还是单身呢，万一让你的男朋友变了心，那就亏大了。

这话是周培培告诉我的，当时她一副愤愤然的样子，替董妍鸣不平，但我也听得出，无论是说这话的人，还是周培培自己，潜意识里都觉得董妍是配不上赵宇的。

当然，周培培并不是那种喜欢抢别人男朋友的人，只是没有人愿意招惹是非，大家议论得多了，她便渐渐疏远了董妍。

于是，更多的时候，董妍会顶着一张不那么好看的脸，一个人穿梭在公司里。

有一天我带了饭，热饭的时候她也在旁边，于是我随口叫她来我办公室一起吃。

吃饭前，她看着我用纸巾擦掉口红，小声问："苏姐，你每天都要化妆吗？"

我笑了："我每天穿的衣服不是灰色的就是黑色的，样式又老气，不化点妆，这张脸就没办法看了。"

她垂下眼："你不化妆也挺漂亮的……不像我……"

"你也可以化一点妆啊。我们没必要和别人比，但我们想做更好看的自己，这谁也管不着吧？"

我一边说一边打量她。其实董妍最主要的问题，一个是肤色太暗沉了，另一个就是发型太不适合她了。都不是没有办法挽救的事，如果她好好修饰一下，就算不会变成被夸赞"漂亮"的女孩，达到一个普通人的水平还是问题不大的。

董妍见我在端详她，有些不自然，刻意扯出一个笑："我就算了，我底子太差，再折腾，人家也只会说丑人多作怪。"

她岔开了话题，说起最近的工作。

我隐约感觉到董妍对自己的外表并不如她所表现出来的那么坦然。不过，如果不是这次雨夜的相遇，我永远不会知道，董妍活得是多么的委屈。

06

董妍从我的车前穿过斑马线，走进了对面的公交车站。

站台上空无一人，她静静地坐在雨棚下面，水顺着头顶往下流，样子狼狈又可怜。

我让薛仲靠边停车。我下了车，打着伞走到她旁边，不管椅子上有没有水，直接坐了下来。

"苏姐？"她侧头看我，有些吃惊。

大概是真的哭过了，隔着湿哒哒的刘海，我都能看见她发红的眼圈。

我抽出一张纸巾递给她："谁欺负你了？"

董妍赶紧摇头，勉强撑起笑脸："没有。刚加完班，忘了带伞。"

"所以委屈得哭了？"我拍了拍她的手背，"董妍，别笑了，太假了。"

她低下头。

漫天大雨把我们与世隔绝，公交站成了我们两个人的荒岛。我的心也变得有些潮湿，于是放轻了声音："因为失恋？你还是很喜欢他？"

董妍沉默了一会儿："也不是。我一直都知道我们没有结果，我只是在等这一天。"

"为什么没有结果？"

她扭头看我，露出一个比哭还难看的笑："所有人都能看出来我配不上他，苏姐，你看不出来吗？"

"两个人在一起，就像买了一双鞋子，鞋子合不合适，只有脚才知道。旁人怎么看得出来？"

"可是漂亮的脚总不该穿太难看的鞋子吧？"董妍摇头，"就算脚舒服，谁知道呢？别人只看到这双鞋子好丑！"

我一时语塞。

是的，我不是她，我没有资格给她讲大道理。

"不过这件事，我本来就有心理准备，分手就分手吧，我能接受。"董妍接着说，"可是，我做出来的产品，为什么要交给别人去做演示？那明明是我的心血！"

这时候，她才委屈起来。

"什么意思？"虽然这样问，但我已经猜到了七八分。下周有个产品汇报会，客户方的高层领导要过来听。这个汇报关系到他们在做明年的预算时会不会把我们这个新产品考虑进去。只有考虑进去，我们才有机会拿到订单。

"意思就是，怕我长得丑，影响公司形象，经理让高峰替我给客户做演示！苏姐，我承认我长得没别人好看，可就因为这样，连自己的工作成果都要拱手让给别人吗？"

07
HR DIARY

我们一直在公交车站坐到雨停。

黑夜使人放松，董妍最终卸下所有伪装，对我说起了她从小到大的经历。

董妍的妈妈是个漂亮的女人，她爸爸在男人里也算好看的，可没想到董妍集合了两个人的缺点，长成了这个样子。

"我小时候，我妈带我去她单位玩，每个人看见我都要惊讶地问我妈：'这是你女儿？'那时候我还不明白是什么意思，长大了才知道，人家都不敢相信我妈能生出我这样的孩子。"

后来上了学，董妍的感受就更直接一些了：但凡学校里有领导来参观，戴着红领巾举着鲜花迎接领导这些事，都和她没什么关系。就连座位，参观期间，她也会被紧急调到最后一排的角落里。

读高中时，董妍喜欢上了自己班级的体育委员。那是一个高大、健康的男孩子，有着雪白的牙齿和阳光一样的笑容。

为了靠近他，董妍拼命练习跑步，渐渐成了班级里跑得最快的女生，然后有了和他一起准备运动会的机会，甚至经常和他还有他的朋友们一起出去骑游、聚餐。

董妍以为对于体育委员来说，自己或许有点不同，最起码，他做什么都要叫上她，不是说明他喜欢和她在一起吗？

可一次聚餐的时候，体育委员说的话彻底打破了董妍的幻想。

那时候，同学们在讨论一个话题——男女之间到底有没有真正的友谊。很多人都觉得没有，体育委员大大咧咧地把胳膊往董妍肩膀上一搭："怎么没有？我和董妍之间就是纯友谊。"

"董妍永远是我最好的哥们！"他又补了这样一句。

董妍那颗小鹿乱撞的心，突然就被一整盆凉水浇透了。

"苏姐，你说为什么……他明明知道我喜欢他，他知道的……"董妍看着我，神情茫然。

我说："董妍，我说句实话，行吗？"

她点头。

"你说得没错，这世界，外表如何，并非不重要。没有人有义务透过你平庸的外表，去发现你有趣的灵魂。除非。"我顿了顿，"你让灵魂闪闪发光。"

"让灵魂闪闪发光？"董妍苦笑，"别逗了苏姐，我就是一个普通人。"

"普通人不能发光？"我不赞同，"你付出那么多努力，考研、学产品规划，学项目管理，认真看每一份需求调研问卷，不是为了让自己发光？"

"苏姐，如果我考研，只是因为之前的公司裁员，第一批就要裁掉我呢？"她低下头，看着自己的脚尖。"我面试了很多家公司，才找到那么一份工作。学习成绩不如我的同学，机会都比我多。看见那些要求'形象气质佳'的职位，我连投简历都不敢。我现在做的所有努力，只是不想再被裁员了。可是不知道有没有用，毕竟努力这东西，没有长得好看那么明显。"

"是吗？"我笑了笑，"把自己的不顺利归结为长得不好看，我觉得一点用也没有。你说努力不明显，那你为什么不让它明显一点呢？"

她看着我，我认真地说："去找你的经理，告诉他那是你做的产品，你比别人更了解，你想自己给客户做演示。"

"如果他不同意呢？"

"没关系，他知道你的想法了，下一次会找机会让你试试的。"

08

部门经理确实没有同意让董妍去做演示，不过大概考虑到万一有什么问题，董妍可以临时支持一下，他最终同意让董妍参加会议。

那个叫高峰的同事，就是之前参与董妍面试的产品经理。董妍把产品的资料发给他，本想再详细介绍一下，可对方大手一挥："客户都不懂技术，演示得炫一点就行了。我做了好几年产品经理了，你就别操心了。"

于是董妍只好沉默。

没想到会议上真的出了问题。

客户方的高层领导是做技术工作出身，他听说我们这套系统可以和他们的OA办公系统对接,就拿出随身携带的笔记本电脑,登录了自己的账号,然后把屏幕转向高峰:"麻烦你演示一下怎么和 OA 对接。"

高峰神情一滞,却不得不接过电脑。

然而,他对这个产品本身只了解皮毛,功能说明书里写了可以做接口,他就这么说了。至于怎么对接,他怎么知道?

于是,可想而知,他在键盘上敲敲打打十几分钟,额头上已经出了一层细汗,还是没有完成对接。

董妍和高峰之间隔了几个座位,她的眼睛紧盯着高峰那边,手握成了拳头,却苦于没办法提示。

总经理那边和客户把能聊的话题都聊了一遍,眼看着就要无话可说。再演示不出来,一群人只有大眼瞪小眼了。

我刚好坐在董妍旁边,于是借着弯下腰捡笔的机会问她:"你会吗?"她点头,嘴唇抿成了一条线。

那就好办了。

于是我提议,大家都累了,我让人送果盘进来,先吃点水果,我们再安排演示。

客户方的领导点头同意。

趁着他和我们总经理吃着水果休息的机会,我发微信给董妍的部门经理,建议等下直接换成董妍来演示。

他有些犹豫,看向董妍。

董妍看向我,鼻尖上冒出细小的汗珠。

09
HR DIARY

董妍的部门经理到底还是点了头。实际上,他也别无选择。

我对董妍勾了勾手指,示意她跟我出去,我们一路奔向前台,翻出公司的吹风机,又把董妍拉进我的办公室,那里有我自己的化妆包。

"苏姐?"她颇为紧张,"我这样子,连美颜相机都拯救不了,算了吧。"

"没事,你坐下。"我把她按在椅子上,"我们化个淡妆,这是礼貌,也是尊重。不用变成美女,显得精神就可以了。"

董妍这才忐忑不安地任由我在她头上、脸上动作。

我也不是特别擅长化妆,只不过是把她贴在头皮上的头发吹得蓬松些,脸上用了一层薄薄的粉底,涂了个提气色的西瓜红口红。

等我忙完,拿出小镜子递到她面前:"看一下,是不是还不错?"

董妍接过镜子,打量着里面的自己,眼圈渐渐红了:"谢谢你,苏姐。"

"你别哭,千万别哭,要不我白给你打粉底了。"我赶紧逗她,"今天时间有限,以后你自己找几个教化妆的视频看看,肯定比我化得好。"

她抿着唇点头。

"现在,我们回去,加油!"我举起了拳头。

董妍又用力地点了一下头。

重新回到会议室,大家的果盘刚好差不多吃完。

总经理的目光从我脸上转到董妍脸上,唇角抽了抽,似乎想笑,又努力忍住,转头问客户方的领导:"可以开始了吗?"

"好。"对方再次登录了自己的OA,他正想把笔记本电脑推给高峰时,董妍深吸一口气,站了起来:"王总,我是产品经理董妍,这一部分是由我负责的,我可以为您演示吗?"

客户转头看了她一眼,什么都没问,递过电脑。

董妍接过电脑,进入系统后台,熟练地敲了一行脚本语言,屏幕上便跳出几行代码,然后显示正在连接中。

"我们这套系统的最大特点在于它的兼容性……"董妍一边手指飞快地在键盘上敲击着,一边清晰地为客户介绍产品的各种技术参数,以及和OA对接的操作方式。

客户抬手指着屏幕,提出了几个技术问题。其实之前董妍给高峰的资料里面有这部分说明,可高峰觉得对方关注的就是怎么使用系统,至于后台是怎么工作的,他们怎么会懂。

结果人家偏偏就懂。

董妍讲解了半个小时,答疑又花费了一个多小时。

这段时间,她的全部注意力都放在了产品上,越说越自信,越说越流畅,完全忘记了会议室里坐着两家公司的十几个核心人员,也忘记了她自己没有一张漂亮的脸。

董妍解答完最后一个问题,客户方的领导带头鼓起了掌。

"很不错。"他对我们总经理说,"你们这套系统很不错,这位产品经理讲解得也非常好,我回去会和公司内其他决策组成员讨论一下。"

说到这里,他看向董妍:"说不定还需要请你们这位产品经理到我们公司,给各个相关部门都做个介绍,您看没问题吧?"

这就说明有机会。

总经理的笑容真挚起来,连看董妍的目光都变得不一样了:"没问题。董妍虽然来公司只有一年多,但是悟性非常好,而且有技术背景。这个产品是她从头到尾规划设计的,相信她可以为你们公司的同事讲解关于这个产品的一切问题。"

"那就好。"客户方的领导很满意。

董妍的眼睛亮了起来。

房间里灯光昏暗,可这一刻,我好像看到这个姑娘在闪闪发光。

10

一周以后，客户果然请董妍过去做了一个产品演示专场培训。

因为地点是在客户公司，我没有参加，听周培培回来说，董妍说到她的产品时气场全开，那控场能力简直无人可及。

"哎，苏姐。"我正要走，周培培拉住我，小声跟我八卦，"客户公司有个总工，好像对董妍有意思。那人我接触过，是典型的技术男，长得还可以，不过特别不会聊天，别人不和他说话，他就不会主动和别人说话的那种。可你猜怎么着？"周培培有些得意，好像对方看中的是她自己一样，"他昨天主动找董妍聊了好久，然后说还有些问题想问，能不能一起吃个饭，一边吃一边聊。董妍还想让我一起去，我哪有那么不懂事啊，必须赶紧找借口离开，给人家机会不是？"

我笑了："真八卦。你别乱说，回头董妍不好意思了。"

她伸伸舌头："我不是只跟你说了吗？苏姐，董妍说了，我是她最好的朋友，你呢，是她真正的导师。"

给我的评价够高的。

既然这样，我还得多负点责任，于是我找人打听了一下那个总工的情况。一问之下，他还真是挺不错的一个人，就是女孩子都觉得他没什么情趣，这才一直没有女朋友，耽误到现在。

"你到底是怎么想的？"我找了一个机会，私下里问董妍。

"什么怎么想的？"她红着脸和我装糊涂。

我笑了："就是那个技术男啊。"

董妍避开我的目光："谁知道人家父母能不能看上我呢？"

我打量她，这姑娘的头发大概烫过了，还染了颜色，很适合她的脸型、肤色。脸上也画了一点淡妆，看上去虽然还称不上好看，但最起码应该是美颜相机可以拯救的水平了。

"那你就问他啊，你说我长得不好看，你父母会不会嫌弃，看他怎么说。"我建议道。

董妍的脸更红了，小声说："我问了，他说……"她低下头，"他看我挺好看的，他爸妈听他的。"

我笑了。

这个男人可以啊，哪里不会聊天了，这不是聊得挺好吗？

"苏姐。"董妍突然抬起头看我，"我现在敢自拍了。以前我连手机的前置摄像头都不敢开，怕看到自己，现在我才发现，我有时候也还可以。"

她的眼圈红了。

"岂止是可以，你闪闪发光。"我揽住她的肩膀，把手机举到眼前，"来，好姑娘，笑一个。"

镜头里，那个姑娘仍然不漂亮，可她和我头挨着头，笑得灿烂夺目。

这真是美好的春天。

老天爱笨小孩

01

春节前，公司开年会。

晚宴上，敬了一轮酒，总经理就带着几位高级领导离席了。用他的话说："一年到头，这些小子就等着这时候放松一回呢，我们就别在这里碍眼了。"

果然，等他们的背影一消失，原本安静的大厅里立刻响起一阵欢呼。我看着年轻男孩子你敬我一杯，我敬你一杯，喝得热火朝天，于是郑重强调了不准拼酒以后，便跟着几个关系好的女孩子一起去泡温泉了。

天上繁星点点，温泉中热气氤氲。

这样的时光我非常喜欢，轻松、惬意，就连吹在脸上的风都舒缓温柔。

然而，悠闲没多一会儿，外面就有人急匆匆地跑进来，隔着浴帘扯着嗓子喊："苏姐！"是我部门的专员。

小姑娘满头满脸的汗，一见我就想拉着我往外冲："快，出事了，出大事了！张映川不见了！"

02

张映川是研发部今年新来的应届毕业生。

我做了这么多年 HR，面试过无数人，他是唯一一个让我看了第一眼，就想给他一个机会的候选人。

因为这不是我第一次见到张映川，虽然对他来说，可能是第一次见到我。

大概三个多月前，我出差回来，因为赶时间，订了最早一班飞机返程。

彼时，天还没有亮，在机场候机的人寥寥无几。

与我相隔一个座位的地方，坐着一个年轻男孩。他微弯着腰，柔软的刘海遮住眉毛，又黑又直的睫毛低垂着，目光落在膝盖上的一摞打印资料上。

我不自觉地顺着他的目光扫了一眼，资料首页第一行赫然是四个宋体大字——"面试宝典"。

这有点类似"葵花宝典"的名称让我忍不住想笑。

正在这时，男孩子的电话响起。

"妈。"他低声说，"您这么早起来做什么？不是让您继续睡吗？没事，我等飞机呢，您别担心了。"

"我会好好表现的。"他看了那个面试宝典一眼，"好，我会背下来。妈，我一定能找到工作，我保证。"

等挂断电话，他看着机场落地玻璃外的停机坪，长长地叹了一口气。

那一瞬间，我觉得男孩子的眼角眉梢，都有一种化不开的忧伤。这让他本来很年轻的脸，染上了中年人才会有的疲惫沧桑。

很快，他重新拿起膝盖上的资料，一字一句地认真背了起来。

我突然有些心软，如果不是场合不对，我大概会直接对他说："别背了，我就是HR，不如你问问我该怎么去面试吧。"

但后来我什么都没说。

飞行期间，他的座位离我不远。我在飞机引擎的轰鸣声中半梦半醒，每一次睁开眼睛，都会看见男孩子坐得端端正正，手里拿着他的面试宝典。

那薄薄的几页纸，似乎承载了他对找到工作的全部美好愿望。

然后，我们在校园招聘会上狭路相逢，我知道了他的名字——张映川。

我不知道张映川对我所提出的问题的回答，是不是他从所谓的"宝典"里面学习来的，但我还是让他参加了技术面试。

张映川的笔试题做得很不错，加上在同时面试的应届毕业生中，他的毕业学校最好，又有教授的推荐信，于是研发部经理随便问了两个问题，就把他留了下来。

03
HR DIARY

为了培养这批应届毕业生，我们给所有人配备了职业导师，专门负责指导他们提升技术。张映川的导师正是公司里最年轻的技术人才，27岁的架构师简晓末。

俗话说，名师出高徒。想让这位曾在美国留学的女博士做导师的人一直很多，可简晓末性格冷淡，很少带人。这次同意带张映川，一方面是看他毕业于她的母校，另一方面也确实是想给自己的部门培养一些新生力量。

没想到她选错了人。

按照公司惯例，应届毕业生入职后，每月会有一次集中答辩。因为研发部是我们这类公司最核心的部门，他们的答辩我一般都会参加。

于是一个月后，我在答辩会上再次见到了张映川。

这次参加答辩的一共有六名新员工，张映川排在第六名。坦白说，前面几个人讲的我都不是太满意，虽然按照新员工的标准，能勉强过关，但总体上给我的感觉是，从校园到职场的转变还不够，学生思维比较严重。

于是我便对张映川抱有了更高的期待。

然而，我万万没想到，他能把一个月度答辩搞成这个样子。

人家的 PPT 做得就算不够好，起码还是图文并茂，像一个演示文档的样子。而张映川呢？满篇都是大段的文字，内行人一眼看去就知道，这不是演示文稿，这是披着 PPT 外皮的 Word 文档！

更糟糕的是，他完全就是在念文件上的内容，根本没有理解到脑子里去。中间有位同事打断他，提了一个小问题，张映川立刻就手足无措了，茫然地去看简晓未。

简晓未一向神情寡淡的脸，此刻已满是怒容。

不得已，我开了口："不如先让张映川讲完吧，最后再统一提问。"

张映川感激地看向我，忙不迭地点头。

"没这个必要了。这一个月，我安排什么你就埋头做什么，从来也没有找我问过任何问题。我以为你自己都懂，结果呢？PPT 倒是写了一大堆，全是琐碎的材料罗列，你自己的思考过程在哪里？这种流水账，让大家在这里听也是浪费时间。"简晓未说着，抱起自己的笔记本电脑，"行了，散了吧。苏经理，这位新人我带不了，你另外找人带吧。"

然后起身向门口走去。

张映川本来涨得通红的一张脸，在听到这句话以后，一瞬间白成了一张纸。

04

简晓未都说带不了的人，公司里怎么会有人愿意接手？

没办法，散会后，我只好私下去找她。

她的大学老师是薛仲的同学，借着这个关系我才认识了简晓未，后来几经周折说服她加入了我们公司，所以我们俩有几分交情。

"我刚回来，你就来求情了？"简晓未面无表情地，"不行，这小子我绝对不带了。"

我在她对面坐下："为什么啊？不就是一次答辩吗？直接把人家否定了？"

"张映川那脑袋就是个榆木疙瘩，硬着呢。"简晓未用食指敲着自己的太阳穴，"这里，一窍不通。"

"不至于那么笨吧？"我有些怀疑，"人家和你毕业于同一个学校，笔试题不是也做得挺好的？"

"只会读书不会做事的新人你没见过，那上学那会儿拼命记笔记，把笔记本写得跟教科书似的，最后考试题型稍微变一变就像完全没学过一样的同学总见过吧？这个张映川，一准就是这种人，没办法带。"简晓未摇着头，"苏耘，不如你劝劝他趁早改行吧。咱们这碗饭，他吃不了。"

这话不是没有道理。对于有的人来说，与其浪费时间在自己不擅长的事情上，不如另外寻找适合的方向。

然而没等我去劝张映川，他自己找上了门。

"苏姐。晓未姐那边，您能不能帮我说说话？"

我想了想，问他："你还想让简晓未带你？"

张映川用力点了点头。

"可她说她带不了你。"我说得很直接，"这事我也不能勉强她。实际上我刚和她聊了，她让我劝劝你，换个方向，不一定非做研发。"

男孩子怔怔地看着我，似乎没听懂我在说什么。

可我知道他听懂了。

半响，张映川的眼神慢慢沉了下去，似乎下定了某种决心："苏姐，我不换，我喜欢做研发。我知道我比别人笨，可是笨人就不能做自己喜欢做的事情吗？"

这次换我怔住了。

05
HR DIARY

那天晚上，我是和张映川一起吃的饭。

他坐在我对面，目光落在窗外来来往往的人群中："苏姐，我从小就不聪明，真的，不知道怎么回事，做什么都做不好。小学是我人生的黄金时期，那时候老师都表扬我，说我勤奋努力，以后差不了。等到了中学，我的成绩还能勉强维持在班级前十名，可只有我自己知道，别人一听就会做的题，我得回家反复做好几遍，才能搞明白是怎么回事。"

"苏姐，你相信吗？初中加高中，整整六年，我没有一天睡过6个小时以上的觉。别的男生踢足球、打篮球的时候，我满眼都是例题和公式，一遍又一遍。可就算这样，再遇到类似的题，我还是经常弄不懂，所以我是考了三次才考上这所大学的。那时，同学中有人去测智商，我根本不敢测，怕测出来以后发现自己是个智障者。"

"也许只是学习方法不对？"我试着安慰他，"或者是这种应试教育的方式，你不太适应？"

张映川摇了摇头，突然问我："苏姐，你考驾照的时候，理论知识考了几次？"

我回想了一下："一次。"

"多少分？"

"好像是98分吧，忘记了。我粗心，题其实挺简单的。"

他苦笑："是吧？大家都觉得很简单的东西，你猜我考了几次？张映川举起左手，竖起三根手指，"三次。最后一次压着线过关了。"

我实在不知道该说些什么。和我一起考试的一位五十多岁的阿姨才考了两次，这男孩，好像脑子确实不太够用。

"其实，最惨的还是我女朋友。"他说着，顿了顿，有一瞬的怅然，"不对，现在是前女友了。我不知道她是怎么忍了我这么久的，可我知道，每一次和同学聚会，她都对我更加失望。因为别人都能很快适应新环境，如鱼得水。而我，一直在原地打转。"

06

第二天下班的时候，我还在犹豫着是要放弃张映川，还是再去找简晓未聊聊。

推开家门，女儿在幼儿园认识的小朋友囡囡也在我家。两个小姑娘趴在客厅的地板上，头碰着头，一会儿拿起小剪刀，一会儿举起胶棒，忙得不可开交。

"妈妈。"听见声音，安然扭头对我笑，囡囡也乖巧地和我打招呼。我换了鞋，凑过去一看，原来她们是在做手工作业。

旁边的地上，放了好几个做得歪歪扭扭的小房子。这些小房子看着不像是安然的作品。她随薛仲，动手能力一向很强。

"往这边折一下，对，就是这边。"安然伸着小手指头指着囡囡手里的折纸，"对折以后要转过来再折……"

"怎么转啊？"囡囡细声细气地问。

"就这样。"安然握住她的手指，慢慢把做了一半的纸房子翻到另一面，"看到了吗？这样就行了。"

看来刚刚那几个歪歪扭扭的小房子，就是这个小姑娘的作品了。

我坐在一边，看着两个孩子一点点做出来一个新的纸房子。囡囡把纸房子举到眼前看了看，嘟起了小嘴。

"不好看。"她有些委屈，"一点都不像王老师做得那么漂亮。"

"好看的。"安然说得很认真，"囡囡，我们刚做的这个小房子，比刚才的好看了好多。真的，你看看。"

她双手捧起刚才那几个作品，看着自己的小伙伴："我们再做一个，肯定更漂亮，你说是不是？"

于是囡囡也开心起来。

两个人又开始比比画画地做起纸房子，到囡囡的妈妈来接她时，她们已经又做了两个。

那两个，果然比之前的好看许多。

"你明明会做,为什么不一个人完成作业?"等送走了囡囡,我拉着安然坐在自己身边,"这样一起做,不是更费劲儿吗?"

安然大眼睛忽闪忽闪地看我:"可是妈妈,囡囡不会做。每次做手工,她都做不好。别人说她笨,也没有小朋友愿意和她一起做。她好可怜的。"

"所以安然要和她一起做吗?"

小姑娘点头:"安然会做,安然可以教她。"

她把所有纸房子摆在我面前,一个个告诉我哪个是第一次做的,哪个是最后做的,说完了骄傲地一扬下巴:"妈妈你看,囡囡是不是越做越好了?囡囡才不笨,她只是还没学会。"

我的眼睛突然就湿了。

07

第二天,我找简晓未一起吃午饭,顺便把这件事讲给她听。

简晓未一言未发,等吃完了,扔下一句"苏耘,这顿饭你请客"起身就走了。

下午一上班,张映川就发来消息,感谢的话说了一大堆,然后表态说他一定好好学。

我嘱咐他有不会的要主动去问简晓未,这姑娘忙起来风风火火的,你不找她,她能把你忘到脑后去。

张映川半天没回复。

我鼓励他:别怕她,晓未要是骂你,那是你赚了,说明她愿意教你了。

小伙子这才发过来一个笑脸。

后来有几次,我听简晓未提起过他。有时候是拍着自己的额头说:"苏耘,我真想把脑子借给他用用。你说他那是什么脑子?怎么不转弯呢?"有时候则是哭笑不得,"我让他先在网上看别人的代码,可你知道他怎么看代码吗?一段代码看好几遍,看完后还摘抄在记事本上,旁边备注一堆说明,跟中学生的读书笔记似的。"

可不管怎么说,简晓未没再说过不带他之类的话。

上个星期我还听说张映川已经可以独立做一些简单功能的开发了,所以我也想不出来,他这喝了点酒突然玩消失,是什么情况?

"给他打电话了吗?"我问急得像热锅上的蚂蚁一样的专员。

小姑娘点头:"打了,一直没人接。"

"喝多了?"

"嗯,听他们部门的人说,别人越喝话越多,张映川越喝越不说话,也不知道他喝了多少。然后说上厕所,转身就不见了。"

这是心里有事儿。

酒店后面就是山,一旦人进了山,就不好找了。万一出什么意外,公司都没办法向人家的亲人交代。于是我赶紧找了一些男同事,大家分开去找人,我自己在酒店里转了一圈以后,直接上了屋顶的天台。

推开门，我就知道自己找对地方了。

因为我听见了张映川的声音。他在唱歌，唱的是刘德华的《笨小孩》，很大声，撕心裂肺那种。

我发了一条消息给我的专员，告诉她人找到了，让大家各回各的房间睡觉，不准再有人乱跑。我裹紧了羽绒服，迎着风走了出去，站在他身后。

08

张映川又单曲循环般唱了半个多小时，到后面已经听不出调子，只剩下声音里的呜咽了。

我叹了一口气，走到他身边坐下，递了一包纸巾过去。

张映川没接，把脸扭向一边，抬手用袖子随便抹了一把眼泪。

"怎么不接电话？"我问。

他摸出电话看了一眼，声音低了下去："对不起，苏姐。"

我看他："遇到什么事儿了？"

张映川沉默了一会儿说："没事。"

我侧头，男孩子的下颌绷成了一条线。

"真没事？"

他用力点头："能坚持。"然后似乎为了说服自己，又重重地重复了一遍，"嗯，能坚持。"

"坚持什么？"

他笑了笑，眼里有水光："梦想。"

这个词，我现在很少听见，但张映川就是这样说了，我很感动。

"做软件开发？"

他点头。

"现在是遇到什么困难了吗？"我继续问。

"说不上是困难。"张映川缓缓地叹了一口气，"只是自己太差劲了。我不明白为什么我全力以赴做出来的东西，还不如人家轻轻松松完成得好。或许就像歌里唱的那样，我总是会慢人家一拍。原本我还不服气，我慢，我笨鸟先飞行嘛。可是我错了，苏姐。也许我根本就不是笨鸟，我是一只木头鸟。我就是那种挣扎着扑腾翅膀，可最终只会在原地打转的木头鸟。"

如果不是他语调哀伤，我都要笑了。

其实这个男孩也不像他自己想象的那么无趣，不知道他的女朋友为什么离开他，真的只因为他看上去没有别人那样机灵吗？

事情的前因后果其实很简单。前两周，张映川进了一个项目组，组长安排他负责其中一个模块的编码工作。因为项目的交付时间很紧，他每天晚上都加班，几天前甚至连续工作了

46个小时，终于把那个模块搞定了。

原本他自己内心是有点骄傲的，这是他第一次独立完成一个模块编码，也算是他从学生转变为软件工程师的第一个成果。

然而昨天，各模块联调，只要通过就可以按时交付了，没想到，关键时候系统崩了，而出问题的恰恰就是张映川编写的部分。

最让他受打击的是，另一名新员工，人家的毕业学校不如他，也没有怎么加班，编写的模块却一次性通过了。

项目经理随口开玩笑："张映川，你不是名校毕业吗？怎么干活还不如人家普通学校的呢？你起早贪黑的，功夫都下到哪去了？不知道的还以为你半夜留在公司打游戏呢。"

项目组的人哄堂大笑。

张映川也跟着他们笑。

但他的心里是什么滋味，没有人知道。

09
HR DIARY

"苏姐，为什么别人都那么聪明，只有我这么笨呢？"男孩子仰头看着星空，说不出的忧伤。

我想起安然之前说的话，于是说："你不是笨，你只是还没学会。"

"可别人都学会了，我到底什么时候才能做到和他们一样呢？是不是我这辈子都注定了要比别人差？我不断告诉自己要努力，要坚持，可是苏姐，我不知道坚持下去，结果是否真的会不一样，还是我该认命，做一点我这种笨人应该做的事？"

张映川的声音渐渐低了下去："每次逢年过节，亲戚朋友凑到一起，都要夸自己的孩子。可是我的爸爸妈妈只能赔笑坐着，毕竟他们的儿子乏善可陈。我真是对不起他们。"

"别这样说。"我又一次递了纸巾给他，"世界上本来就有各种各样的人，有人聪明，也有人没那么聪明。可是张映川，聪明不等于优秀，你所见过的那些优秀的人，都是最聪明的吗？至少我所见过的一些成功人士，并不比别人聪明多少。我听人家说，天赋能决定你的上限，而努力能决定你的下限。所以你大概成不了最顶尖的软件工程师，但还是有机会成为我们公司比较优秀的工程师的。"

张映川看了我好一会儿，轻声问："真的？"

我点头："真的。"

第二天，在简晓未的授权下，张映川得到了查看代码库的权限。

"机会给你了，厚积才能薄发，你明白吗？"我问他。

他用力点头，看向简晓未："晓未姐，我想学，不会能问吗？"

"我说不让你问了？"简晓未斜睨他。

张映川抿着唇："如果……多问几次呢？"

简晓未深吸了一口气，我拍了拍她的胳膊，她一副认命的样子："行！"

10

之后的几个星期，我听见别人议论，说张映川做事不行，运气还是可以的，能让简晓未陪着他加班。

有眼红他的人背地里说，倒要看看简晓未这样下功夫，到底能带出来什么样的人。

我不知道张映川能成为什么样的人，但我知道，两个人的功夫都不会白费，张映川人生的下限，正在慢慢提高。

开过年会后没多久就要过春节了，公司里的工作节奏明显慢了下来，很多人都是一副等着放假的样子。

没想到，大年二十八的晚上，我刚刚参加完欧洲那边同事的转正答辩，正准备下班回家，就收到了简晓未发来的紧急会议通知。

公司在 Z 市部署的大型平台出了问题，需要我们这边立刻派人过去进行现场修复。

当时已经接近十二点，研发部只剩下几个人还在加班，而原本做这个产品的工程师，大多数已经请了假提前回家，剩下的人听说要马上出差，脸色便都有些不好看了。

"简工，现在出差，我是肯定不行的。"其中一个工程师说，"大家都知道我今年刚结婚，过年肯定是要去岳父家拜年的。这时候去了现场，还不一定会碰到什么问题呢，到时候我这个年都得在那边过，回家没法交代啊。"

"我也不行啊，简工。"另一个工程师见状也赶紧开口，"我家在外省，一年就过年期间能回家陪父母几天。他们一个月前就盼着我回去了，我妈说冰箱都被她塞满了，就等着给我做好吃的呢，我不回去对不起他们。"

大家七嘴八舌，会议室里乱成一团。

11

简晓未等他们都说完，淡淡地扫了所有人一眼："困难我听懂了，建议呢？"

会议室里立刻静了下来。

"让客户等着，等我们过完年？"她冷下了脸，"那我可以告诉大家，年过完了，我们也就没有这个客户了。"

还是没有人说话。

"春节加班，公司会按照法定标准发放加班费。"不得已，我只有动员一下。"此外，我会向总经理申请，在任务完成后给予相应假期进行弥补，不知道是不是可以请大家考虑考虑，完成任务后再回家？"

"那能一样吗？一年就这么一次春节。"有人说，其他人也附和。

这时候，我的手机突然收到一条微信，我低头一看，是张映川发来的。

"苏姐，我想去，你觉得可以吗？"

我转头看向坐在角落里的男孩。

他也看着我。

"有把握解决吗？"我同样发微信问。

"没有，不过那个产品的代码我看过三遍，我想试试。苏姐，此外，我也想知道，努力是不是真的有用。我是不是一个有用的人。"

其他人还在互相推诿，已经扯到出了这个问题，是谁的责任上去了。

我对着张映川，点了点头。

他抿着唇，微不可见地笑了笑，随后站了起来："晓未姐，我去吧。"

如果在平时，张映川这么说，我估计当场就可能有人会笑出声。毕竟像他这样慢一拍的新人，精神可嘉，经验却真的太不足了。

可这时候，有人主动要去，那是再好不过的事。

于是，最开始说话的工程师说："我们那是成熟产品，估计现场问题也不会太复杂，张映川去应该可以解决。"

其他人纷纷表示赞同。

简晓未轻哼了一声，也站了起来："行，这件事就这么定了，我和张映川一起去。"

12

一个小时后，我把简晓未和张映川送到了机场。

他们将搭乘最早的一班航班，直飞Z市。

这个年三十，他们两人在客户现场值守。虽说问题已经解决，但需要时间观察。

"张映川怎么样？"春节后一见面，我问简晓未。

她看了我一眼："你问的要是工作方面呢，我只能说，开始上路了，不过差得还远。别人一次能搞明白的事，他得琢磨好几次。但他有一个优点，有韧性，琢磨不出来，就反复琢磨，一直到弄懂为止。"

"现在你还想劝他改行吗？"我笑了。

"劝什么啊。"简晓未挑挑眉，"好不容易有个听话的兵，留下慢慢带吧。"

我打量了她一会儿："那还有什么没和我说？刚刚你强调了'工作方面'，还有其他方面？"

简晓未在沙发上坐了下来："我觉得他这个人，还不错。"

原来，年三十那天晚上，张映川去买了菜，借门卫大叔的灶台，给两个人准备了一顿年夜饭。为了照顾简晓未的口味，他还特意跟着网上的视频学做了两道川菜。

"苏耘，你想不到吧？这人笨归笨，做菜的手艺还挺不错的，麻婆豆腐做得比我妈还强呢。"她说着，嘴角微微翘起，"说真的，他做菜的样子，还挺帅气的。"

我看着她，怎么都觉得这不太像一个上级在评价下属，倒像是一个女人在评价一个男人。

晚上下班的时候，我遇到了张映川。

"苏姐。"他脸上洋溢着笑容。

不过几天的工夫，这男孩子像变了一个人。

"苏姐，是我自己找到问题的，后来晓未姐指导了解决的方向，可解决的办法是我自己想到的。"

我点头："我听说了，很棒！"

他的脸微微泛红："我知道我还是比别人笨，如果去的是别人，可能能更快地解决。"

"可是别人不去啊。"我笑了笑，"我和你说过，天赋决定你的上限，努力决定你的下限。我今天还有一句话想告诉你——以大多数人的努力程度，远远没有达到要去拼天赋的地步，所以你看，你有机会的。"

张映川怔在了那里。

13

在公司工作的第二年，比同一批进来的同事落后大半年的张映川终于开始独立负责一部分功能设计了。

第三年，公司产品全面升级，他一整年几乎都在跟着简晓未出差，去全国各地解决问题。现场环境最能锻炼人，张映川的技术提升有目共睹，年底评选优秀员工的时候，部门人员全票推选了他。

另外，这一年还发生了一件让全公司的人都大跌眼镜的事情——简晓未这个公司里的高岭之花，和张映川这个她手把手带出来的小徒弟走到了一起。

公司里好多男同事追悔莫及，后悔和简晓未出差的不是自己，结果让人家日久生情了。

只有我知道，在简晓未主动表白以后，有一段时间，张映川一直在躲着她。原因也可以理解，用他自己的话说，就是智商不般配。

可架不住简晓未是他的导师，导师要给学生上课，学生不可能不学，更何况张映川本来就想学。

所以一来二去，全公司的人都看出来两个人之间的关系了。

总经理把我找去问话，我直接告诉他，这事是真的，可是简晓未说了，如果公司不接受，她走。

"她想走？没门！咱们费了多大劲把她引进来，这刚见到效益就想走，那我不成冤大头了？"总经理气得拍桌子。

可生气归生气，这事儿，他竟然再也没提过。

公司那条不成文的禁止办公室恋情的规矩，在这两个人身上，失效了。

又到了开年会的时候,大家起哄让优秀员工唱歌,我用胳膊肘碰了碰张映川:"你去吧。"
他点头,走上舞台。
"一首《笨小孩》,送给大家。"
等唱到最后一句,乐曲声中,台下的一群人齐声跟着他喊:"老天爱笨小孩!"
我似乎又看见了当年那个男孩子,他的眼里有泪光。

写字楼里的道德绑架

01

星期一早上,我参加了一个会议,等回到办公室,发现公司内部微信群里安静得有些异常,仿佛所有人都刻意不发任何消息,而与此同时,我们部门的群里却一条接一条地弹出新消息。

"苏姐!"我部门的专员见我回来,急切地问我,"你看公司群消息了吗?"

"还没来得及看,怎么了?"我问。

"你还是去看一下吧,我们都不知道怎么说好。"另一个专员说。

于是,我点开了公司的群聊。

原来,两个小时前,物资部的采购主管王芳发了一条消息:"各位同事,我婆婆昨日被确诊为尿毒症晚期,需要立即换肾。考虑到两个孩子都在上学,家庭负担较重,希望各位同事能伸出援手,帮助我们一家渡过难关。"

王芳已经在公司工作多年,内外部的关系都比较熟,她的消息发出之后,马上有人发了红包,各种嘘寒问暖也不在少数。

虽然把这样的消息发在公司群里,我觉得不是特别合适,但毕竟人家有困难向同事求援,谁愿意帮助就帮助一下,也能体现公司内团结友爱的精神。

但是让我没想到的是,物资部的一个采购专员,准确地说是王芳的下属,直接在群里艾特了俞夏,并半真半假地说:"俞姐姐得多捐点吧?毕竟在咱们公司里,你的经济实力比较雄厚,我们可就指望你了。"

"就是。"物资部另一个人也跟着说,"都是同事,我们要是有俞姐姐这个实力,肯定当仁不让。"

她俩这话一出，群里马上沉寂了下来。

"她们这么说是什么意思？"我在我们部门的群里问。

"还能是什么意思？道德绑架呗。"一位平时就心直口快的小姑娘说。

"就是，苏姐。你想啊，俞夏一向挺大方的，她们都在群里这样说了，她要是捐少了，以后同事们还不一定怎么看她呢。"另一位说。

我很反感，这行为，确实太过分了。

俞夏是有钱，可这和别人有什么关系呢？

02

俞夏是财务部的预算经理，半年前才入职。

我们公司一向喜欢自己培养人才，这些年通过猎头招募来的人屈指可数，她便是其中之一。

当时，集团推行全面预算管理，而我们公司缺少做预算的专业人才，所以我找到合作的猎头，最后在六位候选人中，分管财务的副总经理亲自选择了俞夏。

他会做出这个选择，在我看来理由很简单。俞夏年轻，只有二十九岁，却拥有漂亮的履历：国内最好的财经类院校的研究生，曾经任职于顶尖的会计师事务所，同时，她的女儿刚刚满一岁，家庭稳定。

可是，或许是因为她的名校名企经历让有些人过于羡慕了，俞夏刚到公司时，财务部除了经理之外的五位同事，对她或多或少都有些排斥和防备。

然而，俞夏很慷慨。

那时，秋天刚到，她给自己购置护手霜，顺便送了部门里面所有人每人一支。下午三四点钟，公司有茶歇时间，俞夏也常常点些热奶茶、小点心请大家吃。

中国有句老话，叫"伸手不打笑脸人"，于是她很快便和其他人打成了一片。

不久后，公司组织了一个徒步活动，地点比较偏僻，所以大家纷纷开车过去。于是，很多人看到了俞夏开的车——一辆白色最新款玛莎拉蒂，价值估计百万以上。

"怪不得平时那么大方呢，原来是真有钱。"站在我身后的会计韩慧说，语气中分不清是嫉妒还是羡慕。

另一个会计用胳膊肘碰了碰部门经理："李姐，看见没，什么叫富裕？咱可比不了。你工作了这么多年，也就开个奥迪A4吧？"

"苏耘不也是开奥迪A4吗？"财务经理笑了，转头看我，"依我看，什么车都挺好，就是个代步的工具，能跑就行呗。"

我点头："车很漂亮，很适合她。我觉得我的车也挺适合我，一看就是每月工资都'白领'了的那种人。"

周围几个人都笑了起来。

03

这件事到底在一些人心里产生了化学反应，其实这也在我的预料之中——本来以为大家都差不多，结果突然发现你的生活是我不可攀登的高峰，一时不舒服也很正常。

"富婆"这个外号，没几天就在公司里传开了，逐渐成了别人提到俞夏时的代名词。

徒步活动之后大概一个星期，我刚好有事情要和财务经理商量，所以去了几次财务部。每次我都听见有人在嚷嚷饿了，让俞夏请喝下午茶。

这本来与我一点关系也没有，她们愿意吃，俞夏愿意请，都是财务部自己的事。

我只是看不惯有些人吃着别人的东西，却连人情都不肯领。

"你说我们总是让她买小熊饼，是不是不太好啊？那个挺贵的。"某天，我刚走到茶水间门口，就听见出纳小姑娘说。

"有什么不好的？"是韩慧的声音，"只有咱们穷人才觉得那些东西贵。人家是富婆，富婆能差你这几盒小熊饼？你这是小看人家了，知道不？"

旁边有人在笑，也有人附和。

我听到一声极轻的咳嗽，回头看去，俞夏站在我身后。

"那个……"我觉得有些尴尬，指了指里面，"大家都是开玩笑，你别和她们计较。"

俞夏耸耸肩："计较了又能怎么样？"

确实，在很多人看来，你都这么有钱了，请人家吃个东西，难道不是理所当然的吗？

04

这种发生在俞夏身上的"理所当然"，还有另外一件事。

俞夏的老公是一名飞国际航线的机长，常往返在本地与时尚之都巴黎之间。前不久有财务部的同事要给家里的老人买一种鱼油，但是很怕买到假货，俞夏就主动说让自己的老公帮忙从巴黎带。

没想到，带了第一次，就有了第二次。对公司里的小姑娘来说，怎样花有限的钱享受国际品牌，毫无疑问是直接从国外买。

于是，今天给这个人带一支口红，明天给那个人带一个电吹风，俞夏老公几乎每周都不会空手而归。提着大包小包来上班，也成了俞夏的日常。

"你老公不嫌麻烦吗？"有一次吃午餐的时候，我们俩在餐厅遇到，我问她。

"怎么不嫌麻烦？"她故意苦着脸，"他同事现在都和他开玩笑，让他不如直接做代购算了。"

我笑了起来："人家一个堂堂年薪百万的机长，可别和代购抢饭碗了。说实话，她们今天买这个，明天买那个，你也用不着都答应帮她们带。再说，公司里这么多人，你答应得过来吗？"

"那也不好拒绝，大家都是同事。"俞夏摇头，"好在一般是买机场免税店里就有的品牌，要不然，真的带不过来。"

结果这话才说完没几天，就有人找到俞夏，想让她老公帮忙带一个小众品牌的男士钱包回来，送给自己男朋友做生日礼物。

"拜托了，俞夏。"那个姑娘的态度倒是客气，"我看了直播，这个品牌在巴黎做活动，买下来真的很优惠，和咱们这边的差价起码40%，只有来求你了。"

俞夏有些为难："那家品牌店我去过，离巴黎市区还是有点远……"

"再远能远到哪去？"韩慧在旁边帮腔，"你老公都大老远的飞过去了，就一个从机场到市郊的距离，对他来说应该不算什么。"

"他们落地以后只有半天的休息时间就要返航。"俞夏皱眉，"时间有点紧。"

"不会不会。"那个姑娘立刻把手机递过去，"我查过了，半天往返来得及。"

听到这里，连我都觉得哭笑不得了。原来人家的休息时间，只要给你把东西买了就行了，别的什么事情都不用做。

要是我，我就会拒绝。自己老公飞了那么久，该好好休息，哪有力气帮你们买东西？这样东奔西跑的，你们不心疼我还心疼呢。

可是在大家七嘴八舌的鼓动下，俞夏最后只好点了头。

要不就会有人说，反正你老公也要飞过去，顺便帮人这点小忙，还算事儿吗？

可是真的算事儿，最起码对俞夏来说，算是一件倒霉事。

这也是我很久之后听她说的。

因为赶得急，她老公把那个新买的钱包掉在了出租车上，等发现的时候，已经来不及找回，于是她老公只好在下一趟飞过去时，自己掏钱又买了一个给那个姑娘。

这种搭上打车费和两个半天的休息时间给人家买东西，最后倒亏几千块钱的事情，我只见俞夏一个人干过。

05

大概是因为俞夏好说话，时间长了，财务部的人和她也算是相处愉快。

然而，这种愉快终于在年底接待集团财务审计的时候被打破了。

因为这次财务审计的目标主要针对当年的核算情况，并不涉及俞夏负责的那部分，所以当财务经理要求相关人员周末加班的时候，俞夏很自然地说与自己的工作内容不相关，她家里还有事，就不来了。

第二天，俞夏老公在家里举办了一个烧烤聚会，招待他的同事和朋友们。俞夏很开心地给大家烤吃的，并发了朋友圈。

于是，正在公司加班的几个人立刻愤怒了。

"吃得不错啊，俞夏，可怜我们都在疯狂地加班！"韩慧在公司微信群里发了这么一条消息，并配了一张办公场景的图片。

"人家是豪宅、美酒、帅哥和好吃的，我们是电脑、传票、报表和工作餐，真是人比人气死人！"另一个会计跟着说。

其实俞夏家里算不上真正的豪宅，只是大平层一楼，有巨大的阳台和别致的小院，看起来环境很好。

俞夏大概是没理解大家的弦外之音，回复得比较直接："我问了经理，说不需要我加班，我才没去的。"

"我知道呀。"韩慧阴阳怪气道，"我们就是开个玩笑。羡慕呗，谁让自己命苦呢？而且你自己都说今天的工作和你没关系了，经理还能好意思不同意你不来？"

另一个会计跟着补充："是呀，自己不愿意来，经理也不能强迫人家奉献。有的人在部门里工资最高，可团队观念，就差了点。"

"唉，算了，班都加了，干那么多活，再得罪人，没有必要。别人家里有钱，不在乎，咱们还得靠努力工作吃饭呢。"出纳也说。

我当时正在陪薛仲看球赛，并没有注意这些，等我发现的时候，除了群消息，俞夏已经发了几条私信给我。

"苏姐，她们这是什么意思？"

"我工资高，难道就应该没事也去加班？"

"再说，我家里有钱，那也是几代人的努力换来的，被她们说得好像我的钱来路不正似的。"

这位也终于快要忍无可忍了。

我索性直接拨了电话过去，约她出来坐坐。

06

"生气了？"一见面我就笑了，"你不用理她们。说实话，作为HR，我是不希望你没事去加班的。你加班，成本太高。"

俞夏低头摆弄着杯子里的吸管："苏姐，我也不是生气，就是不理解。我做什么了？她们这样抱团排挤我？也许我真的不该来咱们公司，我之前在事务所的工作强度虽然比现在大，可是人际关系简单，没有这么恶心。"

她这样一说，我对财务部那些人的行为更是厌恶了。

我花了大量时间和不菲的猎头费找到的预算经理，要是因为这些乱七八糟的原因走了，她们能赔偿我的损失吗？

"你别这么想，俞夏。"我赶紧劝她。"你的上级是部门经理，既然她同意你不加班，就肯定是不需要你加班的。至于其他人，她们工资低，是她们能力低，与你一点关系也没有。她们自己也明白，现在无非是想站在道德制高点绑架你而已，我觉得你连理都不用理。"

"可是她们都在公司群里这样说了,别人会怎么看我?"俞夏的情绪还是很低落,"我从一开始就在尽力和大家处好关系,一周五天上班,最起码有四天是我在请客,还不够吗?"

"你为什么要请客?"我问。

"我经济条件确实比她们好,请她们吃东西也没什么……"

"你经济条件比她们好就应该请她们吃东西?"我打断她,笑了起来,"人家本来就要道德绑架你,结果你还自己迎上去了。我说俞夏,你是不是傻?"

俞夏苦笑:"我也不想啊,可我能怎么办?"

"直接拒绝啊。"我说得理所当然,但随后又有些自嘲,"其实我以前和你一样,有时候坐公交车,只要旁边站了个老人,别管自己是感冒还是痛经,都要站起来给人家让座。"

"对对。"她点头,"结果别人往往连谢谢都懒得说,好像因为你年轻,你本来就应该让座。"

我笑了:"还有更夸张的。刚来B市那年,我和薛仲新婚,买了第一辆车,两个人都像得了一个大玩具,很宝贝。结果车开了没几天,被小区里一个七八岁的孩子给划了。我们当时挺生气的,但也没有说什么难听的,只是制止他继续划。没想到孩子妈妈立刻跳出来,指责我们吓到了她儿子。周围人也议论纷纷,说我们这么大的人了,犯不着跟一个孩子计较。"

"这也太不讲理了!"俞夏很气愤,"凭什么孩子小就可以划人家的车啊?"

"我们当时还年轻,脸皮薄,只好自己认了。回到家,过了好一会儿,薛仲突然拉着我,严肃地说:'苏耘,我想过了,我们不能这样让步。那个孩子做错了,就算他年幼不承担责任,他的监护人也必须要承担责任。这才是文明社会应有的道德和秩序。'最后薛仲报了警,对方不得不支付车辆的维修费用。不过我们在小区里出了名。"

说到最后,我忍不住弯起唇角。

其实薛仲不知道,多年前对于处理世故人情还有些青涩的他,真的很可爱。

07
HR DIARY

不知道是不是我和俞夏的沟通多少起了一些作用,俞夏没有再去理会那些群消息,甚至之后财务部的下午茶也取消了。

不过,关于这件事,我听说的版本还挺超出我的想象的。

"苏姐,你说她们的脸皮怎么那么厚呢?"我们部门的小姑娘愤愤不平,"人家不买就算了呗,还主动要。想吃就自己买,别人欠你的啊?"

然后她捏起嗓子学着财务部那些小姑娘说话:"俞姐姐,星巴克好像出新款蛋糕了,咱们今天就吃这个吧?什么,你减肥?没事,你那份我们帮你吃。人家自己花钱,用她帮忙吃?奇葩!"

我看小姑娘的嘴都要撇到耳朵根了,忍不住笑了:"不至于这么夸张吧?"

"真的,我当时去送发票,撞个正着。她们就是吃人家的吃习惯了,觉得人家有钱就该请她们吃。我当时就想问,凭什么?人家是你爹妈吗?还得管你吃喝?后来一想,俞夏都没说什么,我为什么要去得罪那些人?"

我又被她的样子逗乐了。

"我看你也想吃星巴克的蛋糕了吧?好吧,今天我请客,去订吧,部门里人人有份。"

小姑娘欢呼着跑了出去。

本来我以为,既然俞夏已经开始拒绝这些人的无理要求,之后应该不会再有人想要去道德绑架她。

没想到,一条婆婆生病求捐款的群消息,又把俞夏给扯了进来。

08

一整天,俞夏一个字也没有回复。

后来,我发了关于筹办运动会的通知,公司群里才重新活跃了起来。

我想,大家不回复,不外乎两个原因:一方面觉得和她们一起道德绑架俞夏有点不好意思,另一方面,多数人对于这种道德绑架的结果又乐见其成——大概让有钱人多花点,自己心理上就会获得某种微妙的平衡。

晚上下班时,薛仲打来电话,说今天晚上要加班,没办法来接我。挂断电话后,我正准备约一辆车,俞夏推开门走了进来。

"没记错的话,今天你的车限行吧?"她说,"我送你?"

这就是有话要说了。

"苏姐,群里那条求助你看到了吧?你准备捐吗?"果然,一坐进她的百万豪车里,俞夏就开了口。

我点头:"我这个角色,一点不捐肯定不太好。不过王芳对我来说就是普通同事关系,而且生病的是她婆婆,并不是她本人。我觉得于情于理,捐个500元也就够了。"

俞夏点头,然后又皱起眉:"我原本也是这样想的,苏姐,可是……"她微微叹了一口气,"我现在有点拿不定主意,想和你商量一下。"

"如果问我,我的意见是你想捐就捐,不想捐就不捐。"我轻嗤一声,"她们点名说你这件事,你不用往心里去。你有钱没钱,和她们没关系。她们那点心思,你应该也能想明白。无非就是同一个部门的,王芳又是她们的顶头上司,她们自己捐太少不好意思,捐多了舍不得,所以干脆把你扯进来。你捐了,人家领的是她们的人情;你不捐,人家不满意的是你。"

俞夏沉默良久,再开口时情绪有些低落:"说实话,苏姐,我挺喜欢咱们公司的,领导和气,工作内容也是我擅长的。可是对于这些人际关系,我其实很反感。我不想被道德绑架,可是顶着周围人的议论和孤立,我又没有那个勇气。"

从她的讲述里,我了解了俞夏的人生经历。

她其实不是富二代,至少不是那种典型的富二代。她父母都是从县城里面考出来的大学生,毕业后又回到了县城工作。后来,她父亲所在的供销社改制,她父亲承包了下来,然后一点点做大，现在已经成了县城里面最好的商场。

而俞夏自己，除了房子是结婚的时候双方父母给买的，现在拥有的一切，都是她和她老公两个人这几年打拼下来的。

"苏姐，你没在事务所工作过，你不知道那里的工作压力，真的不是一般人能扛下来的。我在那里工作了五年，几乎算是做得最久的女孩子了。因为连续熬夜加班，我晕倒过、小产过、停经过……我自己赚的百万豪车，我开得问心无愧。"我侧头去看，俞夏的目光还是落在前方，眼圈却红了。

"咱们做自己就好，不用管她们说什么。"我拍了拍她的手背，"人最重要的是自己活得坦然，就算别人非议你，她们也不能真的把你怎么样。同事嘛，合得来，下班以后可以一起聚会；合不来，不过就是那八个小时的交情。你又何必在意？"

"话是这么说，可是……"她重重地叹了一口气，"我再想想吧，苏姐。"

09
HR DIARY

我原本准备观望一下，就把钱转给王芳，却没想到当天晚上这件事在公司微信群里升级了。

早上点名让俞夏捐款的那个采购专员，把大家的捐款数额做了一个排行榜发在群里。总经理暂时以 10000 元高居榜首，分管采购的副总经理以 8000 元紧随其后，各部门经理大多捐了 2000 元，至于公司同事，则从 100 元到 500 元不等。

"完了，薛博士。"我抚额，"我的 500 元拿不出手了，怎么办？"

薛仲正低着头专注地给安然削苹果，听我这样说，笑着问："我们安然觉得妈妈该怎么办？"

"妈妈为什么要给别人钱？"安然很困惑。

我把前因后果讲了，她认真听完，问："那位阿姨是妈妈的好朋友吗？"

"算不上，只是同事。"

"她家里很穷吗？"

我想起人家不久前才开了收入证明，赶在限购之前买了第三套房，于是摇头。

安然的小眉头皱起："既然这样，妈妈自己的钱，想给多少就给多少，要是他们嫌少，我们还不给了呢。"

我一拍桌子："听你的，我还不给了呢。明天请你和爸爸吃好吃的。"

第二天上班，我在走廊里碰到俞夏。

她跟着我进了办公室："苏姐，你要捐 2000 元吗？"

我摇头。

"那你捐 500 元这样贴出来好像不太好看。"

"对呀，所以我决定了。"我故意停顿了一下，等她专注地看着我，我才突然笑起来，"一毛不拔！"

俞夏瞪大眼睛。

好一会儿，她捂住嘴："天啊，你可真做得出来。那别人背地里不知道会怎么说你呢。"

"你看，俞夏，这个道理是这样的。"我数着手指，"第一，这里是公司，有没有你的位置，看能力和业绩，不是看别人喜不喜欢你，所以我们有权利被讨厌；第二，那些只能在背后议论你的人，连正面指责你都不敢，那你又何必放在心上呢？"

说完，我摊摊手："既然她们要搞排行榜，那就这样咯，我一分不捐。"

俞夏和我对视了很久，缓缓地笑了，对我竖起大拇指。

10

俞夏果然也没有捐。

在背后议论的人不少，我自己也在茶水间里遇到过。我很坦然地告诉每一个议论此事的人，每个人都有支配自己收入的权利。捐，是情分；不捐，是本分。

当然，还是有为数不少的同事迫于榜单，捐了钱。

所以，每天，榜单上的人数都在增加。

我部门的专员恨恨地对我抱怨："苏姐，你说这事儿多不公平，我们捐钱，到时候王芳领她们的人情，是不是太不厚道了？"

可她抱怨完了，还是转了200元过去，她原本只打算捐100元的。

我去总经理办公室签字，他很不满地问我是谁搞的捐款排行榜。他原本只想着王芳是老员工，能帮就帮一把。这样子，他这个总经理成了沽名钓誉之徒了。

"人家买了第三套房子了，您还帮一把。"我半开玩笑，"那您不如帮帮我吧，我第二套房子的房贷可还没还完呢。"

他笑了，然后又皱眉："她有钱还让大家捐款？"

我没说话。

总经理自己嘀咕："现在的人都怎么了，好像自己家有困难，就该向别人伸手求助，自己的房子、车子，一个不能卖似的。"

贪小便宜吃大亏，我不知道该不该这样去猜测王芳在公司的前途。不过，她在采购这样敏感的岗位上，总经理对她的信任，可是至关重要的。

俞夏的情绪一直很平稳，就算她们部门的人因为她不再请喝下午茶，把捐款这件事扯到她面前，说什么为富不仁。她也只是面不改色地说："捐不捐是我的事，我的钱也是自己努力赚的。有看我眼红的工夫，不如多做事吧。"

那时候我正好走到财务部门口，差点没忍住给她鼓掌。

这世界，人怎么样能活得坦然？

不害怕别人的质疑和恶意揣测，不接受任何道德绑架，不在意无关的目光。

我不授你以柄，你便无法伤害我。

道理就这么简单。

刺猬姑娘

01

7月16日,薛仲生日。

我中午抽空去订了一个蛋糕,一回到公司,麻烦就找上了门。

坐在我对面的姑娘眼圈通红,仰着头极力忍泪:"苏姐,很抱歉,承蒙您认可我,让我加入公司。可是我大概很难适应公司的人际关系,回去我马上就提出离职申请,希望您能批准。"

这个姑娘是我部门的人事专员,名叫叶丹,大学毕业以后在外企工作了两年,专业能力不错。两个月前,我通过朋友的推荐,把她挖了过来。

"因为张瑶?"回来的路上,另一个专员已经发了微信给我,把之前发生的事原原本本地讲了一遍。

事情的起因是午休时叶丹突然想起下周一有两个新员工要入职,于是她赶紧去查看自己帮他们申请的办公电脑,发现流程停在采购环节,就跑去找采购助理张瑶确认情况。

可是她去时刚好张瑶不在工位上,叶丹只好站在旁边等。有其他同事问她有什么事,叶丹没有多想,就随口说起上周申请的电脑好像还在采购的事。

令她没有想到的是,周围几个同事立刻七嘴八舌地议论起来。有的人说电脑的采购周期是三天,张瑶一准是把这个单子忘了。也有的人说最近是入职高峰,张瑶那边本来就应该提前备货,她做了几年采购,难道连这点事都不知道吗?

叶丹还没有接话,就有一道冷冰冰的声音打断了众人:"都说够了吗?我原以为只有村东头没读过书的闲人喜欢在背后议论别人,却没想到一不小心,这种人就混进高端写字楼里面来了。真是令人叹为观止。"

说话的人互相看看，各自端起水杯走了出去，只剩下叶丹尴尬地站在原地解释："张瑶，你别误会，我就是来问问上周申请的那两台电脑的采购进度。什么时候可以到？"

"你不是在流程上写了下周一用吗？那下周一你直接去库房领就行了，来找我是什么意思？"张瑶走过来，绕过她，坐在自己的位置上，话说得像带着冰碴子，"真想找麻烦，也请多等一等，等耽误了你的事你再来也不晚。"

"我不是这个意思。"叶丹入职不久，不想得罪人，只好勉强挤出笑容，"我只是想确认一下进度。"

"既然这样，那我就要问问你了。"张瑶微仰着头看她，脸上没什么表情，"你要找我确认进度，和她们说什么？她们是能给你一个答案，还是能帮你把电脑买来？你挑唆她们一起在背后议论我算什么？如果觉得我做得不好，你可以让领导把我开除，你来做，但是玩这种小人的把戏，就没有必要了吧？"

整个办公室里鸦雀无声，座位上的每个人都假装自己很忙，却又偷偷打量叶丹。

叶丹也不过二十三四岁，以前的工作环境也很简单，哪里经历过这个？当时就觉得眼泪直冲眼眶。

她忍了又忍，说了一句"对不起，我没有"，就跑出了采购部。回去越想越委屈，尤其是想到以后还要与她共事，叶丹觉得自己实在受不了，于是来了我的办公室。

02

张瑶二十七岁，本科学历，计算机专业，第二专业辅修物流管理。她毕业后在集团总部做了两年采购工作，后来我们这边急招采购助理，集团采购部便推荐了她。考虑到是内部招聘，所学的专业和工作背景也非常合适，我简单面试了一下，便把她调了过来。

后来，我回想起这件事，越来越觉得自己这次是被集团采购部给骗了。

实际上，张瑶的工作能力还是可以的，但她似乎不太适合生活在人群里，每天都像只刺猬一样，竖起全身尖刺，只要有谁不小心靠近了，就会被她的刺扎伤。

第一次和同事争吵，发生在张瑶入职一周后。

事情发生在采购部的早会上，大家都要做周汇报，不知道是谁在汇报的时候提到，有一项工作，因为张瑶还在熟悉情况，没有配合到位，需要推迟到下周完成。

这本来是再正常不过的一件事，部门经理也并没有批评张瑶的意思，可是张瑶立刻就站了起来，指责那位同事自己的事情没做完，反而把责任推给新员工，还说了一些很不客气的话。

偏偏那位同事也不是个能受得了委屈的人，当即就把她怼了回去，然后两个人便你一言我一语地吵了起来，其他同事的周汇报都没办法做了。

部门经理大概也没想到会出现这种情况，当下赶紧站出来，先替那位同事解释，又分别批评了两句。对于绝大多数人来说，既然领导已经发话，这件事也就到此为止了。

可惜这大多数人里并不包括张瑶。

于是，当我听说这件事并赶到会议室的时候，正遇到张瑶摔门而去，留下面面相觑的众人，和一脸尴尬的部门经理。

这还不算完，真正令我惊讶的是，二十分钟之后，我被总经理一个电话叫到了办公室。

原来，张瑶在总经理面前，把部门经理给投诉了。

总经理一边揉着额角，一边把问题推给我："人是你招的，现在你去给我解决问题，不要让她动不动就上纲上线，好像别人有多对不起她似的，尤其是不要再来找我。她红着眼睛从我这里出去，让别人看到算怎么回事？"

怎么又是我？我也满心委屈，却也只能微笑着回答："您放心，交给我吧。"

03

那次，我费了好大一番功夫才做通了张瑶的工作。或许，实际上并没有说服她，只是张瑶考虑到她毕竟是我招来的，给了我几分薄面，说了一句类似"也许真的是我误会他们了，这次就算了，我不会放在心上的"这样的场面话。

之后，我偶尔也会听说，又有谁被她怼得说不出来话，或是又有谁和她交锋了几个回合，最终还是败下阵来。渐渐地，公司里的人都尽量避免和张瑶打交道，甚至她们部门也变得很安静，大家在工作之余随口聊几句的情况已经很少发生。

"苏姐，张瑶的嘴真有那么厉害？"吃午饭的时候，部门里的小丫头凑到我耳边问。

我笑了："如果不用给别人留情面，谁有意无意地说了一句什么都要怼回去，你的嘴也能那么厉害。"

小丫头把头摇得像拨浪鼓似的："那哪行？都是同事。"

"这不就得了？"我递过去一张纸巾，示意她唇角有东西，然后微微叹了一口气，"张瑶的工作能力没问题，对外沟通也很专业，可是她这个人……"

想了想，我还是忍住没给别人贴标签，只说："咱们敬而远之吧。"

不过，对于这种随时准备战斗的姑娘来说，不是你想敬而远之，就能敬而远之的。

所以今天，我的人事专员叶丹就撞到了枪口上。

04

叶丹只是委屈，并不是真的想离职，所以被我安抚一番以后，就回去该干什么干什么了。可是这件事不能这样画上句号。

第一，叶丹不是第一个和张瑶发生矛盾的人，也不会是最后一个，张瑶再这么下去，对自己和公司都不好；第二，我作为部门负责人，如果不去维护自己部门员工应得的尊重，提高她们在工作中的愉悦感，以后也就没有资格再领导她们。

所以我去找了张瑶的部门经理。

"苏耘，她什么性格你又不是不知道，你说我能有什么办法？"部门经理摊摊手，"现在张瑶的工作做得还行，这点小事，你就多包涵吧。"

"这不是包涵不包涵的问题。也并不是因为这次她和我部门的同事争吵，我就要针对她。我只是觉得，既然都是同事，工作上免不了要沟通、协调。张瑶这样，以后别人没办法跟她合作，对工作本身也会有影响。"

"话是没错，不过你可别想让我去和张瑶谈。"部门经理摆手，"我好不容易能和她和平共处了，现在去批评她，回头她又去投诉我了，我后面的工作还怎么干？"

他说的也有道理，于是我征得他同意后，决定自己找张瑶聊聊。

我和张瑶的沟通进行得不太顺利。准确来说，我刚一开口，张瑶的对抗情绪马上就爆发了，导致我没有太多机会表达自己的想法。

于是，我干脆安静地等着她说完。

张瑶站在我的办公桌前，从叶丹怎样挑唆别人在背后议论她，说到会扮可怜、博同情的人不一定就有理，又说到我作为部门经理，并不是谁的家长，替自己的下属出头这种事实在不太能上得了台面，很颠覆她过去对我的认知。最后她说："苏姐，我并不是针对你，不过我希望你能明白，我到公司来是工作的，不是来看别人脸色、让人随便欺负的。"

我忍不住气笑了。欺负她？她实在是高估了其他同事的战斗力。

"张瑶。并没有人在给你脸色看，我找你也不是为了偏袒叶丹。你是不是有些过于敏感了？"

"是吗？"张瑶冷哼一声，"中午我刚说了她两句，下午你就找我，不是替她出头，难道还是想和我谈心？"

"那也未尝不可啊。"我微笑，抬手示意她先坐下，"如果你有空，我其实是很愿意与你谈谈心的。"

张瑶却不买账："对不起，我没空。"她说着，转身往门口走，走了两步停下，回头面无表情地看着我，"苏姐，你只是个HR，别把自己当成别人的人生导师。这样碰着谁和谁谈心，有意思吗？"

这话我就不爱听了。

要不是她碰着谁和谁吵，我至于放着一堆事不做，非要找她谈心吗？

于是，我索性靠在椅背上，做出一个放松的姿态："那就不谈。不过有句话我必须说，张瑶，无论你是什么样的性格，都是你自己的事。但希望你在公司里对同事友好一些，不要影响大家的合作和沟通。每个人出来工作都不容易，互相体谅吧。"

她和我对视了几秒钟，一言不发地转身走了。

05

我原以为，张瑶就算不完全认可我说的话，至少也会稍稍调整一下自己与人相处时的态度。

然而并没有。

两周后，我刚刚面试完一位候选人，就被总经理叫进了办公室。总经理脸色难看，一开口就是质问："苏耘，这个张瑶是你面试的，她一说话就像一只炸毛的刺猬，你看不出来吗？"

"张总。我承认，这确实是我的问题。不过，如果任何人我都能一眼就看穿，您大概就不会喜欢和我共事了。"

"我为什么不喜欢？我坦坦荡荡，事无不可对人言，不怕被看穿。"总经理的话没说完就笑了，"不管怎么样，这个张瑶，我觉得不太适合留在公司，你把她辞退吧！"

原来，张瑶这次被一个项目负责人给投诉了。

这个项目有一个紧急采购需求，因为是新型号设备，项目经理希望张瑶先帮忙询价。张瑶倒是很快找了两个供应商报价，然后提供给了项目经理。

事情进行到这里，很顺利。千不该万不该，那个项目经理是个说话很直接的人，他问了价格以后说："怎么这么贵呢？就没有更便宜的供应商吗？上次你给我们买的服务器也比我在网上看到的报价高，咱们这些供应商是不是不靠谱啊？"

其实按我的理解，他的原意无非就是嫌贵，想多比较几家的价格，可这话到张瑶耳朵里就不一样了。

"刘经理，你这样说是什么意思？什么叫我给你们买的服务器的价格比网上报价高？那网上卖的是正品原装的还是翻新的，交货周期能不能保证，先货后款还是先款后货，账期多少天，这些你都知道吗？"

项目经理被她连珠炮似的这么一问，就有点反应过来对方误会了，赶紧解释："张瑶，我就是随便一说，没别的意思。要是都这个价格，那就买吧。"

谁知张瑶毫不客气地给他怼了回来："买？怎么买？回头你和别人说，我买的东西贵，我找谁解释去？供应商都是经过公司对比后选定的，不是我张瑶自己签约的，你就算想把污水往我身上泼，也请找个说得过去的理由吧？"

因为正赶着项目交付，项目经理已经连续加班两周了，本来就有些疲惫烦躁，被她这么一怼，火气立刻就上来了："谁给你泼污水了？我没事往你身上泼什么污水？还找个说得过去的理由，我说张瑶，你是不是有被害妄想症，总觉得别人要害你？"

两个人你一言我一语地就这么吵了起来。

最后，项目经理说："我懒得和你废话，反正我在系统流程上提交了申请，你就得给我按时采购。"

张瑶也不示弱："既然你不信任我，你这单子谁爱处理谁处理，我现在生病了，我要请假。"

然后她真的以头痛为名,请了半天假,走了。

后来采购经理才知道前因后果,没办法,只好安排其他人去采购。项目经理那边越想越生气,直接就告到了总经理这里。

06

虽然张瑶这件事做得确实不对,但我觉得解除劳动合同这件事还是要慎重,所以建议总经理再给她一次机会,我来找她谈谈。

然而,这次沟通又失败了。

张瑶坚持认为自己没错,对方伤害了她的自尊和人格,她只是在自卫而已。

"张总的意思是,如果你不能改变这种和人相处的方式,不能考虑其他同事的感受,也许我们只能请你离开了。"不管我怎么解释她都听不进去以后,我不得不这样说。

"请我离开?"张瑶也不含糊,"那就是协商解除劳动合同了?"

我点头:"没错,我们会按照法律的规定给予你经济补偿。"

她干脆站起来:"不用了,我不接受。把我从集团调来,又想赶我走,没那么容易!"

我们不欢而散。

晚上吃饭的时候,我对薛仲说起这件事。

"你是单纯地想赶她走,还是想解决这个问题?"他问。

我想起张瑶今天的态度,没了耐心:"有区别吗?她走了,问题不就解决了?"

薛仲抬眼看我,安然小声说:"妈妈生气了。"

"妈妈没有生气。"薛仲笑了,"妈妈是左右为难了,想让爸爸给她当军师。"

"你这么了解我?"我瞪他,"那你有什么办法?"

"没有。"他坦率地摇头,"我没那么多细致的心思。不过我以前有个同学,和她倒有点像。叫王岩,你记得吗?"

我点头。

那是一个很尖锐的少年,高中时和薛仲同班。他学习成绩不错,但在学校多次和老师发生冲突,甚至有个女老师为了躲他调走了。学校领导只好把他开除。

多年以后,我们听说他因为故意杀人罪被判了死刑,又听说他生长在重组家庭,继父经常虐打他,而他母亲只是冷眼旁观。也许正是这些,导致他内心敏感脆弱,只会用攻击他人来保护自己。

听说这些事情后,薛仲说:"当年他对我的态度还算好,我真该多和他聊聊的。"语气中有些内疚和遗憾。

"张瑶这样难沟通,你的意思是让我再和她聊聊?我又没有这个义务。"我嘴上说着,心里却有些松动了。

薛仲笑了,长臂伸过来,揉了揉我的头发:"嗯,知道,你想怎么做就怎么做吧。"

要不还是再试试吧，我对自己说。

07

第二天下了班，我去楼下买奶茶。

奶茶店门口排着队，队伍里有一个熟悉的背影，是张瑶。她旁边站着一个穿浅蓝色衬衫的年轻男人，两个人似乎在聊天，样子很亲密。

快排到他们的时候，不知道男人说了什么，张瑶从排队的人群里出来，扭头就往一边走。

"我又不是那个意思。"男人解释着，追了过去。

"那你是什么意思？"张瑶停住脚步，回头冷着脸说，"我和你说什么，你都替别人说话，永远认为是我不对。你既然这么看不上我，还和我在一起干什么？不如干脆分手算了！"

"我哪儿看不上你了？"男人环顾了一下周围，压低声音，"我是在客观地帮你分析，只是希望你能和别人融洽相处，这也是为了你好啊。"

"为了我好，你就应该维护我！我不用你帮我分析，我又没做错，为什么要向别人妥协？"

"我不是说你做错了，我只是建议你调整态度……"

男人的话还没说完，就被张瑶打断："算了，我不想和你说了。你怎么想都不重要，这已经不是一次两次了，我不会和一个不能站在我的立场上考虑问题的男人在一起，我们分手！"

"瑶瑶。"男人无奈地叫她的名字。

"我说分手！刘亚林，你没有自尊心吗？我已经说了分手，你还赖在这里干什么？还不快走！"张瑶声色俱厉。

我不知道该不该过去劝一劝。这种场合，我也算不上她的朋友，大概说什么都不合适。

正这样想着，那男人似乎也耐心告罄，指着张瑶说："行，张瑶，你永远是对的，你一点错都不会犯。只要我说你一句不好，你就上纲上线。这几年我对你的忍让还少吗？既然你说分手，那就分吧，分！"

说完，他一甩手，转身大步往地铁站走。

张瑶的胸膛起伏了好几下，深吸了一口气，高高地抬起下巴，回到卖奶茶的窗口，"给我一杯原味奶茶，加芋圆。"

"两杯。"我说，同时用手机去扫二维码，"四十元，付了。"

听见我的声音，她猛地转头瞪着我："怎么是你？"

我指了指奶茶店，说："排到我了。"然后从店员手里接过两杯奶茶，递给她一杯，"别客气，我请。"

她没接，还是死死地瞪着我。

我指了指旁边的茶座，捧着奶茶走过去："一起坐一会儿吧。"

08

张瑶犹豫了一下，还是跟了上来。

"你在看我的笑话？"她说。

"我为什么要看你的笑话？"我反问，"你又不是我老公的前女友，我和你有那么大仇吗？"

张瑶不说话了。

我把奶茶递给她，轻轻叹了一口气："张瑶，这不是一个到处都有毒蛇猛兽的丛林，你不用全副武装，没有人会故意伤害你的。"

"有。"她和我对视，一字一顿地说，"人心比毒蛇猛兽更可怕，苏姐，你没经历过，你根本不懂。"

我点头："也许你说的是对的。那你介意让我了解一下，那些我没经历过的事情吗？"

张瑶沉默了很久，才淡淡开口："也没什么，你要是愿意听，就当个故事听吧。"

她是用第三人称的语气来说自己的事情的，真的就像在讲一个故事。

张瑶的家境还算不错，父亲是车间主任，母亲是国企的工会主席。只是不知道为什么，从小父亲就不怎么和她沟通，总是给她一种陌生且高高在上的感觉。而母亲，她一直对张瑶要求严格，相比"慈母"，更像是一位"严父"。

高三那年，张瑶的成绩在全校名列前茅，她想争取一个保送的名额。一直对她不错的老师告诉她，只要她这次考试能够考进前十名，保送名单中肯定会有她。

因此，张瑶很看重那次考试。

却没想到，也正是那次考试，几乎改变了她的人生——有人朝她扔了一张写满答案的小纸条，被巡考的副校长当场抓到。张瑶被记了大过，不仅没有得到保送名额，甚至差一点被学校开除。

"那个姑娘说她没有作弊，你相信吗，苏姐？"张瑶低着头，我看不清她的表情，只听到她的语气无波无澜。

"为什么不相信？"我说。

"为什么相信？"张瑶反问我。

"因为这么重要的考试，她不会把希望寄托在别人身上。换作我自己，我也是这样的。"

张瑶抬头看我，脸还是冷峻："你不用为了和我拉近距离特意这样说。"

我笑了："你一不是我的老板，二不是我的客户，我有这个必要吗？"

"没有。"审视了我一会儿，她说。

然后，她脸上的冰层好像渐渐裂开了，露出里面淡淡的悲哀："可是那个姑娘的妈妈不相信她。她不相信那个姑娘没有作弊，也不相信她的解释。姑娘的妈妈甚至说，如果你没有想作弊，那谁会把答案扔给你？他们自己不用做题吗，这么闲？"

"学校说查不到是谁扔的纸条,可那个姑娘知道是谁。毕竟只有一个人,和她申请保送同一所学校,而名额,只有一个。她是那个姑娘最好的朋友。后来,那个姑娘的朋友真的去了那所学校,还摆酒宴庆祝,春风得意,毫无愧疚。

"现在,苏姐你知道人心是什么样的了吗?那个姑娘早就知道了!可是怎么办?没有人肯保护她!她知道别人叫她刺猬姑娘,刺猬就刺猬吧,她只怪自己的刺不够多,不够尖利,要不然当初就不会任人这样伤害!"

不知不觉,张瑶的脸上已经有了泪光。

我从包里拿出纸巾递给她,她没接,自己抹了抹脸:"对不起,我失态了。"

"没事,没有外人看见。"我说。

她看了我一会儿,笑了:"你真适合 HR 这份工作。"

"你其实也挺适合你的工作,只要你愿意对自己和别人有一点点信心,你会做得很好。"

"你又要做别人的人生导师了吗?"张瑶说,这次脸色却没那么难看。

"是啊,给个机会吧。"我随口开着玩笑,"免费的,你值得拥有。"

张瑶沉默半晌:"我真的做错了吗?我只是想保护自己,很过分?"

"不过分。只是我想问你,刺猬虽然全身是刺,但真的能保护自己吗?在我看来,如果实力不够,拥有再尖锐的刺,也只是外强中干。比如你言辞尖锐,谁也说不过你,但是公司可以支付双倍赔偿金后把你赶走。这样你保护自己了吗?没有,你害了自己!相反,真正内心强大的人,是不怕别人来伤害的,因为她相信自己有足够的实力去抵御任何风雨。正是这种自信,使她看起来温和柔软,却没有人能够伤害她半分。我们都应该尝试去做这样的人,你觉得呢,张瑶?"

张瑶安静地听我说完,看了我好久,终于说:"承蒙你看得起,我试试吧。"

09
HR DIARY

张瑶的确在调整。

虽然有时候还是有人说起和她发生的摩擦,但是显然频率和强度都有所下降,甚至有一次,我的人事专员叶丹和她沟通事情,沟通完了,张瑶竟然破天荒地对叶丹说:"上次我反应有点过激,希望你别放在心上。"她这话把叶丹吓了一跳,直接跑来问我张瑶是不是出了什么事,怎么像变了一个人一样。

后来,我还在楼下碰到过张瑶和她男朋友,两个人一起吃饭,有说有笑的,看来那次争吵的不快已经烟消云散了。

当然,她的人际关系不可能在短时间内得到根本性改善,也有人在背后说本性难移,张瑶这好脸色还不一定能坚持几天呢,最好还是别惹她,被她怼一顿不值得。

只有我知道张瑶确实在努力。

她请我吃饭,拜托我把上次和她发生过争执的项目经理老刘也请了出来,还趁着吃饭的机会给人家道了歉。

"难道你真的受了什么刺激了？"我悄悄问她。

张瑶不高兴了："苏姐，你怎么也这么说呀？不是你让我改的吗？"

我点头："改吧，挺好的。你看现在你们办公室的空气都不一样了，都是流动的了。"

"你别夸张啊，我哪能影响空气。"张瑶说到一半，笑了，"不过现在有时候和大家聊两句，感觉上班的时间过得挺快的，工作也没有那么枯燥了。我男朋友也说我最近开得起玩笑了，他和我在一起轻松了许多。"

"你看，早就说了，我这种免费的人生导师，你值得拥有吧？"我拍了拍她的胳膊，"继续努力，我看好你哦！"

10

一个人的改变没有那么容易。张瑶最近是温和了许多，但是她的内心是不是认同这样真的对自己更好，连我也不能确定。

所以，当星期一的早上，我开完会出来，发现有几个同事凑在茶水间看视频，而张瑶面无表情地站在门口的时候，我预感到又有触怒她的事情发生了。

"这个人真是张瑶吗？"一个女同事问。

"是她。她就是坐地铁上班的，你看当事人的衣服，也和她今天穿的一样。"是叶丹的声音。

"标题是《地铁遭遇性骚扰，女白领暴击变态男》，可是这个视频中只能看到张瑶在打人，没看到人家骚扰她啊。"与张瑶同部门的一个人说。

"他要是不骚扰张瑶，张瑶能打他？"有女同事不赞同，"肯定是现场录制的视频不完整，人家发上来的时候不是说了吗，那男的确实行为不当。"

"我看不一定，她本来就是那种碰一下就愤怒的人，说不定就是人多，别人挤了她一下呢。"张瑶和同部门的那位同事关系不好，对方说话带了成见，"就算是性骚扰，谁让她把衬衫穿得那么紧？人家怎么不骚扰别人呢？"

站在我身边的张瑶已经脸色铁青。

我正想制止他们说下去，就看见叶丹站了起来。

"你这样说我就不爱听了。"叶丹说，"别说张瑶是我们的同事，就算是不认识的人，你也不能这么说！遇到性骚扰反而说女孩子穿衣服不合适，这是哪来的道理？"

另一位女同事也点头附和："对啊，你可别拿这些价值观来吓人，再说张瑶不是那样的人。"

"没错，就她痛打变态男这事，我就给她点赞。要是我在，我还要冲上去帮忙呢。"叶丹在旁边补充。

我松了一口气，拉着张瑶回了我的办公室。

进了门，张瑶缓缓地笑了："苏姐，我现在好像不那么惹人讨厌了？"

"这个不重要。"我轻声说,"重要的是,你有没有发现,就算有人会伤害你,同样也有人会相信你、维护你?只要你不竖起一身的尖刺,总有人会靠近你,和你站在一起的。"

她点头,又说:"而且,有人会伤害我这件事,好像也没有什么可怕的了。"

"那当然。"我晃了晃手机,"就你这个武力值,你一开始就不用怕。至少在公司里,没几个人是你的对手。"

张瑶笑了起来。

我发现,这一次她的笑容才是真正的、没有一丝勉强的、敞开了心扉的。

"我该谢谢你的,苏姐。"张瑶说,"别人都躲着我,你还愿意来了解我,真的很感谢你。"

我摇头,又想起了王岩。

上学时,有一次我去找薛仲,他不在,那个男生是对我笑过的。

他的笑容并不阴鸷,他也只是一个普通的、孤立无援的男孩。

"不用谢我。"我说,"我不想再让自己心生遗憾而已。"

这是心里话。

键盘后安静的美男子

01

三月招聘季,我为公司招聘到了一位"颜值担当"。

这位"颜值担当"是个男孩子,有着帅气的容貌、令人羡慕的大长腿,以及一个特别文艺的名字——肖景明。

面试他那天,一共有两位研发工程师候选人,排在前面的是一个叫杨光的男孩子。

杨光不同于其他学技术的男生。他有些自来熟,口才也很好,常常是我开了个头,他就能滔滔不绝地讲半天。整个面试过程中我没有说几句话,却已经从他的口中了解到了他的父母、他的大学生活及他这两年工作中遇到的形形色色的人。

这样的人放在安静的研发团队中,至少会有一个作用——活跃气氛。这也是在我面试之前,负责技术面试的部门经理就建议我录用他的原因之一。

送走了杨光,我回头,看见了安静地等在一边的肖景明。

他坐在角落里,没有刷手机只是坐着,目光镇定,嘴唇微抿,像是正在等待一场大考。

"肖先生。"我叫他,示意他跟着我进会议室。

他慌忙点头,站起身要跟过来,又想起面试登记表,于是回身拿在手里,小心翼翼地问:"是现在交给您吗?"

肖景明有一副好嗓子,说起话来圆润柔和,加上语调慢,给人一种宁静的舒适感。

彼时,恰好窗外的阳光落在他脸上,衬得他整个人明亮温柔。

02

不同于杨光，我问一句，肖景明才肯答一句，而且能少说的，绝不多说。

比如我问他在原公司的绩效评价情况，他只说"还可以。"我又问具体等级，他侧头想了想，说一年里四次考评，三次是 A。换成杨光，这会儿一准儿会给我讲 A 是多么好的等级，只有极少数绩效优异者才能获得之类的。可肖景明即使在我问起时，也只是面色微红地说："项目组只有我一个 A，经理为人不错。"

"既然这样，你为什么要离职？"我接着他的话问。

他一顿，抿了抿唇："是我自己的问题。"

原来，他前一家公司是个创业型企业，老板热衷于所谓的"团建"，要求所有员工每周一早晨都要在门口的空地上跳舞，谁也不能缺席。同时，每次会有一个人在前面领舞，不管你会不会，轮到你了，你就必须走上去。

老板把这称为"突破自我"。

眼看着下周就要轮到肖景明了，于是，他提出了离职。

听完他的理由，我忍不住笑了："就为这个？那你为什么不和老板好好沟通一下，说明自己的想法呢？"

"我……"他微微低头，挺直的鼻梁也那么好看，"别人都可以，偏偏我……我做不到，总不能让公司为我破例吧？"

"你做不到有什么问题？这又不是你的本职工作。"我换位思考了一下，要是我，我也做不到。

"有问题的。"肖景明一字一顿地说，"我太内向了，这是我最大的缺点，我知道。"

原来这还是个实诚的男孩子。

面试的时候说起自己的不足，多数人都喜欢避重就轻，可他却说得很认真，生怕我不相信似的。

"内向是你的性格，我不认为它是缺点。"我说，"每个人都有自己不同的特点而已，谈不上好坏。"

肖景明微微摇头，抬手指了指门外："刚刚那位候选人，能够和您聊那么久，我觉得就很好。我以后会努力改的，希望公司能给我一个机会。"

好吧，既然他坚持认为内向是缺点，那就让他保留自己的观点吧，反正这并不影响我们决定是否录用他。事实上，相比杨光，我觉得肖景明的性价比更高。

做技术的，能静下心，很重要。

03

肖景明和杨光同一天进了研发部。

试用期的第一个月，两个人的考评结果都不错。

区别是，公司里几乎有一半人都认识了杨光，有的是在工作上和他有交集，有的和他一起吃过饭，还有的甚至已经和他一起组队打游戏了。

然而，认识肖景明的并不多。确切地说，除了坐在他附近的几位同事，就只有公司里个别格外关注高颜值男生的女孩认识他了。

"肖景明适应得怎么样？"有一次，和他的部门经理一起开会时，我随口问道。

他皱着眉，纠结了好一会儿才说："不好说。一方面，他的导师对他评价很高，觉得他技术基础扎实，是个可塑之才。可另一方面，他一整天说不了几句话，存在感太低了。其他几个组的项目经理经常想不起来有他这个人，协调工作的时候，就不是太方便。"

我点头："那找到他的时候，沟通有没有障碍？"

"这倒是没有。"部门经理说着笑了，"他说起技术问题滔滔不绝，条理清晰，可说完了，就一句闲聊都没有了。别人都觉得很有距离感。"

"每个人个性不同，也不能都说起来就没完吧？"我说，"只要不影响工作，异质化对团队更有好处。"

他点头，认可了我的看法。

我计划着，哪天也要找肖景明本人沟通一下，避免他有什么自我贬低的认知，因为那完全没必要，也不是我们想要的。

然而没过几天，就有一件事传进了我的耳朵——肖景明被人怼了，而站出来力挽狂澜的是杨光。

事情发生在他们部门的代码评审会上。为了保证代码质量，研发部门会不定期组织大家对核心代码进行评审。负责编写核心代码的，一般都是级别比较高的老员工，所以其实很少有人能在评审时发现问题。可这次评审会上，恰好有人发现了问题，那个人正是肖景明。

这本来没什么，大家都是为了把产品做好。然而写那段代码的同事自尊心强，加上觉得自己写得很好，就滔滔不绝地把设计思路讲了一遍，又说肖景明理解不到位，提出的意见很低级。

他气势足、声音大、语速快，附和的人也多，肖景明一时被他说得手足无措。

这不是肖景明擅长处理的问题。他虽然认为自己提的问题没错，却苦于连话都插不上，更没有人家唇枪舌剑的本事，只能红着脸，求助地看向身旁的杨光。

其实杨光自己并没有发现代码的问题，可肖景明说的，他听懂了。于是他以退为进，顺着对方的思路一步步提问，最后才把问题引导到了肖景明提出的那个点上。

那里果然有问题，这下所有人都发现了。

肖景明看着在大家面前侃侃而谈的杨光，觉得他整个人都熠熠生辉，而自己……

他抿着唇，心情前所未有的复杂。

04

那段时间我很忙，找肖景明聊聊这件事也就一拖再拖。

直到一个周末的上午，我和薛仲出门逛街。他去停车，我从步行街口走进商业街没多远，便看到了肖景明。

彼时，繁华的商业街上已经是人头攒动。肖景明跟其他几个年轻的男孩女孩在街道中间站成一排，一位培训师模样的人站在前面，似乎在大声讲着成功学一类的东西。

路过的人有的驻足围观，也有的窃窃私语，肖景明的神情越发窘迫，他身边其他人也好不到哪里去。

然后，培训师一手指向了肖景明："好，从你开始。"

肖景明一怔，脸瞬间涨红。他左右看看，有些犹豫。培训师用手指一点，再次说："就是你，出列。"

我看见肖景明放在身侧的手握成了拳头。终于，他还是迈开步子，走到了前面，面对其他人站好。

培训师退开一步，给了他一个手势："开始"。

"大家好。"肖景明小声说。

其他几个人静了半秒钟，才响起参差不齐的回应："好，很好，非常好。"说到后面几乎没了声音。

"你们这是在干什么？我让你们大声喊出来。肖景明，你没吃饭吗？你的力气呢？"培训师厉声道。

肖景明抿唇，似乎鼓足了勇气，再次开口，声音大了一些："大家好！"

对面的回应仍然寥寥。

培训师又开始批评那几个男孩女孩。我甚至听见他说，如果他们想要做"隐士"，他不拦着；但如果想要做个"社会人"，今天这关，他们就必须要过。

05

"在看什么？"我正在琢磨肖景明这是在参加什么活动，耳边就有热气拂过，薛仲声音里带着笑，"远远就看见你在这儿发呆，像一只傻兔子。"

"你才发呆呢。喏，那个是我的同事。"我把肖景明指给他看。

薛仲看了两眼："这不是你们公司组织的活动吧？"

我摇头。

就算在成功学最火的时候，我也是不喜欢这种东西的，何况现在？

"那他这是在干什么？"薛仲问。

"可能是参加了什么培训班。"我皱了皱眉，"看起来有点……"

"洗脑。"我还没想好措辞,薛仲就替我补充上了。

这时候,那些人大概是被培训师训了的缘故,终于开始大声喊了起来:"好,很好,非常好!"

离得太近,倒是吓了我一跳。

周围停下来围观的人更多了,我又听见肖景明的声音:"我是肖景明,我很好,我是宇宙超级无敌大帅哥!"

这声音一点都没有他平时说话的声音好听,像是被谁捏住了嗓子。虽然隔着一排人墙,看不见他的脸,我也能想象他现在脸上一定通红。

"你的底气呢?大声点,重来。"培训师说。

肖景明又重复了一遍,然而声音更小了。

围观的一个女孩子笑出声来,另一个女孩子说:"跑到大街上乱喊,这人怕不是有什么问题吧?"

"等我一下,我去把他叫出来。"我对薛仲说。

现在我大概明白了肖景明这是在做什么,但我并不赞同。我不希望他好好的一个研发工程师,把功夫用在这些乱七八糟的地方。

"肖景明。"我侧身挤了进去,打断他说了一半的话,"你怎么在这里?项目上有问题在找你,你跟我出来一下。"

看见我,肖景明本来就涨红的脸,一瞬间几乎要发紫了。

这时候,旁边风风火火地跑过来一个扎着马尾辫的姑娘:"肖景明,你还真来啊?我都说了你没必要参加这些,你怎么就不听呢?"

她说完,也不管培训师难看的脸色,拉着肖景明就挤出了人群。

06

"我叫陈静。"步行街旁的一家咖啡店里,肖景明的女朋友热情地做着自我介绍,"不过苏姐,你叫我兔兔就行,因为我妈说我'静若处子,动若疯兔',大家都这么叫我。"

肖景明女朋友的性格和肖景明还真是大不相同。

"肖景明,你这参加的是什么活动?"我问他。

"苏姐,你可别说这个了,都要把我气死了。"开口的是陈静,"他跟我说,别人能言善辩,很厉害,什么场合都不怵,还能和同事迅速熟络。相比起来,他自己太差劲了,必须要努力改,所以就报了这么一个培训班吗?"

"可是我觉得他这样挺好的啊,如果他像我一样疯疯癫癫的,我俩在家还不得整天抢着说话?那不就乱套了吗?"

我被她逗笑了,去看肖景明:"你女朋友说得对,你这样挺好的。你说的那个人是杨光吧?其实你是你,杨光是杨光,你不用和他比。"

薛仲也在旁边点头:"没错,我们这些做技术工作的男人,很多都不太爱说话,可是这恰恰使我们有更多的时间去思考。你觉得这样不好吗?"

内向的人往往固执,肖景明也不例外。他摇头,很认真:"不好。老师说得对,人是'社会人',总是喜欢一个人待着,那是因为内心不够强大,这叫社交恐惧症,必须得治。"

"什么叫社交恐惧症?"我不赞同,"你不要听别人说了什么,就给自己贴标签。外向的人喜欢在人群中与他人交流,那是因为这种生活能让他精神振奋,是他给自己充电的方式。可你不是,你在人群中强迫自己与他人交流是在耗电,何必让自己不舒服呢?"

肖景明抿唇:"没关系的,苏姐,不舒服只是暂时的。我觉得杨光那样挺好的,大家都挺喜欢他的,我也想试试。"

我和薛仲对视一眼,彻底无语了。

07

肖景明果然是个说到做到的人。

我听陈静说,他每周都会去参加那个培训班,在家里也会要求她坐在那里听他演讲——那是培训班布置的作业。

最后,陈静认输了:"他要折腾就让他折腾去吧,反正他安静也好,闹腾也好,我都喜欢。"薛仲开玩笑地说肖景明的运气还真不错,遇到这么个"love you for you"的女孩子。

"可是他对自己就没有这么包容了。"我摇头,啼笑皆非。

其实最近肖景明在公司里的存在感已经大大提升了。可他提升存在感的方式,有点一言难尽。

已经不止一位同事问我,研发部的肖景明是不是受到了什么刺激,为什么午休时会跑到他们部门聊天?大家根本就不熟,他没话找话真的很尴尬。

尤其是前两个星期,一位同事过生日请大家去唱歌。肖景明和他有一些工作接触,他便也象征性地邀请了肖景明。

没想到肖景明竟然同意了。

不仅同意了,大家唱歌时,肖景明还主动选了一首歌。

我原本对他唱歌充满了期待。人帅,声音好,唱起歌来应该是一场视听盛宴。然而,让我大跌眼镜的是,别人唱歌要钱,肖景明唱歌,真的要命。

倒不是因为他的声音不好,也不是找不到节奏。问题的关键是,他的声音一直是抖的,感觉像是用小锯条锯在皮肉上,断断续续,磨得人崩溃不已。

就在大家面面相觑时,肖景明的脸色突然变了。原本一直是涨红的,现在却一片惨白。他匆忙说了一句"对不起",就扔下话筒,夺门而出。看方向,是冲向了洗手间。

"不是吧?唱个歌而已,就吓尿了?"杨光随口开着玩笑。

我猜肖景明是紧张过度引起了肠胃痉挛,赶紧安排一位男同事跟过去看看。五分钟后,男同事给我发消息，说只是闹肚子，让我放心。

这件事后来被一些人当成笑料，在聚会时频频讲给其他人听。这下肖景明出了名，原本不认识他的人，提起这个梗也都知道他是谁了。

我不是肖景明，所以我不太理解他为什么这样逼自己。可是，他显然也并不需要别人的理解。

08

再见到肖景明是在项目庆功会，他靠近我耳边，小声说："我刚刚给王总敬酒了，您看见没？"

王总是分管研发部门的副总经理，我点头。

因为喝了些酒，肖景明有些兴奋，眼睛也水汪汪的："您不知道，我以前最怕敬酒了。每次我妈带我去亲戚家聚餐，简直就是一场噩梦。我那些堂哥、表哥，一个个端着杯子，祝酒词一套一套的。到我这儿，结结巴巴半天，才好不容易挤出一句'过年好'。为这事，我妈不知道说了我多少次。"

"其实我也是。"我压低了声音，"我那时候也纳闷，和同学在一起时，我说话挺顺溜啊，可是一到这种大家庭聚会，我就找不到话说，显得特别木讷。"

肖景明似乎找到了同盟，拼命点头："对，和不熟悉的人在一起，我总觉得特别不自在。小时候家里一来客人，我妈就给我使眼色，意思是'景明，你倒是叫人啊'，我叫了一声叔叔阿姨，下一句就不知道说什么了。我妈只能不停地解释，说这孩子太内向了，让人家多包涵。但是今天，苏姐，你也看见了，我刚刚给王总敬酒了，他还和我聊了两句。"肖景明的眼睛亮了起来，"这是不是说明我现在已经改变了，不再像以前一样呆呆的不会说话了？"

09

虽然我始终不认为内向是缺点，然而肖景明想改变，我也尊重他自己的选择。

肖景明开始经常和杨光在一起，有点形影不离的感觉。我偶尔也会看见他和公司同事聚餐，看起来挺开心、挺活跃的。然而，他的项目经理却向我吐槽，说肖景明最近工作状态不太好。有些功能，他明明有能力找到更好的方法去实现，但他偏偏就没有钻研。虽然也把东西做出来了，可与项目经理对他的期望相比，还是有些差距。

其实这是必然的。

他消耗太多能量在改变自己的性格上了，能够用于技术研究的能量必然会减少。

"要不，我和肖景明聊聊吧。"我说。

他的项目经理摆手："没用。他现在铆足了劲儿，一心想要变成第二个杨光。可我觉得，江山易改，本性难移。你天生是个兔子，不好好跑步，偏要跟老鹰比谁飞得高，那不是开玩笑吗？苏经理，你什么也别说，咱就等着他碰钉子，碰了钉子就能找着正道了。"

看不出来，这位项目经理还是一位被编程耽误了的哲学家，我竖起了大拇指。

不过，当时我们谁也没想到，那根钉子已经在眼前等着肖景明了。一周后，肖景明所在的那个项目出现了一次现网事故，大半夜的项目经理被客户一个电话叫醒，立刻背着电脑冲到了机场。

我是第二天晚上接到紧急会议通知的。因为涉及责任人处罚，项目经理点名要我参加。

"没错，补丁是我负责写，不过编码的是肖景明。"一进门，我就听到了杨光的声音，"那天我另有紧急安排，就把这件事转交肖景明处理。考虑到他编写代码的能力一向很强，我也很信任他，就没再检查，这是我的疏忽。"

"这个补丁确实是你写的？"项目经理转向肖景明。

肖景明点头，又说："杨光那天有事，让我帮忙……"

"什么叫帮忙？"他的话没说完就被杨光打断，"我们是同一个项目组的，项目上的事，大家都应该共同完成。事情我已经转交给你了，你就应该对这件事负责。"

"可是，你当时没说……"肖景明努力解释。

"需要我说什么？事情已经交给你了，你自己不会去搞清楚？我们不是学生了，不需要老师安排好才知道怎么做。"

10
HR DIARY

不得不说，杨光的口才是真的好。

"确实是这样，肖景明。事情交到你手里，该做成什么样，你要心里有数。"项目经理开口。

"杨光当时没有说对数据量有要求，我问他，他又急着走……"肖景明很委屈。

杨光打断他："景明，问题已经出了，追究是谁的责任有什么意义？就算是我没说清楚，行了吧？我们现在要做的是想办法解决问题。"

"我……"

我实在看不下去了，推卸责任这种事我见得多了，可推卸得这么理直气壮的，还真是屈指可数。

"不如让肖景明从他接到需求开始，把事情说清楚吧。"我转头看项目经理，"需求文档在哪里？谁确认的？是肖景明拿到的需求本身有问题，还是编码不符合？"

杨光想说话，被我摆手制止了："解决一件事容易，但是我们得从这件事中发现存在的漏洞，避免再出现类似的情况。这就要求我们把事情的每个细节都搞清楚。"

项目经理点头同意，肖景明感激地看了我一眼，才开始陈述事情经过。

原来做补丁那天是平安夜，要求凌晨必须交付。做补丁本来是交给杨光负责的，可任务来得突然，杨光那天有聚会要参加，于是他就让肖景明把这个补丁做了，自己则潇洒地出去玩了。

肖景明当时正在忙，就简单记录了一下补丁的需求，因为听杨光说改动不大，加上对方急着走，他也就没有要求杨光做需求文档给自己。

结果现在开发的东西出了问题，杨光理直气壮地把责任全推给他，肖景明很委屈。他没想到自己推了约会帮同事的忙，得到的就是这样一个结果。

"行了。"项目经理摆手，"都不用说了。这个补丁，肖景明负责到底，今晚把它改好上传。以后任何人都不能私下把自己手头的工作交给别人，如果你做不了，反馈给我，我会安排。"

11

散会后，肖景明跟着我回了办公室："苏姐，谢谢您！"

"我只是让大家把事情说清楚，没有帮你的意思。"我从饮水机下面拿出纸杯给他倒水，"如果是你的责任，你也一样要承担。现网事故这么大的事，我不可能随便把责任扣在谁头上。"

他点头，声音低了下去："我本来以为我……谁知道关键时刻还是不行……我大概天生不擅长这些吧？"

"你是不会说，还是不愿意和别人发生冲突？"

肖景明有些沮丧："不愿意和他吵，也不会说。"

"那结果呢，事情一样清楚了，不是吗？"我问他。

"那是因为苏姐您开口了。"

我笑了："我不开口，你也有机会表达。你觉得能当项目经理的人，会不了解自己的团队？古人都说了，有理不在声高。你实在没必要非要在口舌上与其他人争个输赢。"

肖景明不说话，还是低着头。

"怎么？觉得委屈？工作中受点委屈很正常，我也一样。"我劝他。

"我知道，苏姐，我只是……"他看向我，有些失落，"你说人的性格真的不能改变吗？生下来是个闷葫芦，就要做一辈子闷葫芦？"

"闷葫芦怎么了？如果肚子里有才华，那叫内秀！"我说。

肖景明有些发愣："真的？可是上学的时候老师也说，我要改变内向自卑的性格，才能适应社会。"

"那你自卑吗？或者我换一个问法，除了因为内向而自卑，你还因为别的事情自卑吗？"

他和我对视了好一会儿，才缓缓摇了摇头。

"那就对了。你长得帅，学习能力不错，有自食其力的本事，有人喜欢，你有什么好自卑的？就因为不像别人那样活跃？那我告诉你，完全没必要！内向和外向的人，只是对精力的充电模式不同，和自卑挨不上边。那些教你改变性格的培训，都是骗人的！"

肖景明被我夸得脸红："可是大家不都喜欢性格开朗的人吗？"

我摇头："咱们这是公司，公司只喜欢一种人，就是能做事的人。至于你是热爱表达，还是喜欢安静，那是你自己的事，和公司一点关系都没有。当然，我不是说你不应该提高表达能力，但这仅限于，需要你表达的时候，你可以表达清楚，不包括需要你改变性格。你看过喜剧电影吧？喜剧演员在戏里什么样？可是戏外，很多喜剧演员也是一个内向的人，也喜欢安静和独自思考。现在你还觉得内向有问题吗？"

"可是以后再遇到刚刚那种情况，我该怎么办呢？"肖景明还是有些苦恼。

"在我看来，发生刚刚那种情况的原因，不是你口才不行，而是你对项目不够了解，对研发流程中可能存在的各种问题没有深入思考。比如我老公，他也是个安静的人，可是只要他一开口，就会切中要害，再多人在讲话，也会立刻安静下来听他说。这不是因为他擅长表达，而是因为他专业能力强，现在你明白了吗？"

肖景明呆呆地看了我好一会儿，眼睛才渐渐亮了起来。

"我懂了，苏姐。我知道该怎么做了。"

12
HR DIARY

春节后，公司拿到一个省部级项目，也是公司未来几年最重要的一个大型项目。

为了保证项目顺利进行，领导们决定在公司内选拔技术过硬的人员承担开发任务，肖景明顺利入选。

其间，我参加了两次阶段性项目汇报会，肖景明都有发言。我感觉发言时他虽然还是很紧张，但一旦讲到他的专业领域，他就会逐渐放松下来，进入一种旁若无人的状态。

用他们项目经理的话说，肖景明是个真正能坚持把技术做到"一厘米宽，一公里深"的人，而我们太缺少这种专注技术的人才了。

肖景明在项目组里逐渐如鱼得水。

十个月后，项目的第一个版本面市，召开发布会，我率领我们部门协助组织了这次会议。

现场所有细节确定完毕后，我回到会场，正巧看到主持人在介绍产品宣讲人。代表我们公司宣讲产品的不是别人，正是肖景明。

为了这件事，管理层还曾产生过一些争论，最后采纳了项目经理的建议，决定用他。没别的原因，他是唯一对产品的每一个细节、每一个功能的处理方式都非常熟悉的研发人员。

我靠在正对着讲台的大门上，看着肖景明身穿一身西装走上讲台。自我介绍的时候，他一如既往地紧张，圆润的声音因为紧张也变得有些尖锐，甚至下面有参会人员在小声议论公司为什么选了这样一个宣讲人。可是一进入产品介绍环节，肖景明的眼睛就亮了起来。

我猜想，那时候，底下的观众在他眼里都不存在了，他自己的紧张大约也不存在了，整个舞台上只剩下他们的心血之作，而他要做的，就是让所有人认识它、了解它、欣赏它。

直到产品介绍完，会场里响起雷鸣般的掌声，肖景明才从自己的世界里回到现实世界。

他脸色涨红，原本自信从容的神色一瞬间消失，又变回了那个内向害羞的大男生。

我觉得肖景明这样蛮可爱的，就隔着人群拍了一张照片发给他的女朋友陈静。

陈静回过来一个夸张的表情，毫不脸红地发语音说："哎哟，我们家小哥哥也太好看了吧！苏姐，你拍的图片不许外传哦，我怕被别人抢走。不行不行，你也赶紧删了，不准你看我家小哥哥。"

这姑娘……我忍不住笑了，替台上那个人感到庆幸。

这世界上不止一个人告诉你，你本来就很好，无须改变。这是多么幸运的一件事。

完美陷阱

01

"你这是苛求完美,会导致一事无成!"我走进会议室的时候,正听见总经理说这句话。整个会议室鸦雀无声,喻青越来越急促的呼吸声清晰可闻。

"怎么了?"我碰了碰旁边同事的胳膊,压低了声音问。因为和另一个会议的时间有冲突,我错过了这边的上半场,却没想到会议气氛这样紧张。

同事小心地摇了摇头,示意我看手机。

手机上,他发来一条消息:"新项目部计划又延期了,到现在还没确定技术选型。离交付已经不足 90 天了,再拖下去,这个项目铁定没法按时交付,总经理气得火冒三丈。"

"那喻青说明是什么原因了吗?"我一边发信息,一边去看坐在我对面的喻青。

她脸色苍白,下颌绷成了一条倔强的弧线,但脊背仍然挺得笔直,丝毫没有认错的意思。

"喻青,我再问你,前面的技术选型已经改了三版,现在到底有什么问题?你组织讨论了这么久,怎么还是不确定?"总经理开口问道。

喻青站了起来:"第三版技术选型虽然能满足当前需求,可是从产品延展性来看,未必能满足后续版本升级的所有需要。所以我认为我们目前有必要把后续版本严格规划出来,才能确定技术选型……"

"理想主义,你这完全是理想主义!"总经理打断她,眉头皱得更紧,"看来我刚才对你的批评,你一点都没听进去。后续版本的需求,和市场情况密切相关。现在谁能够预测未来所有市场需求?我们做产品,能够走一步看两步就很好了,你偏要看十步,没问题了才肯动手。我就问你,客户肯不肯等你?客户都丢了,你的产品做给谁用?"

喻青抬起下巴，一言不发，她的分管副总也脸色难看。

我捂住额头，叹了一口气。

02

喻青是我招聘来的。

在众多候选人中，她的简历最漂亮，而且面试准备充分，从形象到沟通，几乎都无可挑剔。当时，符合要求的候选人颇多，参与面试的分管副总原本还有些举棋不定，但在沟通中，喻青说她这个人做事，要么不做，要么一定要做到最好。这句话，打动了分管副总，他当场拍板，决定录用。

因为当时新项目部正在组建，而公司内稍微适合一点的人选都已经在其他重要岗位上了，所以喻青算是空降到了这个新的部门，成为部门负责人。

当时部门里有七个人，都是从其他部门临时调入的，在做一些项目前期的准备工作。

喻青入职一周以后第一次找到我，就提出了一个让我意想不到的要求——把这七个人都换掉，一个不留。

"我能不能知道是什么原因？"我问她。

她把自己的笔记本电脑放在我桌上，打开一份需求文档让我看。说实话，这方面我是外行，所以我笑了："你直接说问题就好。"

喻青点头，指着文档对我说："据我所知，现有人员到位有一段时间了，可他们只做了这么一份文档。然而就是这份文档，连客户要的究竟是什么都没有说清楚，更别说有力的数据支撑了。这样的东西都往我这里交，先不说能力问题，就说态度，我就觉得不合适。"

"要不然，你提出要求，让他们按照你的要求改？"我建议道。

喻青摇头，语气果断："做产品的，心里没有高标准，干不成事儿。"

最后，除了项目助理小雨，其他人都退回了原部门。

这件事在公司里引起了不小的议论，有人觉得她自以为是，有人觉得她不近人情，还有阴谋论者，说喻青想用自己人，老员工不好摆弄。

而只有我知道，作为一个完美主义者，她只是受不了自己的部门有一点瑕疵。

03

"苏经理，你得帮我。"把自己弄成光杆儿司令的那天中午，喻青主动找我一起吃饭。

"要我怎么做？"我笑了，一边拆消毒餐具，一边说，"公司内部愿意调动的那几个人你一个都看不上，网上的简历你也不满意。我只是个HR，你这样我也很为难啊。"

喻青抽出一张纸巾递给我，示意我把餐具再擦一下，才点开自己的手机："能不能从这几家公司挖点人？"

我看过去，都是业内顶尖的公司。当然，薪资也是业内顶尖的高。

"联系一下是可以的，资源不难找。"我有些为难，"只是项目成本方面……"

话没说完，她的电话铃声响起。喻青对我说了一句抱歉，就接起了电话。

我并不是有意偷听，不过包间里有点安静，加上电话那边的童声和我家安然有几分相似，我不知不觉就多了份关注。

"妈妈，我考了98分，小迪都才97分呢。"小女孩说，讨表扬的语气。

"是吗？"喻青的语气很淡，"有考了100分的吗？"

"就一个，可是她本来就很厉害啊……"那边急忙解释，听起来很可爱。

我忍不住笑了。

喻青打断她："那你为什么没有考100分？"

电话那边没了声音。好一会儿，小女孩委屈巴巴地叫了一声："妈妈。"

"你也可以是那个很厉害的人，弯弯。好了，妈妈有事情，你把错题改好，晚上我检查。"喻青说着挂断了电话。

我看向她："98分很好了，你该鼓励孩子一下的。我家安然能考98分都要骄傲了。"

"那她为什么不能考100分？"喻青神情认真，"别人可以，她也可以。"

"总有'别人家的孩子'嘛，没必要比……"

她打断我："我从小就是'别人家的孩子'，这没什么不好。"

"好吧。"我开玩笑，"我就是98分的孩子，我觉得也挺好的。这不是也能和'别人家的孩子'在一张桌上吃饭了吗？"

喻青被我逗笑，无奈地摇头，又强调道："给我招人那事，你挑好的，我只要最好的。至于成本，我们可以通过提升效率去控制。"

04

在招聘这件事上，我们公司的风格是尊重用人部门的意见，所以，我只能按照她的要求去招人。

然而，我好不容易通过猎头找来的三位候选人，却都没有入喻青的法眼。甚至有的人，她连让我谈一下的兴趣都没有。

"为什么啊？"我很困惑，"你说要业内顶尖公司的从业经验，他们都符合。不至于连一个稍微合适一点的都没有吧？"

"我要的不是稍微合适一点，是非常合适，你懂吗，苏耘？"喻青这样回答我。

我摇头："不懂，不如你给我讲一下。"

"第一个人，他在这家公司工作了6年，可是最近一年他主动提升了哪些技能？没有。第二个人，他用了四个月，只做出来一个小产品，做得也不能算是非常完美，可他还当成了不得的成绩来讲，对自己要求太低。第三个人。你知道我为什么没有让你面试吗？这个人啰唆到你难以想象的程度，一句话能说清楚的，他要说三四句。就这样的沟通效率，我没有那么多时间给他。"

所以，三个人都被她淘汰了，即使前两个我面试以后感觉良好，而对第三个人的简历，我也曾充满期待。

我看了喻青好一会儿，最后摇了摇头："喻青，你确定你想要的那种人，他存在？"

"为什么不存在？逻辑学上有一条定律，叫言有易，言无难。才面试了几个人，怎么能确定没有理想的人选？"

等她走了以后，我发了一条微信给薛仲。

"怎么办？我好像招错了人。"我说。

"何以见得？"薛仲很快回复。

"感觉。"

可是，喻青是我招的，我得想办法帮她做好。我叹了一口气。

05

最后，延迟了大半个月，项目团队终于磕磕绊绊地配置完成。喻青虽然不太满意，但不知道是迫于时间压力，还是看出来我已经竭尽全力，总算勉强接受了这个结果。

但这也就埋下了另一个隐患——喻青仍然以她原本的标准要求项目团队，造成团队成员为了达到她的要求频繁加班，而能力提升总需要一段时间。这一点，即使加班也不能改变。

于是，喻青仍然经常不满意。同样不满意的，还有新项目部的员工。

她的项目助理小雨已经不止一次向我吐槽，说活难干钱难赚，做一个PPT，喻青都能让她改八遍，不是字体不合适，就是图表颜色不清晰，她弱小的神经几近崩溃。

"苏姐，我就是一个小助理，她还想要我怎么样？"小雨发了一堆欲哭无泪的表情给我。

我预感，这样下去早晚要出问题。我想找喻青谈谈，可始终犹豫着，怕HR管得太多，会使人反感，最后结果适得其反。

过了几天，新项目部还没出事，喻青家里却出了事。

当然，事情不是喻青告诉我的。完美主义者通常有着常人难以企及的自尊心，不能接受自己在别人面前哪怕一点点失败。

可好事不出门，坏事传千里。凑巧的是，喻青的女儿和财务部一位同事家的儿子是同学，而这位财务部的同事，因为工作原因和喻青发生过一点小摩擦。

于是，我在神奇的信息传播地——卫生间，听说了关于这件事的始末。

喻青的女儿弯弯在周考时抄袭，被别的同学告诉了老师。老师因此取消了她的成绩，而弯弯在老师办公室哭了一节课，不是因为自己抄袭觉得羞耻，而是求老师给她100分。

说这件事的同事声情并茂，听的同事也跟着偷笑。没有人知道，这个只有一年级的孩子，是多么想拿一个100分，去讨自己妈妈的欢心。即使这个100分，来得不那么堂堂正正。

喻青带的团队里，不能再出现一个弯弯了。

我决定找她谈谈。

06

走到喻青办公室门口，迎面遇到他们部门的两个人。其中一个是产品经理任飞，他一向性格活泼，和我也比较熟，以往每次遇到都会笑着打招呼，很少有这样脸色难看的时候。

而办公室里的喻青，比他们的脸色还要难看。

"怎么了？"关上门以后，我问。

她一指门的方向："要离职。"

"任飞？"我很吃惊。他来的时间虽然不算长，可看得出来，他对公司的归属感建立得还是不错的。

"还有马赫。"喻青说。

两个核心人员同时要走，我不得不问一声为什么。

"说无法达到公司的要求，压力太大。"喻青嗤笑一声，"他们来的时候是怎么说的？说喜欢有挑战性的工作，希望能在工作中获得提升。都是说着玩的吧？"

果然出了问题。我有些后悔没有早点找她谈，这些都是我辛辛苦苦招聘来的人，损失哪个，我都心疼。

"消消气，你这样不能解决问题。"我劝她。

"那你说，怎样解决问题？"喻青用食指敲着办公桌边沿，"做一半就撂挑子，现在项目时间这么紧，他们走了让我到哪里找人接手？"

"那就不要让他们走。"我打断她，"先解决情绪，再解决事情，喻青。"

她和我对视，缓缓吐出一口气："对不起，我急躁了。"

最后，喻青答应让我找他们谈谈。

"他们估计会在背后骂我吧。"她苦笑，"也无所谓，我对事不对人。既然我是他们的领导，他们在职一天，就要按照我的要求工作一天。要想做出最好的产品，不付出艰苦的努力，根本不可能。"

07

"我工作五年了，第一次有人在试用期考评中给我写了一个'待改进'！"任飞一走进我的办公室就冷笑，"我怎么就待改进了？我做的产品设计，跟同类产品比，哪方面不算是领先水平？"

我让他在沙发上坐下，给他倒了一杯菊花茶："先别发火，我觉得你可以把自己的想法和喻青沟通……"

任飞打断我，摆摆手："不用沟通，她怎么评价对我重要吗？不重要。苏姐，你知道我来公司这段时间，头发都白了好几根吗？你知道我腰椎间盘都突出了吗？你知道我女朋友都要跟我分手了吗？这都是拜她所赐。天天加班，加了班还要挨批，换成谁都受不了。"

"我就算了，马赫更倒霉。喻青总是半夜打电话给人家，让他修改东西，马赫家孩子小，被吵醒了就要闹。现在他没办法，只能一个人睡客厅。苏姐，她想要的完美产品，在现有的条件下根本就做不出来。你说我们除了离职，还有其他活路吗？"

我无奈，只能和他讲公司对这个部门非常重视，又分析外部就业环境，最后承诺会和喻青沟通，请他再给我一个月的时间。

客观来说，任飞他们已经错过了招聘黄金时间，再想拿到这个薪资水平的 Offer 也不容易。何况同行业公司，顶尖的就那么几家，他们总不能走个遍。这一点我不说，他们自己也知道。

他回去考虑了一个晚上，最后点头答应了。

"你把标准降一降，咱就和市场上同类产品比，领先一小步就可以。至于后面，就等产品推出以后持续改进，你看行吗？"当着分管副总的面，我问喻青。

分管副总点头同意了我的想法。

喻青犹豫了好一会儿才答应，等分管副总走了，却小声抱怨："我把他们供起来行不行？我就不明白，一次性把事情做到最好，有那么难吗？"

我叹了一口气，点头："难。"

08

新项目部终于暂时太平了。虽然喻青自己经常在加班改东西，但是其他人的脸色却逐渐好了起来。

没几天，总经理召开公司级项目进度汇报会。我因为要参加另一个会议，错过了上半场，据参会的同事说，其他的项目或多或少也存在问题，但人家至少能看见明显的进度。而喻青呢？上个月的汇报会上，她就说项目在做技术选型，这个月还是。团队成员增加了好几个，项目预算也眼看着要超，只有进度，一个月了，仍然停滞不前。

于是，总经理要求以当前需求为主，尽快确定技术选型，进入实质性研发阶段，但喻青有自己的想法。

最后，总经理发了火，当着二十多个人的面批评了喻青。正好我进来，后面的事情我就知道了。

"我现在不管别的，只想知道，这个项目什么时候开始概要设计，什么时候开始编码，什么时候能正式发布？"总经理直截了当地问。

"现在还不能确定，我们正在进行后续版本规划……"喻青说。

"行了。"总经理打断她，"不能确定的事情就不要说了，我只说要求：能满足现有需求，有一定可扩展性，能够按时交付。你就按照这个要求执行，不要把简单的事搞复杂了。我们是企业，做的是商品，不是艺术品，希望你明白。"

喻青盯着面前的笔记本电脑的屏幕一言不发，也没有对总经理的话做出任何回应。

总经理的态度已经很明确，只是话没有说得那么难听而已，翻译过来就是，要么喻青按照他的要求推进工作，要么换人。

要不要拉喻青一把？这个问题摆在了我面前。

09
HR DIARY

我想了一整天，还是决定找喻青谈谈。不说别的，后续让我再招聘人选来接手她的工作，对我来说也是一个难题。

然而，喻青没在办公室。

"往那边走了。"小雨指着天台的方向，悄声说。

我点头，沿着楼梯上了天台。

天台上风有些大，一眼望去，空无一人。我转身正要走，突然听见转角那边有人说话，是喻青的声音。

"你要驻外？你一个会计，驻什么外？"她说。

也许是以为这里没人，她接听微信语音电话时用了免提功能。

"会计怎么就不能驻外了？你不是说我不上进吗？现在有个机会，外派做好了就会被提升为财务经理，这不是正符合你对我提出的要求吗？"是一个男人的声音。

"财务经理？"喻青似乎是嗤笑了一声，"你现在能达到财务经理的任职要求吗？我让你考什么证你都不愿意，只满足于眼前的小日子……"

"眼前的小日子怎么了？以前你让我考注册会计师，我考了。我知道做财务需要这些资质，我从一名普通会计做到总账会计，你仍然不满意。你知不知道这样我压力很大？"

两个人激烈地争吵起来。

我很尴尬，走吧，面前的铁门颇重，推开时很难不发出声音；留下，有偷听人家私事的嫌疑。

"我不和你吵架，喻青。"终于，男人说。

"我也没有要和你吵架。"喻青针锋相对。

男人的声音低了下来，透着疲惫："我们这几年吵得够多了。所以，我去驻外，你不必每天看到我都不满意，我们也能和平相处。"

"什么叫我看到你不满意？"喻青拔高声音，又勉强控制住，"你基础好，我是希望你能发展得更好。让你考ACCA（国际注册会计师），你说英语已经很多年没学了，那重新学有什么问题？其实就是你自己没有更高的追求。"

"要我支持你工作，要我给孩子陪伴，又要我不停地学习，追求职位提升。喻青，我大概真的不是你理想的老公，我做不到。"

这话说完，气氛陷入一片沉默。

我拉开铁门，故意弄出了一点声音，然后提高声音叫喻青的名字。

她从转角处探出头来，随即对着手机说："我有事，晚上商量。"便挂断了电话。

10

十分钟后,我和喻青坐在了楼下的星巴克里。

"你都听见了?"她苦笑。

我没回答,只是说:"对于会上发生的事,我觉得最好找你谈谈。只是沟通,并没有要干涉你部门工作的意思。如果说的有什么不合适的,请你见谅。"

喻青垂眼,慢慢搅动咖啡勺,过了好一会儿才说:"其实我也有些话,不知道该找谁说。难得你愿意,那就聊聊吧。"

虽然是午后,却没有阳光,天气阴沉,星巴克里面也是一片安静。

"你喜欢喝美式?"我看着她的咖啡,皱了皱鼻子,"好苦。"

她看我,笑了笑:"可是这才是咖啡本来的味道。"

我低头看了一眼自己的焦糖玛奇朵:"要不,尝尝我这种?"

喻青摇头:"糖分太高,会胖。"

"胖一点没关系的,胖了再减肥嘛。"我笑了,"这个好喝得多。"

她仍是摇头。

追求完美的人,往往对自己要求严苛。我一向觉得应该向她们学习,可又希望她们也学学偶尔纵容自己。

"我读小学的时候,有一个好朋友。我们两个人一起上学,一起放学,一起写作业。可不同的是,我写错了一个字,会划掉继续写,而她。"想起多年前那个小女孩,我笑了起来,"她会把一整页都撕掉,全部重新写,一直到写出来的作业完美无瑕为止。"

喻青没抬眼,语气平静地说:"是的,如果连着撕了几页,本子就有点薄了,不好看,然后她会换一个本子重新写。"

我拍手:"对,就是这样。后来我就不和她一起写作业了,因为每次看见她写的作业,我都不好意思拿出我自己的作业本。"

"那样不好吗?"喻青低声问,"写得完美无瑕不好吗?"

"好,当然好。"我说,"可是她写得很慢。明明都会做了,只为了一点点小问题,就重新写,会很耽误时间。"

"她成绩怎么样?"喻青始终关心这个。

我坦承:"很好,100分女孩。"

喻青笑笑:"那不就可以了?"

"为了比我高出那两分,她不看电视,不和我们出去玩,每天都按照计划好的时间表做事,甚至连发呆的时间都没有,你觉得这样好吗?"我问。

"那她现在呢?"喻青说。

我摇头,心里涌起哀伤。故事里的女孩早已经不在了,她死于抑郁症。

11

"喻青，公司并没有要求你做出一个完美的产品，只需要你满足当前的交付要求。"聊了一会，我最终转到正题。

"可是，我自己得尽全力把它做到最好。你让我把一个有瑕疵的产品交给客户，我做不到。"喻青说。

我笑了："你没做过产品测试吧？"

喻青也笑："我这个性格做不了产品测试，首先带着 bug（漏洞）发布产品这件事我就受不了。"

"所以要持续改进啊。现在推出的只是 1.0 版本，我们别对自己要求太高了。"

"不是我要求高，要做就做好……"

她还真是固执得可以，于是我打断她："嗨，100 分女孩，你觉得坐在你对面的 98 分女孩很差吗？"

喻青微微一怔，又笑，带了点失落："你差什么？你都是人生赢家了。"

"我哪儿赢了？"我问她，"因为我嫁了个能干的老公？薛仲是很好，在我心里是顶尖的。可是放眼全国，薛仲肯定不是最优秀的。就连和他的同学比，他也未必是事业做得最好的。他不擅长厨艺，讨厌洗碗，有时候孩子气，还会霸着电视看《动物世界》。"

我越说心里越柔软，忍不住露出笑容："你看，我们都不完美，可是我们彼此相爱，修修补补一起建设自己的生活，这不是很好吗？"

"也许是吧。"喻青淡淡地说，"可是和同龄人比，薛博士已经很完美。"

"那要看你的标准是什么。"我摇头，诚恳地说，"喻青，对自己，对老公，对孩子，都别要求太高。我们只是普通人，我们一直在认真地生活，这就够了。"

"你果然听见了。"她苦笑，"我太没面子了。"

"在我看来，'里子'比较重要。"我说，"和你老公好好沟通一下，别逼他，你是他的妻子，不是他的领导。告诉孩子，98 分就挺好的，下次我们争取考 99 分。把项目交付的标准调低，不足的地方下一个版本改进，这样好吗？"

过了好一会儿，喻青才说："我试试吧。"

后来，她告诉我，她小时候，她妈妈的要求是 100 分才有奖励，99.5 分都不行。结果必须是完美的，这是喻青从小到大的价值观。

于是我也坦诚地告诉她，那是个陷阱，因为世界上没有完美。她如果固守这个价值观，现在她就会失去这个职业机会，然后会失去老公，以及让女儿成长得更加痛苦。

最后，她妥协了。

12

两周以后，新项目部终于定下了技术选型，也更新了项目计划。管理层开会的时候，总经理交代分管副总把这个项目盯住，如果喻青再拖拖拉拉，我就可以物色新的部门经理了。

好在喻青已经开始改变。

而且，她突然把我当成了一个可以说话的人，每天向我抱怨：任飞完成的那个设计，完全是按照客户需求来的，等客户成长了他就会被甩掉，你说他得意什么？那几个助理做的PPT简陋得没法看，我是忍了又忍才没让他们改，要不然你又要说我……我老公最近懒散得很，每周末都在看球，学习的时间还没有看球的时间长，要不是你让我对他要求别太高，我真的受不了他……

喻青唯独没有抱怨过女儿弯弯。

一天中午，我们一起吃了饭，她突然要去星巴克买蛋糕给弯弯。

"你不是不准她吃蛋糕吗？这是奖励？"我问。

"是的，奖励她学会了一首英文儿歌。"她捂着嘴，眼睛弯了起来，"你都不知道，她唱得好难听，调子也不对，单词也没读准，可自己还挺得意。"

"好可爱。"我说。

她点头："我答应给她奖励，弯弯很开心。"

"她好久没这么开心了。"顿了一下，喻青又说。

我见喻青眼角有点泛红，拍了拍她的手背："得到妈妈的认可，小孩子当然开心。以后你要多鼓励她。"

喻青点头，把脸转过去，用肩膀撞了撞我："谢谢你哦，苏耘。"

"都是好闺密了,客气什么？"我笑了，拉住她的胳膊,"给我也买一块,我也想吃蛋糕了。"

"腰上都挂'游泳圈'了。"喻青扔了个白眼给我，最后还是挑了三块蛋糕。

"我也放松一下，吃完再减肥。"她解释道。

当天晚上，我做了一个梦。梦见小时候的伙伴扎着羊角辫，在一笔一画地写作业。

我想起她的名字，郑万里。如果她没有掉进这个被"完美"掩藏的陷阱，大概真的会鹏程万里吧？

醒来，我抹去眼角的泪，天亮了。

愿你的善良有锋芒

01

每月十日,我都会准时往一个账号里面转一笔钱。从二三百到一千五,我一转就是八年。可是这个月,我没有转。

"真的决定不管了?"那天,薛仲问我。

我点头。于是他笑了,拍了拍我的肩膀:"早该这样了,我支持你。"

"那别人说我不守承诺,说话不算数怎么办?"我故意说。

薛仲眉头一挑:"谁爱说什么说什么,我家苏小姐自己的钱,难道自己还做不了主了?"

"那可未必,说不定哪天人家就找上门了。"

我本来是开玩笑的,却没想到,一个星期后,那个许久没见的人还真出现在了我面前。

张艳红穿了一件米色的风衣,顶着蓬松的丸子头坐在会客区的沙发上。如果不是皮肤微黑,我都快认不出这是那个有一双亮晶晶的眼睛山里姑娘了。

"苏耘姐。"看到我,她站了起来,涂着玫瑰色口红的嘴委屈巴巴地嘟着,"你怎么把我微信拉黑了呢?打电话给你,你也不接……"

"我故意的。"我打断她的话,目光落在她握在手里的最新款iPhone上,淡淡地说,"我想,我的意思上次已经表达得很清楚了。艳红,我不会再给你转一分钱。以后的日子,你只能靠自己了。"

姑娘一听这话,脸色一下子变了:"你不能这样。你这样,我怎么办啊?"

我被气笑了:"这个结果,在你反复说谎从我这里骗钱的时候,就应该想到了。"

此时正是早上上班的高峰期,有路过的同事侧目看过来。

张艳红往旁边瞄了一眼，立刻提高了声音："可是你答应过我，只要我能考上大学，你就供我读书。现在我才大二，你突然翻脸不认人，是要逼我放弃学业吗？你知道我从大山沟里考出来有多难吗？"

我看看张艳红，又环顾了一下周围的同事，不禁摇了摇头。

在一个上有重男轻女的祖母，下有被宠坏的弟弟的贫困家庭长大的女孩子，果然是很擅长察言观色的。

"张艳红。"于是我也提高了声音，"当年我同学到你们学校支教，跟我说有个小姑娘很想上学，可是家里不让她读书了，我完全是出于同情才开始资助你。这些年，该出的钱我出了，你也确实通过自己的努力考上了大学。学费我给你交完了，但我没有义务满足你的虚荣心。今天我教你最后一个道理，别浪费别人的善良，因为善良也是有底线的。我们缘分尽了，祝你好运吧。"

说完，我转身回了办公室。

02

"苏姐。"我正专心处理工作邮件时，企宣部的专员夏长漫走进来，站在我办公桌对面，神色复杂地看着我。

"怎么？"我笑了，"觉得我过分？"

她摇头，犹豫好一会儿才说："之前你劝我不要太好说话，我还觉得是你把人想得太坏了。我帮助别人有什么错？乐于助人本来就是传统美德呀。可是今天……"夏长漫的手指不自觉地扯着自己衣服下摆，"我发现你说的，好像也有点道理。"

何止有点道理？这话到嘴边，我又咽了回去。有些事情，得靠自己想通。

夏长漫是年初时一位 HR 同行推荐给我的，我找到她的时候，她原本是没有换工作的打算的。

对此，我有些吃惊。要知道，那时候，她原公司已经拖欠工资三个月，公司里三分之二的人都找到了下一份工作，剩下的也在蠢蠢欲动。唯独夏长漫，学历背景不错，机会也比别人多，却死心塌地地想要和公司共患难。

我就看中了她这份忠诚。

不承想，那家公司倒是先放弃了夏长漫，甚至连一分钱补偿也没给。

"公司现在也不容易，老板比我们大不了几岁，他压力也很大的。"面试时，夏长漫笑着说，"工作没了再找就好了，没必要太计较。"

"那你的工资呢，也不要了？"我问。

"当然要了，老板说一有钱就会给我的。"夏长漫倒是很有信心。

我和企宣经理对视了一眼，同时点了点头。

企宣部的同事以年轻女孩子为主，夏长漫这种性格，很利于团队的安定团结。

出乎我预料的是，入职第一天，夏长漫就以一种特别的方式出了名，也迅速和部门的同事熟络了起来。

事情是我部门的人事专员告诉我的。

她本来是去给夏长漫办理入职手续的，可没几分钟，就乐不可支地钻进了我的办公室。

这姑娘笑得前仰后合："你录取的这个企宣专员可太逗了，人长得倒是挺好看，就是这头发，剪得跟狗啃的似的。然后我问她，你猜怎么着？昨天她家门口一个理发店开张，拉她进去体验。她不好意思拒绝，就被人家给弄成了这样。企宣部那些小姑娘都挺看不过去的，七嘴八舌地让她去找理发店算账。可夏长漫说了，谁都有失败的作品，爱因斯坦还有三个小板凳呢。所以她就顶着这么个发型出门了，然后自我安慰说起码凉快。你说这姑娘的心有多大？"

我跟着她笑了。

挺好，这都能忍，那工作中有点小磕小碰的，肯定不会轻易与同事产生矛盾。

03
HR DIARY

再见到夏长漫，是两个星期以后。

我去企宣部找人，她风风火火地从里面冲出来，差点撞在我身上。

"苏姐，不好意思。"这姑娘露出一个明朗的笑容，"我先去会议室了，回头请您喝奶茶。"

"她急什么，很忙？"等夏长漫走了，我问她部门的同事。

有人笑着说："事儿是不太忙，就是分给她负责后，很忙。"

原来，为了保证宣传效果，公司每年都会更新产品手册。这部分工作以前都由长期合作的设计公司负责，企宣部的同事只需要跟进一下进度就好。然而，今年由于合作的设计公司那边经营出了点问题，我们公司临时决定重新选择供应商。考虑到夏长漫本身就是做设计出身，再加上刚入职，手上具体工作不多，于是把这项工作交给了她。

照理说，夏长漫只需要找几家规模和口碑都不错的公司来沟通一下需求，再让他们做个样本，就可以写份报告交上去让领导拍板了。

然而，事情到了夏长漫手里，就复杂了。

"你的意思是说，每家找她的公司，她都一一考察了？"企宣经理找我谈事情的时候，我随口问。

他点头，有些无奈："这事我问过，她说那些广告公司都挺有诚意的，而且都主动去网上收集我们的信息，做了样本出来。不让人家来讲一下，实在太不近人情了。"

这像是夏长漫会做出来的事。

"怪不得她那么忙。"我笑了，"也好，多比较一下，谈价格时也有空间，是不是？"

"但把事情做得这么复杂，现在为难的是我。"企宣经理把一页打印着密密麻麻的信息的表格放在我桌上，"十几家公司，你说我怎么选？"

这倒是个问题。

最后，企宣部只好组织了一场招标会。夏长漫加了好几天班，忙前忙后地把所有评分标准都制定清楚，又通知所有沟通过的企业来讲标。

她觉得这是给了别人机会，我却知道，别人并不这样理解。

有个曾经帮我们做过招聘海报的小姑娘正在其中一家设计公司任职，我看见她在朋友圈里抱怨说，如果没打算和他们公司合作，就不要搞那么多事情，让人家忙得人仰马翻，最后还是陪太子读书，何必呢？

04
HR DIARY

七月，公司新产品发布。

宣传推广新产品是企宣部最重要的工作之一，做好了是业绩，但只要出一点点问题，都可能会被无限地放大。可偏偏合作的策划公司负责我们这个项目的项目经理突然怀孕，因为是高龄产妇，情况不太好，人家果断辞职回家养胎去了。策划公司给我们换了一个二十三四岁的年轻女孩负责对接，并再三保证她很有经验，绝对不会影响我们项目的推进。

企宣经理对此表示怀疑。然而，现在更换策划公司已经来不及，而策划公司那边也协调不出来更合适的人。

这个时候，谁都不愿意负责对接策划公司。操心不说，和一个新手合作，谁知道会搞出什么状况来？于是原来负责对接的那位同事找了一个理由把事情推了出来，经理最后把夏长漫叫进了办公室。

"我看他们经理就是看漫漫好说话，欺负人。"我们部门的人事专员和我吐槽。

我笑："人家夏长漫都没说什么，你倒是主动为她打抱不平。"

"她能说什么啊？您还不知道她，是个吃亏都当福气的人。这事让她做，没准她还觉得是领导在考验她呢。"

夏长漫的确是这样认为的。

其实客观来说，换作是我，我也会接这个工作。别人怎么想不重要，自己从中学到东西才更有意义。

但策划公司指派的那个叫赵璐璐的小姑娘，还真不是个让人省心的合作伙伴。

周三下午我开完会，路过隔壁会议室，正遇到企宣经理在发脾气。

"这个方案你应该什么时候交，上周五吧？"他指着PPT，"结果你呢，根本没做出来。夏长漫和我说你准备利用周末加班，好好雕琢一下。行，我给你时间。然后，你就从网上找一个PPT，随便改一改就来应付我们？"

他的对面，赵璐璐一张小脸涨得通红，眼泪在眼眶里打转。

"老大……"夏长漫在企宣经理身边，拼命给他使眼色，"您先别生气，听璐璐解释……"

"她有什么好解释的？耽误我们的时间，她还有理了？要是网上的东西能拿来就用，公司用得着花钱请他们？"

企宣经理的话说了一半，赵璐璐倒不干了。

"您凭什么说我这是随随便便从网上找的PPT啊？我们公司本来就有发布会流程模板，我用模板改一下有什么不对？"小姑娘开始抹眼泪，"您是甲方，您说了算。可您也不能欺负人啊。"

"我欺负人？你用快消品的发布会模板做我们高科技产品的PPT，连人家的logo（标志）都没删掉，还说我欺负你？"企宣经理都被气笑了，转头看向夏长漫："产品和风格你没和她沟通清楚？她现在到底知不知道我们要的是什么？"

"这个……"夏长漫看了一眼赵璐璐，又小心翼翼地看自己的经理："大概是理解问题的角度不同吧，我马上就让她改。明天，明天拿出来的方案保证符合要求，您看行不行？"

"我今晚还有事呢。"赵璐璐小声嘀咕，被夏长漫偷偷摆手制止了。

晚上我和海外公司的同事开完电话会议出来，企宣部还亮着灯。

夏长漫一个人坐在角落里噼里啪啦地敲键盘，那头刚刚长得长了一点的头发被她胡乱扎在头顶，露出饱满的额头，看起来有几分孩童似的率真。

"帮那个赵璐璐改方案？"我斜靠在她办公桌挡板上，笑着说，"甲方给乙方改方案，我还是第一次看见呢。"

夏长漫满不在乎地笑了，目光还停留在电脑屏幕上："我妈说了，助人是快乐之本。反正我今晚也闲着，就是改个方案，小事情。"

05

正说着，她的手机响起。

夏长漫接通了电话，我也转身准备收拾东西下班。时间不早了，再不回家，就赶不上给安然讲睡前故事了。

"漫漫。"电话那边是个年轻的男声，也许是为了打字方便，她用了免提功能。

"那个彩礼的事，我和我妈说了。"男声接着说。

夏长漫手指不停，随口应了一声。

"我妈的意思是八万八有点多，房子首付一家一半后，他们手里也没什么钱了，现在最多就能拿出来六万。"

"哦，那就六万好了。"夏长漫毫不在意，"回头，我和我爸妈说一声。"

那边男声笑了起来："漫漫，你不会生我的气吧？"

"这有什么好生气的？行了，我加班呢，等会忙完打给你。"

我回头看着她，那姑娘还是盯着电脑屏幕，在调整PPT细节。

"准备结婚了？"我问。

"啊？"她回过神，有些不好意思地笑了，"嗯，认识好几年了，想着差不多就结了吧。"

"他家也是本地人？"

"是呀，他爸以前还和我爸是同事呢，都在进出口公司，不过那时候我俩不认识。"夏长漫笑着说。

我却微微皱起了眉。

本地流行结婚给彩礼，彩礼金额不像有些地区动辄几十万，但一般都是八万八起。夏长漫男朋友的家境听起来并不差，而且他本人应该也工作好几年了，不至于拿不出这笔钱。所以他今天的行为，有点让人难以理解。

除非他看准了夏长漫好说话。

我这人有点爱多管闲事，尤其看不得别人欺负老实人，于是我说："现在女孩子结婚都要求彩礼，像你这样不在意的不多了。"

夏长漫停下敲键盘的手，转头看我："其实要不是我爸觉得不要彩礼不太好，我根本就无所谓。毕竟，结婚是我们两个人的事。"

我笑了笑："女孩子不要彩礼是女孩子通情达理，但男孩子想给彩礼，也是男孩子的诚意。你说呢？"

"他爸妈也不容易，而且他妈喜欢旅游，喜欢买玉石，总不能因为他结婚，就降低他爸妈的生活质量啊。反正我们两个年轻，想要什么，我们自己努力就好了。"

我看着她，夏长漫目光坦然。

有些人大概真的是天性善良，帮助别人、为别人着想已经融入了他们的基因，所以他们并不觉得委屈。而我眼前的姑娘，似乎就是这类人。

我由衷地笑了："那你别加班到太晚了，该乙方自己做的事情，我建议你下次还是督促他们自己完成。"

夏长漫点头应着。

我转身走出了办公室。

06

发布会其中一项重头戏就是播放公司宣传片，为此，赵璐璐带着摄像师和布景来我们公司拍了整整三天。

然而，出来的样片却不理想。

本来视频的主体部分用了科技感很强的、带了透光效果的蓝色背景，结果不知道是拍摄时的光线原因还是背景板出了问题，拍出来就成了一团浓重的深蓝墨水。

企宣经理看了，气得差点骂人。

好在现在科技发达，背景颜色是可以通过软件处理的，于是他大手一挥，让赵璐璐调整视频背景。

可赵璐璐不愿意。

"方经理，这是视频，不是图片，说处理就处理了。您知不知道这个视频有多少帧？我告诉您，每秒30帧，视频有10分钟，您自己算一下这个工作量好吗？而且，制作时为了赶进度，我已经加了好几天班了。现在时间马上到了，您让我修背景，这不是故意为难我吗？"这姑娘说到后来还委屈上了，吧嗒吧嗒掉眼泪。

其实我听说，这个视频夏长漫是看过的，她原本就觉得有问题，可就是因为这姑娘的眼泪攻势，她不得不同意先拿给部门经理看。

结果当然通不过。

企宣经理这次没和赵璐璐废话，只说要么改，要么我们不付款，让她自己选。

于是赵璐璐又想到了夏长漫。

这事是我部门的人事专员告诉我的。她和夏长漫关系不错，当然，夏长漫这样的性格，公司里绝大多数人和她的关系都差不到哪里去。

"我就和漫漫说，你不要帮忙处理视频，他们乙方拿着我们的钱，还让我们的人加班帮他们干活，世上没有这个道理呀。"人事专员是个厉害丫头，话说得毫不留情。

"她没听你的吧？"我笑着问。

她一张小脸皱在一起："可不是吗？漫漫说她晚上回家也没事做，还不如帮帮别人。还说予人玫瑰，手有余香。我就搞不懂了，像她这样，就算有一车玫瑰，也不够送人的啊，哪还剩得下什么余香。"

我正喝着咖啡，被她这话逗得差一点呛出来。

"以后我喝水时不准你说话。"我和人事专员开着玩笑，"你只会胡说。"

不过话糙理不糙，我也不赞同夏长漫这样做。

07
HR DIARY

第二天是星期六，因为算错了送达日期，我给薛仲新买的笔记本电脑被送到了公司。于是，收到派送短信，我干脆换衣服出门，直接到公司取电脑。

正赶上午餐时间，用餐区里只有寥寥几人，其中就有夏长漫。

"哪家的外卖？看起来不错。"我随口问。

她抬头回答了我的问题，我看见她浓重的黑眼圈，吓了一跳。

"昨晚没睡好。"夏长漫揉了揉眼睛，"没事，问题不大。"

"没睡好还是没睡？"我问她。

她一顿，不好意思地笑了："今天早上趴在桌子上睡了一会儿。"

我在夏长漫对面坐下，指着她的黑眼圈问："改了一晚上，还没改完？"

"不是，原本是几个人分工，但他们公司那边改得太慢了，我分到的部分弄完了就帮他们改一下，已经改好了。等会我传到云盘上，他们下载了刻个盘就大功告成了。"

他们改得慢？他们就是干这个工作的，如果慢，只能解释为根本没有尽力去做。

并不是所有善意，都会得到应有的尊重，也不是所有人都懂得感恩。

我的脸色冷了下来："我来公司这些年，发布会不清楚，校园宣讲会倒是做了不少，没有一次是我们帮乙方改东西的。那本来就是他们的工作，要不然我们为什么付钱给他们？"

夏长漫放下咬了一半的鸡腿看着我："苏姐，没必要这样吧？别人有困难我帮助他们，等我有困难的时候，别人帮助我，这不是很好吗？"

"是很好。但你这样，只会把乙方惯坏。往好了说，他们感谢你这次的帮助，以后知道提升自己的工作质量，这确实不错。可往坏了说，你总是帮他们，时间长了人家会心安理得，会对你产生依赖。到最后，她自己什么也不会，反而觉得是你造成的，怨恨你，你信不信？"

夏长漫怔了几秒钟，头摇得像拨浪鼓似的："不会不会，我妈从小就教我，与人方便，自己方便。哪有人像苏姐你说的那样啊？"

"那你到公司好几个月了，前面那家公司拖欠你的工资给了吗？"我问。

她彻底怔住了。

可我到底没有说服她。

直到几天后，我资助的贫困生张艳红找上门来向我要钱，夏长漫对于"人性本善，所以你对别人好，别人也会对你好"的认知，才终于裂开了一道缝隙。

08
HR DIARY

"那个女生，是有点过分。"夏长漫坐在我的办公室里，皱着眉，若有所思，"可是我想不通，为什么您供她读书，她反而会骗您的钱去买新款手机和名牌化妆品呢？"

"这件事怪我。"我给她倒了一杯水，自己也捧着咖啡坐在她身边，"因为我一直予取予求，所以她会越来越心安理得。她想要的越来越多，也认定那些都是我应该给她的。"

"所以，有人说善良必须要有锋芒，否则就不是真正的善良。我现在才明白，这话说得很有道理。"我笑着摇头，"你看，如果我之前保持我的底线，张艳红也许就不会变成这样。从某种程度上说，是我的善良害了她。而我自己呢？也许因为她这件事，我不再愿意去帮助其他人，那么，我的善良就丢失了，她也害了我。真正的善良是帮助人，不是害人，所以你看，我做错了。而今天，我决定改正。"

夏长漫呆呆地看了我好一会儿，起身的时候脸上还是有些茫然："苏姐，我不知道你说得对不对，我要想一想。"

我知道，价值观一旦形成，不遇到真正能刺激到她的事，她是很难真正想清楚的。

第二天下午，公司召开产品发布会。因为我的部门需要协助进行现场签到、纪念品发放等工作，我当天上午就和夏长漫一起到达了会场。

这家策划公司在现场布置方面还是很有经验的，灯光、舞台、影音设备，都完全按照我们的需求提前部署到位了。

我检查了一圈，觉得没有问题，正准备去确认一下洗手间是否可正常使用，就听见舞台侧方的播放区传来一声不高不低的惊呼。

夏长漫死死地盯着自己面前的屏幕，脸色从红到白，鼻尖儿上已经冒出一层细汗。

"怎么了？"我问。

"璐璐。"她转头看着身边一脸无辜的姑娘，"你刻盘的视频，只有这个？"

"嗯，怎么了？"赵璐璐伸脖子来看，也惊呼了一声，"背景怎么回事？你不是改了吗？"

"我改了，而且改后的视频传到了云盘上，也把链接和密码发给你了。云盘上的才是修改后的，你没有去下载吗？"

"我怎么知道哪个是最新的啊？"赵璐璐毫无愧色，"又不是我改的，你没和我说清楚……"

夏长漫盯着她，一句话也说不出来。我感觉到这姑娘全身都在发抖。

"现在说这些都没有用了，还有时间，我们想办法解决。"我拉住夏长漫的胳膊。

"可是苏姐。如果回公司去下载，再找IT部门刻盘，肯定来不及了。"

从这里往返公司至少需要两个小时，那样确实来不及。

我想了想："你等一下，我去问问。"

"我跟你一起！"

酒店的IT部在我们会场后面一栋楼，距离有点远，加上正值盛夏，我和夏长漫一路跑过去，两个人都是一脸的汗。

可IT部锁着门，没有人。

"我完了，苏姐，这次我真的完了。"夏长漫靠在旁边的墙上，眼圈通红，"大家努力这么久，如果被我搞砸了，我真的无法面对大家。"

"先别泄气，还有两个多小时，来得及。"我一边安慰她，一边打电话给酒店前台，请他们帮我找酒店IT部门的人。

"你说他们会不会在机房？"夏长漫突然说，"我有几次帮公司IT部门的同事送东西，发现他们经常都在机房里忙碌。"

"没错，机房。"我眼前一亮，拉着她就往靠近消防通道的地方跑。

机房一般都在那种位置。

果然，两名IT工程师正在里面调试服务器。夏长漫气喘吁吁地说明来意，人家倒是很热情，立刻跟着我们回到办公室，找电脑下载视频，又帮我们刻盘。

视频很大，等全部弄好，还有二十分钟发布会就要开始了。我部门的专员打电话来说，已经有来宾到场，总经理也到了，赵璐璐告诉她我们在准备视频，所以她来问我们有没有准备好。

"好了，我们马上回来。"我说完，挂了电话，转头看见夏长漫在抹眼泪。

"都解决了，哭什么？走吧，先去开会。"

她点点头，一句话也没说。

我猜她应该是很伤心吧。

09

产品发布会进行得还算顺利，毕竟之前每个环节都有人跟进，也开了好多次会，把所有流程过了一遍。

会议结束第二天，夏长漫就生病了。

我觉得她一方面是压力大，另一方面是受到了打击。

过了几天，我听说她和男朋友分手了。

"他原来不是这样的。"夏长漫神情有些憔悴，"我们走到今天，我也有责任。"

彼时，我们坐在公司后面的餐厅临窗的位置，她说为了感谢我，要请我吃饭。外面华灯初上，我看不清夏长漫眼里的情绪。

"一开始，他对我很好，什么事情都会征求我的意见。后来大概发现无论他要求什么，我都会同意，于是学会了得寸进尺。"她避开我的目光，看着窗外，"你知道吗，苏姐，他竟然对我说，彩礼那六万就算他家出的装修了，剩下的希望我来出。而且听说我爸要换车，他问我爸能不能先给我们买辆车，他上班也挺远的。"

夏长漫苦笑了一声："要不是苏姐你对我说的那些话，可能我真的会去和我爸妈商量。本来家里也不是拿不出钱，我觉得没什么，以后都是一家人了。可是我想起了你资助的那个学生，想起了你说的男孩子的诚意，我觉得我错了。我的纵容，毁了我们俩，以后他的要求会越来越多，而我只能一次次让步。与其这样，还不如分手干脆。"

话是这样说，她到底是个年轻女孩，多年的爱情土崩瓦解，她最后还是哭了。

我说："其实漫漫，你挺好的。可你要记住，你天性善良，这是你的优点，不能成为你的弱点。对于不值得的人，你一点善意都不用给他们。"

"嗯。"她应了一声，"以后再遇到那些没良心的人，谁也别想让我帮他，咬他一口还差不多。"

她大概是跟我部门的人事专员学坏了，我想，以后她们说话时，我一定不能喝水。

"明天我要去找璐璐。"夏长漫突然坐了起来，"我得和她好好谈谈。"

"真的要咬她一口？"我开玩笑。

"不是，我得告诉她该怎么样对待别人的善意。我帮她是情分，不帮她是本分，她把责任推卸给我一次可以，但是如果她习惯这样做，不从自己身上找原因去改变，将来会吃大亏的。"

"这就算是我最后一次帮她了。"夏长漫一字一顿地说。

我笑起来："说话算数哦。"

不经意间，我想起我过生日那天薛仲说的话，愿我知世故，有锋芒，却仍本性纯良。

我也愿夏长漫能够这样。

被淘汰的财务经理

01

"AI（人工智能）的核心是神经网络，理解了神经网络，你就理解了人工智能未来的技术方向……"蓬蓬头里温热的水淋在我的身上，我一边揉着满头泡沫，一边用手机收听一个为全民普及 AI 知识的课程。

薛仲推门进来刷牙，见此情景，忍不住笑了："我说小苏同学，你还研究起技术来了？不是打算要抢我的饭碗吧？"

我闭着眼睛，摆手示意他别打断我，直到几分钟后这节课结束，才挑眉看他："我才懒得抢你的饭碗，你的就是我的。不过呢，我们公司开始转型进入人工智能领域了。我如果不持续学习，早晚会被那些'后浪'拍死在沙滩上。"

薛仲沾了牙膏的唇角翘起："怎么突然这么有危机意识？"

"什么突然？危机意识我一直都有。"我抹去脸上的水，慢慢呼出一口气，"人在职场，不出众就出局，任谁都一样。"

"最近公司里有事发生？"静了一秒钟，薛仲问。

"嗯。"我点头，怕他误会，又赶紧补充，"不是我。"

"徐丽琳和秦华之间，公司怕是不得不做出选择了。"我说。

02

第二天早上，我去集团开了一个会，回公司的路上，总经理的电话就打了过来。

"贾莉莉的事，你知道吗？"他问。

"昨晚徐经理跟我说了。"

"那你回来以后马上到我办公室来。"总经理说着,顿了顿,"通知财务部那几个人也过来。"

他口中的"财务部那几个人",包括部门经理徐丽琳、副经理秦华,以及两名会计、一名出纳。其中一名会计,正是贾莉莉。

说是让我通知,可我赶到的时候,她们已经到了。

总经理办公室有两张沙发,徐丽琳一个人坐了一张,其余四个人,肩挨着肩坐在另外一张沙发上。

我和总经理交换了一个眼神。

"行,人都到齐了。徐经理先说一下情况吧。"总经理率先开口。

"好。"徐丽琳点头,看向贾莉莉,"昨天上午,集团公司在财务报表群发了一条群通知,要求将周报改为日报,每天下午五点前提交。全集团只有我们公司没有上报,这项工作是你负责的吧,贾莉莉?"

"凭什么是我负责的?"贾莉莉脖子一梗,"你安排我做的是周报,日报和我有什么关系?"

徐丽琳解释:"集团的通知上已经说得很清楚,将周报改成日报……"

她的话没说完就被贾莉莉打断:"那你安排我做了吗?你都没安排,回头就把责任往我身上推,太欺负人了吧?"

"这怎么是我欺负人?"徐丽琳的脸涨得通红。

贾莉莉身边,秦华微微垂下了头。

透过她长长的刘海,我看见她涂着正红色口红的薄唇,慢慢弯成了一道上扬的弧线。

03

徐丽琳是大半年前被集团总部派过来的。

自从集团成为我们公司第一大股东,便一直想要派财务经理过来任职。这个想法,到去年通过增资方式形成绝对控股之势后,终于落到了行动上。

因为同样来自集团,我提前一周知道了这个消息。

集团人力资源总监打电话给我的时候,原话是这样说的:"苏耘,当年你一个人单枪匹马地过去任职,都能在巅峰立足。徐丽琳有你的帮助,应该能够更顺利地融入进去,你说呢?"

我只能笑着附和。

报到前一天,徐丽琳和我在集团附近的餐厅共进午餐。

我们同龄,进集团总部的时间也差不多,但其实私下里接触并不多。印象中她是一个娇娇小小的人,圆脸,大眼睛,爱笑,总是还没开口,唇角的酒窝就漾了起来。

一见面,徐丽琳就拉住我的胳膊:"我听说秦华那个人挺强势的,你知道我的性格,你得帮帮我。"

我被她这话逗笑了："你是被派来做财务经理的，又不是来打架的，我帮你什么？"

徐丽琳叹了一口气："秦华原本是经理，因为我来了，她降为副职。这口气，怕是不好咽下去。"

"咽不下去也得咽。"我一边翻着菜谱，一边淡淡地说，"财务经理的位置，肯定是属于控股股东的。这一点，她心里应该很明白。"

"那她的业务能力怎么样？"徐丽琳问，"我过来还是想做成一些事的。这边的情况她最熟悉，我特别希望她能够协助我把工作做得更好。"

我摇头："财务我不懂，没办法回答你。不过从我进公司到现在已经八年了，她每次在经营分析会上做的财务汇报，好像都和前一年没有什么区别。"

徐丽琳若有所思，隔了好一会儿，才慢慢点了点头。

04

空降的领导难做，这是谁都知道的事。尤其是像徐丽琳这种，下面的人未必听你的指挥不说，就连公司的总经理，心里怕是也不站在你这边。

"你得稳住，谋定而后动。"我私下里对她说。

徐丽琳苦着脸："我也想啊。可是集团要求公司的财务系统和集团的财务系统连通，这件事我不去推动，谁去推动？"

可她推动起来，远远没有想象中容易。

第二天，我去财务部核对一个人力成本数据，刚走到门口，正好听见徐丽琳说："所以，这个新系统需要尽快上线。可能工作量有点大，我的想法是……"

她语速慢，还没说完就被打断："既然这么重要，那就你做吧。我们都很忙。"秦华的声音向来穿透力强，属于那种听起来就干脆利落的。所以她一开口，就给人一种这件事定了的感觉。

"不是这样的。"徐丽琳摆着手解释，"更换一个系统，需要把所有历史数据整理好，再按照新的系统模板完善，才能分模块导入。这个工作肯定需要大家一起来完成。"

"既然这么麻烦，那为什么要折腾呢？大家本来就忙。"秦华的话接得飞快，一旁的贾莉莉也跟着帮腔，另一名会计和出纳互相看了一眼，都没说话。

"秦姐，不是我折腾。"徐丽琳倒是不介意。性子慢的人也有个优点，就是有耐心，她慢条斯理地继续解释，"咱们现在已经形成了产品线，那么产品线的成本就要精细化核算，和预算进行关联……"

秦华摆了摆手："你刚才都说了一遍了，我们听得懂。我就问你，现在的做法有什么问题？我们公司一直这样做，这不是也没影响利润增长吗？"

徐丽琳被她的话噎住，说不出话来。

我只好走了进去："贾莉莉，麻烦给我找个数据。上个月有一笔社保退款，我要核对一下。"

贾莉莉坐在那里，指了指他们放传票的柜子："就在那，你自己看吧。"

"哎，一有问题就翻票据，要是能把人力资源数据和财务数据打通就好了。"我故意说，"集团那边就没这个问题。"

"快了。"徐丽琳把话接过去，"我们正准备上新系统呢。"

"上了新系统就能打通吗？"

她点头。

"那可真不错。"我又笑，"最好也能自动计算资产折旧。每次有员工离职，万一需要赔个什么东西，我还要打电话来问资产残值，也太麻烦你们了。"

秦华侧头看我，脸色慢慢沉了下来。

05

不管财务部的人是不是把徐丽琳当成经理，她来了，有些事情就可以做些改变。

所以当有出差的同事向我询问，为什么他的工资里面没有发差旅补贴的时候，我便让专员去财务部问清楚。

"苏姐，你说她们怎么想的啊？"专员去了十几分钟，回来就钻进办公室向我吐槽，"就因为那位同事出差时住在了朋友家，财务说没有住宿票据就不能报补贴，让咱们发在工资里。我问了徐经理，徐经理认为这种情况写个说明就可以报销。可秦经理不同意，还强调以前都是这样做的。"

我笑了："以前确实是这样做的，但不说明这样做就对。我早就提出过这个问题，秦华当时也是这样说的。以前如何如何这种话，我耳朵都快听出茧子了。"

虽然不赞同，然而最后，我还是把这笔补贴发在了工资里。

因为秦华振振有词地问我："她说没有票据可以报销补贴，那税务稽查出了问题她负责？到时候，还不是把责任推给我们这些做事的人！"

我能怎么办？能说我问过在税务局工作的同学了，徐丽琳的处理方式是对的？能说现在出了问题本来就该徐丽琳负责？

说什么都不合适。

"关于补贴核算，一年前就出了新的规定，我今天还特意找出来发给秦华了。"说着徐丽琳苦笑，"结果她说她做了十几年财务工作了，一个补贴发放，她用不着现学。"

"那以后再遇到这种情况该怎么处理？"我皱眉，"明明报补贴不需要扣个人所得税，现在放在工资里面就要扣个人所得税，我认为这实在不合理。"

"那能怎么办？"徐丽琳摇头，"有规定，人家不看，我能直接说她的理解错了吗？"

"为什么不能？"说到这里，我想起一件事，忍不住笑了，"有一次在总经理面前，秦华说调薪不能跨档，否则员工的税率全部会高出一大截。我告诉她月工资是分段对照税率的，只有达到上一级税率的部分才适用于上一级税率。结果她很自信地说，计算公式中明明就是乘以一个税率，并没有分段，我只好把速算扣除数的原理给她普及了一遍。"

徐丽琳听完，捂住嘴，笑得眼泪都出来了。

"秦华的优势是对公司的财务数据很熟。但是，她也许真的安稳太久了，这些年看不见任何学习提升，做事的方式也总是给我一种20世纪末老会计的既视感。"

徐丽琳又笑了起来。

06

新系统的上线，到底出了问题。

"究竟是什么原因造成的，今天你们必须给我讲清楚！"我走进会议室的时候，正好听见总经理说这句话。

坐在我对面的徐丽琳紧抿着唇，放在桌面上的手紧紧地抓着一支笔，她旁边的秦华却神色如常。

"张总。"先开口的是贾莉莉，"我们当时都不太赞成切换系统。原来的系统用了这么多年，一直好好的……"

"是啊，现在连账都记不了了，还不如用原来的系统呢。"另一个会计低着头，小声嘀咕。

"这是系统的问题吗？"徐丽琳终于忍不住，转头去看贾莉莉，"我再三强调要把近三年所有的账目理清楚，按照模板填写以后才能导进去。可你们填写资产折旧账目表时，根本没有包含近三年的固定资产折旧情况，要不然系统能报错吗？"

"你说得轻松，公司发展这么快，三年的固定资产折旧要填多久，你知道吗？我们还要报销各项费用，还要给集团做报表，难道这些都不做了，只给你填这个表？"贾莉莉说着说着，仰起头抹眼睛，一副拼命忍住眼泪的样子。

"工作量大也要做，这只是一次性的投入，导入系统以后就会方便很多。总不能永远用手工账吧？"徐丽琳有些无语。

总经理听到这，插了一句："我们的固定资产折旧，用的是手工记账吗？以前我没关注这一块，为什么没有用财务系统呢？"

"手工账其实也没有什么问题。"秦华这才开口，"我们以前一直都是这样做的。财务工作，只要账目清清楚楚就行了。至于用什么工具，我个人觉得没有那么重要。"

我有些忍不住想笑了。

去年采购部开始应用进销存系统，提出要和财务系统打通。我觉得想法很好，可是这位秦经理，当时也是这样说的。

总经理似乎也想到了这件事，眉头皱了皱："秦华，你也别总说用什么工具不重要，工欲善其事，必先利其器，既然已经定了上线新系统，那大家就辛苦一下，周末加班把这个问题解决了吧。"

秦华几个人都没有说话，只有徐丽琳爽快地点头："好的，张总。您放心，不会影响下周的工作。"

散会时，我走得最晚。总经理叫住我，犹豫半天才问："人到四十多岁，都会变成这样吗？"

"什么样？"我笑了，"您也快四十岁了吧？我觉得风采依旧。"

他的脸色转晴："好听的话回家哄你们家薛博士去吧。"

我却知道他说的是秦华。

"张总，要我和她谈谈吗？"我问。

"再看看吧。"他缓缓叹了一口气，"企业在发展，我真不希望那个拖后腿的人是她。"

07

周六的晚上，薛仲的妈妈、我的婆婆大人从摩洛哥旅游归来，决定到我们这里住两天，于是我们一家三口集体去迎接。

回来的路上，经过公司办公楼，安然指给她奶奶看，说那是妈妈工作的地方。婆婆贴着车窗看了好一会儿，说："苏耘，里面还亮着灯呢，有人在加班？"

我探头看过去，果然是。

刚回到家，徐丽琳发来微信，问我一个关于统计口径的问题。

我回复后，随口问："你们部门都在加班？"

隔了好久，她才发过来五个字："她们都有事。"

这就过分了。

我工作多年，虽然对于勾心斗角这些事一向不屑，但别人做，我最多只当看不见。说到底，我只是一个HR，不影响工作的事不归我管。

然而，这次他们触碰了我的底线。

工作都已经受到严重影响了，还在拉帮结派、搞小团队，以为自己很聪明，其实蠢得无可救药。

我打了一个电话给总经理："张总，下周做调薪方案，涉及一些要和财务那边一致的数据。现在财务系统出了问题，我担心影响到我这边的工作。要不我过去看看吧？如果她们加班也不能解决问题，我就要另想办法了。"

"不用了，我这离得近，等会儿夜跑时顺便过去转转，有问题我告诉你。"总经理说。

我笑了。

有个热爱夜跑的领导，也挺好的。

08

后来的情况我就不清楚了，只知道星期一上班的时候，系统已经正常上线，而财务部，所有人的脸色都不太好。

"秦姐说自己不熟悉新系统，把账务审核的工作都推给我了。现在我都没有时间做财务分析。"徐丽琳私下里对我抱怨。

"为什么不把财务分析的工作交给其他人？"我问她。

她苦笑："没人肯接，怎么交？"

"你教她们，都没有人愿意学吗？"

"都说忙。"徐丽琳摇头。

一个人的不肯成长，蔓延开来，影响了一个部门。

这个问题有点严重了。

"那你打算怎么办？"我问她。

"慢慢来吧。不管怎么说，现在我安排工作，她们会去做，这就挺好了。什么想法都不是一天形成的，想改变，也不是一天能实现的。"

在我看来，徐丽琳这样的态度，已经算是很温和包容了。

然而我们谁也没有想到，就是这个最基本的要求——安排的工作能去做，也会很快被打破。

周报改为日报，而原本负责此事的贾莉莉对此置之不理，这就是徐丽琳包容的结果。

事情虽然小，背后的问题却不小。她和我商量之后，终于下决心上报到了总经理这里，所以才会发生今天这一幕。

即使在总经理面前，贾莉莉也丝毫不退让，这背后，我不相信没有秦华的授意。

09

几个人你一言我一语，形势渐渐成了明显的一对四。

总经理一直没表态，等大家都说完了，他才转向我："苏经理，按照公司制度，这种情况应该怎么处理？"

"不服从工作安排，或因消极怠工导致工作无法完成，给予记过处分，在公司通报批评，减发当月绩效工资三百元。"我就事论事。

"怎么叫我不服从工作安排？"贾莉莉跳了起来。

秦华按住她的肩膀，转向徐丽琳："我个人觉得，这件事徐经理没有安排清楚，也有责任。"

"怎么是我没有安排清楚？"

徐丽琳说了一半，我打断她："这点毋庸置疑，任何员工的工作出问题，部门管理人员都负有管理责任，所以按照公司制度，徐经理、秦经理要共同承担。"

秦华的脸色变了变，很细微，但我了解她。

"这件事和秦姐没关系吧？本来就不是她负责的工作项目。"一直没说话的另一个会计小声说。

"就是。"旁边的出纳也补充。

"我说的是管理责任。"我重复了一遍,看向总经理,"您的意见呢?"

"就按照你说的办吧。"总经理一锤定音。

当天下午,我去冲咖啡,茶水间里只有秦华一个人。

"苏经理,我们共事好多年了吧?"她一手端着一杯红茶,一手往里面慢慢倒牛奶,做成自制的奶茶。

秦华对于生活的要求一向精致,我去财务部时,经常看见她在给桌子上的盆栽修剪花枝。

"是啊。"我点头,"八年了。"

她慢慢笑了:"可你到底是集团派来的,和我们不一样。"

"你这话我就听不懂了。有什么不一样呢?不都是来工作的,希望能把自己的事情做好?"

秦华沉默了一会儿:"我不像你们,年轻,心气高。我从公司创建开始就在这里工作,想在这里安安稳稳地退休。麻烦你转告徐经理,我不会对她的职位造成什么影响,她也没必要针对我。"

我转身去接水,没让她看见我唇角忍不住溢出的一点讽刺。

人贵有自知之明,单单是代表大股东利益这一点,别说是秦华,就是其他人,也无法对徐丽琳造成任何冲击。

"你想多了。"我说,"她来这里也是想把工作做好。你们互相配合,完全可以双赢,你觉得呢?"

"来了就否定别人的工作,这是想要双赢的态度?"她问。

我搅和着杯子里的咖啡看她:"秦姐,没有谁的工作是没有问题的。咱们看不见自己的问题,那才是最大的问题,那说明咱们已经停止了成长。你还记得你有多少年没有读过专业书籍了吗?五年前我建议你考注册会计师,并且公司可以给你报销报考费用,你去考了吗?所以,如果徐丽琳的到来让你有了压力,能去提升自己,我觉得这是一件好事,你说呢?"

她轻笑一声,没有再说话,端着杯子和我擦肩而过。

10

春节前,公司照例要确定年终奖分配方案。

往年,财务部的分配方案是由秦华建议的,总经理尊重她,一般都会批准。所以今年,秦华也提交了一份建议。

然后,总经理把我找到了办公室。

"你来看。"他将电脑屏幕转向我,"我怎么觉得这个数字不太对?"

我弯腰看清屏幕上的内容后,心里微叹。

看来我上次对秦华说的话,都白说了。

"财务部以往每年年终奖的增长不会超过10%，可今年，您看这里。"我指着屏幕上的一个名字，"她的年终奖，我印象中比去年增长了70%。"

"70%？"总经理震惊。

我点头，又逐一给他讲解这些数据，发现财务部每个人的年终奖都大幅度增长，远超公司平均涨幅。这其中，甚至包括刚刚被通报批评过的贾莉莉。

"秦华这是想干什么？"总经理问。

我没说话。

事情显而易见。我甚至猜想，这个金额，当事的几人很可能已经听说了。如果公司批准了，是秦华给的，大家感谢的也是她。如果公司没批准，任谁都会怀疑，是徐丽琳不同意这个分配方案。

把正常工作搞成"宫心计"，是我最无法忍受的事。

最后我建议，把这个方案交给徐丽琳。

既然徐丽琳是部门经理，这个分配方案就应该由她来做。

"这能行吗？"总经理有些担心，"如果她给降了，不是把人都得罪了？那工作不是更难开展？"

我和总经理对视了一会儿，半开玩笑地说："您给我一个明确指示，您希望她的工作好开展，还是不好开展？放心，无论怎样，我站您这边。"

他顿了顿，继而哈哈大笑。

"你们啊，心思太多。"总经理说，"我既然已经把股份转让了，我就是一个职业经理人。她们只要能把工作做好，其他的，我不关心。"

我点头，这我就知道该怎么办了。

11

年终奖分配方案反馈回去后十分钟不到，秦华找上了我。

"我的年终奖，她徐丽琳凭什么给我降？"她开门见山地问。

"凭她是你的领导，凭她对你的工作不满意，凭她来了以后你把很多工作都推出去了，凭总经理同意她这样做。"我看着她逐渐涨红的脸，"还要我继续说吗，秦姐？"

"她就是想逼我走，是吗？我在这家公司工作十几年了，我碍着她什么事了？"秦华拍着我的桌子，"是，现在集团总部才是老板，那就可以这么对待老员工吗？想逼我走，可以，给我补偿金吧！只要按照法律规定给钱，我马上走！我有快二十年的工作经验，我不相信我在哪做不了一个财务经理！"

我等她的情绪发泄完，起身给她倒了一杯水。

秦华没有接，我只好把杯子放在桌上。

"秦姐，公司并没有逼你走，但公司对待所有人都得公平。你自己说，这几年你做出的贡献，和你逐年上涨的年终奖，匹配吗？"

"什么叫匹配，什么叫不匹配？我来的时候，公司有什么？所有一切，都是从零开始做的。我最好的年华都奉献给公司了，现在公司想把我一脚踢开，你问我匹配吗？可笑，太可笑了！"秦华看着我冷笑，"我刚才就说了，给钱，我就走。这世界上不是只有这一家公司。"

我叹了一口气："秦姐，你多久没更新简历了？"

她怔住。

"我的简历每年都会更新。"我打开招聘网站给她看，"不是我想跳槽，我只是想看看，我还有没有职场竞争力。一个人如果被职场放弃，原因不是别人，恰恰是咱们自己。这个世界，没有谁有资格吃老本。要么你比别人做得好，要么别人取代你，没有别的结果。"

"你回去更新一下简历看看吧，如果之后你还是想走，补偿金的问题我去和总经理谈，一分也不会少。如果你留下，秦姐，我希望你能跟上公司的发展步伐。这样不只是徐丽琳，谁都不能把你怎么样。"我最后说。

12

春节假期结束，贾莉莉率先提出了离职。

这一点我们早就想到了，而且等着面试的候选人名单已经握在徐丽琳手里。毕竟一分钱年终奖都没有发给她，以贾莉莉的性格，她不离职是不可能的。

"你说我做得是不是太过分了？"徐丽琳问我。

我笑了："我觉得你帮了她。"

在职场上，永远要凭实力说话，没有实力的人，拉帮结派反而最容易成为牺牲品。

"秦姐这几天的工作状态怎么样？"我问她。

徐丽琳摇头："看不出来。不过有时候她们三个会一起出去，不知道去干什么。"说到这，她突然意味不明地笑了起来，"给你讲一件有趣的事。开年会的时候，我看见你们部门去合影，就说咱们部门也合个影吧，她们几个都找借口说不用了。"

"然后。"徐丽琳放慢了语速，表情更加复杂，"她们说要去洗手间，结果单独出去合影了。有人看见我，很奇怪地问我为什么没和她们一起。苏耘，在这之前的一刻，我还想着年终奖再帮她们争取一下，不要降那么多。尤其是贾莉莉，我不想用这种方式逼她走。可到那时我才明白，我和她们，没有和平相处的余地了。要么狠，要么滚，我没有选择。"

13

会计的招聘出奇的顺利，原本贾莉莉还想给徐丽琳添些麻烦，闹着非要两周内办完交接，结果我们只用了三天，就招聘了一位名校硕士、有四年事务所工作经验的男孩子取代了她。

这个男孩子入职以后，财务部一下子就安静了下来。

有时候，不是亲眼看到，总有人以为自己的位置稳稳当当，可以混到老。只有亲眼看到，才会明白每天有多少人等着你腾出地方给他。

　　"下一步准备怎么办？"我问徐丽琳。

　　"我要求他们梳理现有制度呢，所有制度和执行不匹配的情况，全部要梳理清楚，落实在流程上。这个过程中谁不愿意配合，公司就不留他了，请他另谋高就吧。"

　　她说这话的时候，脸上没有什么表情，就连过去那种软软的笑容也没了。

　　有时候成长就是这样，得到一些，又失去一些。我觉得徐丽琳，终归是得到的更多一些。

　　最后，秦华留了下来。

　　一个知识陈旧的财务经理，一个连最新的财务系统都不会用的财务经理，她其实并没有别的选择。

　　"人工智能分为机器学习和深度学习……"晚上洗澡时，我又听起了我的全民 AI 课堂。

　　虽然薛仲说，如果有人把我拍在沙滩上，他会好好接着我。可我觉得，我也可以做在沙滩上接着他的那个人。

　　不出众，就出局。我不能停，趁着还有机会，出众一些。

你的锋芒要藏在刀鞘里

01

周三吃完午饭,我在车上睡了一会儿,回办公室的时候,在电梯里遇到了测试主管申凯。

"去哪儿了?"我随口问。

"集团那边。"他说着,微微抬起下巴,"集团人力资源部组织了一个单元测试培训,请我去讲。"

我点头:"哦,效果怎么样?"

申凯耸耸肩:"就那样吧。来的人良莠不齐,讲得深一点必然会有人听不懂。我已经向培训主管反馈了,以后再做培训,最好控制一下受众的层次。"

我有些哭笑不得,这话要是传到那些听课的人耳朵里,不是把人都得罪了吗?

申凯的技术是真的好,只是锋芒,有时候未免太露了。

进了公司大门,我们正要分开,只见几个人慌慌张张地往洗手间那边跑。

我叫住我部门的一个专员晓雯:"出什么事了?"

"苏姐,你可回来了。"那姑娘看见是我,像是舒了一口气,"有人说测试部张经理晕倒在洗手间了,我已经打了120。咱们快过去看看吧。"

她话音未落,申凯的步子已经迈了出去,我也赶紧抬脚跟上。

张彦博躺在地上,脸色惨白,人事不省。

同事们围了一圈,谁也不敢动他。救护车来得很快,我跟车去了医院,同行的还有申凯。

数项检查下来,脑血管出血,人立刻就被送进了手术室,然后医院就下了病危通知书。

好在张彦博年轻,身体素质一向不错,手术总算是成功的。

可毕竟是开颅手术，什么时候能痊愈，会不会有什么后遗症，他还能不能再回到工作岗位上，这些谁也不知道。

于是，一个问题摆在了我和总经理面前——多个项目待交付的当下，测试经理张彦博突然病倒，测试部该由谁来接手？

两个测试主管，肖继超和申凯，哪一个才是最合适的人选？

02
HR DIARY

"我看都不理想。"研发总监摇头，"肖继超是公司老员工，同事关系处理得不错，可是他在一个地方工作得太久，习惯了按部就班，冲劲儿就差了那么一点。而申凯呢……那小子的技术是真好，脑子也够用。可也正是因为这样，什么事都要争个高低对错。有一次开会，我才说了一半，他就站起来反对，说我对自动化测试理解有偏差。当着那么多人的面，我都不知道该说他什么好。"

总经理笑了起来："这事儿我怎么听着这么耳熟？好像公司创业头几年，我也经常被人这样当众反驳。"

研发总监脸一红："是吗？我没印象了。"

这下连我都忍不住跟着笑了。

"现在的情况，这个位置不适合外聘。我看在他们两个中挑个相对合适的吧，至于那些不理想，在岗位上培养也是一样的。"总经理说着，突然转向我，"苏耘，你的意见呢？肖继超还是申凯？"

HR 的可悲之处就在于此，这样的事，如果你不发表意见，要么说明你对公司的核心人才不了解，要么说明你圆滑世故不想得罪人。可你发表了意见，先不说别人会不会认为你有私心，如果推荐错了，将来出现问题很容易被埋怨。

于是我略一思索，回答道："如果公司当前对测试工作的要求是求稳，按照原来的做法维持就可以，那我建议选择肖继超。反之，如果公司现在需要求变，向自动化测试方向发展，可能申凯更合适一些。"

总经理点了点头。

第二天，公司发布了一份任命文件，任命申凯为测试部副经理，主持测试部工作。

"苏姐。"我的人事专员晓雯私下里问我，"为什么不直接任命申凯为经理呢？毕竟张经理病成那样，不见得能来上班了。"

我笑了笑："人家才刚一住院，公司转身就把他的位置给别人，这不合适吧？再说咱们公司也做不出来这种事。"

小姑娘恍然大悟，不停念叨着公司真好，真有人情味。

有没有人情味我不知道，不过人心散了，队伍可就不好带了。

03

但是,就算人心没散,队伍也从来都没好带过。聚沙成塔,让一加一大于二,这本来就是管理者的价值所在。

要不然,你凭什么拿那么高的工资呢?

申凯显然称不上一个优秀的管理者。

任命发出去没几天,我就听说他做了一件蠢事。

事情发生在测试部早会上。起因是肖继超的团队有两名女员工即将休产假,肖继超提出招聘两人接替她们的工作,毕竟她们休的不是一天两天,而是五个多月。就算之后上班,她们也还有一年的哺乳假。这一年,两个人的实际产出都会非常有限,极有可能影响团队工作进度。

这个要求实际上也算合情合理,可申凯提出了一个问题:"那等她们回来了怎么办?到时候多了两个人,谁走谁留?"

"都留下啊。"肖继超很不以为然,"这么大个公司,不可能差那两个人的工资吧?"

要是在以前,有人这么说,申凯没准也会认同。然而位置决定态度,现在听到这个话,他的脸就沉了下来,直接否定了肖继超的意见。

肖继超在公司工作了七年,好不容易有个机会,却让才来三年不到的小子给抢了,本来就气不顺,现在又被批评了一顿,自然更没有什么好脸色。

"这事之前我和张经理说过,他也是同意的。"他当着所有人的面,直接搬出了张彦博。

"现在这个部门是我在负责。"大概觉得权威受到了挑衅,申凯半点也没让步,"张经理怎么答应的我不管,不过我告诉你,人不能招。"

两个人就这样起了冲突。

"不用说得那么大声,我知道你是领导,那你说了算好了。"最后,肖继超冷笑了一声,转身就出了会议室。

申凯"啪"的一声摔上门,也走了,留下其余人面面相觑。

当天下午我就听到议论,说有的人一升职就急着打压别人,未免太过分了。

我揉了揉额角,把申凯找到了我的办公室。

扶上马,还得送一程。这种事,别人能看笑话,我不能。

如果员工觉得公司连培养管理人员的能力都没有,我这个 HR 难道不丢人吗?

04

申凯是个高个子男生,1 米 92 的身高,让他在公司里鹤立鸡群。

看着投在办公桌前的那一道瘦长的阴影,我抬起手示意他坐下,然后问:"那些话你听见了吗?"

"什么话？"他皱眉，有些困惑。

我原原本本地说给他听，一点都不委婉。

申凯的脸慢慢涨红了："谁打压他了？难道他提出要求，我就只能同意吗？"

"你急什么？我又没这样说。不过申凯，咱们就事论事。这件事，你觉得自己的处理方式有没有什么问题？"

"我有什么问题？我只是在执行公司控制成本的要求。"他说着，别过脸去，"怎么不说肖继超故意找事呢？我知道公司给我升职，他不服。没错，他是比我先来公司，可这是企业，不讲究论资排辈那一套。如果他行，他早就上了。既然现在我是他的领导，他不应该给我一点起码的尊敬吗？"

这就是年轻经理的问题——总是怕别人不把自己当回事，太急于立威，反而选错了方法。

我想了想，还是决定给他一点建议："你既然知道现在你是肖继超的领导，那么，你们之间就已经不存在竞争关系了。换句话说，从今往后，他的成绩，都是你的成绩。他出了问题，你一样要承担责任。所以我觉得，你可以坚持原则，但态度方面，最好更温和包容一点。这样不会有人觉得你弱势，反而会认为是你做领导的大度。而这个时候，如果肖继超表现出一点对你的不尊重，则会显得他很狭隘。其他人也是一样，这对你只有好处，没有坏处。"

"是这样吗？"申凯双手交叉放在膝盖上，隔了好一会儿才说，"我想想吧，苏姐。"

我猜他并没有听进去我的话。

没关系，既然总经理说了，可以在岗位上培养，那就等他碰壁吧。就像一个孩子，你告诉他热水烫手，远远没有他自己被烫一下印象深刻。

05

事实证明，我的想法是对的，申凯很快就碰到了"钉子"。

一个星期后，晚上下班时，我去找研发总监讨论年度调薪的事情。从总监办公室里出来，路过测试部，我无意中往那边看了一眼，立刻就感觉到气氛不太对劲。

申凯坐在他的位置上，对面站了几个测试工程师。大家的脸色都很难看，不像是在讨论工作，反而像是在对峙。

"我说明天要交一个版本，今晚全体加班，你们没听见吗？"申凯抬起下巴，神态和语调都不容置疑。

"可是申经理，我今天确实有事。我女朋友她爸过生日，早就说好……"肖继超那组的一个穿格子衬衫的男同事低声说。

"我也是，有同学从外地过来……"另一个同事也说。

"什么事都比工作重要，是吗？"申凯打断他们。

"格子衬衫"一顿："主要是原来没计划今天加班……"

申凯瞥了他一眼："没计划就不能加班了？谁告诉你的？我在这行工作六年，只知道一件事，就是工作任务必须完成。别说只是准岳父过生日，就算天塌下来，也得先保证按时交付。"

"谁不想按时交付啊？现在搞得时间这么紧，还不是研发部转测晚了造成的？""格子衬衫"本来就不是逆来顺受的人，被他这样一说，也激出了脾气。

"肖哥说得对，研发部要延迟几天就延迟几天，你从来不去催他们，就知道压着自己人加班，把时间赶回来。"

这话一出，显然是火上浇油。

"我现在没空和你们解释，反正解释了你们也不明白。大局观不是谁都有的。"申凯说着，把目光转向自己的电脑，"我就说一条，今晚谁耽误事，明天就不用来上班了，现在听明白了吗？"

"那肖哥已经走了，你能把他怎么样？""格子衬衫"又顶了他一句。

申凯"啪"的一声把鼠标敲在键盘上，随即站了起来，像一只蓄势待发的豹子。

我一看情况不好，赶紧扬声喊了他的名字："申凯，我找你有点急事，能不能现在到我那里去一趟？来来来，事情说完我还要回家陪女儿做手工呢。"

申凯的胸口起伏了好几秒，到底长腿一迈，跟着我回了办公室。

06

"部门的人心都散到什么程度了，你看不出来吗？"坐下后我叹了一口气，"这段时间更新简历的就有好几个，我不是没有告诉你，你做事怎么就不能讲究一点策略呢？"

"苏姐，坦白说，你觉得他们现在这个表现，是我的原因？"申凯直截了当地问。

"我怎么觉得不重要，关键是你的想法。申凯，这是你的部门。"我一字一顿地说。

申凯并不认为自己有错。正相反，他觉得以前张彦博对待下属太宽松了，那样并不能保证交付目标的达成。

团队技能水平不错，他们明明可以有更高的效率。他目前所做的，就是要让所有人都全力以赴。

"可是，现在看来，似乎适得其反。"我提醒他。

申凯嗤笑了一声："当然了。我推动每件事都有人唱对台戏，不适得其反就怪了。"

"你认为这是肖继超造成的？"

"难道还有别人？"

我在心里叹了一口气。

客观地说，肖继超的做法的确有问题，可另一方面，申凯也不是一个成熟的管理者。

就说他今天晚上在员工面前表现出来的强硬态度，其实就很不适合他现在的处境——根基未稳，锋芒却太露。

武侠小说里有一句话叫"重剑无锋"，我很喜欢这句话。它本身是什么意思先不说，但如果把它理解成一种管理哲学，那就是卓有成效的方法不见得非要是锋利见刃的。

可申凯显然不明白这一点。

"那你打算怎么办？"我索性问。

他倒是很自信："我自然有我的办法。苏姐你刚刚也说了，这是我的部门。"

"好。"我点头，"有需要我帮忙的地方就来找我，毕竟我做了这么多年HR，小小的心得还是有一点的。"

申凯点头。

不过我明白，不真正遇到麻烦，他是不会求助于我的。

毕竟这是一个有才华、有能力，却也极为自负的人。

07

申凯说的办法，就是把肖继超外派。

两天后我就听说了这个消息——青海的一个客户需要我们派人协助进行现场测试，申凯原本已经安排了工程师，却突然说这个项目难度大，其他人过去怕处理不好，临时调整为派肖继超去。

这段时间，肖继超虽然和申凯针尖对麦芒，但总体上，他并不是一个对工作轻慢的人，所以他二话没说，提上行李就走了。

然后，从青海转战西藏，再到海外地区，整整一个多月，我没有在公司里见到过肖继超。

测试部似乎突然安静了下来，整个部门只有一个人的声音，那就是申凯。无论是他提出的测试方案，还是要求团队成员加班，都能做到令行禁止。

申凯的状态也是越来越好，偶尔在公司遇到他，都是一副走路带风的样子。

然而，我却越来越忧虑，担心这是暴风雨前的平静。

有一次，猎头朋友向我了解我们公司一位高级测试工程师的情况，正是"格子衬衫"，这引起了我的警觉。

虽然对方什么也不肯说，可我不难猜到，"格子衬衫"已经在通过猎头寻找新的工作机会。

我把事情和申凯说了，他观察了两天，结论是那位工程师最近没什么动作，而且就算他有，他手上的项目，申凯自己也都可以搞定。

申凯的技术能力确实出类拔萃，可是我想说，就算你能以一当十，你能以一当百吗？公司想要的，从来不是一两个英雄人物。在当今的职场中，提升团队能力，才是管理人员真正应该做的。

除此之外，另一件事的发展，也让我不知道算是好消息还是坏消息——张彦博身体恢复得不错。

虽然还需要住院，可是他已经提出申请，每周来上两天班，一边治疗，一边逐渐回到工作状态。

病假期间，公司给的待遇不错，他为什么这么急着回来？明眼人一看就知道是因为申凯。申凯是张彦博当年亲自从其他公司挖过来的，而后被他一手从工程师提拔成主管。过去，他们两个可以算是亦师亦友。就连申凯这个名字第一次被集团总部注意到，列入集团核心人员名录，归根结底也是来自张彦博的推荐。

可此一时彼一时，现在的申凯，显然已经成了张彦博职业生涯中最大的威胁。

就算张彦博现在不回来，公司将来也会给他另外安排一个合适的位置。可张彦博在公司工作多年，从无到有建立了今天的测试部，要说他愿意把这个部门拱手相让，至少我是不信的。

所以，他回来上班之后，对申凯、对测试部，会产生怎样的影响，还真的很难说。

08

果然，在张彦博再次出现在星期一的部门例会上之后，测试部的风向悄悄发生了变化。

第一个变化就是肖继超结束了出差，还有几个没处理完的客户，换成另外一位工程师去跟进了。

这件事情是张彦博拍的板，理由很充分——外面的工作自然重要，可是好钢要使在刀刃上，公司里更需要肖继超。而且，其他同事也应该积累现场测试经验，得给他们这个机会。

申凯什么都没说，事实上，他也说不出什么。

然后，从肖继超开始，越来越多的人在工作中和申凯意见不一致时，会或委婉或直接地提出，要不要问一下张彦博的意见。

而张彦博，即使是赞同申凯的意见，也往往会顺手打压他一下。

申凯忍耐了两周，终于爆发了。

他爆发的方式是直接拍板了一个大型项目的测试方案，对于肖继超在测试方案评审时提出的意见，采取了置之不理的态度。

因为涉及异地招聘问题，这个会议我是参加了的。

我不懂测试方面的具体工作，但肖继超的意见提出来之后，获得了好几个工程师的支持。

"这个问题不用讨论了。"我记得申凯是这样说的，"为了一个小概率事件，多增加两周的测试投入，换成你是客户，你也不会同意的。"

"可是申经理，现网情况复杂，我们还是觉得……"

另一个工程师刚一开口，就被申凯打断："效率优先，这件事就这么定了，出了问题我来承担。"然后他大手一挥，"进入下一个议题，别浪费时间了。"

一屋子的工程师你看看我，我看看你，也有人看向肖继超。

肖继超耸耸肩，转向做会议记录的同事："领导都定了，那我没有什么要说的了。不过这个会议记录你要记好，项目经理是我，但意见我提了，将来可别找我承担责任。"

申凯的脸冷得像结了霜一样："我说了我承担。我还不至于一遇到问题就推卸责任。"

09

谁也没想到，这个项目真的会出问题，而且是大问题。

一个月后，我半夜两点接到总经理的电话。客户那边出现了现网崩溃的问题，几百万注册用户掉线，他要立即飞过去处理这一事件。

"苏耘，客户公司的老总是你老公的同学吧？快，这次借你们薛博士用一天，陪我过去一趟，把事情讲清楚。"

薛仲自己创业后，以前的社会关系肯定是要用起来的，我们公司现在也算是薛仲的甲方，这个忙不能不帮。

于是我爬起来替他收拾东西，然后火速把他送到机场。

总经理黑着脸等在安检口，见到我的第一句话就是："这么大个 bug 漏测，测试部的人都在干什么？申凯那小子是怎么做事的？"

我和薛仲对视一眼，薛仲笑着说："张总，别这么大火气。年轻人偶尔有个失误很正常，咱们有问题解决问题。"

"天天尾巴翘上天，谁都不服，然后给我惹这么大个麻烦！"总经理一边抱怨一边提着包往里面走，还不忘回头对我说，"明天测试部开会，你也去听听，我倒要看看申凯现在要怎么解决这个问题。"

没等到第二天，我回家的路上就给申凯打了电话。

我家楼下有个 24 小时营业的麦当劳，申凯点了两杯咖啡，在那里等我。

"苏姐。"他烦躁地抓着头发，"客户那边搞活动，峰值流量一下子突破了测试数据。这种情况我从来没遇到过，真没想到……"

"我知道是小概率事件，可是它发生了。"我提醒他，"现在我们要做的是解决问题。如果明天你们拿不出方案，总经理就被晾在那边了。他该怎么和客户解释？这个问题你想过没有？"

"技术上，我知道该怎么做。可是，这需要研发部和测试部的很多同事配合，可能要干几个通宵。现在这个情况，我担心……"他把脸转向窗外，看着黑夜里无人的街道，苦笑了一声，"那么多人等着看我的笑话呢，这个时候让人家撸起袖子加油干，那怎么可能？"

"怎么不可能？"我接着他的话说，"你看低了别人。每个人都是公司的一员，没人希望公司损失客户。不过，有一点。你要道歉，当着全部门的面。"

申凯怔了一下，脸色涨红，一句话也没说。

"怕道了歉以后就没有威信了？"我笑了，摇了摇头，"申凯，你有没有听过这句话——水低为海，人低为王。一开始，我就告诉你，要审时度势，该放低身段就放低，把你的锋芒隐藏好，先把人心巩固好，可你没有理解我的意思。"

他低下头，半晌才说："那我现在把自己的姿态放低，还来得及吗？怕是每个人都可以趁机踩我一脚吧？"

"那就让他们踩，事实就是你做错了，你承担后果。否则，只会更让人看不起。"

申凯那两只修长的手紧紧扣在一起，青筋慢慢鼓了起来。

我安静地等着。

终于，他点头："明白了，苏姐。我知道该怎么做了。"

10

项目会议还是在上次那个会议室中进行，只是情况有了不同。

申凯低下头承认因为自己的刚愎自用，对情况估计不足，导致项目出了问题。

"现在，我有一个处理方案，但是工作量很大，时间只有三天，可能需要大家全力以赴。"

这句话说出口，我明显能感觉到，申凯有些紧张。

会议室里鸦雀无声。

"没问题。"肖继超看了他一眼，率先开了口，"你安排就行了。"

这倒让申凯没想到。

见申凯没说话，肖继超看向会议室里的其他工程师，有些不耐烦："没人有问题吧？我可告诉你们，不管责任谁承担，咱们现在都在一条船上，谁要是这时候想看热闹，等着船沉，那就别怪我老肖说话难听。"

"可是这个问题当时就提出来过……"不知道是谁小声嘀咕了一句。

"我知道提出来过，就是我提出的。"肖继超冷冷地瞥了那人一眼，"申经理已经说了，责任是他的。但客户是公司的，饭碗是大家的。该担责任的担责任，该干活的干活，哪来那么多废话？"

"我们本来就没有大局观。"另一个人说。

申凯的脸更红了。

肖继超瞪起了眼睛。

不得不说，从某种程度上讲，肖继超还是很知道什么时候应该表现出什么态度的。

"总经理还在客户那边等着你们把问题解决了呢。"我淡淡地说，"要不是这样，这个会我来干什么？"

听话听音，我这话其实已经说得很清楚了——总经理想知道到了这时候，谁还不顾全大局，就忙着撇清自己。

于是大家你看看我，我看看你，都不说话了。

我给了申凯一个眼神，他站起来，弯腰鞠了个躬："这次的问题，确实出在我身上，所有责任由我承担。我会申请扣除本季度绩效工资和年终奖，请大家监督。"

这就把事情落在实处了。

有几个工程师马上神情松动："我们没问题，申经理，你布置工作吧。"

"对，加班很正常，先解决问题。"

"是啊，经理你都这么说了，我们知道该怎么做。"

申凯这才拿出他的解决方案，开始分配工作。

我站起来，转身出了会议室。

11

通宵加班三天以后，申凯终于晕倒了。

其他人都是轮流上阵，多少能休息一下，只有他是全程跟盯，承担了最核心部分的工作。

他晕倒的时机也很合适，正在问题解决、大家欢呼的那一刻。

我立刻赶到了，申凯大概是真的太累了，眼睛一闭，竟然就睡了过去。

我拍着他的胳膊喊了好几声，他整个人一点反应也没有，吓得我出了一身冷汗。

直到我用力掐他的人中，才把他从睡梦中唤醒。

申凯睁开眼睛的时候，人还有一些迷茫。不过见到我，他马上想起了自己还有没演完的戏份，于是缓了缓，用有些虚弱的声音说："总算是解决了，辛苦大家了。"

人心都不是铁打的，这几天他有多拼，也算是有目共睹。于是好多同事劝他回去休息，对申凯的称呼也从"申经理"变成了"凯哥"。

申凯步伐虚浮地跟着我走出了公司。

"谢谢你苏姐，要不然我真不知道该怎么处理。"他低声说。

"希望经过这次事故，你能真的明白那些道理。"看着疲惫的他，我有些心疼地说，"我和你说过，水低为海，人低为王。现在我再和你说一次，这句话真正的意思是希望你从内心里放低自己，能够懂得尊重别人，站在别人的角度考虑问题。我知道你才华过人，正是因为这样，你和大多数人之间天然就会有距离。可你要做成事情，这些距离对你一点好处也没有。你必须把自己的锋芒收起来，让自己看起来泯然众人，却又在普通中多一份担当，才能吸引和凝聚别人。只有这样，你才能够成为一个真正的管理者，你明白吗？"

外面的阳光正盛，申凯停下脚步，回头望着公司的办公楼，沉默了好一会。

"我懂了，苏姐。"最后，他说。

不会哭的孩子没糖吃

01

周一下午,我在进行一个电话面试,隔着玻璃门就听见外面杜薇的声音,一会儿打电话给销售经理催周报,一会儿和招标方确认标书要求,高跟鞋"哒哒"地敲击着地面,显得忙碌不已。

杜薇是商务部的专员。

我办公室外面是个开放式办公区,由几个部门共用。自从大半年前杜薇入职,本来就只是半隔音的玻璃墙,在她面前形同虚设。

无奈,我只好请电话那端的人稍等,然后起身出了办公室。

"杜薇。"我叫她的名字,又把食指竖在唇前,"麻烦小声一点,给我十五分钟。"

杜薇反应过来,小孩子一样吐了吐舌头,在嘴上做了一个拉上拉链的手势。

"你说你这么纤细的一个姑娘,怎么就是个大嗓门呢?"我开着玩笑,"看人家杨思琪,说话从来都是慢条斯理的,我在里面一点声音都听不见。"

"我忙嘛,这一忙就容易急。我改,我改行吗?我的姐姐。"她嬉皮笑脸。

那边正在聚精会神盯着屏幕的另一个商务专员杨思琪听见这话,抬头看了杜薇一眼,目光又转了回去,什么都没有说,落在键盘上的指尖也半点不停。

下午,我参加了一个项目评审会,因为需要讨论的关键点比较多,结束时已经将近晚上十点。

办公区里还亮着灯,杨思琪和杜薇都坐在自己的工位上。不同的是,杜薇低着头,一边刷手机一边笑,而杨思琪,她似乎还保持着之前的样子,就连指尖落下的速度,也没有丝毫改变。

02

这两个姑娘都是我招聘来的，同一天入职。

其实当时面试后，我想录用的只有杨思琪一个人。

商务专员主要负责配合销售经理做收集数据、协助投标、制作标书合同这些琐碎事情，需要比较细心、耐心的人来做，她是最合适的人选。

然而，说来也巧，公司之前没有预想到的某个区域市场在那时恰好打开了突破口，商务部的工作量一夜之间猛增。

于是部门经理提出尽快把两个人都录用，能搞定眼前的事情才是关键。

就这样，面试成绩排名第二的杜薇也入职了。

相比文静内敛的杨思琪，杜薇明显要活泼得多，在公司里人际关系也不错。可不知道是不是先入为主的原因，我不是太喜欢这个女孩子。杜薇给我的感觉，有一种说不出来的圆滑。

后来，两个人的工作都没出现什么大问题，顺利转了正，我就没再关注她们，直到今天加班遇到。

回到家时，安然已经睡了。薛仲靠在床头，抱着笔记本电脑在看一个管理课程视频。他是技术专家出身，如今自己创业，很多东西都要从头学起，也是极为不易的。

"今天忙吗？"我洗完澡出来，一边刷着朋友圈一边问。

"还好。"薛仲合上电脑，伸手过来帮我按摩脖子，"不如你辛苦。"

正说着话，一条朋友圈引起了我的注意。

朋友圈是杜薇发的："为了赶标，我们拼了！"配图是她办公室的电脑，旁边还有一盒泡面。这条朋友圈下面，很多同事点赞，还有人劝她要劳逸结合，杜薇的回复也带着满满的"鸡汤"味儿。

我忍不住笑了，拿给薛仲看，又说起自己刚才遇到她们时的情形。

薛仲有些无奈："好好的一个年轻女孩子，怎么这么多小心思？"

"未必没有用。"

我本来是随口说的，然而第二天上班时，就看到商务部李经理走到杨思琪的工位旁，让杜薇把手上的一些杂事交给她来做。

"可是李姐。"杨思琪看了一眼李经理，又看了看自己的电脑屏幕，"我现在还有好几个标书……"

"我知道，最近大家都很忙，克服一下吧。等忙过了这段时间，我请大家吃饭。"杨思琪的话还没有说完，李经理已经扔下这么一句，转身回了自己办公室。

"那就辛苦你了。"杜薇探过头，笑嘻嘻地看她，"思琪，你可以的，我看好你哦！"

杨思琪抿着唇，过了好一会，才"嗯"了一声。

03

多做就会多错，这个规律放在大多数人身上都适用。

大概一个星期之后，我开完会回来，大办公区里鸦雀无声。李经理正沉着脸，站在杨思琪的工位旁。

"我有没有说过，这份标书马上要用，千万不能出错，让你务必仔细核对以后再给我？"她的声音里透着不满。

杨思琪点头："对不起，李姐……"

"对不起？"李经理用手中的笔敲打着桌面，"对不起有什么用？今天要不是我签字的时候发现错误，你已经把它发走了。到时候就算销售经理看出错误，还来得及改吗？你一个小小的疏忽，就很有可能会造成废标，你知不知道？"

她越说越生气，声音也就渐渐提高了。

杨思琪微低着头，一言不发。

"我不管你今天晚上是加班还是通宵，反正把标书改好，明天一早必须快递出去。"

扔下这句话，李经理转身回了自己办公室。

周围几个同事互相看了一眼，有人过去小声安慰杨思琪。杨思琪摇了摇头，拿起自己的手机，走了出去。

过了几分钟，我去茶水间泡咖啡，听见刚刚安慰杨思琪的那个同事在替她抱不平。

"思琪最近天天加班，我早上坐地铁碰到她，她在地铁上站着都能睡着，你说累成什么样了？结果呢，每件事都和她有关，挨批总少不了她，太冤了。"

"这有什么冤的？"另一个同事嗤笑一声，"我说一句不好听的，谁让她揽那么多事呢？手里哪个工作重要，自己心里没点数吗？什么杂事都去做，这么分心，不出错才怪。"

"这怎么能怪思琪呢？都是李姐安排的。"第一个人嘀咕。

"那她就不能拒绝？做不了又不说，不怪她怪谁？"

这话听着确实有点不近人情，可我觉得，说得挺对。

我们从小受的教育就是工作要踏实，不能拈轻怕重，要服从领导安排。这就导致很多职场新人误以为领导的眼睛都是雪亮的，自己什么都不必说，只需要埋头苦干就行了。

坚信这一点的人，或多或少都会吃些亏。

杨思琪是我亲手招进来的，放着不管，我有点于心不忍。于是我放下杯子，转身上了天台。

04

她果然在天台上。

"哭了？"我走到她身边，转头看她。

杨思琪把脸扭向另一边，没有说话。

"你毕业两年了吧？"我问。

"嗯。"她闷闷地应了一声。

我笑了："吃委屈吃饱了没？"

杨思琪一顿，转过头来和我对视，鼻子尖红红的："从小到大受的委屈加起来，都没有这两年多。"

"标书做错了，批评我能接受，可是我也不想做错啊。我这边做着标书，那边一堆杂事找我，不是财务部要合同数据，就是销售部问部署安排，我只有一个人，顾了这边顾不了那边……"她说着，眼泪就掉了下来。

"事情这么多，为什么不和李经理讲？"我问。

"怎么讲啊？难道跑过去说我做不了，你安排别人吧？"杨思琪摇头，"那李姐肯定觉得我不服从管理，不愿意承担工作。"

"我倒是不这样想。"我说，"只要你汇报时讲究一点技巧，实际上不仅能让经理知道你很忙，在安排工作的时候考虑你的工作量，也能让她给予你一些工作上的指导。这都比你闷声做事要强。"

杨思琪沉默了一会，还是摇头："算了。我不想像有的人那样，做一点事就要嚷嚷得全世界都知道。本来就是自己的工作，多少都是正常的，我下次注意就行了。"

如果站在她的角度，我会告诉她，工作中多做一些事情没什么，但是那些杂事对于提升她个人能力并没有什么帮助，最好不要长期做下去。可我是公司的 HR，所以我什么都没再说。

因为站在 HR 的角度，这些杂事都需要有人做。肯做杂事的人本来就不多，而杨思琪这样听话，既然她能做，就让她做好了。

最后，我只叮嘱杨思琪，如果下次实在忙不过来，要懂得提前把困难向经理汇报清楚，这样才能避免影响工作，给自己带来不必要的麻烦。

杨思琪点了点头，也不知道她是不是真的明白了我的意思。

05
HR DIARY

一个月后，公司调薪。

上午，各部门的调薪方案才确定下来，下班时就有人来找我。这对我来说很正常，只是我没想到，这个人会是杨思琪。

"苏姐，对不起。"她声音不大，神情里有掩藏不住的失落，"我准备辞职了。"

一瞬间，我就反应过来是什么原因。可是，公司执行薪资保密制度。按道理，杨思琪不应该知道其他人调了多少薪资，包括杜薇的。

于是我问："为什么？是因为薪资吗？"

这个问题模棱两可，就看她怎么理解。杨思琪点了点头，略一犹豫，又摇头。

"对于自己的工资，其实我并没有什么不满意。可是苏姐，让我心里不舒服的是，无论我做多少事，都不如人家会哭的孩子有糖吃。"

"你指的是杜薇？"我直接点破。

杨思琪没有说话。

我放低了声音："公司执行薪资保密制度，不允许互相交流，这一点你知道吧？"

她点头，又赶紧解释："苏姐，我没有违反规定。是她在洗手间里发语音给男朋友的时候，我无意间听见的。"

杜薇的调薪额度高于杨思琪，我自然是知道的。

虽然我不是很赞成，可归根结底，更了解她们工作表现的是部门经理，而我作为HR，只要把握好总额和分配原则，其他事情不是我应该插手的。

于是我问："你觉得不公平，和李经理谈过吗？"

"没有。"杨思琪摇头，"谈了也没用。我上个月做了十几份标书，还要统计很多数据，每天忙得连喝水的时间都没有。但是领导看不见，她只看得见那些会表现的人，我也没有办法。"

我没有接她的话。同为部门负责人，实际上，我也不方便做什么评价。

"就因为这个要离职？"想了想，我把话题转回来，"不值得吧？"

杨思琪看着自己的手指："是不值得，公司各方面都不错。但不走又工作得不开心。苏姐，你说我该怎么办呢？"

我当然不希望她走。

虽然说职场上没有谁是不可替代的，但人员变动对公司来说有成本，而杨思琪同样要承担换工作带来的风险。这是两败俱伤的事。

"我不知道你要怎么办，但如果换作是我，我不会选择离职。因为这根本不能解决问题。"

06
HR DIARY

"问题出在你自己身上，你不改变，换到哪一家公司都一样。"

也许是我的话说得太直接，杨思琪怔住了。

"为什么是我的问题？"半晌后，她小声说，语气非常委屈。

当然是她的问题。酒香不怕巷子深？没有这回事，否则你就不会在电视上看见那些知名品牌的广告了。

"你现在遇到的问题主要有两个原因。其中之一是，你做了很多工作，有的来自李经理，有的来自其他部门，但你让领导了解到这一点了吗？你没有。"说到这里，我随口问，"商务部以前不是写周报吗，现在怎么不写了？"

"听说是因为大家都不想写，后来就逐渐取消了。"杨思琪回答，不知道我问这个干什么。

"还是写起来吧。不仅要写，还要写得有策略一点。"我加重了语气，"这对于你来说，绝对有好处。"

像杜薇那样通过发朋友圈晒加班的方式去表现自己的忙碌和敬业，我是很反感的，同时也觉得没有必要。因为你原本有更有效的方法汇报自己的工作量，如果你真的做了很多事情的话。

这个方法就是写周报。

其实，周报真的是个好东西。写好了，你可以强制领导了解你的工作量、工作难度、需要的资源和协助，还可以向领导请示工作优先级和工作方法，让他给你额外的指导。

这样一来，你就会比别人更了解领导的想法和意图，对个人能力和效率的提升也大有好处。

听我说完，杨思琪犹豫着："李姐会看吗？"

我笑了："当然会。"

做领导的人，没有一个是不喜欢凡事尽在掌控中的感觉的。虽然日常表现不同，但每个人都想知道下属在做什么。你把周报写好递到她手边，她不看，我是不信的。

"那第二个原因呢？"杨思琪点头，又问。

"第二个原因，当然是因为你做的事情并没有那么出彩，所以你引不起领导的关注，也就没有机会去挑选工作。"

这话又是很直接，杨思琪的嘴唇动了动，但什么也没有说出来。

她不得不承认我说的是事实。

"我给你的建议是，把精力集中在能出彩的工作上，将这些事尽量做得精益求精。至于那些杂事……能拖就拖一拖吧，事情是做不完的，也许领导会重新安排那些事的负责人呢？"

07
HR DIARY

杨思琪到底是个老实孩子，所以留下来之后，虽然揣着一肚子委屈，但事情还是照做不误。

不过，我还是渐渐发现了一些改变。

比如，商务部开始重新要求所有人写周报，而后，李经理也把原属于杜薇的那些杂事重新安排给了杜薇。

杜薇对此很不满。当然，她并没有和我说，也没有向李经理提出来。只是在和她对接的那些销售经理打电话过来催她的时候，她当着所有人的面嚷嚷忙不过来。

李经理只当没听见，一句话也不说。

就连杜薇日常晒加班的朋友圈也慢慢出现了一些变化，虽然还是有些和她关系不错的同事随手给她点赞，但人数明显已经越来越少了。

好像谁没见过半夜十二点的公司大门似的，有什么好晒的？我猜这才是大家的心里话。

杨思琪却继续安静地埋头工作。

有一天晚上，我和海外的同事开完电话会议，回办公室拿自己的包准备下班，看到杨思琪坐在电脑前，抱着自己的平板电脑写写画画，我不禁有些好奇，便走过去看。

原来她在做工作笔记。

"A 客户不接受合同章，必须盖公章，需要在续签合同的时候注意。B 客户要求把部署计划作为合同附件，要提前与运维部门确定好。"

读着读着，我笑了，念道："D 客户区域快递小哥离职频繁，可能会影响标书送达时间。你怎么知道快递小哥离职频繁？"

杨思琪有些不好意思，给我解释："第一次他们的送达时间晚了一天，我投诉过，然后快递小哥给我打了电话。结果没多久又晚了，我查了一下，发现已经换人了。"

这种细节都注意到了，可见杨思琪是真的很希望能把商务专员这种烦琐的工作做好。

这就没白费我为了把她留下而花的心思。

08

六月，公司在新市场所有的铺垫终于有了回应——一个大客户给我们公司发了开标邀请书，这就是邀请投标了。

"李姐，这个标让我去跟吧，正好最近我手上的事情都在收尾了。"我去李经理办公室谈事情的时候，正好听见杜薇的这句话。

新的市场，可能意味着新的机会，这是谁都知道的事。商务专员本身岗位技能要求不高，所以，对市场和客户的熟悉程度，就是他们的竞争力。

"这个标书的要求比较高，需要准备的资料也非常细，你有把握吗？"李经理问。

"没问题，李姐。我也不是第一天做标书了，您就放心吧。"杜薇笑着说。

李经理还是犹豫着。

我见她们一时半会也说不完，索性让李经理有空再给我打电话，便先回了自己办公室。

当天下午，前台工作人员说杜薇请假了。我正纳闷她为什么特意告诉我这个，小姑娘就凑过来，神神秘秘地和我耳语起来。

原来，杜薇想跟的这个标，李经理最后交给了杨思琪。杜薇大概没想到会是这个结果，一气之下，找了个借口走了。

其实我知道李经理这样安排的原因。站在她的角度，当然是觉得把事情交给谁成功的可能性大，就会交给谁。

杨思琪接了任务，知道是一项重要的工作，就把手里不紧急的事情都放下，专心准备起这个投标来了。

我常常看见她抱着从别的部门那里要来的资料，一份一份复印好，仔细地排序、编号，就连项目相关人员的劳动合同，她也是检查了一遍又一遍，才放进标书里面去。

这样的工作态度，应该是不会出什么差错的，我和李经理不约而同地认为。

然而，就在开标的前一天，差错还是出现了——负责投标的销售经理打来电话，说杨思琪发过去的报价有问题。

明明他昨天下午发了消息给杨思琪，让她把报价下调五个百分点，为什么她的标书里还是原来的价格？

听到这话，杨思琪的鼻尖上一瞬间就冒出了汗珠子。

为什么？她也想知道为什么。销售经理说的那条消息，她从来就没有看见过。

09

"你说你没收到消息，这个怎么解释？"李经理把自己的手机"啪"的一声拍在桌子上。"人家都截图给我了，你还不承认？杨思琪，我原本以为你只是疏忽，那我们就赶紧想办法补救。可我没想到，你首先想的是找借口，推卸责任。你太让我失望了！"

"不是这样，李姐！"杨思琪越着急，鼻尖上的汗越多。她递过自己的手机，"您也看到了，我手机上并没有他说的这条信息。昨天我们根本就没联系过。"

"微信上的聊天记录又不是不能删。"有人小声嘀咕。我隔着办公室的玻璃隔断看过去，是杜薇。

"我没有！"杨思琪白净的脸涨得通红，"李姐，我真的没有。我没收到消息，更没有回复，这条记录……我真的不知道是怎么回事。"

我也不相信杨思琪会这样做。

"李经理。"我推开门，"要不，先解决问题？不是明天就要投标了吗？至于究竟是谁的责任，我们回头再说也不晚。"

李经理点头，又冷冷地看了杨思琪一眼："苏经理说得对，我也是这个意思。你现在赶紧修改标书，不过快递过去是来不及了，让前台同事给你订机票，你今晚飞过去送。"

"好。"杨思琪立刻在自己的电脑上飞快地修改折扣，计算替换折扣以后的价格。

可她这边将标书改好了正在装订时，前台工作人员打来电话，说今晚的机票没有了，最早的一班是明天上午的。

"你说你，我把这么重要的工作交给你……"李经理气得说不出话来，连着敲了好几下桌子，"那你自己说，现在怎么办？"

"我坐火车过去，晚上十点有一趟车，明早八点到。"杨思琪的嘴唇抿成了一条线，低头看着手机，"经理，您不用着急，如果火车没票了我就买站票，大不了背着标书站一个晚上，我一定按时把标书送到。"

"要不，我找个男孩子去送吧。"我有些于心不忍。

杨思琪摇头："不用了，苏姐。我自己的工作我自己完成。"她转向李经理，再次解释，"李姐，我知道您觉得我在找借口，这件事我有责任，可我说的每一句话都是真的。"

李经理没说话。

不知道为什么，我下意识看向她对面的杜薇，发现那姑娘低着头，露出的半边唇角却是上翘的。

晚上,我安排公司的车把杨思琪送到火车站,同时让我部门的专员去查一下到底是怎么回事。我觉得一定是有人动了杨思琪的手机,可是,这个人是谁?

10

事情安排出去,第二天就有了反馈。

销售经理发消息给杨思琪那天,有同事曾经在洗手间的隔板上,捡到了杨思琪的手机。

那么,会不会有一种可能,有人在杨思琪之后去了洗手间,看到了这个手机,并且私自做了什么操作,然后又神不知鬼不觉地放了回去?

因为平时的消息和电话都很多,杨思琪并未设置锁屏密码。这一点,我以前和她一起吃饭时就发现了。也就是说,任何人拿到她的手机,都可以点开她的微信。

"把洗手间门口的监控调出来。咱们一起来看看,到底是谁这么厉害。"

所幸监控视频清晰度很高,更庆幸的是,从杨思琪离开洗手间,到捡到手机的同事进去,中间只有一个人进去过。

那个人正是杜薇。

我想起前一天杜薇说的那句话——"微信上的聊天记录又不是不能删",忍不住冷笑。没错,微信上的聊天记录的确是能删,还能回复了再删掉。

如果消息删除之后,杨思琪还能知道销售经理给她发过消息,那真是见鬼了。

"事情就是这样。"我把李经理找到我的办公室,前因后果讲清楚,又给她看了监控,"你来说还是我来说?"

李经理犹豫了一会儿:"这种事情,肯定要从公司层面处理。苏经理,你来吧。"

我早就知道,"坏人"一定是我来做。

因个人原因,做出损害公司利益的行为,在我们公司是严重违反规章制度的,公司可以直接解除劳动合同,一分钱补偿金都不必支付。

这一次,杜薇被自己的嫉妒心和小聪明害了。

下午,我把她找到办公室,一调出监控,她的脸就白了。

可这姑娘调整得很快,没过半秒钟,就堆出一脸无辜来:"苏姐,您为什么要给我看这个啊?该不会连我什么时候上洗手间都要管吧?"

"你不知道我为什么找你?"我面无表情地看着她。

到底只有二十多岁,杜薇的笑很快就坚持不住了。

"我怎么知道?"她避开我的目光,小声嘀咕。

我轻笑一声:"那我提醒你一下,杨思琪的手机。"

"啪",她捏在手里的笔掉在了地上。

"说吧,你是怎么想的?"我弯腰捡起那支笔,放在了桌上,"其实不管你说不说,事实已经很清楚了。不过如果你说了,我可以考虑不通报批评,给你一个体面离开的机会。"

11

事情的确是杜薇做的。

在洗手间隔间里看到那个手机的时候,她一眼就认出了那是杨思琪的。她本想给杨思琪带回去,然后让她请自己喝奶茶。就在这时,手机响了,收到一条微信消息。

"思琪,情况有变。我已经请示了张总,立即把价格下调百分之五,麻烦你把标书重新做好发过来。"

杜薇抿住了唇。

这个标,如果杨思琪配合得好,以后这块市场的投标就都会由她去跟。

那边工作量不小,杨思琪也就不会再处理那些统计报表了。然后呢,她杜薇就会一步步沦为部门所有杂事的大总管。

这不是她想看到的。

她拿起了手机。

"好的。"

消息发出,杜薇握了握拳头,一狠心,直接删除了这两条记录。

工作中出了这么大的纰漏,她倒要看看,杨思琪要怎么收场?

"你当时就没想过公司会因此丢标?"我冷了声音问。

她摇头:"我不是故意的,苏姐。我当时真的没想那么多。"

"后来呢?李经理问起来的时候,你很得意吧?"我又说。

她的头摇得更厉害,眼泪直流:"苏姐,给我一次机会吧。我下次不会了,真的不会了。"

可是,错了就是错了,职场上没有这种机会。

我直接说了处理结果,并要求她立即办理工作交接,离开公司。

"为什么?我就只做错了这么一次!"杜薇尖声喊,"来了这么久,我一直很努力。领导怎么说我就怎么做,和同事也是尽量处理好关系,我只不过想获得更多机会和认可,为什么要这样对我?"

"你努力错了方向,姑娘。"我抽了一张纸巾递给她,又放软了语气。

杜薇的做法是很可恶,然而,从公司的角度来说,没有必要让员工离职以后怀恨在心。

让员工好聚好散才是 HR 永恒不变的宗旨。

"你有没有听过这样一个故事,有个小孩子,晚上在亮着灯的房间里找他丢的一百块钱,可是怎么都找不到。别人就问他:'你的钱丢在哪里呀?我帮你找。'他指着漆黑的院子说:'那里。'问的人就笑了:'那你为什么在房间里找呢?''因为这里很亮,容易找啊。'小孩子回答。听起来很蠢是吗?可是你现在做的事,不是和这个孩子一样吗?你想要的东西明明要靠努力工作获得,你却偏偏想通过'秀'表现、打击别人这些歪门邪道的办法获得。事实上,这样做,你只会像那个孩子一样,永远找不到那一百块钱。"

杜薇没有再说话。

下午,她默默办理了离职手续,有人问起,也只说家里有急事,要回老家一段时间。这大概是她最后的自尊了。

杨思琪回来后,我把事情对她说了,她有权利知道真相。

"她为什么要这样?其实,虽然我不喜欢她,可我挺羡慕她能和别人愉快相处的。"杨思琪咬着唇,神情复杂。

我摇头:"算了,如果她能吸取教训,这对她未必是坏事。思琪,你之前觉得会哭的孩子有糖吃,现在知道为什么最后是你留下吗?"

她想了想:"因为我努力。"

"不只是这样。"我放慢了声音,强调道,"最重要的是,你学会了工作的正确方式。职场上,要想获得认可,最巧妙的方法就是用工作成果说话。首先,把事情做好。然后,让你做好的事情,被你的领导所知。就这么简单,你说呢?"

杨思琪笑了:"哪简单?不简单呢,我都不知道什么事该汇报,什么事不该汇报,可费脑子了。"

"这样吗?那就慢慢学吧。直到把这个方法变成你的本能,你就赢了。"我最后说。

其实,职场中哪有那么多阴谋?阳谋都递到你手边了,用好的人,想不笑到最后也是很难的。

做一个自知的姑娘

01

面试时,我的手机震个不停。等送走了候选人,已经收到了十几条未读消息,均来自我们部门的微信群。

我翻到最上面一条,是前台工作人员白悦的。

"费姐,虽然说办公用品是我负责采购,但是我这两天请假,工作都临时交接给你了。为什么财务部同事跟你说了要买墨盒,好几天了你都不给买呢?这样不负责任吧?"

这条消息一发出,人事专员费雪就愤怒了。

"谁不负责任了?我只有今天上午接到了韩璐的电话说要买墨盒,我也没说不买,只是说要问你一下,怎么就成不负责任了呢?"

然后两个人就你一言我一语地吵了起来。

我马上意识到,这件事不对。

依照费雪的性格,如果她真的前几天就收到了这个需求,她只会有两种处理方式:第一,联系白悦,让白悦下单购买,反正手机也能采购,她才不会多管闲事;第二,让财务部的同事来找我,不经过我安排的工作,她凭什么要做?

置之不理,然后让自己背上不负责任的指责,这可不是费雪能做出来的事。

"不要在群里说了,影响其他同事工作。"

我回复了这句话后,马上私信白悦,问她怎么回事。

小姑娘委屈得不行,直接把和韩璐的聊天记录截图发给了我。

韩璐的话说得不是一般的难听。我都没想到,一个看着挺漂亮时尚的女孩子,在挑拨离间的时候倒有点古装宫斗剧的水平,一边指责费雪,一边还把我们整个部门牵连了进去。

但事情绝对不像她说的那样,我几乎可以肯定。

"要不是她这样说,我能问费姐吗?厂家明天就放五一假了,今天我才知道这件事,怎么来得及按时采购呢?"白悦自顾自地解释。

这个姑娘别的都好,只是有时候单纯得过了头。我让她立刻去联系供应商,如果这家不行,就另找一家。我自己则把费雪叫进了办公室。

一进屋,费雪就一脸委屈:"苏经理,我工作十几年了,还从来没有被人这样指责过呢。要是真有这样的事,你批评我、处理我都行。可我真的很冤枉,我就是上午接了韩璐一个电话而已,再说她也没说着急要那些墨盒啊。"

"好,我知道了。我会去查清楚到底怎么回事,然后咱们再说。"我说着,在心里深深叹了一口气。

02

很显然,韩璐这是冲我来的。

韩璐是财务部的出纳,在公司工作三年多了。而我和她之间的矛盾,始于去年秋天。

一直以来,我们公司的工资条都是纸质的,员工有需要就去找韩璐打印;如果遇到她比较忙,就会把这个工作推给做工资表的费雪来做。

一次两次没什么,可时间长了,打印工资条似乎就成了费雪分内的事,甚至就算韩璐有时间,也会找各种理由让要工资条的同事来找费雪。

莫名其妙被安排这样烦琐又没有技术含量的工作,费雪的意见也很大,忍了两个月,便反映到了我这里。

我其实并不在意谁多做了一点工作,我在意的是作为一个已经实现无纸化办公的IT公司,再用这种方式发工资条确实有点落伍了,于是就和财务经理徐丽琳沟通,建议采用银行卡电子工资单的方式来替代纸质工资条。

这本来是一件好事,咨询银行后,银行也表示可以实现。谁知道等发完工资,需要上传电子工资单模板的时候,出了问题。

韩璐上传了几次,不知道是什么原因,都没有上传成功。于是她没了耐性,做了一件令人不解的事——直接打电话给费雪,让费雪去她的工位上传电子工资单。

费雪自然不愿意。

之前她帮忙打印工资条,已经积累了一肚子的牢骚,可当时那么多同事等着,她不做也得做。

现在好不容易公司要改为上传电子工资单了,韩璐又想把这件事推给自己。她要是真的接了,那不是以后就成了她的工作?

于是费雪不软不硬地顶了回去:"对接银行的系统,你们天天用都传不上去,我去传,就能传上去了？"

我能想象她说这话的时候语气肯定好不到哪里去，毕竟把她介绍进我们公司工作的那位客户级别相当不一般。人如果有依仗，谁会喜欢忍气吞声？

却没想到韩璐也不是省油的灯。

"让你负责上传怎么了？这个电子工资单本来就是你们苏经理要弄的，不能只麻烦我们吧？你们也得干点活啊。"

韩璐这话一说，费雪也不和她废话，起身就进了我的办公室。

03

等她把前因后果讲了一遍，我忍不住气笑了。

工资条是纸质的也好，电子的也好，说到底和我有什么关系？那是他们财务部的工作。结果我提出管理改进意见，给人家添麻烦了，倒是被人家记了仇。

我马上打电话给徐丽琳，她果然还不知道这件事。

这件事最后的结果就是，徐丽琳批评了韩璐，同时取消了她当月的"月度之星"评选资格。然后当天下午，很神奇的，韩璐的工资单上传成功了。

晚上我把这件事当成笑话讲给薛仲听，他拍了拍我的头："得罪人了还这么得意？"

"我也没办法啊。"我摊手，"她们都把球踢到我脚下了，我还不是只有踢回去？"

"踢倒是踢回去了，可别人挨了批评，也不知道在背后会怎么说你。"薛仲说着说着笑了，"不过只敢在背后说闲话的人，也不值得我们在意。"

他这话说得好，我本来就不在意。因为整件事，我都没有做错。

没想到韩璐的心眼儿，真就那么小。

第二天，我还在上班的路上，就收到韩璐的微信，问我为什么针对她。

针对她？我又笑了。她既不是我的情敌，也不是我的竞争对手，我为什么要针对她？

于是我直截了当地回复："你把自己的工作做好，就不会觉得有人针对你了。"

结果就是这样一句话，又让她记在心里了。两个多月以后，韩璐终于找到机会，把这句话还给我。

事情又与费雪有关。我们公司上个月有四名员工离职，可在做这个月工资表的时候，费雪一时疏忽，竟然又给他们发了工资。而我和徐丽琳那天都在集团总部开会，只在手机上签批了流程，大的数目没有问题就支付了。

钱一付出去，费雪很快就发现了不对，赶紧跑来向我报告。

我没有批评她，因为这也算正常现象，就算是我自己来做工资表，也不能保证一点都不出错。

只是，她必须去追回发错的工资，否则这笔钱就只能由我们三个赔。

也是我们运气好，离职的同事人都不错，费雪去沟通以后，当天晚上，他们就将错发的工资一分不差地转回了公司账户。

04

在我看来,这件事就算解决了。后续的,不过是写一个情况说明,我和徐丽琳签字以后与进账单一起记账就可以。

然而韩璐不肯。

她拉着会计一起,坚持说这种冲账要总经理签字。

"没有这个必要,其他冲账也不需要张总签字。有我和苏经理确认,这笔业务就已经清晰了。"徐丽琳说。

"那如果以后张总知道了批评我们,就徐姐你一个人承担吧。"韩璐毫不客气地说。

这种时候,不能再让徐丽琳为难了。于是我笑着说:"我明白了,让张总签字,是吗?没问题,我去找张总。"

韩璐哼了一声:"苏姐,我可不是针对你啊。如果你们部门的工作都做好,就没有这个事儿了。"

在公司工作这么多年,我很少被人这样怼,而且还是当着财务部所有人的面。

"没关系。"我顿了顿,笑容不变,"我明白,这次给你们添麻烦了,以后我们会注意改进。"

余光里,费雪的脸色极差。

"她这是什么意思啊?"一回到我的办公室,费雪就忍不住拔高了声音,"我做错了,可我已经把问题解决了。芝麻大点的事,她是生怕张总不知道吗?"

我笑了:"也不能说是小事,毕竟我们有错在先,认了就是了。你也不用担心,我会和张总说,这件事是我的责任,要处罚我也接受。"

费雪一怔,然后使劲儿摇头:"苏经理,这可不行。工资是我做的,怎么能……"

"我是你的部门经理。"我打断她,微笑着拍了拍她的手臂,"你的错就是我的错。没关系的,我来承担责任。"

费雪似乎松了一口气,又有点过意不去。实际上她不明白,这是我唯一的选择。

05

"我签字?"总经理接过我递过去的情况说明看完,一脸困惑,"这种事,你和徐经理签了就行了,我签什么字?"

我笑了:"出纳同事说要看到您的签字才能冲账,所以还是要向您汇报一下。"

然后我主动承认了自己的复核流程存在漏洞,又提出了改进方式,避免类似问题再次发生。

"那以后你们仔细点吧。"总经理把单子递回来,面有不悦,"这个字我就不签了。要是几万块钱的账都要来找我,我一天也就不用干别的了。"

我点头,再次认错以后正准备走,总经理却又叫住我:"那个费雪……你批评的时候注意点方法……毕竟她……"

"您放心,这个我懂的。"我笑着说。

其实客户介绍员工进来,我是最烦的,尤其是还安排在了我的部门,这让我不高兴了好几天。

然而,但凡你是个有点规模的公司,就少不了这样的员工。如果你没有,那多半是因为公司发展得不太好,客户看不起。就算我们公司不是单纯靠关系做业务,也要掂量一下对方的分量。

有些人,得罪了会有很多麻烦,实在没有必要。

"韩璐那边……"总经理有些无奈,"侧面敲打一下吧,也不是什么大事,不管针对你还是针对费雪,对她都没有任何好处。灯不点不亮,韩璐应该能明白。"

但愿吧。

如果能够退一步解决问题,我向来不喜欢把事情做得太难看。

回到办公室,我打电话给韩璐,告诉她总经理说这样签字就可以,麻烦她来拿一下单子,顺便,我想和她聊聊。

从上午等到下午,她才慢悠悠地晃了过来。

"不好意思,苏姐,我这边事情多,让你等久了。"韩璐嘴上这样说着,脸上却一点不好意思的表情都没有。

我看着她的脸,一时有些恍惚。

眼前的姑娘,和我当年亲自招聘进来的那个姑娘,已经不太像同一个人了。不知道是不是跟着原来的财务经理太久了,这语气腔调,俨然第二个她。

可是那位经理自从被徐丽琳比下去,早就知道了自己的分量,韩璐要什么时候才能知道呢?

在职场上,很多东西,都是得吃了亏才能学会的,我并不希望她也是这样。

不管韩璐怎么折腾,在我看来,她也不过是个小姑娘。如果可以,能和睦相处才是最好的。

06
HR DIARY

我向韩璐道了歉。

工资条那件事,我确实可以处理得更柔和一点,现在这件事也一样。是我自己很多时候懒得在小事上多花心思,做事就难免有些愚直。

韩璐大概没想到我会是这个态度,面部表情僵硬了好几秒钟,才挤出来一个笑。

"苏姐,你太客气了,咱们都是为了把工作做好。我这个人性格比较直,也不太会说话,要是有什么得罪的地方，苏姐你也不要记恨我呀。"

于是我又说了一些场面话，最后才绕到主题上来，委婉地提醒她，这个部门是我负责的，如果工作沟通中有什么问题，请她直接和我讲。其他同事做事都很辛苦了，要是再因为误会产生什么不必要的矛盾，惹得大家都不开心，就不好了。

也不知道韩璐明白我的意思没有，反正她的态度很好，似乎之前的那些令她耿耿于怀的事儿，全都就此解开了。

我很满意，哪怕是表面的和谐，对我来说也足够了。却没想到第二天一起吃饭的时候，徐丽琳就拿这件事取笑我。

"道歉？你道什么歉啊？"她一边瞄着远处叫号的服务员，一边抓住我的胳膊，"苏耘，你以为你让一步，人家就会认识到自己的错误？不可能！我都是这段时间和她们相处得多，才慢慢明白这一点的。韩璐在部门里顶撞我也不是一次两次了，一开始我想着没必要跟自己手底下的人计较，可是通过这件事你看出来了吧，除了怼你，她也没拿我这个部门经理当回事。"

"大概是觉得你上任后刚刚换了一个会计，总不会再换一个出纳吧？如果这样，别人会说你在排除异己的。"说完这句话，我笑了，"你为什么那么肯定韩璐没有认识到自己的错误？她在我面前可是承认了的。"

"我听见了呗。"

原来，韩璐回到财务部，就拉着一个会计小声嘀咕这件事。徐丽琳注意听了一下，虽然听不完全，也知道是在讲我的闲话。

"我们犯一点错误，就被无限地放大，告状比谁都厉害。她自己部门的人出了问题，她怎么不说呢？"韩璐很是不服气。

"也不一定就没说。"那个会计跟韩璐一起揣度我，"这次张总就算没签字，对她的印象也要打折吧？她为了撇清自己，肯定把责任都推在了费雪身上。我看她们部门里的矛盾也不少，就是没放在台面上而已。"

更多的话，徐丽琳没有告诉我，但想来绝对不会有什么好听的。不过没关系，我做了我该做的，至于别人怎么理解，那是她们自己的事，和我无关。

"算了。"我摆摆手，"咱们吃咱们的饭，这事你就当没听见，翻篇了。"

"翻篇？"徐丽琳撇撇嘴，"苏耘，你要不要和我打个赌？你这边翻篇了，人家还耿耿于怀呢。"

赌什么？一点小事，她爱怎么样就怎么样。自负一点说，我们本来就不是一个重量级的人，我没必要计较。

却没想到，韩璐消停了没多久，就找到机会利用白悦这个单纯的女孩当炮筒，激起了我部门的内部矛盾。这个聪明劲儿如果用在正确的地方，她也不至于毕业五六年，还在做最基础的出纳工作了。

07

从白悦发给我的聊天记录里看，韩璐说的的确是她们部门的那台复印件的墨盒已经没墨好几天了，和费雪说过，费雪说没人安排她采购墨盒。

而费雪这边，不管是以我对她的了解，还是她自己讲的事情经过，都不是这么回事。

于是，打发走了费雪，我找了一份集团总部要求传阅的通知，拿着去了财务部。

财务部几个人都在，韩璐的态度也如常。

"把这个通知复印一份，你留底吧。"我把通知给徐丽琳看完，随口说。

徐丽琳点头，正要起身，那边新来的会计指着复印件说："今天复印不了，墨盒没墨了。徐姐，要不我去前台帮你复印一下吧？"

"怎么没墨了呢？没更换墨盒？"我状似无意地问。

"昨晚审计老师临走的时候复印了很多票据，然后今天早上复印件就提醒更换墨盒。"那个会计笑着解释，"我本来以为摇一摇还能顶一阵子，我以前的公司就是这样处理的，谁知道一张也复印不出来了。现在买墨盒也要明天到，今天只有克服一下了。"

"哦，原来是这样。"我点头。余光里，韩璐沉着脸，一动不动地坐在电脑前，不知道在想些什么。

回到办公室，我先打电话给白悦。

"听说你和韩璐关系很好？"我问。

白悦"嗯"了一声，又说："我和谁的关系都很好呀，苏姐。要不然我能当你的'小耳朵'吗？"

我把墨盒的事情对她讲了，着重强调了财务部是今天早上才发现墨盒没墨的。也就是说，她们最多就是今天找费雪问过买墨盒的事情，至于韩璐对白悦说的"告诉费雪好几天了，她都不管"是根本不可能发生的。

"不会吧？那她为什么要这么对我说呀？"白悦语气惊讶。

我没有解释，她只是性格单纯，并不是傻，稍稍转个弯，便也就明白自己被人家利用了。

"可她为什么要说这个谎呢？我又没得罪她。"

"我得罪了呀。"我笑了。

这件事如果处理不好，确实能给我带来一些麻烦。首先，我要批评谁？批评费雪？她明明没有责任，肯定不服，批评白悦？白悦十有八九会认为我袒护费雪，再有人去挑唆两句，白悦可能会就此对我有意见。到最后，搞不好因为一件小事，让两个人都对我有意见了。

当然，这对韩璐来说，直接的好处没有，但能够捡个乐子，让我郁闷一下，也算是她的收获吧。

08

两边都沟通清楚，用了我大半个下午的时间。

白悦在群里主动向费雪道了歉，这种方式是我要求的。你既然可以不经过求证，就在群里质问人家，那就要在群里给人家认错。

费雪对此应该是满意的，所以很有大姐范儿地表示，这就是一个小误会，说开了就好了，大家都是自己人。然后又以前辈的姿态提醒白悦，以后遇到什么事情要搞清楚再说，别人家说什么，她就信什么。

事情表面上是平息了，我的部门和我自己也没有受到实质性的损害。然而，我却不打算再忍让了——忍让是给懂道理的人机会，不是让不知轻重的人得寸进尺。

徐丽琳大概一直在等我的态度，所以第二天，当我发消息约她中午一起吃饭时，她立刻爽快地答应了。

"对于韩璐的工作表现，你的评价是什么？"等着上菜的时候，我问。

徐丽琳深深地看我一眼："很一般，可替代性很强。"

"也许是做久了，懈怠了吧。"我笑笑，"她刚来的时候，商务部投标需要她去税务局打印同事的完税证明，她响应得都很及时，现在呢？"

"现在？当然是推给新来的会计小哥哥去做，人家可是小公主，哪能做这些跑腿的事儿？"徐丽琳接口。

"是呀，所以古人说，赛马不相马，我这不是也相错了吗？本来看着四蹄整齐，以为是个有脚力的，谁知道脚力倒是不缺，却都用来踢皮球了。"我半开着玩笑。

"嗯，都怪你，现在把我害惨了。"徐丽琳立刻说，"看你怎么补偿我。"

补偿，自然是要补偿的。

于是，一个星期后，我们招聘的另一个出纳就到位了。

在给总经理汇报情况的时候，我毫不隐瞒地把前因后果讲了一遍，也坦白承认我就是要逼一下韩璐——如果她认识到危机到来，并且积极改进，那公司还有她一席之地。反之，她自己不上进，就怪不了别人轻易取代她。

总经理很快点头同意。

09

新的出纳入职，是由我们部门的人事专员带着去的财务部。在此之前，韩璐一点风声也没有听到。所以可想而知，她会有多震惊。

而且，当天下午，徐丽琳就让韩璐把手里的事情整理一下，把其中相对重要的，也是能做出成绩的部分，交接给新来的出纳。

韩璐当然不愿意。

自己推脱工作是一回事，把自己的工作交接给一个可能是来替代自己的人，又是另外一回事。

可徐丽琳坚持，至于韩璐想要知道的理由，她只给了四个字："工作需要"。

换成是谁，这时候都会怀疑，明明是一个人的工作量，为什么公司会让两个人来做？这怎么看也不像是长远安排，更像是权宜之计。

当然，这本来就是权宜之计。我既然吃了相马的亏，现在自然要用赛马的方式来弥补。

韩璐大概也想到了这一点。她选择的第一个自救方式是给新来的出纳找麻烦，交给人家工作时说一半留一半，以显示她自己熟悉情况，无可取代。

然而，不得不说，一方面出纳的工作难度本身就不大，另一方面我这次相马还算成功，新来的出纳妹子脑子很灵光，不到一个月，就把接到手的工作梳理得清清楚楚，与韩璐之前做的相比，有过之而无不及。

不只是这样，这妹子的人缘也不错，凡是和她打过交道的同事都说，以前报销要看韩璐的心情，票据没贴好也要被抱怨，现在可好了，报销容易多了。

韩璐终于有些慌了。

于是，沉寂了几天后，韩璐开始行动了。

10
HR DIARY

会议室里，徐丽琳坐在我旁边，对面坐着一脸茫然的韩璐。

"能解释一下吗？这几个时间段，你的打卡记录都显示外出，你去了哪里？"我把一张纸推到她的面前。

"去银行存支票，或者取现金。这些徐经理都知道。"

"我确实知道。"徐丽琳点头，然而话锋一转，"可我觉得很奇怪，韩璐。上周四，你离开银行的时候，是 2 点 40 分左右，但你回到公司时已经 4 点了。银行距离公司步行也不会超过 15 分钟，那剩下的一个多小时，你在做什么？还有这周一，你说早上上班时直接去银行，但将近中午才回来。你究竟是几点到的银行，之前又做了什么，你自己应该还记得吧？"

"你调查我？"韩璐一下子站了起来，眉毛因愤怒而倒竖着，"你凭什么调查我？"

"凭你利用工作时间，去做了与工作无关的事。"我淡淡开口。

她立刻转向我，声音拔得很高，语气却有些发虚："我做什么了？"

我笑了："做你自己喜欢做的事啊，比如面试，谁知道呢？"

韩璐一下子沉默了。

"HR 这个圈子，是很小的。"我说。

会议室里安静下来。

过了好一会儿，韩璐突然冷笑一声："我知道，你们不就是想让我离职吗？那我去面试，对你们有什么坏处？你们有必要这样调查我吗？"

"没人想让你离职。"徐丽琳忍不住打断她,"你要面试就面试,不能请假吗?利用上班时间去,你还有理了?"

韩璐自然知道自己理亏,索性直接忽略掉在上班时间去面试这句话,抓住前半句反驳道:"不想让我离职?真是笑话!不想让我离职,你们招新人来接手我的工作?不想让我离职,你在各种级别的会议上给我脸色看?也不知道我怎么得罪你们了,你们都针对我,揪着一点小事就不放,看我好欺负是吗?"

"韩璐。"我双手在桌面上交叉,等她情绪稍稍平稳一点才开口,"第一,没人针对你,不为别的,你没这个分量。第二,你推脱工作、没事找事、制造矛盾的时候,难道真的以为别人都看不出来?不是的,如果别人不计较,那只是觉得无足轻重;可真的要计较,你完全不是对手。所以今天,你利用工作时间处理私事,既然我们已经查到了,你应该知道结果会是什么。如果我是你,现在就会选择好聚好散。"

韩璐的脸色青一阵白一阵,"你们都是领导,领导很了不起吗?领导就可以随意把别人扫地出门吗?"

"公司从来不会随意把员工扫地出门,除非她违反了规章制度……"徐丽琳说了一半,被韩璐打断:"那还不是你们逼我的?我做错什么了,你们这么对我?"

已经到了现在,这姑娘竟然还不知道自己做错了什么,我有点替她觉得悲哀。

实力不足的人,唯一需要做的,就是踏踏实实积累实力,而不是在其他方面花心思。

尽管韩璐对于公司按照制度强制解除她的劳动合同难以接受,最后到底还是走了——讲道理,她自己的做法站不住脚;一哭二闹,我们又都不吃这一套。

总经理得知韩璐的离职手续办完了之后,说了一句很有趣的话:"很多年轻姑娘看穿越小说看多了,以为自己穿越回去就能成为宫斗、宅斗高手,可真是天真啊。连自己和对手的分量都没掂量清楚,就敢盲目给这个人挖坑,给那个人下套,最后被埋进去的,可能也只有她自己吧?"

这话,我深以为然。

如果韩璐吃过这个亏以后,能领悟这一点,也算是一种收获了。

弱者遇人不淑

01

每年九月,我都不得不做一件非常尴尬的事情——给全国的销售经理进行培训,培训的内容是"职业心态",俗称"鸡汤"。

我不喜欢"煲鸡汤",尤其是每年这些话都会被一些"老油条"当成笑话听。

可总经理觉得,做销售的人本来就心思活络,再加上黑暗的东西见得多,如果不能时不时补充一下"营养",很容易出问题。

于是这"鸡汤",还得一年年煲下来。

尽管我已经努力,让我的"鸡汤"理论联系实际,满足群众需求,但是培训场景一如既往——新销售热情洋溢,老销售昏昏欲睡,还有负责拍照的前台妹子满屋乱窜。

下午五点半,正当我准备象征性地互动一下就结束课程的时候,销售经理余明突然开了口:"苏经理,我有个问题想问,不知道可不可以?"

余明在公司工作八年,参与培训时互动还是第一次。我受宠若惊,急忙点头:"当然可以。"

总经理也在这时推门而入。

"您讲到职业心态,那些是内在的东西,反映到外在,就是要表现得专业。俗话说卖什么吆喝什么。咱们科技公司的销售经理去见客户,就得有个科技公司工作人员的样子。张总、苏经理,你们说是不是?"

总经理点头,我却感觉他说这个是话中有话。

果然,余明侧头,看向坐在自己身旁的另一位销售经理,也是他带的新员工,杨念。

"所以,杨念。今天当着总经理的面,你来说说,上次去见客户,你背了一个斜挎包,我批评你有什么不对？至于让你跳着闹着要换导师吗？都是成年人了，拿出个成年人处理问题的方式，有那么难吗？"

他这一连串问题陡然尖锐，全场顿时一静，连打瞌睡的同事都被人推醒了。

我不由看向杨念。

杨念先是瞪大了眼睛，不可置信地看着余明，继而感觉到其他人的目光，一张白净的娃娃脸迅速涨成了猪肝色。而他的目光，已经出离愤怒。

02

杨念是今年毕业的大学生，学校算是重点大学中名气不大的一所。

他在大学所学的专业是计算机，学这个专业的男孩子少有愿意做销售的，毕竟在典型的工科院校，学着专业的理工科知识，大多数人都会在毕业后从事技术方面的工作。

可是杨念不同。

他外向、爱笑，身上有一种热气腾腾的活力，似乎随时都血条满满，准备投入战斗的样子。这一点，也正是他在人潮拥挤的毕业生双选会上被我一眼看中的原因。

"为什么想做销售？"我问他。

杨念咧嘴一笑，露出一口整齐的小白牙："我喜欢和人打交道。"

我忍不住唇角上翘："被人拒绝也喜欢吗？"

他的笑容一垮："不喜欢，不过也能理解。别人又不是我妈，总不能我说啥是啥吧？再说了，被人拒绝有什么？拒绝我第一次，我再尝试第二次呗。买卖不成仁义在，总有他需要我产品的那天。"

这小子挺有意思。

于是，我把简历和面试意见转给了销售经理。第二天，离开他们学校的时候，我的文件夹里已经有了属于杨念的那份三方协议。

6月30日，杨念拿到毕业证。7月1日一大早，他就准时出现在了我们公司前台。

盛夏的天，二十岁出头的男孩子穿着平平整整的白色衬衫，越发让人觉得热气腾腾。

"苏姐，我来报到了。"见到我，他露出阳光般的笑容，弯腰给我鞠了一个躬："以后请您多关照。"

前台妹子扑哧一声笑了出来："原来还是一位日本友人。"

"啊？"杨念一怔，随即摸摸鼻子，"我不是。"

这下连我也忍不住乐了。

等入职手续办完，我按惯例去给他讲解员工手册上的内容，然后告诉他，公司为所有新员工配备了职业导师，等下导师会来接他，带他到部门去。

"我想要销售冠军做我的导师，可以吗，苏姐？"杨念问。

他话音未落，资深销售经理余明推门而入。

这位销售经理正是销售部那边安排的职业导师，经验丰富，业绩也一向不错，却并没有拿到过销售冠军。

　　不知道余明听见杨念那句话没有，如果听见了，倒还真是个麻烦事。

　　毕竟在公司里工作得久的同事都知道，余明虽然身材高大，胸襟却小，哪怕别人只是无意的一句话，他也绝对会在心里记上一笔。

　　于是我赶紧笑着站起身，郑重地将余明介绍给杨念，并特意如数家珍一般把他最得意的几个成单案例讲给杨念听，让杨念好好跟着余明学习，这才好歹避免了一场尴尬。

　　可我心里还是存了些隐隐的担忧，只希望这师徒俩能够"日久生情"，不要成为一对"怨偶"才好。

03

　　月底，公司组织篮球比赛，我带了我部门的几个女孩子去做啦啦队，在篮球馆门口遇到了正急匆匆往外走的杨念。

　　"比赛马上就开始了，你要去哪儿呀？"前台妹子问。

　　"客户要一张演示光盘，余哥让我送过去。"杨念扯了扯身上的篮球服，"先不和你说了，我还得去换衣服。送晚了，要挨批的。"

　　目送他的背影消失在洗手间门口，前台妹子撇了撇嘴："苏姐，这可不是我在背后议论别人哦，不过余明这个人，我觉得他不太厚道。人家杨念好歹是重点大学毕业，职位也是销售经理，让他当导师那是信任他，对不对？可他呢，也不好好教人家，整天让人做一些跑腿打杂的事儿，是不是有点过分？"

　　我笑："真的？都做什么了？"

　　"还不就是复印文件、送标书合同、核对发货清单、跟进物流这些事？"另一个专员在旁边接口道。

　　"没带他去见客户吗？"我又问。

　　两个姑娘对视一眼，都摇头："没听说。"

　　然后，前台妹子突然想起什么，补充道："哦，有一次，请客户吃饭时带杨念去了。结果你猜怎么样？喝酒全让杨念上，最后余明自己啥事没有，却把杨念喝断片了。"

　　看来，那句话到底被余明听进心里了。我忍不住叹气，正琢磨着什么时候找个机会和余明把这件事说开的时候，就听说杨念被部门经理批评了。

　　事情的起因是一件小事——杨念想报销打车费，看到OA上有费用报销的电子流程，就填写了提交上去，没想到却被部门经理给退了回来。

　　他工作经验浅，只以为是自己没写清楚，于是起身就去了部门经理的办公室，想当面问问哪里需要修改。

　　"是谁告诉你销售经理可以报销出租车费用的？"

部门经理刚刚丢了一个重要的潜在客户，本来就在气头上。杨念没头没脑地撞上来，一不小心就成了出气筒。

"你来了一个月，连公司开通了网约车企业户都不知道吗？所有销售经理，要么就自己开车，要么就通过企业户预约专车，怎么到了你这里，就给改成出租车了？是谁允许你坐出租车去客户单位的？你倒是给我说清楚。"

杨念愣在当场。

"余哥没告诉过我"这句话在他嘴边转了又转，到最后也没有说出来。

04

8月，公司有新产品发布，同时对产品手册进行了换版。

这就意味着，销售经理们要忙一阵子了——他们得趁着客户当年的预算还没用完，把所有产品手册送到客户那里，争取再拿几笔单子回来。

余明手上的资源多，他挑了几个历年销售金额都很大的优质客户自己亲自登门，其他的客户都交给了杨念。

这看起来是在给杨念机会，其实也意味着杨念没有更多的时间去开拓自己的客户。

然而，不知道是公司新产品出来的时机好，还是杨念的运气来了，就在他给一位客户送产品手册的时候，客户突然指着其中一页问："这个产品的功能，有没有更详细的介绍？"

"有！"杨念心脏直跳，话却说得干脆利索，"详细的介绍在我脑子里呢，我给您讲讲，您看行吗？"

其实关于这个产品，他只听过一场培训。没有人知道说出这句话的时候，杨念心里有多虚。

客户点了头，却把杨念带到会议室。技术总监来了，采购负责人也来了，同时来的还有几个资深的工程师和产品经理。

这里面任何一个人，都比杨念在这个行业待得久。杨念后来告诉我，有那么一瞬间，他是真的想要夺门而逃。

然而，杨念到底是计算机专业科班出身，这就使他相比其他关系型销售经理有了一个优势——有售前工程师在的时候，他可以主攻客户关系；没有售前工程师在的时候，产品讲解方面，他自己也能顶上去。

只是这到底是个全新的产品，尽管杨念已经竭尽全力，但有些技术上的问题，不是他这个角色所能回答的。

"如果功能符合您的需求，您看能不能再约个时间，我带上产品经理和售前工程师来跟您详细交流一下？"杨念最后问。

客户点头同意了。

出了客户公司的门，一路转到无人的楼梯间，年轻男孩脸上一直刻意保持着的沉稳干练褪去，忍不住孩子似的挥动手臂，大喊了一声："YES！"

快两个月了，他终于看到签单的希望了。

至于那些被人呼来喝去、打杂跑腿的日子，就权当是他为了今天交的学费吧。

05

但杨念怎么也没想到，这个学费这么贵。

他连午饭也没吃，兴冲冲地赶回公司，直接冲到余明面前："余哥，今天有个客户对咱们的新产品感兴趣，我已经给他们做了初步讲解，你看能不能协调……"

"等会儿。"余明抬眼看他，又看了一眼周围的三两个同事，"有话慢慢说，毛毛躁躁的。我也刚回来，走，先吃饭。"

我在门口遇到他们的时候，两个人的神情截然相反——杨念两眼放光，鼻尖上冒着细小的汗珠，而余明脸上毫无表情，似乎只是在专心走路，又似乎若有所思。

"他们安排了那么多人听我讲，提的问题也很具体，不可能只是随便听听的。我感觉他们确实有这个需求……"错身而过的时候，我听见杨念说。

"杨念要签单了？"我随口问前台妹子。

妹子朝着天花板翻了个白眼："大概是吧，刚才一路跑进去，和他说话都没听见，像捡了多少钱似的。"

我笑了。

签单就好。我招过一些应届毕业生，开始时热情满满，可一直出不了成绩，有的甚至连约客户吃饭都屡次被拒，时间一长，自信心都被打击没了，坚持不了的只有转行。

我希望杨念能够坚持。

因为早就答应安然这个暑假带她去海边玩，八月中旬，我请了一周假，避开人群，找了一个安静的小渔村，陪女儿早起堆沙子，和老薛在夕阳下散步。

这样的日子使人眷恋，如果可以，我甚至不想再回到工作中去。

当然，这只是个玩笑。但至少，我不希望回去头一天，官司就找上门。

"苏姐！"我刚打卡，前台妹子就火急火燎地叫我，"何总让您一到公司就马上去他办公室。"

何总是分管销售的副总经理，和我的工作交集并不多，他突然找我，任谁都知道有事儿发生。

我点头，把背包往前台一放，转身直接去了何总办公室。

"何总，您说我越级上报，我承认。我知道我就是一个销售经理，而且还在试用期，可公司总得讲点理吧？怎么能这么欺负人呢？"

一进门，我就听见了杨念的声音。

这小子一向不是说话这么冲的人，这是怎么了？

"什么叫欺负人？我怎么欺负你了？"坐在另一侧的余明嗤笑，"这得亏你是个大小伙子，要换成一个姑娘，我还说不清了呢。"

"行了行了，这说的都是些什么？"何总不耐烦地挥手。看到我来了，他从办公桌后绕出来往门口走，"我还约了客户谈回款呢，这边就交给你了，苏经理。"

跟我有什么关系？我哭笑不得。

何总一看我的表情就知道我在想什么，脸色立刻温和起来，小声说："杨念要换导师，余明觉得不被徒弟尊重。这个事儿，还真得你们 HR 来沟通一下，你说是不是？"

好像，似乎，真是我的事儿？

我被他绕了进去。

06

杨念并不是无缘无故想换导师的。

事情的起因就是上次那个客户，那一单确实签了，包括软硬件产品和服务，总价三百多万，按照公司的销售奖励制度，去掉销售费用，提成不会低于十万。

只是签单的不是杨念，而是余明。

杨念的这位导师，抢了徒弟的客户。这让杨念不仅委屈，还很愤怒。

"凭什么？给客户送产品手册的是我，给客户讲解和演示的是我，协调前后端去跟进的也是我，到最后，你手一伸就变成了你的单子，凭什么这么欺负人？"

男孩子说到最后，眼睛都红了。

"我再说一遍，我没有欺负你。"余明冷哼一声，看向我，"苏经理，这就是你让我带的新员工。我把自己的资源给他去维护，回过头他就想据为己有。咱们公司什么时候有这个规矩了？"

"你的资源？人家就在几年前向你买过十万块钱的小产品，这几年你连理都没怎么理人家。这次的购买需求，明明就是我开发出来的⋯⋯"没等我开口，杨念就提高了声音，激动地说。

"我说了，你做了一些工作，所以我会从提成中拿出 5000 元奖励你。你还要怎么样？你不是要换导师吗？苏经理，赶紧给他换，这种贪得无厌的徒弟我带不了！"余明针锋相对。

"你！这根本不是钱的问题⋯⋯"

"好了。"我看两人又要吵起来，赶紧出声打断，"这个单子是谁的，该奖励谁，这原本不在我的职权范畴。可是既然何总让我来和你们沟通，我希望，大家都能先冷静下来，心平气和地谈一谈。"

说到这，我轻轻扫了一眼余明，又看向杨念："或者，我走，你们继续吵？"

杨念抿唇，微微低下了头。余明别过脸，明显没把我当回事，但到底没再说什么。

07

"首先,关于提成怎么分配,我建议余明写个请示流程,说明一下在整个合同签订过程中你和杨念各自承担的工作,看部门经理和何总是什么意见。第二,关于杨念更换职业导师这件事,因为公司没有先例,我要先跟何总商量以后,才能答复你们。不过,不管是否更换导师,我希望二位都能明白,这是公司,带着情绪工作是不专业和不职业的行为,最好不要再出现。"

我的话说完,余明率先起身,象征性地对我点了点头,开门走了。杨念却像个孩子一样,亦步亦趋地跟在我身后,回到了我的办公室。

"还有话要说?"我等他在沙发上坐下,倒了一杯水给他,然后才问。

杨念半低着头,好一会儿后才开口:"苏姐,我很感谢您让我加入公司,也很喜欢咱们公司的氛围和同事,可是这次……如果不能更换职业导师,我想我会申请离职。"

"您是不是觉得我这样做很孩子气?我想过忍耐的,我真的想过。"男孩子说着说着,沉默下来,最后摇头,声音都哑了几分,"我把他当成老师,他为什么这么欺负人?"

我回头抽了一张纸巾递给他,杨念接过去,捂在了眼睛上。

委屈成这样子,要是被他的父母看见了,怕是会心疼。可不是有人说过吗,成年人的胸怀,是委屈撑大的。

"你觉得余明很坏是吗?"我问。

他没说话。

我笑了:"是呀,换成是我,也会这样觉得。"

杨念抬眼看我:"苏姐……"

"我刚工作的时候,也觉得坏人很多。那些老员工,仗着自己多工作了几年,让我复印、发传真……需要加班的琐事都扔给我。我也委屈呀,我是名校研究生呢,凭什么让我干这个?"

他不说话了。

我的笑容加深:"可是你想想,谁不是从做这些事情开始的呢?所以,也不能说余明做的就有多过分。至于眼前这件事,我只想问问你,如果是由你来全程推动,你能保证可以把几个相关产品都包装进一个合同,卖出300万的价格?余明能做到,是因为他熟悉公司的产品系列,也了解客户心理,所以你说这个单子完全是你的,我觉得也有失公允了。"

杨念听完这话,怔了怔:"苏姐,您也觉得我做错了?"

"那倒未必。"我摇头。

其实余明的做法,我也不认同。人能走多远,往往是格局决定的。余明工作了这么多年,业绩还不如后来的几个销售经理,也正是因为这一点——他做事过于利己,不大气。

杨念继续由他带,就浪费了。不如趁这个机会换个职业导师,好好打磨一下,没准就是未来销售团队的中坚力量。

"换导师这件事,我会去和何总沟通,也要看你们部门经理的意见。不过你放心,我想。"我顿了顿,"何总会同意的。"

08

何总当然同意。

这件事里,杨念受了委屈,换导师也等于换个方式安抚一下,而且没有什么成本。他没理由不同意。

只是准备给杨念换的那位导师,是公司的一位销售冠军,还出差在外,就连年度销售培训也赶不回来。

"那就等培训之后再把你调过去吧,这段时间你还是要支撑一下余明这边的工作。"我是这样通知杨念的。

成年人的好恶不会全摆在脸上。我以为,就这么一两周了,他们面子上过得去,总还是不难的。

却没想到,余明会在培训时突然向杨念发难,还是当着总经理的面。

"你背着斜挎包去见客户,这件事有没有,杨念你自己说?"余明冷着声音,目光直逼杨念。

"有是有,可是……"杨念急忙解释。

"张总,苏经理。"余明打断他,"销售经理要遵守商务礼仪,这是公司要求的吧?他这样子出去,别人以为他还是个没毕业的学生呢。如果都像这样,公司的形象还要不要了?"

总经理皱起眉,正要说什么,我笑着开口:"杨念,我觉得你平时在仪表方面还是很注意的,当时有什么特殊情况吗?"

杨念感激地看了我一眼:"那天余哥让我搬试用设备过去,我还要拿光盘和产品说明,实在没办法,才背了那个包。"说到这,他又赶紧补充,"那是个商务包,真的不是书包。苏姐,我不会那么不注意仪表的。"

有销售经理轻笑,大家都看得出来就这么一件小事,余明在这个场合扯出来说,目的在哪里了。

"所以,我批评你是我不对?"余明冷笑,"那好,就算是个误会,坦白说出来不就好了。找这个领导、那个领导告状,要换导师,你是在瞧不起谁?我知道,你一开始就想让销售冠军带你。我余明工作了这么多年,没当过销售冠军,配不上你,行了吧?"

这话一出,别人的眼神就变了。

毕竟当过销售冠军的就那么几个人,其他人都是平凡的大多数。

"我又不是因为这个原因要换导师。"杨念急了,"我为什么去找何总,又为什么不想跟着你,你心里清楚……"

"杨念。"我打断他,"今天是培训会,你们跑题跑得太远了,张总还在等着总结发言呢,其他事会后再说吧。"

并不是我偏袒余明，只是有些话，在这个场合说了，就不好收场了。

杨念终归是太年轻。

09

我把杨念带到常去的茶餐厅，点了两份套餐。晚上有事要加班，我只能和他一边吃一边谈。

"你刚才为什么不让我说原因，苏姐？"杨念还委屈着，吃东西时一副心不在焉的样子。

"你要说什么？说余明平时让你打杂，关键时候抢你的单子？"我笑着看他。

杨念不说话，显然是准备这样干的。

"然后呢，如果余明恼羞成怒，你要怎么办？"我问。

"怒就怒，欺负我这么久，就以为我怕他了吗？"到底是年轻男孩，也是有血气的。

"你是不怕他。不过如果撕破脸，最后的结局，很可能是你们两个中走一个，你明白吗？"说到这里，我停下来，看着他，"你觉得，走的那个会是谁？"

杨念一怔，显然没有想过这个问题。

伤敌八百自损一千，这是有些职场新人惯用的做法，以为很痛快，其实还不如七伤拳呢。最起码七伤拳打出去，对手伤得比自己重。

"我知道，你也不在乎走不走，但是你就要换导师了，东西还没学全就走了，你之前的学费不是白交了？"

杨念抿唇："那我就让他随便污蔑？为什么职场上的人这么坏？"

他又感叹，我摇头："杨念，我得纠正你一个观点。职场上的人并不坏，只是你所处的那个位置，坏人特别多。"

"我的位置？"他大概理解成了销售这个职位，一脸茫然地问，"那我又不喜欢敲代码，我该做什么？"

"我说的你的位置，在这里。"我拿起手机，点开一个随手画图的小程序，画了一个金字塔，然后又在金字塔底部画了一个圈，"底层。"

"有一个这几年当红的演员曾经说过，以前他遇到的人都很坏，只会欺负人。可现在不一样，现在遇到的都是笑脸和好听的话。你觉得这是为什么？"

杨念琢磨着我的话，神色慢慢沉了下来，最后说："因为以前他弱，谁都可以欺负他。现在他强了，欺负他的人自然就少了。"

我笑了："这顿饭你请客吧，就算苏姐欺负你了。"

杨念摇头："苏姐，这顿饭，配不上您的一席话。明年吧，明年我再请您一次，您把老公孩子带来，咱们吃大餐。"

10

杨念的新导师很忙，她面对的是行业客户，市场遍布全国。所以杨念自从跟着她，就没怎么出现在公司里，整日飞来飞去。

关于杨念的消息，我偶尔会在前台妹子那里听见一些。

据说因为余明在背地里"拉帮结派"，没有售前工程师愿意配合他。

据说他在客户那里说错了话，被新导师在大街上指着鼻子骂。

据说有个客户让他在东北的大雪地里等了两个小时，他高烧不退一个星期，那份合同却还是没拿到。

……

诸如此类。

我有杨念的微信，好几次，我都想问问他有什么需要我帮忙的，直到我看到了他的朋友圈。

配图是清晨六点的北京，一片北方特有的天高云阔。配文是五个字："那小子，加油！"

我便知道杨念不需要我帮他，他已经知道自己要去哪里了。

后来我听到的，陆续有一些好消息：杨念出师了，开始自己开拓客户；杨念签了一个大单子，属于"开张吃三年"那种；杨念积累起了自己的口碑，他的客户和他成了朋友，又给他介绍新的客户。

杨念还没有成为销售冠军，但他在路上。

第二年，开销售经理培训会的时候，杨念恰好坐在余明身边。

他还是两眼发亮地听我今年的"鸡汤"，余明也一如既往地昏昏欲睡。

"不知道他们现在关系怎么样了"，揣着这个想法，课间休息的时候，我忍不住往杨念的方向多看了几眼。

却正好看到两个人都面带笑容，在低声交流，场面一片和谐。

"在说什么？"我发了一条微信过去。

杨念看了一眼手机，扔给我一个眼神，起身往会议室外面走。我笑笑，跟了出去。

他在楼梯口等我："苏姐，您看我现在，是不是更像一个职业人了？"

我点头，上下打量他："确实没什么学生气了。"

"所以，你和余明……"我还是关心这个问题。

"余哥经验丰富，但他出差少，对外面的情况可能了解的不太多。多交流一下，对大家都有好处。"杨念说。

"他现在好像对你态度不错。"我看他，"感觉怎么样？"

"感觉？"杨念转头，望向会议室的方向，缓缓弯起了唇角，"感觉，往上走了一步，空气都好了很多。"

我笑了:"那就继续往上走吧,相信我,空气会越来越友善的。"
这世界空气本来就好,只是你弱的时候,好的空气轮不到你呼吸而已。
就这么简单。

来自常青藤的姐姐

01

星期一下午,我面试了一位候选人。候选人的资历颇深,但同时,也意味着要价颇高,甚至高于公司里一些与他资历背景相当的同事目前的薪资水平。

新员工和老员工薪资倒挂,这是一件很危险的事,所以我决定找这个岗位的需求部门负责人沟通一下,便径直去了王春彬的办公室。

办公室的门半开着,里面传出王春彬的声音,语气不善:"我说了我们现在安排不出人手,杨经理你这样做,是要强人所难吗?"

"这是怎么了?谁在里面?"我压低了声音问坐在门边的一位同事。

那同事见到是我,脸色尴尬,只回答了我的后一半问题:"安全开发部的杨经理。"

杨观澜?

我微微皱了皱眉。这位姐姐可不是喜欢绕弯子的人,怕是会和王春彬起冲突。

果然,他话音一落,杨观澜就开了口。

"王总。"她声音平静,说的话却带着很强的逻辑性,"上个月6日,我第一次找您,希望您安排现有的几条产品线负责人给我的团队做产品培训,您说他们赶交付没时间,推迟到20日。20日,我再次找您,您说大家都很忙,推迟到这个月月初。而现在已经是月底了,据我所知,各个项目进展正常,因此我可以推断,您的事业部同样运转正常。那么,请问王总,如果在这种情况下您仍然无法安排人员为我的团队提供培训,那我是不是可以理解为,这个培训将永远不会开展?"

"永远不会开展?"王春彬冷哼一声,"杨经理,你这么说是什么意思?项目忙不忙有目共睹，难道是我王春彬为难你？我知道，你的团队现在是总经理的新宠。没问题，你去让总经理给我下命令。只要他说话，不管耽误多少事儿，这个培训我都立刻给你安排上。这样，您满意了吗，杨经理？"

这是什么话？我抬手揉了揉太阳穴，预感到又有躲不开的浑水在等着我了。

02

杨观澜是薛仲读硕士时的同学，和我也是多年的朋友。

三个月前，我们公司决定组建网络安全团队，于是我把在国外从事网络安全工作多年，正跃跃欲试想要回国发展的杨观澜推荐进了公司，做这个团队的负责人。

当时，我对总经理提出了两个要求：第一，给予她足够的信任，让她放手去做；第二，不要告诉任何人我和她之间的关系。

事实上，应该说从一开始，我就已经预想到，杨观澜这个"空降兵"需要一个艰难的适应过程。

适应成了，她是一条龙，能带着公司走向二次创业的巅峰；适应不成，她就会和大多数"空降兵"一样水土不服，最后黯然离去。

"既然这么凶险，你总把主意打到自己人身上干什么？"散步的时候，薛仲笑着问我。

"你怎么不说我是在给自己人机会呢？"我不服气，"回国是观澜自己的决定，只要她回来，不管去哪家公司，该经历的都得经历。来我们公司，至少还有我照应一下，不好过她一个人孤军奋战？"

杨观澜入职那天是星期一。公司核心管理层会在每个星期一下午开例会，总经理打算借此机会把杨观澜介绍给大家，因此在所有议题讨论完毕的时候，便让我请杨观澜进来。

职场上，有时候外表也很重要，而杨观澜和大家的第一次见面，就吃亏在了外表上——并不是因为她长得丑，客观来说，她甚至称得上是个美女。

然而，杨观澜的长相和声线都偏冷，又一贯喜欢中性打扮，所以不熟悉的人，很容易会觉得她高傲冷漠。

时任公司唯一事业部总经理的王春彬当时就是这个感觉。

03

"这年头儿，真是远道的和尚会念经。"总经理刚介绍完杨观澜，王春彬就歪过头来在我耳边嘀咕。

我忍不住笑了："您客气了，您可是咱公司土生土长的人才。"

"我算什么人才呀？哪比得了人家。"王春彬鼻子里哼了一声，"又是博士，又是常青藤人才（常青藤即常青藤联盟，最初指的是美国东北部地区的八所高校组成的体育赛事联盟，后指由这八所高校中的七所和一所学院组成并沿用常青藤这一名称的高校联盟），也难怪用鼻孔看人，谁叫人家背景硬呢？"

这就有偏见了？我心里咯噔一下，赶紧把话往回拉："她那个团队要在原有产品上扩充，打造安全检测平台，所以肯定要向你这边请教的。"

"别，不敢当。"王春彬半真半假地说，"我这两下子，在人家那里班门弄斧，可就贻笑大方了。"

这个头开得不好。散了会，我发了一条消息给杨观澜，十分钟后，我们两人已经坐在了楼下的星巴克里。

"有事儿？我那边很多资料要看，你长话短说。"杨观澜一贯直率。

"好，那我就直说了。你和公司里的人打交道的时候，别人无所谓，王春彬那边，一定要注意态度和方法，千万别得罪他。"对于朋友，我向来也不喜欢绕弯子。

"王总？"杨观澜怔了一下，"我才刚认识他。"

"没错，就是你刚认识的那个王春彬。"我解释，"原本我前两天就想找你聊，又怕言过其实把你吓退了。然而你既然来了公司，就要明白有人的地方就有江湖，而有江湖，就有江湖规矩。这个江湖规矩第一条，就是哪怕必须得罪人，也要有所选择。有些人但凡可以处好关系，就尽量处好一点。咱们公司，你第一个应该处好关系的就是王春彬。他那个人我了解，有能力，但是被捧惯了……"

"苏耘，我是来做事的。"杨观澜打断我，"用最短的时间做出最好的产品才是我的目标，其他的我不关注。"

我苦笑，这果然是我熟悉的杨观澜，比我的薛博士更执着，或者说，更一根筋。

"那你有什么需要帮忙的就告诉我。"最后，我只好说。

04

王春彬确实是个很厉害的人。

他从大学毕业入职公司做研发工程师开始，后来挖掘出新业务需求，再后来带着几个人没日没夜地干，最辛苦的时候挂着心脏起搏器加班几十个小时处理现网问题，最后一步步走到今天，终于成了为利润贡献半壁江山的封疆大吏。

也正因为这样，他逐渐有些居功自傲，通俗点说就是，他膨胀了。

其实这个问题，在我从集团总部调来公司的时候就已经初见端倪，我当时就提醒自己，在他面前，要捧着、让着、忍着。所以这么多年来，我们的关系可以说还不错。

可杨观澜和我不同，她有才华，沟通时也更直接。所谓的人情世故、中国式管理什么的，她是看不上的。她只认一样，就是把事情做好。

所以她很快就碰了壁。

杨观澜的团队，目标是做出第二代平台产品，所以她首先要去了解第一代平台产品。

而第一代平台产品，是由王春彬的团队缔造的。

于是，杨观澜入职两周以后，直接找到了王春彬，希望他安排人员给自己的团队做产品培训。

她还列了一张清单给王春彬，讲明自己的培训需求。

这是一种很高效的工作方式，既不浪费彼此的时间，又可以很快达到预期效果。

然而，当我听说这件事的时候，我就隐约预感她这件事办不成——以王春彬的个性，他必然不能接受这种短平快的沟通方式。甚至于，他会理解成杨观澜在命令自己。

果然，杨观澜失败了。

在第三次找到王春彬的时候，她被王春彬直接顶了回来。

"让总经理给我下命令"这样的话都说了出来，可见王春彬是不打算配合她了。

更可能，王春彬是故意的。只是想试探一下，在总经理的心目中，自己和杨观澜的分量。

事已至此，我不得不找观澜谈一谈了，否则这个"空降兵"，眼看着就要大败而归。

05

难得，总经理和我意见一致。

有了他的支持，我找杨观澜沟通更名正言顺。其实我也担心自己过分维护她，总经理会认为我在拉帮结派。每个人有每个人的立场，我怎么就知道他不会猜疑我呢？

"想得真多。"薛仲听说我的这种想法后，笑得眼角纹路都荡漾开了，"他信任你，咱就好好工作；不信任你，你正好来我这边，反正我也挺需要你的。"

他倒是打算得好，他那边分管人力资源与运营的副总经理出了点问题，希望我去收拾烂摊子。可我在公司工作了这么多年，付出过那么多努力，说实话，我舍不得离开。

我再次找了杨观澜，只不过这次是让她带着一家人来我家里吃饭。

其实杨观澜只是性格直爽，并不冷漠，更不高傲。我们把两个男人赶进厨房做饭，自己则各端了一杯咖啡窝在阳台上聊天。

"太难了，苏耘。入职这几个月，我失眠的次数比我在加拿大这么多年的总和都多。"放松后，杨观澜忍不住向我吐槽，"先不说王春彬那边耽误了我多少事，就说其他部门吧，比如采购部，我提了一个物资采购申请，一周以后问，他们说有更紧急的采购任务，让我等等。销售部也是，想找个人协助对接客户需求都不容易。之前我在加拿大，所有的规则都非常明晰，你只要按照规则做就行了。但是在这里，我要去协调各部门，而他们愿意配合到什么程度，我完全控制不了。"

杨观澜很少说这么多话，应该是忍了很久，所以我没有打断她，让她一次把所有问题都说出来，我们也好对症下药。

"我想或许我真的是水土不服吧，苏耘，我现在真后悔开始没听你的建议。可我大张旗鼓地回来了，总不能灰溜溜地走吧？该怎么办，你给我指个方向。"她说完看着我，难得地露出一副小学生似的表情来。

06

在我的想法里，入职一家新公司，就好像一条活蹦乱跳的鱼，被捞进了另一个池塘。

这时候，你不能总想着以前怎么样。此一时彼一时，你要生存，就要观察这个池塘的形势。

如果一群鱼游来游去的时候，总有一条鱼占据 C 位（中心位），而每当有人投食，只要 C 位鱼在，其他鱼都很少会去抢，甚至配合这条鱼护着食物，那么这条鱼就是池塘里的大咖。

你根基未稳的时候，轻易不能与 C 位鱼作对。

有些新鱼总以为自己有能力，得罪一条鱼没什么。实际上如果你得罪的是 C 位鱼，就并不是得罪一条鱼那么简单。这条鱼对你的态度，其他鱼都是看得到的。不仅如此，他们也会据此调整对你的态度，因为他们会判断，你会不会长久地留下来并且取得话语权。

王春彬就是我们公司的那条 C 位鱼。

"你说的这个，我现在信了，可都已经得罪了，无法挽回。"杨观澜摊摊手，"说说解决方法吧，我不相信你没有。"

这就是和朋友做同事的坏处，你了解她，她同样了解你。

"你一个年薪百万的金领，会没有办法？我不信。"我学着某著名主持人的腔调，把杨观澜逗笑了。

"我是不是应该找个人加强合作，寻求突破？"她试探着问。

有人说读书多的人智商高、情商低，其实大多数人并不是这样，情商是高是低，就看她肯不肯用心。比如杨观澜，虽然有时有些一根筋，可脑子好用，一点就通。

"谁比较合适？"见我点头，杨观澜紧接着问。

我把公司所有有分量的人在心里过了一遍，吐出两个字："文总。"

07

文总名叫程文，今年三十六岁，比王春彬年长一岁，是公司的创业元老，目前任职研发总监。

但是他这个研发总监，只负责公司传统产品的升级维护，对于王春彬的那个事业部，是没有管辖权的。

"他？"听了我的话，杨观澜微微眯起眼睛，琢磨了一会儿才问，"是因为他那边的产品也可以进行整合，作为我的团队进一步研发的基础？"

"不只是这样。也因为他和王春彬之间的关系。"

说起来，王春彬是被程文招进公司的。他现在负责的产品系列，最开始产生想法时，也是程文支持他把想法付诸实践的。

后来，王春彬的产品研发出来，受到客户高度认可，并且每年销售数额都以百分之几百的速度增长，终于引起了总经理的重视。

与此同时，公司原有产品的市场份额已经趋近饱和，甚至因为一些客户引入越来越严苛的招投标机制，导致这部分产品的利润率持续下滑。

因为这样，两年前，从某种程度上，程文已经无法驾驭羽翼渐丰的王春彬了。

于是，总经理找王春彬进行了一次深谈，之后不久，就将王春彬负责的那个团队独立出来，成立了一个事业部。

然后，王春彬开始高调地招兵买马，我去年招聘的技术类员工，绝大多数都是提供给他的部门。

如果只是这样也就算了，程文是个书生型管理者，心胸也算开阔，不太会因为别人强大起来而去搞些尔虞我诈的事情出来。偏偏王春彬自己膨胀了，不仅想要独占所有产品共用的测试资源，甚至屡屡因为优先完成谁的项目而和程文发生冲突，完全没有把自己的老上级放在眼里。后来，他甚至更过分，不知道是怎么说动总经理的，把测试部整个调入了自己的事业部，别的部门需要测试资源，都要经过他的审批后才能调配使用。

这口气，程文硬是忍了下去。

实际上，他不忍也没有办法，两个人的分量，已经在走向失衡。

"你需要合作，以摆脱对王春彬那个产品的依赖，而程文比你更需要合作。你的团队，可以让他的老产品焕发出新的生机，甚至涅槃重生，所以你说他会不会愿意和你合作？"

"那总经理那边呢，会不会觉得我……"难得杨观澜能想到这一步，看来最近的失眠也不是没有效果，最起码她开始关注产品以外的东西了。

"你以为总经理不希望有人来制衡王春彬？"我笑了，"哪个老板希望看到某个部门一家独大？"

说完这句话，我看见杨观澜颜色偏淡的眸子里，亮起了一束火光。

08
HR DIARY

星期一中午，我和杨观澜出去吃饭，在餐厅"偶遇"了一个人来吃饭的程文，于是我们顺便拼了桌。

吃饭的时候是要聊天的，否则大家都会觉得尴尬。

于是我提起杨观澜在国外的工作，程文也饶有兴趣地参与了聊天，后来不知怎么，话题就转到了杨观澜和王春彬的那场不太愉快的对话上。

"我也没想到王总对我的意见这么大。"杨观澜苦笑，"其实我并没有拿总经理去压他的意思，我只是想把工作做好。"

"我理解。"程文点了点头，"他那个人就是那样的性格，你没必要放在心上。我倒是觉得，这件事找张总协调一下未尝不可，毕竟总经理的站位肯定是更高的。"

"找张总协调?"我笑了,"您可别逗了。以王总的脾气,如果观澜真的这样做了,怕是要被他记恨上。到时候说不定又来个拍桌子瞪眼睛,让张总二选一。您这不是为难张总吗?"

我这话并不是随口说的,背后有个故事。

当时,王春彬还不是事业部总经理,只是程文下属的项目经理。

有一次,因为他要求测试部先测试他的项目,被测试经理拒绝了,他便在会议室里和测试经理吵了起来,拳头差一点就打在对方脸上。

这还不算完,吵完架,他摔门而去,进了总经理的办公室,扬言要么他走要么测试经理走,他不想和这种人共事。

当时,总经理办公室的门没关,事情很快就传了出去,大家表面上不说什么,可私下里都等着看总经理的态度。

总经理却一点表示也没有。

只有我知道,他气得摔了一个上好的景德镇瓷杯。

"您消消气,这件事交给我处理吧。"我硬着头皮接下了这个差事,在和他们分别私下聊了一个星期后,终于把这两位弄到一张桌子上吃了饭,这件事才算是翻了篇。

那时候的王春彬还没有现在的分量,换成今天的他来做这种事,说我不替杨观澜担心,是不可能的。

09

三天后,杨观澜团队进行了一次产品培训,主讲人是程文。

程文分管的是公司传统产品,目前在很多客户那里使用。只是市场已经趋近饱和,新的需求少之又少。

"杨观澜建议,让她的团队在老产品上做二次开发,增加安全检测功能,现有客户可以免费升级,试用六十天以后再决定是否购买。你觉得怎么样?"总经理问我。

"产品和市场方面,您是行家,我却是门外汉。您这话可问错人了。"我笑着说。

"可你了解杨观澜。"总经理神色不动,话越说越深,"我做事,向来只看人。遇到能成事的人,就算事情有风险,我也会去做。"

看来,我必须要表明我的看法了。

"当年,她硕士研究生快毕业的时候,学校可以保送她出国读博士,但因为保送去的不是她想去的大学,杨观澜拒绝了。后来她自己申请了斯坦福大学的入学考试,成为那一年全校唯一的华人女博士。"我放慢了语调,给总经理思考的时间,"所以,您觉得杨观澜这个人,是不是能做事的人?"

总经理最终同意了杨观澜的建议。

"在传统产品上进行二次开发?"我偶然听见王春彬在背后嗤笑,"框架老旧,可视化程度低,她还要再开发。这不是明知山有虎,偏向虎山行吗?喝了几年洋墨水就以为自己无所不能了，自大的女人！"

我知道很难，杨观澜也知道。

比技术方面更难的，其实是市场领域。

传统产品是配合客户传统业务使用的，而客户现在的目光都聚焦在新业务上，预算也都分配在新兴互联网产品方面。传统业务的升级，根本没有人关注。

要做出来产品，并且吸引客户，让他们主动把预算从别的产品上调整过来，这可不是随便说说就能做到的。

原本下班就走、坚持工作和生活必须有界限的杨观澜，也开始加班了。有几次我找她一起吃午饭，她都摆摆手："还有个小组讨论，你自己去吧。"

但就是在这种压力下，我没看到杨观澜有半分焦虑，甚至她的状态越来越好，好像之前因为各部门不配合产生的那些苦恼，已经全部消失了。

用薛仲的话说，喜欢做产品的人，专注地做产品时其实是很快乐的。这时候的压力，不过是她的助燃剂。

两个月后，杨观澜的团队做出了第一个升级版本。

然而，效果并不好。客户担心升级会影响传统产品的稳定性，都不同意尝试升级。

那段时间，公司内对她的冷嘲热讽不少，然而杨观澜似乎进入了一个真空环境，所有闲言碎语都被她屏蔽在外。

"升级后的产品的稳定性到底怎么样？"我私下里问她。

杨观澜摇头："以客户现在的数据量，完全没有问题。但我理解他们的担忧，我已经在做第二个版本了。这个版本即使出问题，也可以在极短的时间内自动备份并恢复。"

听她这样说，我便放了心。

杨观澜这个人，只要她说到，就一定会做到。

10
HR DIARY

第二个版本部署在客户系统上的那天晚上，杨观澜一夜没睡。

后台数据显示，产品在客户的系统上运转正常，安全检测全面启动，实时报告正在生成。等天亮客户上班，就可以查阅检测结果。

"我会给他们一个惊喜的。"顶着黑眼圈的杨观澜语调平常，"也或许是惊吓。"

事实证明，的确是惊吓。

多个客户报告异常，这表明，有来历不明的访问者一直在访问他们的网站、邮箱和数据库，而他们过去对此一无所知。

杨观澜的产品完全达到了预期效果，甚至更好。

客户那边炸了锅，并没有等到试用的六十天结束。事实上，第一个月，就有将近30%的客户与公司签订了采购合同。到了第二个月，这个数字已经上升到70%。

同时，公司销售额停滞多年的传统产品，也开始产生新的订单。

"如果是在王总负责的那个产品的基础上开发，效果可能会更好。"这种议论声逐渐在公司里响起。

也有人私下说，是因为王春彬刁难杨观澜，杨观澜才转身选择和程文合作。这就叫搬起石头砸自己的脚，否则这回立功的就是他了。

王春彬对此很不满，甚至找到我，要求处理制造谣言的同事。奈何他也找不到这些话到底是从哪里传出来的，最后只好不了了之。

然而，杨观澜和王春彬之间的矛盾到底是积累下来了，就好像一颗定时炸弹，我知道它迟早会爆发的。

我和杨观澜都在等着那一天。

11

那一天，比预想的来得更早。

三个月后，我正在和杨观澜、程文开会，讨论下一阶段的工作计划和人员需求，王春彬突然推开会议室大门走了进来。

"谁让你调动测试部的人的？"他直接走到杨观澜面前，"啪"的一声拍在桌子上，"你影响了我的开发进度，我告诉你，这笔账咱们得好好算一算！"

"从测试部中调出一个组，专门负责我这个产品，是总经理同意的。"杨观澜等他说完，才平静地开口，"如果您对此有意见，请您和总经理沟通。"

"拿总经理压我是吗？"王春彬冷笑，"杨观澜，别以为你做了一个升级产品出来，就可以只手遮天了。现在公司最大的一块销售收入还是我这个部门创造的，你的产品到底行不行，到今天为止还很难说吧？你就算要嚣张，也为时过早了。"

"我没有嚣张过。"杨观澜依旧很平静，"人员调动是业务需要，并不是我想独占资源。"

"是啊，王总。"程文在一旁开口，"加强测试能力是客户的建议，杨经理不过是在满足客户需求而已。要知道，并不是每个人都会做出一点成绩就扬扬自得的。"

这话彻底激怒了王春彬。

"你是说我做出一点成绩就扬扬自得？"他的手再次用力拍在了桌子上，"我王春彬所有的成绩，都是我和我的兄弟们一步一个脚印拼出来的，不像有些人，靠新人去开拓局面，丢人！"

程文气得脸色发白："王春彬，请你说话注意点！"

"王总，程总，都消消气，这是上班时间，咱们就事论事。"我不得不站起来劝阻。要不然等会儿两个高层领导打起来，可就贻笑大方了。

"我和他们论什么事？我没有这闲工夫！"王春彬转身，一脚把旁边的椅子踹开，"总经理同意他们调动我的人是吗？我找他说去！"

"那是公司的人，王总，请您自重。"杨观澜面无表情地说。

王春彬没说话，回手重重甩上门。

"你看他，苏经理，这是事业部老总还是占山为王的土匪？"程文指着门口，一张脸又由白转红了。

12

总经理这回并没有站在王春彬那边。

在王春彬大闹会议室的第二天，测试部中的一组人被调入杨观澜的部门，专门负责她那个产品的测试。

"张总是想把杨观澜的部门做成第二个事业部吗？"有后知后觉的同事向我打听。

我什么也没说，然而公司里的风向却慢慢变了——

销售部和售前部都专门分配了人员负责杨观澜那个部门的事务，采购部已经把她的采购优先级排到了最高。就连一向只帮王春彬贴票据的出纳，也开始主动帮杨观澜贴票据。

尤其是在杨观澜经常陪同总经理宴请客户高层的消息传出来以后，她俨然成了公司里的新贵。

这些，杨观澜并不在乎，她只专心于她的产品。

"主席说，没有网络安全就没有国家安全。正是因为这样，我才想回国。做网络安全的相关产品是我的家国情怀，只要能让我好好做产品，其他的事情，我不关心。"杨观澜说。

可有的人不这样想，尤其是王春彬。

不久以后，我再次被总经理请进办公室。

他的办公桌上，又换了一个杯子。

"王春彬说我卸磨杀驴。苏经理，你说他这是骂我还是骂他自己呢？"总经理指着对面王春彬的办公室说。

我忍不住笑了。

但他的下一句话就让我笑不出来了："偌大一个B市，难道就找不到一个可以替代王春彬的人吗？苏经理，你今天给我交个底，能找到，还是不能？"

我要是说能，传出去就可能变成"苏耘说能找到人替代王春彬"，那我和王春彬之间的关系就彻底闹僵了；我要是说不能，总经理现在就会给我一顿批评。

我拿过他的杯子，帮他接了一杯："张总您先消消气。王总的性格，你我都知道，人家不是说了吗？人才都是有脾气的，这也正常。"

"那就可以和我讲条件？多少次了？苏经理，你说说，这都多少次了？"总经理咬牙切齿，"我以前容忍他，是因为他脾气差归脾气差，大局观还是有的。可你看他最近，盯着人家杨观澜不放，我要是再容忍他，好像我们公司缺了他就不能运营了似的。这一次，你必须想一个办法，让这小子别再来找麻烦。"

其实办法不是没有。

我们公司正在选拔后备人才，我从王春彬手下的部门经理中挑了两个拔尖的，由总经理亲自指导。

如果王春彬能想明白这就是在"备份"他，对自己的行为有所收敛，那是最好不过的事情。否则，早晚他会和程文一样，被自己培养出来的人取代。

13

第二年，公司成立网络安全事业部，由杨观澜担任事业部总经理。

王春彬找了一个周末，亲自给网络安全事业部的人做了自己负责的产品系列的培训。

那天，我的车送去保养，他送我回家。

"怎么想开了，愿意和她合作？"我问王春彬。

"奔四的人了，是应该想开点。"王春彬一边说一边摇头，"古人说，识时务者为俊杰。产品做出来，利益是大家的，我用不着和钱过不去。"

这话我也问过杨观澜。

"王总这个人虽然刚愎自用，但是他做东西还是有点匠人精神的，我很欣赏。"杨观澜坦率地说，"刻意记着那点不愉快没必要，还是那句话，我是回国做产品的，只要对我做产品有好处的人，我都可以合作。"

这一刻，我突然明白，这位从常青藤回来的姐姐，她的胸襟不局限于池塘。我过去拿池塘里的鱼来作比喻，是看低了她。

我忍不住笑了。

也许我的池塘理论只适合像我这样平庸的鱼，而她，是一条锦鲤。

她从职场落荒而逃

01

十月,偌大的体育馆内人头攒动。

"老师,麻烦您看看我的简历适合哪个职位?"

"老师,什么时候安排面试?"

"老师,应聘销售经理有没有专业限制?"

年轻的男声女声此起彼伏,被广阔的空间放大,再钻进耳朵里时便都成了模糊不清的杂音,震得我头昏脑胀,就连对方是在问我还是在问隔壁公司的 HR 都有些难以分辨。

我用左手指尖抵在右手掌心,笑着比了个"停"的手势:"麻烦一个个提问,谢谢。"

为了表达友好,我环视一周,点头致意。

目光滑过的瞬间,一个娃娃脸女孩子挤在人群中对着我微笑,那笑容看上去竟有几分熟悉。只是我内存有限的大脑今天已经超负荷运转,实在想不起来在哪里见过她。

又忙了大半个下午,五点三十分,现场招聘结束。

我和我的专员收拾好东西,各抱着一沓简历,准备离开。

一抬头,有人站在了我的面前,带着同样的微笑。正是下午那个娃娃脸的女孩子。

"对不起,请问您……"我刚一开口,她的脸就红了。

"您不认识我了,苏姐?"女孩子说。

这就是打过交道的人了。我有些尴尬,揉了揉太阳穴:"不好意思,我今天有点晕。"

"我是吴玥。"对方比我还尴尬,看了我一眼,又看了我身边的专员一眼,小声补充道,"以前在公司做过项目专员。"

我差点拍脑门。

她确实曾经与我共事过几个月,关系也算不错,只不过那已经是四年前的事了。

见我想起了她,吴玥往前迈了一步,用更小的声音说:"苏姐,我能不能请您吃个饭?我有话对您说。"

我看看手里的简历,本能地拒绝道:"不好意思,今晚的工作有些多……"

话说了一半,余光里,我看见吴玥的手。

那一双白白净净的小手紧紧交握在一起,因为紧张过度,手指已经被拧得通红。

"不如我们就去旁边的奶茶店坐一会儿吧。"我心一软,出口的话就变了样。

让专员去车里等我,五分钟后,我和吴玥已经面对面坐在了奶茶店中卡座的两侧。

她柔软的唇抿成一条直线:"苏姐,我今年研究生毕业,学的是软件工程专业。"

话说到这里,我已经大概明白了吴玥的意思。

果然,她抬起头殷切地看向我:"我想回到公司去,可以吗?"

02

吴玥是我当年亲自在校园招聘会上挑选的人。

她蓄着短发,大眼睛,笑起来两个梨涡若隐若现,算不上漂亮,但看上去就是一个青春洋溢的大学生,而且学习成绩不错。

对于应届毕业生,我总是偏爱干净、有"少年气"的候选人,极厌烦年纪轻轻就油嘴滑舌,把圆滑当作"成熟"的候选人。所以,征求了项目管理部经理的意见以后,我签了吴玥的三方协议。

毕业季后,吴玥在七月初入职。

她入职的第二周,公司开始组织项目管理系列课程培训,请了集团总部的高级项目经理许彦飞来讲。

"吴玥学得怎么样?"有一天,吃午餐的时候,我碰巧和项目经理拼桌,便随口问道。

"苏姐你说吴玥呀?"项目经理还没说话,他们部门的一个女孩子就笑了起来,"她学得当然好了,我们这些人里面,学得最好的就是她。"

"而且收获特别大,这个谁也比不了。"另一个女孩子也说。

见我一脸疑惑,项目经理两手握拳,拇指往一块碰了碰:"听说吴玥和许彦飞好像相处得不错,就是不知道是真是假。"

"当然是真的了,我都看见许彦飞给她买奶茶了。"先前说话的女孩子言之凿凿,"如果不是真的,他为什么不给别人买?"

原来,自从培训开始,吴玥就一直坐在第一排,眼睛亮晶晶的,听得比小学生还认真。

不仅如此,课间休息的时候,大家都去聊天、玩手机,只有吴玥的问题特别多,总是拿着记事本跟在许彦飞身后问个不停。

这样一来二去，两个人就熟悉了起来。至于是不是真的在一起了，反正男未婚女未嫁，并不是我需要关心的。

我关心的是，这个人进入公司任职后，她能否达到岗位要求，以及什么样的发展路径比较适合她。

"这姑娘的学习劲头确实很足，理解能力也不错。现在我亲自带着她跟项目，准备等她转正，就把她安排到具体项目中去独立负责部分工作。"吴玥的部门经理给了我这样的回答。

于是我放下心来。

作为HR，没有谁希望自己招来的新员工被用人部门淘汰。我们和新员工之间的关系倒是可以套用那句耳熟能详的广告词："他好，我也好"。

03

九月，因为业务需要，公司从各部门抽调研发人员，成立了一个新的项目组，负责为广电运营商定制开发云服务产品。

因为是新的项目组，自然需要有项目专员去跟进，项目管理部经理站在办公室里环顾了一周，最后指向吴玥的方向，对云服务项目组的负责人李开说："就由她来跟进这个项目吧。吴玥虽然是新人，可她学习能力很强，你别小看她，尽管严格要求，有什么问题和我说。"

于是，当天下午，吴玥就抱着自己的笔记本电脑进了项目组。

隔天，我在公司走廊里碰到她的时候，吴玥架着一副黑框眼镜，刘海用夹子夹在头顶上，正匆匆地往会议室跑。

"听说你开始跟项目了？"我笑着对她比了一个"加油"的手势，"我看好你哟。"

吴玥有些不好意思，拍了拍自己的脸，小声说："今天我要在项目会议上发言，有点紧张呢。"

"没事，一回生二回熟，要对自己有信心。"我对她眨了眨眼，"再说了，你是新人，他们不好意思太挑剔的。"

"谢谢苏姐。"她说完，弯起唇角，"希望如此吧。"

却没想到，吴玥这第一次发言，结果并不好。

快到午休时，前台妹子敲门进来，神神秘秘地凑近告诉我："女更衣室里面，好像有人在哭。"

女更衣室是公司去年专门腾出来给女同事换衣服的地方，上下班时人比较多，工作时间基本上没有人过去。

"你看见了？是谁？"我问。

她摇头："我听见了。"然后抽抽搭搭地学给我听，"哭得好厉害呢。"

我的第一反应是哪个女孩子失恋了。这事不归我管，毕竟我既不是情感顾问，也不是知心姐姐。

可前台妹子偏偏又说了这样一句话："苏姐，你说她哭成这样，等一下会不会想不开呀？咱们这楼层可有点……"

"你别说了。"我看着她，哭笑不得，只好起身往外走，"我去看看行了吧？一天天脑洞这么大，怎么不去写小说呀？"

"我哪会写小说呀。哎，苏姐，要不要我和你一起去？"

"不用，别跟来。"我回身把她关在我办公室里。她也不想想，哪个女孩子失恋，会喜欢有人围观自己的狼狈？尤其是低头不见抬头见的同事。

04
HR DIARY

结果还真不是失恋。

"有人欺负你？"我看着哭红了眼睛的吴玥，摸出自己的纸巾递过去。

她接过来，把整张脸埋进去，摇了摇头。

"那是家里有事？"

还是摇头。

"你说不说？不说我走了哦。"我站了一会儿，看她只顾哭，也有点无奈。

吴玥终于抬起头，闷着声音叫我："苏姐，您说我是不是看着就招人讨厌？"

我笑了："如果这样，我为什么会把你招聘进来？难道我的眼睛有问题？"

她嘴一咧，笑到一半又垂下头："那他们为什么那么说我呀？"

吴玥所说的他们，就是今天参加项目会议的同事。

项目会议进行了快一个小时，一直到要结束的时候，李开似乎突然想起吴玥，便问她有什么要说的。

吴玥确实有话要说。

新的项目组，从一开始就要规范项目文档，这对于项目后期维护是非常有好处的，于是她提出了这一点。

然后有人反对，说项目还在需求阶段，做成什么样，客户自己都没想好，这时候写文档纯属浪费时间。

"我给他们解释了，需求阶段也需要做确认单，要不然以后项目风险会很大。可是大家都说忙都忙死了，没空写这些乱七八糟的文件。"

吴玥说着说着，眼泪又来了，我只好再递给她一张纸。

"什么叫乱七八糟的文件？那个确认单是我用了两个晚上，根据这个项目情况做的定制文件，他们怎么能看也不看就说是乱七八糟的文件呢？"

"那李开是什么态度？"我问。

她摇头："开哥说这些往后放一放，先做事。可是我也是在做事呀，难道只有开发产品是做事吗？"

是的，只有开发产品才是做事，这确实是很多开发工程师的想法。在他们看来，不把产品做出来，什么都是没用的。

"先别哭了。"等她的情绪发泄得差不多了，我拍了拍她的手臂，"我先找李开聊聊，建议你也向你们部门经理请教一下。"

说到这，我笑了："当然，去问许彦飞也可以，他可是集团总部专业能力数一数二的高级项目经理，问他准没错。"

吴玥一怔，随后红了脸。

看来那些女孩子说的事，或许还真的不是空穴来风。

05
HR DIARY

"我的姐姐哎，你可别冤枉我。"第二天中午，我和李开一起吃饭的时候，刚半开玩笑地把吴玥哭鼻子的事说完，他就喊起冤来。

"真没欺负人家小姑娘？"我笑。

"当然没有了，我这个人的性格你又不是不知道，就是实话实说。"李开语气肯定，就差指天发誓了。

"那你为什么不配合她的工作？项目管理也是在做事。"我说，"别以为只有开发产品才重要，其他事情都是在添乱。"

"我可没这样说。"李开连忙摆手，"但是她弄了一堆东西让我们写，我们人手本来就不够，哪有那个时间？"

我又笑："你这是在怪我没给你招到人了？其他项目的人手也不比你们多，人家怎么能写文档呢？"

"那不一样。"李开很固执，"苏姐，你知道赵括吗？她就跟那小子一样，纸上谈兵。但凡她写的那些东西实用一点，我也不可能不配合。"

"这可是你说的哦？"我立刻抓住他这句话，"那我让她精简一下文档要求，挑最有必要的先写。不过，到时候你别说还是没时间。"

跟李开沟通好了之后，我又去问吴玥那边的进展。

吴玥已经把自己做的文档模板发给了部门经理，也去问了许彦飞，正在根据两个人的建议修改。

"那你修改好了，先去找李开讨论，只要他认可了，你就可以要求其他人按照模板来写文档。"我提醒她。

吴玥还是有些担心："万一开哥还是觉得我做得不好怎么办呀？"

这倒是有可能。

我压低了声音，笑着说："那你就不会借势吗？"

"借势？"

"对呀。你是个新人,做的东西可能确实水平有限。但是你这次修改,可是经过部门经理和许彦飞指导的呀,否定了你就等于否定了他们,你觉得李开会怎么做?"

吴玥恍然大悟:"原来还可以这样。"

后来,我听说李开果然同意按照吴玥的模板安排大家做需求文档。

"苏姐,您那办法真管用。"吴玥跑到我办公室,兴奋地说,"我给开哥看的时候,他那眉头皱得呀,能夹死苍蝇。然后我说,经理审核过了,许老师也提了一些修改意见,我原来写得确实形式化了一点,现在这个,应该足够实用了。结果开哥马上说,那行吧,让他们先按照这个来写。"

"他同意了就好,那你去做吧。"说到这,我笑了,"下次有问题先去找你们经理沟通,别只知道哭。"

"知道了,苏姐。"看着吴玥红着脸走了,我忍不住摇了摇头。挺好的姑娘,可惜是水做的。偏偏职场,最不相信的,就是眼泪。

06

原以为这件事就算是过去了,吴玥借此有了一些成长,倒也是个好事。

没想到才过了不到三天,情况又有了变化——吴玥和项目组的同事闹掰了。

那天,我去他们项目组找李开讨论一个候选人的录用问题,刚走进办公区,就听见了吴玥的声音。

"林哥,那天咱们不是都说好了,今天下班前交文档吗?怎么又变了呢?"

这话一出,她对面的男同事就沉下了脸。

"变了有什么奇怪的?这世上说好了又变了的事儿多了。"那男同事说着,把手里的记事本"啪"的一声扔在桌子上,"吴玥,你搞清楚,现在不是我要变,是客户要改需求,我有什么办法?"

"可是,需求变更可以走变更流程,需求文档不能不写呀。"吴玥据理力争。

"写写写,你天天只会催着我们写需求文档。我这边的代码还没写呢,就算给你把需求文档写出一朵花来,能卖钱吗?最后卖钱的还不是产品?"

男同事发了火,踢开椅子,抬脚就走。

"林哥,你别走呀。"吴玥红着眼圈,"我也是按照项目计划来做的,并不是想给大家增加负担……"

"项目计划?"另一个同事似笑非笑地接话道,"吴玥,你听没听说过计划没有变化快?昨晚大家都加班,你也不是没看见,还追着大家写文档,你说谁能不发火?要不是看你是个小姑娘,我们林哥早就骂人了。"

"可是开哥也说了,请大家配合……"

"文档的事先放一放。客户需求突然变了,很多功能都要改,现在需要撸起袖子加油干,调整一版产品再说。"李开从自己的工位站起来,对着大家摆了摆手,"除了吴玥,都过来开会。"

话音一落,转眼之间,办公室内就只剩下吴玥一个人了。

我看着她怔怔地站了好一会,才低着头走回自己的工位,趴在了桌子上。

07

这一次,我没有安慰吴玥。

我记得有一首歌里面唱过,人总要学会自己长大。我只是 HR,我没有义务在她每次觉得委屈的时候都去帮她擦干眼泪。

第二周,李开项目部的项目会议邀请了我,因为需求边界扩大,他们需要和我一起评估招聘人员的问题。

我走进会议室的时候,几乎没有发现吴玥。她穿了一件黑色外套,坐在不起眼的角落,已经长得很长的刘海遮住半张脸,露出的半张脸上,看不出什么表情。

会议中,大家发言很踊跃,对项目的很多问题甚至争论激烈,就连我都参与了进去。只有吴玥,像是一个透明人,从头到尾一句话也没有说。

其实有几次,我都看到她张开了嘴,然而,没有人注意到她,也没有人在意她的意见。最后,就连她自己都放弃了。

"我觉得你有什么想法,完全可以主动表达。"会后,我私下建议吴玥,"会议中本来就可以各抒己见,你不要等着别人问,没这个必要。"

吴玥苦笑:"我尽力吧,苏姐。只怕我就算说了,也只是耽误大家时间。"

我心里叹了一口气,如果她怀着这样的想法,就更不可能融入项目组了,而且工作推进不了,部门经理那边大概也不会满意。

果然,到了次年一月,我收到的季度考评中,吴玥的名字后赫然写着"不合格"。

这意味着她的年终奖会被取消,全年调薪也泡汤了。

我怎么也没想到,同一批进来的人中,垫底的会是吴玥。

想了又想,我决定第二天去找她聊聊。

却没想到,晚上快下班的时候,吴玥先来找我了。

08

"苏姐。"这姑娘瘦了不少,下巴都尖了,加上眼圈红着,更显得楚楚可怜,与我当初招来的姑娘判若两人,"对不起,我要离职了。"

我并不惊讶。

"做得不开心?"

吴玥低着头："我想，这个工作可能不适合我。"

"哪里不适合？"我问。

"我……我不喜欢这个工作。"顿了顿，吴玥加重语气，"我恨这个工作。"

"对，我恨这个工作。"她又重复了一遍。

吴玥低头的时候，我看见她的头顶。

小姑娘原本浓密的黑发，现在已经可以看到一点头皮了。

"元旦前，项目组聚会了，苏姐。"她的声音带着哽咽，"没有人通知我，没有一个人想让我参加。我真的受不了了，我必须走。"

"好。"我又看了看她的头发，"实在不喜欢就别勉强了，你提交离职申请流程吧。"

晚上回家，我的心情有些低落。不知道造成今天的结果，是因为自己看错了人，还是因为没有及时去关注吴玥。

进门的时候，书房里亮着灯，里面隐约传来安然的声音。

"爸爸，我不喜欢学语文，我好讨厌语文呀。"一如既往的是撒娇的语调。

"为什么不喜欢？"薛仲声音带笑。

"就不喜欢嘛。"安然爬到她爸爸腿上，咕咕哝哝地央求着，"不学语文好不好？"

我忍不住笑了，等着看薛仲怎么搞定他女儿。

"安然是不喜欢学语文，还是因为语文学得不好呀？"说完这话，薛仲贴近安然耳边，"爸爸也不喜欢学语文，因为爸爸只有一科成绩不如你妈妈好，就是语文。那么安然猜一猜，妈妈喜不喜欢学语文？"

安然点头，小鸡啄米一样："妈妈喜欢。"

"所以，安然要认真想一想，你究竟是不喜欢学语文，还是不喜欢语文学不好的你自己呢？"

一句话，醍醐灌顶。

本来已经放弃和吴玥再沟通的我，突然间好像明白了问题出在哪里。

09

我和吴玥再一次坐在了一起。

"苏姐，您不用劝了，我已经想好了。"她开口就是这样一句话。

"你怎么知道我要劝你？"我笑了，说得很直接，"铁打的营盘流水的兵。无论是你还是我，对公司来说都不是不可替代的人，无非是替代成本高还是低的问题，所以，你说我费这么多工夫留你干什么？"

吴玥怔住了，随即脸一红："那您……"

"我只是觉得，既然我把你招聘来了，对你的职业生涯，我多多少少要负一点责任。"我说着，起身泡了一杯菊花茶给她，"所以，我想和你交流一下我自己的一点职场体会。你愿意听吗?"

"嗯。"她接过杯子,点了点头。

我走到她身边,靠在桌子上,轻轻吹了吹自己的咖啡:"刚开始做 HR 的时候,我也不喜欢这份工作。"

"啊?"吴玥抬头看我,"可是您做了这么久 HR……"

"没错。"我弯起唇角,"我做了这么久 HR。这些年,我遇到过很多困难,被排挤过,受过委屈,也因为不够专业做错过事。我不是没想过放弃,可每一次回头看去,我发现我都从中学到了东西,而这些东西,可以让我更加强大。"

"现在我很喜欢这份工作,因为我做得真的很好。"说完这句话,我看着吴玥的眼睛,"所以吴玥,你究竟是不喜欢这份工作,还是不喜欢在这份工作中做得不是那么成功的你自己?这一点,你真的想清楚了吗?"

和我对视了一秒钟,吴玥放下菊花茶,落荒而逃,一句话也没有说。

我摇了摇头。

每个人都不愿意承认自己是失败的,尤其这失败不是因为别人,只是因为自己做得不够好。

吴玥的这种反应我能理解,我只是觉得可惜,明明再坚持一下,再多努力一点,再找找方法,就可以在困难中长大,可她却做了逃兵。

但愿她不会后悔。

10
HR DIARY

"我好后悔,苏姐。"四年以后的今天,我和吴玥坐在奶茶店里,她一字一顿地对我说。

"考上研究生了,不是挺好吗,后悔什么?"我笑。

"不是后悔考研,这两年我还是学到了很多东西。只不过,考研应该是我提升自己的选择,而不是用它来逃离职场。"

时间果然能让人成长。这话,当年的吴玥就说不出来。

"你现在明白也不晚呀,正好毕业了,重新回到职场就好。"我说。

吴玥一顿:"苏姐……公司这边,能再给我一个机会吗?"

"也不是不行,我只是想知道,你为什么这么执着于回来?毕竟来招聘的公司这么多,我们公司未必就是你最好的选择。"我问。

"一年前的春天,我和许彦飞分手了。"她却答非所问。

这个我猜到了,因为两个月前,我听说许彦飞结婚了。

"我真的很喜欢他。"吴玥低下头。从我的角度,可以看到她唇角的苦涩。

"从小,我学习就很好。后来上了高中,文理分科,我开始选的是文科,可是开学半个月后,我主动调到了理科班。您知道为什么吗,苏姐?"不等我回答,吴玥就接着说,"第一次周考,文科班的那个语文老师点评作文,说我的作文辞藻华丽,却缺乏真情实感,像一个木头美人，美则美矣，只是没有灵魂。"

"我当时接受不了她的这种评价，但我的做法不是从自己身上找原因并去改变，而是逃离她，从此也不再喜欢作文。"吴玥摇头苦笑，"我妈妈对我这种做法的评价只有四个字，'遇硬就回'。所以，苏姐您看，我一直就是这种逃避的性格。"

"那许彦飞……"

"他妈妈希望他能找一个本地女孩子，而我家在西部地区。在他妈妈看来，那里就是贫困落后地区，所以不同意他和我在一起。"吴玥说。

这我就觉得奇怪了，许彦飞我比较熟悉，他是一个非常有主见、有想法的男孩子，绝对不会因为妈妈反对就放弃自己的爱情。

"所以，放弃的那个人，是你？"我几乎可以肯定这一点。

吴玥看着窗外，几不可见地点了点头。

女孩子侧影落寞，再多的话我就不忍心说了。其实，许彦飞最后娶的那个女孩子，是集团总部一年前新来的研究生，据说也来自吴玥所谓的"落后地区"。

"在他为我们的未来争取的时候，我逃走了。"吴玥用手扶着额头，遮住了大半张脸，"我告诉许彦飞我不喜欢他妈妈。他当时就说我不需要喜欢，把他妈妈当成客户就好了，先争取签单，以后和我生活的是他。可我还是逃走了。"

我沉默下来。

对方已经结婚，再说什么都晚了。

"所以，苏姐，这两年我一个人，想明白了很多事。您当初问我，究竟是不喜欢工作，还是不喜欢那个不怎么成功的我自己。"吴玥双手拧在一起，隔了好一会儿才说，"我想，是后者。我一开始是很自豪的，也很喜欢那份工作。后来是因为我没做好，才越来越讨厌上班。对于许彦飞的妈妈也一样，开始我见到她时，觉得她知性温和，但因为她对我出生地的偏见，我马上开始讨厌她。甚至没有试着去改变她这种看法，或者至少让她保留她的看法，我们的事情我们自己决定。"

"那现在呢，你怎么看这些事？"我问。

"虽然有些事已经无法改变，可至少我想试试多一点努力和坚持，也许工作真的不是那么讨厌。苏姐，您能不能给我一个机会，让我从摔倒的地方爬起来？"

我笑了。

"项目专员还有最后一个空缺，你要不要投简历？不过，应聘的人不少，你没有特殊优待。"

"好。"吴玥用力点头。

她的眼睛亮起来，眼圈却有些红。我不知道是不是因为那无法挽回的爱情。

有些人，有些事，注定只是帮你成长的。

我想她已经明白了这一点。

11

吴玥最终过五关斩六将，回到了公司。

这个结果我已经想到了，但凡她这几年真的反思过自己之前的工作，没有项目经验的人就不可能竞争得过她。

不知道是不是天生的冤家，李开那个项目的专员恰好回家休产假，吴玥入职后接手的第一个项目就是他的。

我又一次看见了吴玥抱着笔记本电脑冲向会议室。

还有很多次，我看见她带着笑跟在李开身边，而对方的神情从不耐烦到无奈，到最后，竟然越来越认真。

"找到方法搞定你们开哥了？"有一次在茶水间碰到吴玥，我随口问。

她点头："其实也挺简单的。就是换个角度，先帮助他把需要解决的问题解决了，然后让他看到我工作的价值，他自然就会支持了。"

我笑了："这次怎么能做好了？"

"没有退路呀，苏姐，我说了要在哪里跌倒就在哪里爬起来。"吴玥也笑。

早知道这样，我当时就应该对她用上兵法，比如那招"上屋抽梯"。

不过这姑娘也不错，那么多人在哪里跌倒就在哪里躺着，她会爬起来，就是好同事。

只可惜，我不知道还能和她共事多久，因为薛仲觉得我的能力还可以有更大的发挥空间。

他对我抛出了橄榄枝，而我，正在考虑。

苏耘的华丽转身

01

星期一上午,开完周例会,我随总经理回到了他的办公室。

"有事要说?"他端起秘书刚泡好的茶水,隔着氤氲雾气看着我。

"张总。"我放缓了语气,以便让自己的态度显得更郑重和坚决,"很抱歉,因为个人原因,我准备离职。在此之前,我会向集团总部申请选拔合适的接替者,以便顺利完成工作交接……"

"苏耘,你等会儿!"总经理打断我,放下杯子站了起来,"你说你要离职?你是不是打算去薛博士那边?"

我点头,笑了笑:"薛仲需要我。"

"你怎么这么糊涂!"总经理原地转了一个圈,之后满脸恨铁不成钢地指着我,"亏我一直以为你是个十分聪明的女人,结果你今天办这么一件事!晋升你为人力资源总监的报告我都打上去了,不出意外,过两周任命就会下来。你让我说你什么好呢?夫妻合作企业因利益问题闹得不可开交的事,你还没看够吗?就这么急着步他人后尘?还是你就能保证将来那些事绝对不会发生在你身上?"总经理很少这么失态,虽是为了自身利益,却也至少有五分为我着想的意思。

我有些感动,但还是笑着解释:"没办法,他是薛仲。夫妻一体,我应该和他并肩战斗。"

这是实话。

他是薛仲,我的薛仲。

02

时间倒退回两天前，星期五的晚上。按照十几年不变的惯例，薛博士约我共进晚餐。

"铃铃铃……"我正拿着服务生递过来的iPad点菜，他的电话响起，很传统的上课铃声。

薛仲接听，很久之后，只说了一句"我知道了"，就挂断了电话。

也许真的是相处太久了，仅凭这几个字，我就听出了一些不寻常的感觉，像是失落，又像是猜测终于被印证的无奈。

"有事发生？"我问。

薛仲有一个很大的优点，就是从来不会隐瞒我任何事，只要我问，他必定直说。

"公司出了一些问题。你确定要现在听吗？"

我明白他的意思，薛仲是担心他说了之后影响我的胃口。但是我果断地点头，两个人吃饭，只有我一个人有胃口，那我要这种胃口干什么？

"好，那我告诉你。"

刚刚打电话来的，是薛仲公司研发部的经理。

就在今晚，我们踏入餐厅的那一刻，薛仲亲手带出来的研发部门中，一个核心的项目经理与公司最主要的竞争对手谈好了条件，准备带着他的团队跳槽过去。

"这还不是最坏的。"薛仲苦笑了一下，"对方同时在向我的营销总监下手。只是大概因为价开得还不够高，他暂时没有表态。"

营销总监负责所有产品的全国市场开拓，可以说掌握了最核心的客户资源。如果他加入竞争对手的公司，此消彼长之下，对薛仲公司的打击一定是巨大的。

"我记得你们之前分管人力资源和运营的副总经理刘鹤青刚刚去了那家竞争对手公司，是他做的？"我问。

薛仲点头，又抬手拍了拍我的胳膊："抱歉，让你跟着担心了。我只是……觉得自己做人挺失败的……"说了一半，他笑了笑："算了，点菜吧。天大地大，我家小苏同学吃饭的事最大，其他的我来想办法解决。"

"好。"我沉默了一会儿，直到把菜单提交了，才伸手拉住薛仲的手，和他十指相扣，"我做HR做腻了，你们公司这个副总的位置既然空着，可不可以考虑一下我啊？人力资源的工作我很熟悉，也参与过公司运营流程梳理，给我个机会怎么样？"

"你舍得现在的工作？"薛仲问。

"有什么舍不得的？"我打量他，半开玩笑道，"毕竟我家薛博士人到中年一枝花，我还巴不得天天盯着呢。"

薛仲看着我，没有说话，只是眼角慢慢漾起了笑意。

03

跳槽到强敌那里，并且回头抡起小铁锹挖老东家墙角的那位刘鹤青，不仅曾是薛仲公司的副总，更是薛仲一位同门师妹的老公。

刘鹤青出身边远山区，脑子聪明，能力卓越。大学毕业那年，他收到多家知名企业的Offer，其中不乏一些国内顶尖的互联网公司。但出乎所有人意料的是，刘鹤青选择了一家创业公司，并凭借自己出色的谈判能力，成为公司的合伙人之一。

三年后，创业公司被行业巨头收购，刘鹤青也得到了人生中的第一桶金。

春风得意马蹄疾，一日看尽长安花。那时，这对小夫妻也算是圈子里先富起来的一拨人，买房买车，一时风头无两。

然而，大部分人都有个特点，总喜欢在遇到问题的时候找客观理由，却把成功归结于自己的能力。刘鹤青也不例外。

于是，他谢绝了原公司的挽留，拿着分到的那笔钱走上了创业之路。

毫无疑问，之前的成功经历给了刘鹤青过高的自我评价。

市场是波诡云谲的，个人能够掌控的部分十分有限。他这种高开低走的创业方式最终并没有如他所期望的那样再次成功，反而以赔光所有身家的结果惨淡收场。

当时，薛仲的公司正在逐步走上正轨，开始考虑吸纳高级管理人才加盟。人力资源及运营副总这个位置，他原本属意的是那位小师妹，于是向她抛出了橄榄枝。

小师妹一边婉言谢绝，一边向薛仲推荐了自己的老公刘鹤青。

我和刘鹤青并不熟，只是直觉上，觉得这个人虽然精明能干，但企图心太强，过于急功近利，与薛仲的气场、风格，总有些说不清的不合拍。

"他能够一步步走到今天不容易，而且起起落落经历了那么多，就算是功利一点，我觉得也可以理解。"薛仲却这样说。

我转念一想，人往高处走，刘鹤青渴望比别人走得更快一些，又有什么错呢？更何况以他的能力，倒也当得起这样一个位置。

刘鹤青就这样加入了薛仲的云纵科技。

很快，他就用出色的工作表现证明了自己——双管齐下，一边梳理公司业务流程，一边加强人员能力培养，仅仅用了一年时间，就使人均利润提升了5%。

"鹤青确实是个人才。"一次公司聚餐活动后回家的路上，薛仲特意对我说，"你别戴着有色眼镜看他。每个人的成长环境不同，你不能要求所有人都像我们一样看问题。"

"我没有戴着有色眼镜看他呀。"我笑了，又提醒道，"人都看重利益，不过如果太过于急功近利，可能就会轻视其他的东西，比如信用、情谊这些，你要小心。"

原本我只是随口说说，没想到一语成谶。

04

入职满一年的第二天,刘鹤青找到了薛仲。

他提出了一个要求,希望获得公司股权,正式成为股东中的一员。

刘鹤青认为自己一年来做出的所有努力,值得这样一份价值回报,这也恰恰表明他看好公司未来长期发展。

薛仲并没有马上答复他,而是在其后的董事会上,将这件事作为一项议案提了出来。

"这不合适吧?"他一说完,就有一位董事明确表示了反对,"公司里面比他来得早的核心骨干大有人在,人家还没有持股呢,单单给他股份,别人会怎么想?"

"我也赞同孙董的意见。"另一位董事说,"我不反对进行股权激励,让核心骨干持股。但是这个需要好好策划,从长计议。要不然激励的效果没达到,反而把凝聚力弄丢了,那就得不偿失了。"

将大家的意见总结起来,就是现在公司还没到进行股权激励的时候,而且刘鹤青的工作成绩虽然不错,但该有的工资、奖金也没少给他,股权激励应该在公司规划整体方案的时候再去考虑。

其实这个结果,和薛仲自己的想法基本一致。于是会后,他找到刘鹤青,把董事会的决定告诉了他。

"没问题,薛总。"刘鹤青的脸色变了变,还是露出笑容,"董事们的考虑也有他们的道理,您放心,我服从公司的安排,不会让您为难的。"

这件事,似乎就这么轻描淡写地揭过去了。

"你觉得,他心里会不会有想法?"薛仲把这件事说给我听的时候,不无担心地问。

我当时没有在场,很难做出准确的判断。可经验告诉我,刘鹤青这样的人,往往自尊心极强。股权这个事情,在他的认知里,很可能不仅仅是利益问题,更涉及公司对他的信任与尊重。

"如果可以的话,多留意他,最好能把与他相关的文件备份一下,以防万一。"我说。

05

不知道是不是因为我的建议使薛仲对刘鹤青分管的工作多了些关注,问题才会这么快暴露出来。

在项目管理系统的采购过程中,刘鹤青竟然拿了供应商的回扣。

回扣金额不算很大,只有五万元,然而,正是因为这样,薛仲才更加觉得不可理解。

"难道他这么多年所受的教育,他的人品和底线,我们之间的信任和情谊……这一切对鹤青来讲,都比不上这一点钱吗?"他认认真真地问我。

薛仲的智商很高,但他和我不一样,他只专注于自己感兴趣的领域,而我,更喜欢研究人性。

所以我笑了："这只能说明，他的价值观大概和你想象的不同。他的所有行为，不过是符合他自己的价值观而已。"

遇到这种情况，换成是我，是不会找刘鹤青直接沟通的。

相反，我会开始培养合适的人，分散他的权限，逐步使他边缘化，同时收集他损害公司利益的证据，待时机成熟，将他请离公司。

可薛仲不是我，他有他自己的做事方式，而我也向来不喜欢过多地去干涉他。

薛仲找刘鹤青单独进行了一次沟通。

我觉得，至少在薛仲看来，他是想要给刘鹤青机会的。人是他招聘来的，而且是他师妹的老公，不到最后，薛仲是不愿意以最大的恶意去揣度对方的。

只可惜刘鹤青并不这样理解。

"薛总，水至清则无鱼这句话您听说过吧？"他面不改色地笑着对薛仲说，"我承认，我拿了回扣。但这件事换成是别人做，也未必一分不拿吧？您应该感到庆幸，我是那种拿了钱能把事情做好的人。相比不拿您的钱，但也做不成事的人，您觉得哪种人对公司更有好处？何况我拿的，是我该得的。既然您不给我股权，我只能自己动手了，这有什么问题吗？"

至此，薛仲才决定放弃这个人。

"我告诉他，跟着我做事业的人，能力不足，我可以培养，但如果人品不正，我绝对不用。既然大家志不同道不合，也只有请他另谋高就了。"

06

几周后，凭借在云纵科技的这段工作经历，刘鹤青跳槽到了薛仲最大的竞争对手那里。然后，他第一时间把手伸向了自己的老东家。

刘鹤青瞄准的是最核心的项目团队，以及公司营销总监。他了解这些人，知道他们的能力，也清楚他们的薪资待遇，下起手来自然分外容易。

等薛仲得到消息，刘鹤青已经成功了一半。薛仲除了马上想办法还击，别无选择。

当然，这背后的隐情，我是不会和总经理说的。所以在他看来，我应该是昏了头。

"你总觉得人家需要你，苏耘，你会不会太看得起自己了？薛博士在集团总部的时候，也算是青年才俊。难道他现在自己开了公司，还得处处靠你帮忙？"

总经理见我态度坚决，忍不住略带讽刺地笑了："该不是你自己觉得做 HR 委屈你了，想体验一下做老板娘的感觉吧？"

"就算是吧。"我摊摊手，"不管怎么说，薛仲的公司也是夫妻共同财产。我去尽一点力，不是也很正常吗？"

"你自己这样想，当心别人可不这样想。"他重新坐下，端起了茶杯，"古人为啥规定后宫不得干政？你琢磨过这个道理没？苏耘，共事一场，你别怪我没提醒你，好好的恩爱夫妻，别变成了竞争对手才好。"

这句话，倒是有点推心置腹了。

我笑了："谢谢您。有您这句话，我就算没白给您做这么多年'马前卒'了。"

其实这也是我之前迟迟没有去和薛仲共同创业的原因之一。

我相信薛仲，也相信我们的爱情，但我更知道，人心易变，最好不要去考验它。

"我会摆正自己的位置，您放心。"说完这句话，我走出总经理的办公室，帮他关上了门。

从此，再多舍不得都要放下了。人生漫漫，只要在路上，就必须有勇气随时整装出发。

两天后，集团总部推荐了一位接替者过来。这个人无论资历背景还是个人能力都并不比我差，向总经理汇报以后，我开始进行工作交接。

一周以后，我发出最后一份工作邮件，向所有人告别，并以 HR 总监的身份，加入了薛仲的公司。

同一天，被挖墙脚的项目经理邓兵拒绝了薛仲的挽留，正式提出离职申请。

营销总监那边毫无反应，但很难说他是不是在观望。一旦邓兵带着团队顺利跳槽，也许下一个提出离职的，就会是他。

现在，阻断这场来自竞争对手的无底线挑衅，成了我的首要目标。

07

"邓兵？我是 HR 苏耘。"坐在我对面的男人很年轻，人长得不丑，穿着打扮也干净整洁，只是脸上的神情让人不太舒服，尤其是唇角那点笑容，带着一种了然一切的自信。

所以，还没开始谈，我就已经知道他一定油盐不进。

"我听说过你，你是薛总老婆嘛。"果然，他开口就是很随意的语调，"你什么都不用说了，我不会留下的。"

我笑了："理由呢？"

"不需要理由吧？我和薛总也说了，别谈理想情怀，没用。"他向后靠在椅子里，"我这人不喜欢拐弯抹角，年轻人出来工作，无非是为了钱。有这样一句话你听过吗？一个人要离职，要么是钱没给够，要么是心委屈了。"

"那你是哪一种呢？"我问。

"都一回事，钱没给够，心就委屈呗。"他答得很顺口。

我笑容不变："我查看过面试记录，当初你入职的时候，薪资是按照你的要求定的。而且之后因为工作表现不错，还上调了两千元，年终奖也远远超过你在前一家公司的标准。"

"对，所以呢？"邓兵嗤笑，"就觉得给我的已经不少了是吗？我告诉你，此一时彼一时，咱们到什么时候说什么话。我现在有能力拿更多，我为什么不去？"

"你当然可以去。"我的笑容淡了下来，"虽然不知道对方给出更高的薪资看重的是你邓兵的技术，还是你在云纵科技工作的背景，但人往高处走，我能理解。只不过，你鼓动整个团队跟着你换工作,你想过后果吗?"

"有什么后果?"他微微仰头,顺着鼻梁的延长线看我,"你不用威胁我。谁也没规定不能跳槽,我们做技术的,哪给的工资高去哪,没毛病吧?"

"就算到了新公司以后,团队被拆散收编,或者安插进来自己的人手,把你们在云纵科技积累的那点经验挖空,然后一脚踢开你们,你也愿意?"我问。

"不可能!"他猛地站起来,又提高声音说了一遍,"不可能!刘总答应过我,我们过去了,这个团队还是我带,还做这类产品,团队内部由我做主。"

我笑了:"是吗?一个会因为利益诱惑就把老东家一手培养的团队带走的人,你的新老板真的敢信任你吗?而且,你最好先问问刘鹤青,他过去之后拿了多少股份、有没有做主的资格再说吧。"

08

"怎么样?"邓兵走后不久,薛仲打来电话问。

正好快到午休时间,我便点了两份简餐,让他到我办公室来,一边吃一边聊。

"这个人留不住,就算能留,我也不建议花费巨大的代价把他留下。"我说。

"嗯,我也是这个想法。"薛仲一边说,一边把他餐盘里的烤鸡翅夹到我的餐盘里,"我如果为了留他,给他加薪,就形成了一个管理破窗,等于告诉所有人,谁都可以用这种办法获得更高薪酬。那以后不就乱套了?"

"没错!"我点头,然后笑了,"你下午的任务就是和团队其他人逐一沟通,给他们附带条件的承诺,比如年终业绩达到什么程度,奖金上涨多少。愿意留下的,我们到时候兑现承诺,想走的,就让他们走。"

薛仲抬眼看我:"然后呢,你想怎么做?"

我假装无辜:"不怎么做啊,天要下雨,人要跳槽,我能做什么?"

他笑,揉我的头发:"不信,快说。"

真的是太了解我了,我的薛博士。

我起身,从柜子里拿出一份劳动合同,翻开递到他眼前。

"刘鹤青入职前,你们还没有HR负责人,所以用的合同是我拟制的。为了防止有今天这样的情况发生,我当时在这里加了一条附加条款,叫竞业限制条款。"我指着劳动合同倒数第二页的其中一行,"这条的意思是说,如果他离职之后一个月内,我们按照他工资的30%支付了竞业限制补偿金,就意味着竞业限制条款生效。他无论是入职竞争对手公司,还是持有对方股份,通通都是违约行为。那么违约怎么办呢?我们可以起诉他,赔偿金额是他在职期间我们所支付的全部工资的50%。这可不是一个小数目,你觉得对方会替他支付这笔赔偿金吗?"

"应该不会。"薛仲摇头,又问,"那你刚刚和他说了这一点吗?"

"我为什么要说？合同上面写着，他自己不看清楚，怪谁？"我笑着把合同放回去，"这个要留好，等过几天他入职对方公司，我们马上发竞业限制补偿金给他，然后再发一封律师函。我倒要看看，到时候这个邓兵是选择辞职，还是等着和我们打官司。"

说完，我有些得意，又有些遗憾。只可惜后来刘鹤青加入的时候，要求修改了这个条款，否则他也没有嚣张的资本了。

薛仲却沉默了。

"觉得我很过分？"我问。

他摇头，半响后说："邓兵在技术方面的悟性真的很好，如果让我带几年，在行业内应该也算顶尖的了。可惜了。"

可惜吗？我并不觉得。

这个人，学习背景一般，以普通工程师的身份入职，然后被薛仲欣赏，亲自指导，把自己在技术上的积累倾囊相授，并且把精挑细选的核心团队交给他来带。

如果有人肯这样信任我、培养我，我必然感激涕零，可到了邓兵那里，他只看到了自己今非昔比，而认为背后提供机会的平台和薛仲为此付出的劳动，一文不值。

这样的人注定走不远。现在给他一个教训，对他来说也未必是坏事。当然，我不是一个以德报怨的人，就算他真的就此被埋没了，我觉得也挺好的。

毕竟有能力的人多的是，一个不知道感恩的人，不值得别人替他惋惜。

09
HR DIARY

邓兵的离职交接只用了三天。

薛仲多少有些失落："我能理解他要走，其实如果只是这样，我觉得没什么。可是我给予他的所有信任，换来的就是他要带着整个团队去竞争对手那里，回过头来打击我们。这一点我真的无法理解。"

"你理解不了，是因为你把人性想得太好了。"我戳他的痛处，"刘鹤青呢，难道不是一个例子？加入公司的时候，他有什么？就算能力出众，有几个公司会要他这种创业经历丰富的管理人员？说是你收留他都不过分。可是结果呢？小人难养吧？"

薛仲有些无奈地笑了："不提他行吗？"

好像我喜欢提他似的，这种人，迟早自己害了自己。

没想到，几天以后，公司正在开管理人员会议时，刘鹤青自己找上了门。

"薛总，我真想不到，你也会做这样的事。"他收起了一贯挂在脸上的斯文笑容，满脸怒气地指着薛仲，"让邓兵把离职手续办完，然后才发竞业限制补偿金给他，告诉他不能去竞争对手的公司。你们之前怎么不说呢？这样不是把人往绝路上逼吗？"

"是吗？"我轻笑一声站了起来，抬手推开他的手指，"不要指指点点的，做这件事的不是薛仲，是我。既然合同上约定了竞业限制条款，我发竞业限制补偿金给他不是应该的吗？

至于能不能去竞争对手的公司，合同是邓兵自己签的，而且他手里也有一份，还需要我告知吗？"

"这明明是你设的套。现在人家已经离职了，你告诉他不能去已经谈好的公司，你让邓兵怎么办？别人不用生活吗？不用养家糊口吗？这样毁掉别人的职业生涯，很有成就感是吗？"

刘鹤青说得义正词严，就好像他真的关心邓兵的未来，可我听了只想笑。

我也确实笑了："刘总，相比邓兵怎么办，您更想说的恐怕是，当初拍着胸脯保证能把云纵科技的团队挖过去，到现在搞成这样，您自己该怎么收场吧？很抱歉，这个问题，我没有好的答案给您，您恐怕只能自己想办法了。"

周围响起一片笑声，有人甚至鼓起掌来："好，这就对了，让那些背信弃义的人都没好果子吃。"

"对，做人没底线，活该！"

刘鹤青本来就是一个自尊心极强的人，加上骨子里隐藏着同样深刻的自卑，哪里受得了这个，不由得恼羞成怒。

他大喊一声："闭嘴！"挥拳朝我的头上打了过来。

"刘鹤青！"坐在我身旁的薛仲迅速起身，右手握住他的手腕，同时抬起左脚踢在了他的小腹上。

只听"哐当"一声，刘鹤青撞开身后的椅子，摔在了地上。

所有人都震惊了，一瞬间，会议室里鸦雀无声。

薛仲虽然长得高大，但儒雅的形象深入人心。除了我，大概没有谁见过他这副样子。就连我，也有十几年没见过这样的他了。

"别当着我的面欺负苏耘，谁都不行。"他拍了拍手，轻描淡写地说。

刘鹤青冷笑着爬起来，拍了拍自己的衣服："薛仲，让自己的老婆在公司掌握话语权，迟早有一天你会后悔的。"

这小子到现在还在挑拨离间，我非常遗憾自己手无缚鸡之力，要不然真想亲手教训他。

"你现在需要头疼的事应该很多吧，我的事就不劳你操心了。"薛仲说完，转头对看向站在门口吓呆了的前台工作人员，"别看热闹了，叫保安送刘先生出去吧。"

然后，他环视了一圈在座的管理人员："我只说一遍，苏耘在公司是人力资源总监，她做的所有决定都经过了我的同意。如果谁觉得她这种做法不合适，可以直接来找我。"

"我觉得苏总监这招挺好啊。"最开始鼓掌的那位经理说。

"就是，干得漂亮！"另一个人竖起了大拇指。

薛仲这才看向我，唇角微微勾起："那咱们继续开会。"

10

大概是因为邓兵和刘鹤青的结局都不太好,营销总监那边,我们完全没有找他沟通,反而是他主动找到薛仲表达了一番忠心。

当天晚上,薛仲给我讲这件事的时候,一边摇头一边笑:"我真是佩服做销售工作的人,那些话我永远也说不出口,偏偏他说了,让人听着还挺舒服的。"

"原来你也喜欢被人奉承。"我嘲笑他,他没说话,算是默认了。

后来我问他,刘鹤青说警惕我会和他夺权,他对此怎么看?

薛仲凝神想了半晌,点了点头:"如果你来做总经理,让我能专心做产品,好像也挺好的。"

"打住打住,还是让我给您牵马吧。"我赶紧摆手,"操那么多心,我怕我会早衰。"

这个话题就此翻篇,无论是我还是薛仲都没放在心上。夫妻因权力和利益反目这种事,离我们太远了。

至于跟随邓兵走的那几个人,我们没有启动竞业限制条款,任由他们去了对手公司。

一方面,过犹不及,我不想打击面太大;另一方面,竞业限制也要花钱的,就凭那几个人的价值,没有这个必要。

后来,正如我所预想的那样,这些人到了竞争对手公司以后,立刻被打散收编,很多原本谈好的承诺没有兑现,可他们已经没有了话语权。

有人曾经想要回来,被我一口回绝之后,也只好在那里做普通程序员。

三个月后,公司召开董事会,聘任我为云纵科技副总经理,分管人力资源和运营。

自此,HR 苏耘华丽转身,我的职业生涯,也将开启新的、更精彩的篇章。